程树德法学佚著集

二十世纪中华法学文丛

程树德法学佚著集

秦　涛　编校

中国政法大学出版社

二〇二四·北京

图书在版编目（CIP）数据

程树德法学佚著集 / 秦涛编校. -- 北京 ： 中国政
法大学出版社，2024. 7. -- ISBN 978-7-5764-1720-3

Ⅰ. D90-53

中国国家版本馆 CIP 数据核字第 20240QE298 号

出 版 者　　中国政法大学出版社

地　　址　　北京市海淀区西土城路 25 号

邮寄地址　　北京 100088 信箱 8034 分箱　邮编 100088

网　　址　　http://www.cuplpress.com (网络实名：中国政法大学出版社)

电　　话　　010-58908586(编辑部) 58908334(邮购部)

编辑邮箱　　zhengfadch@126.com

承　　印　　北京中科印刷有限公司

开　　本　　720mm×960mm　　1/16

印　　张　　21.25

字　　数　　360 千字

版　　次　　2024 年 7 月第 1 版

印　　次　　2024 年 7 月第 1 次印刷

定　　价　　100.00 元

总　序

　　二十世纪是中华文化经受空前巨大、深刻、剧烈变革的伟大世纪。在百年巨变的烈火中，包括法制文明在内的新的中华文明，如"火凤凰"一般获得新生。

　　大体上讲，二十世纪是中国法制现代化的世纪。这一个世纪的历程，不仅仅是移植新法、开启民智、会通中西的法制变革的历程，更是整个中华文明走出传统的困局、与世界接轨并获得新生的历程。百年曲折坎坷，百年是非成败、得失利弊，值此新旧世纪交替之际，亟待认真而深刻的反省。这一反省，不仅有助于当代中国法制建设的深入，亦有助于推进新世纪中国民主与法治社会的形成。这一反省，是一项跨世纪的伟大工程。作为这一工程的起始或基础，我们应全面系统地检视、总结二十世纪中华法学全部学术成就，并试图作初步点评。为此，我们特郑重推出"二十世纪中华法学文丛"。

　　1898 年，光绪皇帝接受康有为、梁启超等人建议，实行"新政"。中国法制现代化的事业于此开始萌动，但旋即夭折。四年之后，在内外剧变的巨大压力下，这一事业再次启动。1902 年，清廷命沈家本、伍廷芳为修订法律大臣，设修订法律馆，开始翻译欧美各国法律并拟定中国之刑律、民商律、诉讼律、审判编制法等新型法律。这一年，应视为中国法制现代化的正式开始。自此，中国法律传统开始发生脱胎换骨的变化：以五刑、十恶、八议、官当、刑讯、尊卑良贱有别、行政司法合一为主要特征且"礼刑结合，律令相辅，刑事优先"的中国法律传统，在极短时间内仓促退出历史舞台，取而代之的是一个又一个令国人颇感生疏的新式法律体系和法律运作机制。不宁惟是，一套又一套从前被认为"大逆不道"、"不合国情"的法律观念——"民主"、"自由"、"平等"、"法治"、"契约自由"、"无罪推定"、"制约权力"、"权利神圣"等，随着新型法律制度的推行一起被带给了人民，使人民的心灵深处渐渐发生革命。与此同时，近代意义上的中华法学，亦与"沟通中西法制"的伟大事业相伴而生，渐至发达。出洋学习欧美日本法律成为学子之时尚，法政学堂如雨后春笋，法政期刊杂志百家争鸣，法学著译如火如荼，法学成为中国之"显学"。据不完全统计，仅二十世纪上半叶，全国各出版机构出版发行的法律和法学著译及资料，多达六千余种，总印行数多达数百万册。本世纪下半期，"法律虚无主义"一度盛行，为患几近三十年，中国法律和法学一派凋零。七十年代末以后，国人痛定思痛，重新觉醒，中国又回到法制现代化的正轨，法律和法学重新兴旺和昌盛，法学著译出版再次空前繁荣。据估计，1978年至今，我国法学著译资料的出版多达万种，总印数可能在千万册以上。这期间，不惟基本完成了前人未竟的法制和法学现代化事业，亦开始了向法制和法学更高的境界的迈进。

这一个世纪的法学著译和资料编纂，是中国法律现代化历程的忠实记录，是中华法学界百年耕耘的结晶。从"全盘欧化"、"全盘苏化"的偏失到"中国特色"法制与法学的探索，百年上下求索留下的这份宝贵的学术遗产，值得我们珍惜；即使仅仅作为一部时代的病历，也值得我们借鉴和分析，以期发现和治疗我国法制现代化过程中的常见病症。不幸的是，这份学术遗产，特别是二十世纪上半叶的法学著译资料，现在正面临着悄然毁失的危险。由于印刷技术低下、纸质粗劣、馆藏条件落后，许多法学书籍破旧枯朽，不堪翻阅，有些甚至图文蚀褪无法辨读。加之种种人为的原因，那些汗牛充栋的法学资料长期尘封蛛网，很少有人记起，半个世纪的探索和成就竟被视若虚无。馆藏制度之限制又使借阅者困阻重重。人们常叹：《尚书》、《周易》乃至秦汉野史随处可得，几十年前的法学著译竟一书难求！此种文化"断裂"现象，实有碍于今日中国法律教育和研究事业之正常进行，亦有损于中国法律现代化事业之发达。以上诸端，不仅二十世纪上半期的书籍如是，二十世纪下半期的一些作品亦已经或很快将面临同样的命运。有感于此，我们遂有整理二十世纪中华法学遗产之愿望及筹划，不意与中国政法大学出版社之设想不谋而合，是以有"二十世纪中华法学文丛"之选印。

本"文丛"选印的书籍或选编的论文，纵贯二十世纪始终。凡能代表二十世纪不同时期法律学术水平、法制特色，有较大影响且为当今中国法学教育研究所需要者，均在选印之列。即使是五十至七十年代间特定背景下的法律和法学作品，只要有历史文献价值，亦可收入。在选印的顺序上，大致由远及近，优先选印上半个世纪的著译资料。目前选印编辑的重点是二十世纪前半期作品。二十世纪后半期的法学成就，拟在以后条件成熟时再行整理。选本范围将不局限于内地学者的作品，还将涉及五十年代以后台湾、香港地区和海外华人学者的法学作品，因为他们的成就也是二十世纪中华法学不可忽视的一部分。除曾正式出版的单本著译外，还将汇聚若干法学家的个人文集，或重新编辑二十世纪各个不同时期的法规、案例及习惯调查资料。不过，凡近二十年间已为各出版机构再版的法学著作、译作，原则上不再选印。

为了保证选本的权威性、准确性，我们特聘请了六位二十世纪上半叶即涉足法学或司法工作的前辈学者出任顾问。老先生们不顾古稀耄耋之年，亲自批点方案、确定书目、选择版本，并以口头或书面的方式提出了许多宝贵的意见。幸赖于此，我们的计划才得以顺利进行。

本"文丛"之选印，旨在集二十世纪中华法学之大成。为体现历史真实，我们将恪守"尊重原作"的原则，不作内容上的任何更动。即使有个别观点与今日不符，亦予以保留。作为不同时期的特殊历史记录，保持原貌更有利于比较和借鉴。为了使读者对每本书的作者及该书的学术地位等有一个必要的背景了解，我们特约请法学界一些学者为各书撰写关于其人其书的专文，置于书前。除此之外，我们所做的纯粹是一些技术性工作，如纠正原作的排印错误，注明原书所引事实、数据、名称之错误等等。为方便起见，可能将同一法学家的数个单行著作合而为一，也可能将原合印在一起的不同著作分开重印，还可能将当时或今日学人对其书或其人的有关评论或有关的图表、法规资料选附于书后。总之，尽可能使其全面、完整。

本"文丛"的选编校勘，是一项看似简单实则复杂艰难的工作，需要相当的学养和责任心。我们虽兢兢业业，如临深履薄，但仍难免疏漏，恳请各界朋友批评指正。除此之外，还期待学界朋友推荐符合本"文丛"宗旨的法学著译资料，与我们共同完成这一跨世纪工程。

谨以本"文丛"献给中国法制现代化事业，献给中国民主法治的新世纪！

二十世纪中华法学文丛

编委会　谨识

1997 年 7 月于北京

导读：程树德及其五种佚著

秦　涛

程树德（1877—1944 年），福建闽县人，中国近代知名的法学家、法律史家、文史学者。他的代表作《九朝律考》与《论语集释》，至今仍是相关领域的基石之作；其他作品《中国法制史》《宪法历史及比较研究》《汉律考》近年都获再版——可见程氏著述的价值，并没有随时间的流逝而消亡。

不过，我在梳理中国法律史学史的过程中，发现：第一，学界对程树德的生平考订多有阙误；第二，程树德还有一批著述，因种种原因不为人知，成为"佚文"。所以我起意考证程树德的生平，撰《程树德先生年谱》；又搜集遗文逸篇，形成这本集子。以下先概述程树德先生的人生及其著述，再依次介绍本书收录的五种佚著。

一、程树德和他的著述

（一）风口弄潮的狂生

程树德，1877 年生于福建闽县。他自幼家贫，十岁丧母，孤苦无依。程父长年在台湾担任澎湖通判、恒春知县一类职务，他便渡海投亲。十五岁，程树德遵父命，拜在台湾鹿港一位颇负才名的施荩门下。据其日后回忆，施氏的启蒙为程树德奠定了经史之学的基础。

晚清世变日亟。1895 年，因甲午战败，台湾被割让给日本。程树德被迫结束十年在台的读书生涯，孤身返回福建。从此，他寄宿山寺，一面教馆谋生，一面备考科举。据回忆，程树德在这一阶段练就了青灯苦读的强毅之志，也立下了经世务、立功名以期不朽的强烈愿望。他屡撰诗文言志，如"束发初授书，矢志期不朽"，又如"大丈夫生当封侯，死当庙食，安能伏案头弄文墨以终其身乎"云云。二十岁时，他偶尔在一位陈氏家中教馆，"尽读其藏书，始留心考据之学"。功名进取的强烈愿心与经史考据的纯粹兴趣，构成程氏生命的两种底色，也是他一生的纠葛。

程树德的青年时代，正当清末十年新政。曾经为国家抡选无数人才的科举制度已经风雨飘摇，嗅觉灵敏的士子们都在纷纷探索着新的出路。程氏 1903 年参与癸卯恩科乡试，高中第二。他的答卷曾作为范本印行，本书予以收录。1904 年，程树德参加甲辰科会试，却名落孙山。这是中国历史上最后一次会试，次年科举制即告废除。好在程树德早已做了另一手准备。

福建沿海，常得时代风气之先。乡贤严复、林纾引介新学，一度成为程树德倾慕的偶像。另一位闽县乡贤、晚清重臣陈宝琛在福州主持东文学堂，资助学生赴日留学。程树德从 1902 年起就读于东文学堂，1903 年东渡日本，效法严、林，翻译出版了北村三郎的《印度史》，旨在以"亡国之史，淋漓惨剧"震动麻木的国人。1904 年落榜之后，程树德遂决意再次东渡日本，成为和佛法律学校法政速成科第二班 336 名学员之一，正式研习时兴的政法之学。1906 年，该班 230 名学生按时毕业，11 人被评为优等生，程树德排名第三。同年，他还出版了第一部著作《平时国际公法》。这一时期，程树德相当活跃，思想标新立异，被时人目为"狂生"。

做时髦学问、写时新著作的同时，考据的兴趣也在潜滋暗长。他在日本学习时发现，罗马古法是西方法治文明的源头，也是法学教育的必修课。可是追求法治、急于变法的中国人，却对本国的古法旧律弃之如敝屣。这令他一度萌生了搜考汉代以来残佚律令的念头。不过，在时代的狂飙突进之下，这个不合时宜的念头只能作为一粒种子，深埋心底。

此时的程树德，急切想用西洋政法之术立功成名。他连续翻译出版了数种日人的法学著作，并在 1908 年归国，先后在福建法政学堂、福建谘议局、京师法政学堂、京师大学堂任教，主要研究和教授宪法学、国际法学、法律原理学。据听课者回忆，程氏学识丰富，善于讲学，亦庄亦谐，能令听者忘倦。他备课的成果大多形成讲义，后来公开出版者仅寥寥数种。本书收录的《法律原理学》即这一时期的未刊讲义。

（二）袁氏当国的推手

舌耕与笔耕，均属于中国传统"三不朽"的"立言"之域，与程树德"立功不朽"的自我期许仍有差距。1912年民国肇建，程树德看到了建功立业的机会。他毅然辞去京师大学堂的教席，到新兴的南方任福建临时省议会秘书长，由此开始数年的宦海沉浮。

1913年，程树德返回北京，任法典编纂会纂修，接近如日中天的袁世凯。1914年，程氏历任国务院法制局参事、约法会议议员、参政院参政等要职，主笔《中华民国约法》（即所谓"袁记约法"），参与修改总统选举法。他在袁氏当国的过程中，积极扮演了法律派幕僚的角色。1915年，袁世凯悍然称帝，策授程树德为中大夫。程氏上书请求废除小学、恢复科举。这些倒行逆施的复古主张，终于引起舆论哗然、举国抨击。

程树德为什么会从晚清新政的留日法科生，沦为袁氏当国的助推手？个中原因值得深思。清朝覆亡，未必符合所有人的预期。只不过大势所趋之下，不同立场者只能噤声而已。袁世凯的文化复古、政治复辟，虽是野心家的手段，但也吸引了相当一部分持政治改良、文化保守立场的人。程树德晚年隐约其辞地追忆："盖袁氏将改帝制，不欲失一部分之人心，其改革固自有待。"说的就是这种情况。不过，他也在诗中坦陈："十载沈郎署，所遇辄非偶。"他与袁世凯的遇合，不过是天真书生遇上了老辣政客、文化立场凑合了政治权谋而已，诚可谓"所遇非偶"。

（三）沉沦郎署的史家

1916年，袁世凯在举国唾骂声中病死，程树德所托非人，半生功名付之东流，宪法学研究化为泡影；1918年，第一次世界大战结束，国际格局发生巨变，程树德的国际法学著述也沦为废纸。政治与时势的变化无常，令他感到深深的幻灭，"始悟凡有时效性之书皆不可作"，唯有不随时势变化的"立言"才有真正不朽的价值。几乎同时，新文化运动流波所及，由胡适、顾颉刚、傅斯年等推动的"整理国故"运动如火如荼展开。程树德久藏心底的考据兴趣重被点燃。

1917年，程树德复任国务院参事，"浮沉郎署，恐遂埋没，因有著书之志"。他重拾故技，"将唐以前散失诸律考订而并存之，先从汉律入手"。自此至1926年，程氏"晨则检书，午则至署抄录，以为常课"，耗十年之力著成《九朝律考》二十卷，次年由商务印书馆出版，"自是即专意著书自娱"。《九朝律考》为程树德带来了国际声誉，也成了不朽的传世之作。

在此期间，程树德还参与了天一阁藏《宋刑统》校订、内阁大库的明清旧档整理、古史辨派的孟姜女故事讨论等活动。1928 年至 1931 年，他陆续撰写或出版了《中国法制史》、《说文稽古篇》、《续明夷待访录》（已佚）、《说文稽古续篇》（已佚）等。

1933 年，程树德受托编写《宪法历史及比较研究》，以四十天的时间急就速成，并在序言反复声明：这只是一本游戏之作，绝非传世之作。他当时已决意珍惜光阴、集中心力著传世之作，"于新籍未一措意也"；只不过因友人约稿，又提供现成资料，姑以之作为一生治宪法学之结束而已。回忆袁氏当国时，汲汲于制宪之过往，转眼之间，已成陈迹。抚今思昔，能不致慨！这也是程氏最后一部法学著作。

某年除夕，程树德曾撰诗言志："束发初授书，矢志期不朽。稍壮喜谈兵，金紫如敝帚。勋名耀青史，封侯印如斗。何期事蹉跎，明春四十九。十载沉郎署，所遇辄非偶。早知事无成，一编差自守。"玩读细绎，他的心灰意懒，他的心有不甘，交相冲突，如在目前。

就在这时，风向又动了。原本如古井死水的枯寂心灵，再次起了微澜。程树德面临暮年最重大的一次抉择。

（四）经世与传世的抉择

1928 年至 1937 年，是"六法全书"编纂的第一阶段。与此同时，法律民族主义运动高潮迭起。1935 年，中华全国司法会议召开，会议宗旨是"研究吾国固有法系之制度及思想，以达建立中国本位新法系"。原本冷门的法律史学，一时竟成为显学。杨鸿烈、郁嶷、丁元普、陈顾远等人的法律史著作相继推出，风行一时。著有《九朝律考》的法史前辈程树德，再度映入时代的视野。1933 年，美国、德国、日本、荷兰的多位学者屡次拜访程树德，咨询中国古代法律的问题。

此时的程树德，原本预备为《论语》作一部详尽的注释；在此情势之下，不免心动技痒，转而决定撰写一部比较法制史的著作《中国法系论》，"比较中西律之异同及其长短"。不过，此时他已经患上血管硬化症，足不能行、口不能言。健康状况似不容许程树德同时完成两部巨著。

《中国法系论》与《论语集释》如何取舍？程树德犹豫纠结了两年，终于在1937年彻底放弃了《中国法系论》的撰写。他将已成的大纲、汇集的资料，与历年来研究文史的旧稿一起，辑为《国故谈苑》六卷，1939年由商务印书馆出版。他专心一意开始最后的名山事业——撰写《论语集释》。

程树德为什么放弃《中国法系论》，改著《论语集释》？他自己的解释是：《中国法系论》采现代学术专著体裁，体大思精，耗费脑力；《论语集释》属于传统注释体裁，"虽裒然巨帙，究系述而不作，故似劳而实逸"——所以"为图省脑力起见，改著《论语集释》"。其实考察时势，也许背后还有不曾明言的隐衷。

《中国法系论》是为"六法全书"、为"建立中国本位新法系"服务的，属于经世救时之作。可是1937年七七事变爆发，亡国灭种的危险迫在眉睫。"中国法系"也好，"六法全书"也罢，都已不如《论语》更能挽救世道人心。经世还是传世，立功还是立言，服务当下还是期待未来？程树德用自己的抉择，作出了可贵的回答。

自1937年至1942年，程树德在丧失视觉、全身瘫痪、语言功能严重退化的情况下，唯恐"书未成而身先死"，以顽强的毅力口述完成了艰苦的撰述。次年，《论语集释》出版。他在序言中自陈心志："夫文化者，国家之生命……毁灭其文化，移易其思想，变更其教育，则必不利于其国者也"，这正是"著者以风烛残年，不惜汗蒸指皲之劳，穷年矻矻以为此者"的深意。

（五）另一个隐秘的程树德

1937年，程树德整理《国故谈苑》，又将其中与国故无关的部分析出，编为《晚榆杂缀》二卷。1940年夏，程树德将近作《死之研究》作为全书最后一篇，定稿。这两卷稿本始终没有出版，其中隐藏着另一个程树德，一个灵异的程树德。

程树德将自己的著述分析成若干层次。他认为，关于国际法、宪法、法理学的著作，都只不过具有时效性的"售世之作"，《九朝律考》《论语集释》这样的书才是"传世之作"。除此之外，他又有《中国法系论》

一类的"经世之作"，深藏在《国故谈苑》之中，罕为人知。而编辑《国故谈苑》之时，再一次切割出来的《晚榆杂缀》就是根本不愿为外人道的隐秘世界了。

程树德说《晚榆杂缀》"其中所论，以经验及因果为多"，与纪晓岚《阅微草堂笔记》近似。其实该书带有浓重的自传与回忆录性质。例如其中"锡名始末"，便讲了自己阴差阳错获得"程树德"之名的经过；"纪前生为泰山猕猴事"则亦真亦幻地讲述了自己的前世来生……篇末"死之研究"，以学术论文体裁、科学考据功夫，探讨了死亡前后的种种灵异现象与原理，读来诡异之极。

程树德自负对死亡深有研究。曾经有一位术士预言他五十岁以后将会沦为乞丐、冻饿路毙。程氏说：我从此积善行德，"今虽幸免为丐，然路毙终不可免"。1944 年元旦，程树德垂老困穷，卖屋迁居，因天气严寒，冻死于路途之中。我读书至此，虽明知其言无稽，仍不禁毛骨悚然。

仅由《九朝律考》与《论语集释》，哪里能见到如此丰富多彩、光怪陆离的程树德？

二、五种佚著导读

（一）《中国法系论》

《中国法系论》撰写于 1935 年前后，今见于《国故谈苑》（1939 年商务印书馆出版）下册卷五、卷六。《中国法系论》是 20 世纪 30 年代法律民族主义运动的背景下，程树德晚年欲研精覃思、全力以赴的法律史集大成之作。因研究计划转变，该书未克全功。《中国法系论》采文化保守主义的立场，以现代法律部门为纲，综合运用沿革法学、比较法学的研究方法，对古代法制的现代转换进行了有益的探讨。

《中国法系论》分总论、各论两部分：总论探讨中国法系的总体特征与发展历史；各论分宪法、行政法、刑法、民法、诉讼法，分门别类加以研究。有两点值得注意：其一，各论形似按照部门法分类，实际上作者不过是因应"六法全书"编纂之需，权宜设此体例以容纳中国法文化的传统资源而已，并不意味着同意以这样的分类去认识法制史——恰恰相反，作者对这种中西比附的凿枘难通之处，每多提示。其二，各论特设"宪法"，以容纳自西汉至明清的相关法律，似违反学界常识。不过，作者既以研究宪法名家，对何谓"宪法"，更从词源与历史入手，辨析欧美宪法的发展阶段，进而反观中国古代所谓"宪法"的名与实。结论不纵不枉，较之近年学界的立论，堪称平允。

《中国法系论》失收于各种法律、法学目录书，未见学者利用，形同佚书。《中国法系论》与杨鸿烈《中国法系在东亚诸国之影响》同期撰成，交相辉映，应当成为中华法系研究史上的重要文献，值得引起研究者的重视。

（二）《散见法史文存》

程树德的法史著作，除《九朝律考》《中国法制史》《中国法系论》等专著外，还有一些散见报刊或收于其他专著内者，为便利用，全部辑录于此。从撰著时间看，这些文字最早发表于 1906 年，最晚发表于 1941 年，跨度相当大。除散见报刊者外，主要是从《说文稽古篇》《国故谈苑》辑出的与法史（或政治制度史）相关的文章。此外，程树德曾在 1931 年撰成《续明夷待访录》，可能已经亡佚。其中《原法》一篇的部分佚文曾引录于《学林》抽印本《论语之研究》，吉光片羽弥足珍贵，辑录于此供学者参考，亦期待将来或能发现全帙。

（三）《法律原理学》

《法律原理学》约撰写于 1910 年，是程树德在京师大学堂法政科讲授同名课程的油印讲义，目前仅知吉林大学图书馆有藏。该藏本天头地脚和夹行之中，有许多手写批注（细察文意，应该是程树德手批），并且附有《十二表法》的最早译本，值得重视。

《法律原理学》分上下两编，共七万余字。上编为法的一般理论，包括法之语原、观念、目的、与道德之关系、法系、法典、分类、法源、效力、改废十章；下编为若干特殊原理，包括人格、权利、财产所有、团体发达诸原理。其中以第二章"法之观念"用力最深，篇幅约占全书三分之一。《法律原理学》直接编译日本学者著作的部分很多，例如第二章第二节"中国学者之观念"主要参考广池千九郎《东洋法制史序论》，第六章"法典"主要引用穗积陈重《法典论》，第四章第一节"家族"主要改编自冈村司的相关论文，等等。

不过，《法律原理学》的原创内容也并不少，尤其见于正面论述中国的部分。前述"中国学者之观念"分总论、儒、墨、道、法五款（共计一万余字）详细讨论了先秦法律思想，虽参考了日本学者的成果，但也颇多自出机杼处。又如"法之语原"对中国"法""律"等字的考释，后来收录于氏著《中国法制史》，可见是程氏自己的创获。

《法律原理学》没有公开出版，过去几乎不为人知，是法理学学术史上的缺环。该书与孟森《新编法学通论》篇幅相埒、时代相同，都是西学东渐过程中，最早的"国产"法理学教材，具有重大的学术史价值，值得深入研究。

（四）《乡试策论》

程树德在1903年中癸卯恩科福建乡试第二名（解元为林志烜）。他的答卷收存于衡鉴堂镌《光绪癸卯恩科福建闱墨》，上海文宝书局1903年石印本，一共六篇。其中一篇为经义，一篇为史论，四篇为西洋史。从答卷可见程树德不仅长于传统的辞章、考据、义理之学，知识量与逻辑亦迈出同侪，具有经世致用的关怀与才干。

（五）《晚榆杂缀》

《晚榆杂缀》初次编订于1937年，1940年增补定稿，共二卷。该书从未刊行，仅有稿本藏于上海图书馆。

《晚榆杂缀》"以经验及因果为多"，自谓近似《阅微草堂笔记》。其实此书内容驳杂，上卷多清末民初的掌故，下卷多程氏回忆录及鬼怪灵异事。上卷"故都忆往"谈会馆、胡同的起源，"光宣琐记"谈清末留洋的情状、变法修律的秘辛，下卷"远生之死"谈报人黄远生的生平及死事，每能补史之缺。下卷"锡名始末""科举余谈"等，既是程树德的经历，也可考见科举末期地方考试弊窦丛生的情状。其余如"古坟中奇尸""谈鬼一束""玉红""纪前生为泰山猕猴事""死之研究"等，既是民国志怪文学的上佳篇什，也是绝妙的社会史料。序言记录撰写《论语集释》的历程，也具有学术史价值。

总之，《晚榆杂缀》虽仅五万余字，但内容驳杂有趣，具有多方面的价值，值得深入挖掘，亦适合阅读消遣。

又：《新民月刊》1936年第4期刊有署名"闽县程树德郁廷"的《晚榆杂缀》九篇，系《胡元入主中夏百年社会风俗之变迁》《日本风俗之近古》《君臣》《道学》《净土》《选举》《地方制度》《多数》《孔庙从祀》，均收入今本《国故谈苑》（《地方制度》今名《省制沿革与改造》）。由此可窥《国故谈苑》《晚榆杂缀》二书的分合痕迹。

结语

法律史的研究，端赖资料。资料分为两种：一是历代的史料；二是近世以来的先行研究。由于历史的原因，晚清民国法律史的先行研究一度蒙尘，直到 20 世纪 80 年代以后才重新为人拾起，90 年代以后才得到大规模发掘整理。不过，这一工作近年来似渐衰歇，晚清民国法律史学的图谱也渐趋凝固。学术史的凝固，意味着可能性的消失。实际上，学术史的"众神堂"不应只有老几位；即便众所周知的老几位（如杨鸿烈、陈顾远、瞿同祖等）也还有不为人知的重要佚篇等待发掘。程树德即是一例。此次发掘整理的五种佚著，自身水平良莠不齐，未必能撼动既定的法律史学术史；我在研究程树德的历程中，也没有什么重大发现可以与学界共享。不过我想，如果能令日渐僵固的学术史，再泛起一圈小小的涟漪，那便是这部小书的价值了吧。

凡 例

　　一、本文集收录的程树德作品均以初版、原刊或稿本为底本，出处除详于导读者外，均附于各篇文末。原文为繁体竖排，今改为简体横排。个别涉及文义理解处，保留繁体字。

　　二、原文或无标点，或仅标旧式句读者，今一律改为新式标点。原文有篇幅较长而不分段者，今酌情分段。

　　三、原文引书常有省略更改，倘不失原意者不加校改；引文明显有误或影响理解者，改正并出校记。引书基本与原文符合者，加引号；改动较多者，不加引号。明显笔误或排印错误，改正并出校记。

　　四、原文有双行夹注，有括号内注，今一律改为括号内注。

　　五、"左列""如左""右列""如右"等保留原文，不改为"下列""如下""上列""如上"。

　　六、本书在编辑时有微量删节，均以脚注说明删节情况。

/目　录/

丙编　法律原理学

中国法系论

《国故谈苑》自序

　　昔方植之作《书林扬觯》，论著书须出于不得已。孟子生战国之际，著书七篇，断断与杨墨争辨。初非有意传世，而其书至今与日月经天，永垂不朽，岂始意所及料哉？古人谓三十以前，不可轻易著书，恐老而成悔。杨慎著《丹铅录》六十九卷，《四库提要》评之曰："慎以博洽，冠一时。使其覃精研思、网罗百代，竭平生之力以成一书，虽未必追踪马、郑，亦未必遽在王应麟、马端临下。而取名太急，稍成卷帙，即付枣梨，饾饤为编，只成杂学。"此论深中其弊。

　　余五十以前，以十年之功，成《九朝律考》二十卷。今年逾耳顺，犹着手《论语集释》之编纂，诚不欲以杂学鸣也。顾鸿篇巨帙，杀青有待，而回忆少时所欲著而未成之书，或功亏一篑，或仅存其目。断简残篇，千虑一得，转觉弃之可惜。丙子秋间，始稍稍佣钞存箧，仿《困学纪闻》《日知录》之例，录而存之。丁丑，复将原书中无关国故者，别厘为《晚榆杂缀》二卷，而以旧作《中国法系论》残稿附之，颜之曰《国故谈苑》：第一卷为经部，而以论孔教及从祀附之；第二卷论史；第三卷考古；第四卷泛论诸子百家之学；第五、第六两卷则多谈政治法律——期于发扬国光而已。

　　近日整理国故之说，其嚣尘上。夫整理岂易言哉！昔人谓《大学》经朱子补传后，已为宋儒之书，而非孔氏之书。今之言整理国故者，毋乃类是？往者闭关时代，故步自封，诚如庄周所云"夏虫不可语冰"。变法议起，欧化东渐，国民思想，为之一变。虽然，释氏谓宇宙互为循环，无往不复者大《易》之理，无平不陂者《洪范》之义。自汉武罢黜百家，独崇儒术。六朝以后，南方之老庄思想，与北派之儒家，混合而成为南北朝之玄理哲学。南宋以后，佛家禅宗一派，又与儒家混合，而成为宋儒之理学。盖吸收异族文明之后，又必排斥其主张，而后有以自存，此二千年来历史所诏示者也。树无根不生，国无本不立，未闻事事师法他人而能立国者。远识之士，骎骎有亡国灭种之惧，而欲提倡旧道德，以冀挽回于万一者。善乎《列子》之言曰："子产非能用竹刑，不得不用；邓析非能屈子产，不得不屈。"何者？时代使之然也。故昔之言新知者，多系邃于旧学之人；今之言国故者，必为富有新知之士。所以言者异，而出于补偏救敝之不得已则同。

著者少年驰骋名场，标新领异，人争以狂生目之。老而读书渐多，阅世渐深，始知其谬。岂生而迂阔者哉？

丁丑秋九月闽县程树德序

中国法系论上　总论

岁癸酉，美国哥伦比亚大学教授毕格（Cyrus H. Peake）访余于旧都。氏在美担任中国历史，喜研究中国法律。以《唐律》止有法文译本，而无英文，故美人鲜能读《唐律》者。欲译成英文，以饷其国人。并先译《明史·刑法志》，以为试笔。每土曜日，携舌人至余宅，手一小册子，杂录各问题，就正于余，如是者近一年。同时胡适之介绍荷兰人范可法（M. H. van der Valk）字宪之来谒。氏任荷属印度候补汉务司顾问，慕华风，改用汉人姓名，非译音也。操华语甚流利。以曾读余著《九朝律考》，欲一见其人。德国柏林大学博士米协尔（Franz Michael）有志于中律之研究，亦持介绍函投谒，以余为东方法学泰斗，余深愧之。日本京都帝国大学教授石川兴二及牧健二，因游华之便，投刺请见。牧氏专攻日本法制史，著述宏富，询余以"贵国研究中国法制几何人，抑尽研究欧美法制耶"？愧无以答也。毕格之将归也，余访之于其邸，见其藏书甚富，于中国历代旧律，收罗无遗，且多外间罕见之本。谈次语余曰："贵国自有治国良法，胡事模仿外国为？"余又愧无以应也。历年因多外籍人来访，每以旧律中专门名词嘱余解释。而余因苦于舌人繙绎之困难，因有《中国法系论》之作，比较中西律之异同及其长短。

盖世界共有五大法系，除中国外，尚有英美、罗马、印度、回回法系。现在惟英美、罗马二系势力强盛，几于支配全球，其他各系日渐衰歇。然以世界趋势言之，大抵各维持其固有国粹，不肯同化于外国。如最近德国，自国社党专政以来，即着手修改民法。凡现行民法中，有采用罗马法系诸条，概行删改，而以普鲁士旧习惯代之。此种狭隘之国家主义，固非余所敢赞同。然如苏联之阳以大同主义为号召，而阴进行世界革命，稍一不慎，入其彀中，立致危亡，则亦期期以为不可。

草拟大纲初成，未及起草而病作，因而中止。迨来年事渐高，为图省脑力起见，改著《论语集释》，取宋以后注解《论语》诸书，分类抄辑，以补古注及朱注所未及。虽裒然巨帙，究系述而不作，故似劳而实逸。惟《法系论》系发扬国光，终觉弃之可惜。爰撮举大纲，庶后之有志研究法律者得观览焉。

第一章　中国法系之评价

（一）有广大之幅员

其范围及于亚洲之全部。除中国外，北如高丽、蒙古，南如暹罗、安南、缅甸，皆属此法系。气候温和，物产丰富，占世界第一。日本自明治维新后，虽受罗马法系影响，然其最初文明，系由中国输入，故亦可谓之准中国法系。范围与英美、罗马二系等，而广大过之。

（二）有众多之人口

除中国四亿七千万外，远至南洋群岛，及美洲华侨，估计在七亿以上，几占全球人口之过半数。

（三）有悠久之历史

《太史公素王妙论》（《北堂书钞》引）："黄帝设五法，布之天下。"今可考者，如风后受金法，见陶渊明《群辅录》；李法，见《汉书·胡建传》。五法之名，今尚存其二，是中国之有法律，盖始于黄帝，约当纪元前三千年。尧舜时代，始定象刑，日人田能村梅士称为"世界最古之刑法"，即以名其书。欧洲尚在草昧时代，而中国则已法制修明，灿然大备矣。

（四）有最高之文明

欧洲之文明，为物质文明。中国与印度，则为精神文明。印度释迦摩尼佛、中国孔子，欧洲无此等伟大人物也。近人梁漱溟所著《东西文化及其哲学》，以中国之文明为第一，印度次之，泰西为下。

第二章　中国法系发达之历史

三代皆以礼治，初未有礼与律之分。战国时魏文侯师李悝，集诸国刑典，著《法经》六篇。商鞅传《法经》，改法为律，律之名盖自秦始。汉萧何作《九章律》，其前六篇即《法经》也。

晋、魏两朝之律，均以《汉律》为蓝本。自晋氏失驭，天下分为南北，于是律亦分南北二支。南朝刘宋、南齐，沿用《晋律》。梁武始定律，篇目均与晋同，惟删去《诸侯》一篇，增置《仓库》一篇。《陈律》则篇目条纲一依梁法。是两朝之于《晋律》，其增损均在文字之间。及陈并于隋，而南朝之律，其祀遽斩。

北魏多承用《汉律》，不尽袭魏晋之制。盖世祖定律出于崔浩、高允之手。崔浩长于《汉律》，《史记索隐》尚引其《汉律序》文。高允则好《春秋公羊》，盖治董仲舒、应劭《公羊决狱》之学者。知其原因固出于《汉律》也。元魏既亡，北齐、后周，各自定律。《后周律》二十五篇，成于武帝保定三年。《北齐律》十二篇，成于武成河清三年。及隋文帝代周有天下，其定律独采北齐而不袭周制，是何以故？考《周书·苏绰传》，太祖命绰为《大诰》，文笔皆依此体。《史通》亦谓宇文初习华风，军国词令，皆准《尚书》，意必刺取周礼、周官资其文饰，今古杂糅。至隋氏乃一扫其迂谬之迹也。

南北朝诸律，北优于南，而《齐律》尤为北朝诸律之最。《北齐书·崔昂传》谓部分科条，校正古今，所增损十有七八。《隋志》亦云科条简要，仕门子弟，常讲习之，故齐人多晓法律。隋开皇定律，纯采北齐。今《齐律》虽佚，尚可于《唐律》得其仿佛：篇目虽有分合，而沿其十二篇之旧，一也；刑名虽有增损，而沿其五等之旧，二也；"十恶"名称，虽有歧出，而沿其"重罪十条"之旧，三也。《隋律》有二：一为文帝所定之《开皇律》，一为炀帝所定之《大业律》。《通鉴》：武德元年，废隋大业律令。《唐六典》注：武德中定律令，其篇目一准开皇之旧，刑名之制亦略同。惟三流皆加一千里，以此为异。是今所传之《唐律》，即以隋之《开皇律》为蓝本也。

《唐律》行世最久。五代无论已，《玉海》：国初用唐律令格式。建隆四年七月工部尚书判大理寺窦仪，进《建隆重定刑统》三十卷，诏付大理寺刻板摹印，颁行天下。今其书尚存，质言之，即《唐律》也。《辽史》：神册六年，诏大臣定治契丹及诸夷之法，汉人则断以律令。《圣宗纪》：统和十二年，诏契丹人犯十恶者依汉律。按：汉律者，汉人之律，即《唐律》也。《金史》：天眷三年，复取河南地，乃诏其民约所用刑法，皆从律文。所谓律文，亦《唐律》也。泰和元年，修律，凡十二篇。《志》言其实即《唐律》。是辽、金所用之律，皆《唐律》也。明太祖平武昌，即议律令。初帝以唐宋皆有成律断狱，惟元不仿古制，取一时所行之事为条格，胥吏易为奸弊。洪武六年，诏刑部尚书刘惟谦详定《大明律》。明年书成，篇目一准于唐。自胡惟庸诛后，废中书而政归六部，是年更定《大明律》，亦以六部分类，逐一变古律之面目，《清律》因之。然其实质，则仍《唐律》也。盖中律以辅助道德为目的。道德既万古不变，故法律亦恒久不变。《清律》几全袭《明律》，《明律》则袭《唐律》而变其面目。《宋刑统》目录，与《唐律》微有分合，内容几无一字之差。《唐律》亦全袭隋《开皇律》，除五十三条，又以格五十三条入律，余无改正。《隋律》源出《北齐律》，惟条数减其一半。计自北齐至清，约一千四五百年，大体相同。李悝《法经》，今虽久佚，惟止六篇，文必甚简，意必全数尽入《唐律》中，今不可考矣。

[附注] 大陆诸国，其大学法科，皆有"罗马法讲座"。我国应改为"汉律"，且为必修科目。

第三章　中国法系与英美罗马法系之异同

第一节　资本主义非资本主义

泰西诸国，无论其为英美法系，为罗马法系，要之皆属于资本主义之国家也。

以宪法言之：君主国之政权，操于贵族者无论矣；民主国主权出自人民，官吏由于公选，宜若一切平等，殊不知选举者皆金钱之魔力，总统、内阁、议会者，实资本家之地盘；持社会主义者，因而有无产阶级专政之说，欲造成与资本国家相反之情形[1]以救之，此实资本主义之最大表征也。

以行政法言之：欧美概用荐辟制，出身必由学校，自小学至于大学，经济、时间，糜费甚巨，非富豪子弟不能受完全教育。其官吏之出于选举者，则非金钱运动不能当选。各用其党，各私其亲，虽有文官考试，等于虚设。美且并此无之。我国唐宋以前均有学校，但仅为讲学之地。而士子出身，则曰科举，寒畯可取青紫如拾芥，富豪子弟终身求一命之荣而不可得，最为平等。苞苴杜绝，请托不行。故土地人口，十倍于彼国，历史上从未闻贫富阶级之争者，则赖有此制以维持之。

以刑法言之：罚金科料之制，利于富而不便于贫。姑举一例。西律汽车杀人，以非故意，科罪至罚锾而止。然富者金钱挥霍，视如泥沙，万金之罚，曾不足损其毫毛，平民生命真贱如蝼蚁矣。《太炎文录·五朝法律索隐》云："《晋律》：'众中走马者，二岁刑；因而杀人者死。'汉土旧法，贤于拜金之国远矣！"且我国最低级之刑罚，向用笞刑。唐、明律对于官吏犯罪，并无除外之条。此真平民化之法律也。二者相较，果孰为文明进步、孰为野蛮退化耶？

以民法言之：凡债务案件，既责还本，又偿利息，如有损害，尚需赔偿，法院依法强制执行。债权者之保护诚至矣！债务者之破家荡产，卖妻鬻子，所不恤也。我国则否。《清律·钱债》："凡私放钱债及典当财物，每月取利，并不得过三分。年月虽多，不过一本一利。违者笞四十。以余利计赃，重者坐赃论罪。"与西律之保护资本主义，固若冰炭之不相容。耶教教义，以放债取息为道德上之犯罪，事见《旧约》。我国旧日判例，向不保护利息。如债务者果系赤贫，即本钱尚需折扣偿还。不特此也，欧洲大赦，止以刑事为限，中国则兼及民事。永亨[2]《搜采异闻录》：淳熙二月大赦，[3]凡民间债负，不论久近多寡，一切除放。遂有出钱方

---

[1]　编按：本句略有修改。

[2]　原作"叶永亨"，"叶"字衍。

[3]　原作"淳熙二年大赦"。查《搜采异闻录》原文为"淳熙二月登极赦"。按：此为淳熙十六年二月宋光宗登极赦，引文误。

旬日，未得一息，而并本失之者。何澹为谏大夫，常论其事，遂令止偿本钱。绍兴五年大赦，[1]蠲三年以前者。晋天福六年赦文，[2]民间债务，取利及一倍者并放。此为最得。据此知我国向以放债生利为一种不法行为，故与杀人、强盗，同列赦条之内，其精神与耶教同。所以与今社会主义异者，中律以家族为单位，故共产限于一家。礼：父母在，子不得有私财。《唐律疏议》释同居，谓同财共居。盖范围既狭，易于推行，且不侵犯他人权利也。

第二节　形式主义非形式主义

罗马法重形式，沿其流者，因有民、刑、诉讼诸法。我国习惯，向不注重形式。明、清律亦有"诉讼"一篇，然皆实体法，非手续法也。

以债权言之：欧洲民法中，有定百元以上之债权，非有收据不生效力者。我国商人素重信义，虽万金借贷，口头即可成立。

以婚姻言之：各国中无论其为宗教结婚，为民事结婚，而其为要式行为则同，非经过广告方式、举行方式、证书方式，不能为有效之婚姻，几为欧洲通例。我国古代有六礼之制，唐、明律亦以婚书为必要条件。然习惯上仍有指腹为婚者，不必履行礼制及法律手续，仍为有效也。

以赠与言之：各国均认为单独行为，然奥大利民法，则认为契约必须得对方之承诺。盖赠书一经登记，他日即负抚养义务故也。我国亦有此俗。凡受人恩惠者，道德上仍有养赡义务，不以登记之有无而异也。

以时效言之：凡债权经过一定时间，即失效力，谓之消灭时效。我国则父债子还，久成惯例。盗品、遗失品，无论经过若干时间，一经原主承认，皆应返还。

以宣誓言之：总统、阁员就职，必须正式宣誓。归化入籍，亦以宣誓为发生效力之条件。我国法律，从无此种规定。

以上特举其著者。推其所以不重形式之原因，凡有二种：

（一）国民道德心之普及

昔有商人，雇西人为工程师者，每月付薪时，均忘索收据。及期满解雇，西人以拖欠薪金，诉之法庭，商人遂以无证败诉。此事在我国商界为创闻。何者？悖入悖出，儒者首重良知；鬼责冥诛，佛氏兼明因果。三尺童子，胥明此义。先圣遗教，入人者深，不肯为抑不敢为也。故手续在法治上为自卫，在礼治则无必要也。

（二）社会浪漫及厌恶形式之心理

西人起居整饬，好清洁，重时间，事皆有条不紊。我国士大夫，以不事家人

---

[1]　原作"绍兴六年大赦"，据《搜采异闻录》改。
[2]　原作"晋天福五年赦文"，据《搜采异闻录》改。

生产为高尚，以小事糊涂为名言。陈蕃闲居一室，庭宇芜秽，乃以为大丈夫当扫除天下，安事一室。是此风自汉已然。加以六朝之清谈，南宋之道学，王猛扪虱，嵇康锻铁，史书记载，以为美谈。王安石至囚首丧面，以谈诗书，积久遂养成浪漫之社会。吾非以西人之严整为非，而以中国之浪漫为是也，惟既已如是矣。谚云："江山易改，本性难移。"个人性有躁缓，有奢吝，尚非旦夕可移，况二千余年以来之积习乎？今为治者，必欲以西律之手续相绳，宜其事倍功半，枘凿不入，而增人民之厌恶也。

重形式之弊，其极必至于作伪。试一观泰西之政治法律，几无一不流于虚伪。普通选举，人人参政，其形式也。论其实际，则金钱万恶，人皆弃权不顾，投票者百人中常不满二十也。国会多数取决代表民意，其形式也。论其实际，则政党把持，少数阶级，假名义以剥削平民也。……[1]大抵手续愈繁重者，其作伪之术愈工；持论愈高者，其去实际亦愈远。故昔者君主专制，而三百年不加赋。今也全民政治，主权操之国民，而苛捐杂税，层出不穷。是知国家之治乱、民生之利害，在实际不在形式也。抑匪特政治法律如是也，小而至于一器具之末，我也取其坚固耐久，彼也取其精致玩目。一商品之微，我也取其适口，而不尚外观，彼也装潢之费，或倍于原物。饰以美人之片，丽以有光之纸，想尽诱惑买主之能事，而味之甘美粗恶，不之计也。此亦中西风俗之一大鸿沟也。

第三节　个人本位主义家族本位主义

西律皆以个人为单位。中国除秦孝公变法"民有二男以上不分异者倍其赋"，曾一度用个人主义外，自汉以来，概以家族为单位。《易·家人卦》："女正位乎内，男正位乎外，男女正，天地之大义也。家人有严君焉，父母之谓也。父父子子，兄兄弟弟，夫夫妇妇，而家道正。正家而天下定矣。"《易·序卦传》："有天地然后有万物，有万物然后有男女，有男女然后有夫妇，有夫妇然后有父子。"是可知古以男女配偶为一家成立之条件。夫妇为小家族，有父子兄弟者为大家族。三代以上，皆以家为国之单位，故称国家。《周礼·地官》："五家为比，比有长；五比为闾，闾有胥；四闾为族，有族师；五族为党，有党正；五党为州，有州长；五州为乡，有乡大夫。"此地方自治，以家为单位也。《小司徒》：均土地，"上地家七人，可任也者家三人；中地家六人，可任也者二家五人；下地家五人，可任也者家二人"。郑注："一家男女七人以上，则授之以上地；男女五人以下，则授之以下地。有夫有妇，然后为家。自二人以至于十，为九等。可任，谓丁壮任力役之事者。"是井田时代，其授田任役均以家为单位也。此我国法律

---

〔1〕　编按：此处删二句。

建筑于家族制度之上也。

因立法根据家为单位之历史，故必有家长及家属。家长为一家之代表，于法律上有特殊之权利义务。

以对外方面言之：《清律》"欺隐田粮"条之注云："一户以内所有田粮，家长主之。"故家长有纳付田粮及呈报家口之义务。《唐律》则明定："诸脱户者，家长徒三年。"又《名例》：家人共犯时，止坐家长。此皆法律明定以责任归之家长者。

以对内方面言之：子孙违犯教令，律有专条。家长对于家之财产，有管理处分之全权，卑幼不得擅之。《唐律》"诸同居卑幼私辄用财者，十匹笞十"是也。关于家属，法律上常使用"同居"之用语。"同居"二字，始见于《汉书·惠帝纪》，是《汉律》已有之。《唐律》所定者：一、同居相为容隐，勿论其罪。奴婢为主隐者亦同。二、同居卑幼，将人盗己家财物者，以私辄用财物论，加二等。三、"征人冒名相代"条，同居亲属代者，减二等。四、缘坐非同居者，资财田宅，不在没限。——皆规定家属之特殊权利义务者。

今欧美多数之国家，概行个人制度。以中国行家族制者较之，有左之差异：

（一）欧美诸国有亲族而无家族。有自然的亲族，无法制的亲族。（例养子过继）有亲子夫妇其他血族姻族相互之关系，无户主家族之关系。

（二）欧美诸国有身份证书，无户籍簿。

（三）欧美诸国有住所，无家。

（四）英美法系不认养子制度。大陆虽许之，然其目的不过慰老年之孤寂，不能继承宗祧。

（五）欧美诸国有财产继承，无宗祧继承。

个人制度之弊有二：

（甲）过重婚姻之弊

婚姻之制，所谓夫唱妇随。人生之幸福，莫大于是。然此绝不可望之于今日之个人制度。何者？幸福当一任个人之自由寻求，或得之或失之，而不可依法律之力为强制。耶教盛行以后，其教旨以禁止离婚为主。然绝对禁止，事实上为不可能。故今日各国立法，或设夫妇别居制度，或虽许离婚而以裁判上离婚为限。间有一二许协议上离婚者，然其方法极复杂，不胜烦累。故现今欧洲人士，多避婚姻，而视之如蛇蝎。而其避婚姻之故，约分二派：

一、今日各国婚姻制度，仍有使妻从夫之规定。而女子不满之，以为婚姻乃暴戾男子所作成，以确保其优越地位者。此种蹂躏人权之契约，是谓不正。拒绝婚姻，即所以保其独立人格也。是为第一派。

二、法律上婚姻，其夫妇亲子之间，有种种之义务。为避此烦累，故避法律之上婚姻，而就事实上之婚姻，欧洲所谓"伪家庭"是也。此则其去就离合，皆极自由。生子则委于国家之育儿院，即不然而遗弃之，亦非法律之力所能及。因之私生子之统计日增，而国家之救恤费将因之而穷。是为第二派。

（乙）虐待私生子之弊

欧洲通例，区别嫡出子与私生子。其待遇私生子，最为残酷。盖立法者之理想，欲使人就婚姻而禁冶游，故虐待私生子以恐吓之。然因父母之过失，而罪及于无辜之子，已属无理。况人欲之难防，甚于洪水。固未闻因虐待私生子之故，而世遂无钻穴踰墙之行也。此则策之最下者。

个人制之最大弊害，在生齿日稀，人口减退。且幼不能受父母充分之教养，老不能享妻子充分之侍奉，生人毫无乐趣。富者尚可，贫者则不堪设想，因而厌世自杀者，比比也。法国社会经济学者路布勒（Fe Le Reay），认法国社会腐败之原因，由于亲权衰颓，以为欲复兴家制，莫如扩张亲权。然非以教育自由、惩戒自由、遗赠自由之三大自由赋与之，不能完亲权之效用。故曰家庭政治之复兴，一切改革中之最要者也。一九零七年瑞士新民法公布，即本路氏之说，不特注重亲权，且使家权与亲权并立，盖纯粹之旧家制也。欧洲一般之法学家，几于舌挢而不能下。一九二零年希腊新宪法，明定生育蕃殖之家庭，国家须与以津贴。一九三二年西班牙新宪法，保障人民自由离婚之权利，同时明定父母对于私生子，须与嫡出子同等待遇。意大利自莫索里尼专政以来，积极提倡集团结婚，并颁给一种徽章，交曾经结婚者佩带。德希特勒政府，尤为严厉：官吏未结婚者一律免职；无力结婚者，得受三百马克之补助金；且于女子入校，所授功课，专注重家政、烹饪、裁缝等科，禁止女子任官。最近并苏联亦公布新法律，禁妻无故不与夫同居。凡此皆为家族制复兴之萌芽，是亦剥极而复之机也。

［附注］本节参考日本法学博士冈村氏论文，见《内外论丛》第四卷一号及六号。

第四节　权利本位主义义务本位主义

古代法律，不过为一国主权者驾驭人民之具。所谓不可杀人、不可盗物者，单为定人民对于国家之义务。其后此种观念发达，并个人相互之间，亦有此义务。因此义务之结果，个人遂有不被他人杀害及盗夺之权利。由此言之，法律者，非作权利，乃作义务者也。权利者，义务之反影。然至近世，思想为之一变。法律直接与人民以生命、身体、财产、名誉、自由诸权利。因权利之结果，而个人间遂有不可害他人生命、身体、财产、名誉、自由之义务。由此言之，义务者又不过权利之反影也。但有一制限，即法律虽可止作义务、不作权利，至有权利而无义务，则为法律所不许。是法律本位以权利与以义务，似异而实同也。

然而有不同者：以权利为本位，易开争权夺利之风，致成上下交争利之局，是故孔子罕言利，孟子亦云"王何必曰利"。圣人非不知利为人类生存必要之条件，而顾为此言者，恐以利导天下，利尽而其术将穷也。

所谓义务本位，质言之，即道德本位之义。举例明之：欧洲以侵犯他人权利为犯罪，苟权利未受侵犯，其犯罪即不成立。故未婚男女和奸无罪。何者？在未婚以前，身体完全自由，既无夫之存在，自不生夫权侵害问题，故可无罪。中律则否，不以侵犯他人权利为标准，而视其有无违反道德。和奸虽未侵犯夫权，而本保护弱者之精神，仍可成立犯罪。再如不孝，西律无此罪名，必须侵犯亲权，如不尽抚养义务之类，其犯罪始可成立。假定有人，自奉甚丰厚，而食父母以草具，但使父母未受饥寒，不能成立犯罪。而我国则以不孝起诉，列入十恶，为常赦所不原。此何也？盖以义务本位之法律，止须不尽义务，其犯罪已可成立。子有孝顺父母之义务，违反者加以制裁。推之不敬、不睦、不义、不道，在中律科以极重罪名，而在西律则无罪。此亦中西律一大区别也。

第五节　成文主义不文主义

法律有成文、不文之别。现今欧洲大多数之国，概属前者，惟英美则属后者。采成文主义者，必须编纂法典。其主张始于英人培根，曾上书于英王遮姆斯一世，不果用。其后边沁继之，一八一四年五月上书于俄帝亚历山大，欲编纂俄法。俄帝深谢其厚意，并赠以指环。氏不悟其旨，是年再上书，帝遂不答。边沁又尝于一八一一年上书于美国大总统麦坚尼，越五年麦氏答之，盛称其学术为当世第一，然至编纂法典一事，则谢绝之。氏遂于一八一四年上书于美国巴西尔尼亚州（Pennsy Ivania），顾以无报酬从事法典编纂，复不见答。遂自著书，遍送美国各州之知事，无一州应之者。不得已乃著书以论编纂法典之利益，并寄书于各国之议院。当时止希腊、葡萄牙一二小国，常询其意见，余皆不之顾。

其故何耶？盖十九世纪之初，反对法律成文之说极盛。其持论约可分为二派：一派谓法典非绝对不可编纂，当斟酌国势民情，不可冒昧从事；一派谓无论何国、无论何时，凡编纂法典，皆与国家不利。其所持理由有四：

（一）成文法有妨社会之进步

社会为进化的，而法典则有静止性质，常不能应社会之变迁。盖国家用惯习法、单行法，则改正容易。若法典则改正既感困难，故社会与法律之间，必生最著之离隔。

（二）成文法不能包括法律之全体

虽编成法典，然仍有当立于法典之外者。例如要屡次改正之法律，及要细密规定之法律，绝不能编入法典中。则不如不编法典之为愈。

此种反对论，极为有力。故一八七四年九月，德国民法编纂委员豫定民法范围，凡版权法、专卖权法、山林法、矿山法、银行法等，皆不入民法之范围云。

（三）成文法不能使无裁判例

每编纂法典，常必有无数之解释家，此必至之现象也。古今立法家为豫防牵强附会之解释，尝以严法禁止之。罗马鸿斯齐利安帝，曾严禁法典之解释，然不久而注释学派盛行于意大利。拿破仑之初定法典也，市中有注释者，拿氏取而阅之，投书叹息曰："朕之法典。亦既废矣。"

（四）成文法易增多诉讼

现今世界，除英美外，几无不采成文主义者。欧战前，英曾有人提议，欲仿德法诸国之例编纂法典者。此案在下院，卒以大多数否决之。吾人初疑条顿民族，一何守旧至此，而不知其有不得已之苦衷在也。英版图之广，在世界虽居首位，然实则其本部伦敦三岛，不过当中国数府之地。今则爱尔兰已宣告自治、自选总统矣。此外如印度，如新西兰，如坎拿大，如澳洲，及南阿非利加联邦，种族、气候、风俗无一与英内地相近，其组织又多系联邦。而欲订一种法律，使远隔重洋之殖民地，共同遵守，无论其不可能也。即使勉强就范，而例外之范围，大于原则，虽有成文法，徒具文耳。其至于采不文主义，尊重各地方习惯者，势使然也。中国幅员虽亚于英，而完整则过之。姑无论西藏、蒙古种族不同，习尚异致，即长城以内，犹逾万里。禹会涂山，执玉帛者万国，至周初犹存千八百国。春秋之世，见于经传者一百二十四国。秦灭六国，宇内统一。然五胡十六国之乱，羌羯杂居内地，而南有苗黎，西有賨僰，闽越余民，滇黔猺族，言语侏僌，风俗诡异，近于英而甚于美。晚清之季，无识之徒，见日本明治维新公布法典，战胜攻取渐致富强，遂不惜尽弃固有文明，削足适履，而效果适得其反，其故亦可思矣。今在朝多留美学生，惟闻喜更张、重形式，而于英美之根本立法精神，无能道者。吾故曰中国法系与英美为近，而与大陆相去绝远。彼其条项周密、手续繁琐，宜于治民族单纯、幅员狭小之国，而不可以治大国。譬之医者治疾，寒热异剂，攻补异宜。今不问其何病，而概投同一之药，几何而不杀人也！而况乎其弃美玉而宝碔砆，迁乔木而入幽谷也！

第六节　多律主义－律主义

泰西民刑商法以外，不乏单行之律，故有公法、私法、普通法、特别法、主法、助法、强行法、任意法之别。我国汉魏以前，固亦有之。如汉《九章律》之外，有《傍章》十八篇、《越宫律》二十七篇、《朝律》六篇，均见《晋书·刑法志》。律名散见他书者，有《尉律》《酎金律》《上计律》《大乐律》《田律》《挟书律》诸名。《晋志》又称魏有《乏留律》，在《魏律》十八篇之外。盖正律以外，尚有单行之律，固汉魏间通制也。自晋以后，举一国行政司法，悉纳入一律之中。《唐律》《明律》而外，不闻更以律名者。"国将亡，必多制"，为自昔垂戒之格言。汉高祖与父老约法三章，悉除去秦法而民大悦。唐高祖又袭其故智，大业十三年约法十二条，逐代隋而有天下。简则治，繁则乱。盖以我国幅员之广，人民之众，风俗之殊，不能不有以简驭繁之法。故各国无不有极详密之民法、商法、诉讼法，而我国皆无之。是否为古人思虑所未及，尚属待考。即以一律言之，亦日趋于简。《魏律》凡十八篇，《晋志》谓于正律九篇为增，于傍章科令为省，然其条数则均不可考。《晋律》据《唐六典》注一千五百三十条。后魏定律，不载其条数。《梁律》二千五百二十九条。《陈律》同《齐律》九百四十九条。《周律》一千五百三十七条。隋《开皇律》五百条。《大业律》同《唐律》亦五百条。《明律》减为四百六十条。《清律》又减为四百三十六条。此亦由繁趋简之一证也。

因法律之简，恐事变有出于律之外者，于是有比附之法。所谓"比"即比例。《礼记·王制》注："已行故事曰比。"高帝七年诏："廷尉所不能决，谨具为奏，傅所当比律令以闻。"自是永为成法。《清律》凡律令该载不尽事理，若断罪无正条者，引律比附，应加应减，定拟罪名，议定奏闻。盖纯本汉制也。

判例有无法律效力，其主义可分二派：

（一）英美主义

此主义判例纯然有法律效力，援用判例与援引法律条文无异。

（二）罗马主义

援例判决之原则，至鸠斯齐尼安帝时确定禁止。现今大陆诸国，皆袭用之。故法律无正条者无罪。

我国自五代以来，因《唐律》行世日久，与社会情形时生阻隔，故常以判例附律以行。周世宗显德四年，取《开成格》《大中统类》后唐以来至汉末编敕，附入《唐律》，目之为《大周刑统》，颁行天下。宋因之，每代皆有编敕。所谓编敕，即判例也。至元遂不定律，专依判例定罪，谓之条格。今《四库存目》有《至正条格》二十三卷。明清两代，虽不用刑统之名，而例附律后，则仍旧制。《皇朝文献通考》：雍正三年，颁行《大清律集解》，律后附例共八百二十四条，分为三项：曰原例，系累朝旧例；曰增例，系康熙间增入；曰钦定例，系上谕及臣工条奏。乾隆元年，从尚书傅鼐请，重纂律例，五年书成，凡四十七卷。律文四百三十六条，悉仍其旧。删去总注附例千有四十二条，删原例、增例各名目，颁行直省，永著为例。盖我国为不文法之国，与英美派相近，且又采一律主义，其不能不赖例之辅助者，势为之也。

第四章 中国法系立法之目的

泰西号称法治国，其法律根据权利，以平权均利为无上至治。中国则否。建国基础，以道德礼让而不以法律。故法律自身无目的，仅为达礼治目的之一种手段。奚以知之？春秋战国百家并起，除法家外，均不主张法治，而儒家反对犹力。《尚书》："刑期于无刑。"《大学》："听讼，吾犹人也。必也使无讼乎？"《论语》："道之以政，齐之以刑，民免而无耻。道之以德，齐之以礼，有耻且格。"《孟子》亦云："徒法不能以自行。"《荀子·君道篇》："法不能独立，得其人则存，失其人则亡。"又云："有治人无治法。"皆其证也。秦用商鞅、李斯，二世而亡，后世引为大戒。太史公曰："法令者治之具，而非制治清浊之原。"六朝以后，科条委诸胥吏。纪昀编《四库全书》，乃致屏法令之书不录。吾国之轻法治，非一朝一夕之故。基此理由，中国法系有左列特征：

（一）法庭非士大夫解决曲直之地

《礼记》："礼不下庶人，刑不上大夫。"《荀子·富国篇》："由士以上，则必以礼乐节之。子庶百姓，则必以法数制之。"皆以法为束缚下流社会之具。此似原因于上古之阶级制度，而实不然。秦废井田封建，贵族观念，业已扫荡无遗矣。然汉时周勃有罪，逮诣廷尉诏狱。贾谊上疏曰："古者廉耻礼节，以治君子。故有赐死，而无僇辱。是以黥劓之罪，不及大夫。"《魏书·李彪传》："圣朝宾遇大臣，礼同古典。自太和以降，有负罪当陷大辟者，多得归第自尽。"六朝时犹如此。杨继盛《狱中谕两儿书》："你两个不拘有天来大脑，要私下请众亲戚讲和，切记不可告之于官。今士大夫之束身自爱者，犹不肯以细微事故，轻于涉讼公庭。事之曲直不论，而一经成讼，损失已多。"今日犹有此观念也。

（二）法律之外得以经义决狱

《盐铁论》："春秋之治狱，论心定罪。志善而违于法者免，志恶而合于法者诛。"《汉志》有《公羊董仲舒治狱》十六篇。《应劭传》劭亦撰《春秋决狱》。《魏书·刑罚志》：太平真君六年"以有司断法不平，诏诸疑狱皆付中书，依古经义论决之"。《高允传》："以经义断诸疑事，……三十余载，内外称平。"自汉魏逮至六朝，经义决狱，成为惯例。见于各史传者，不可指数。虽律无正条，犹可以断狱治罪也。

（三）所谓良吏者谓能运用于法之外

历史上所谓循吏，在爱民，不在守法。陆陇其宰灵寿县，置《清律》堂上。民有诉者，取以之示之，且告之曰："本县向不以法绳人。"争产者、离婚者，率劝谕和解之。民皆涕泣悦服而去。获小偷到案，则教之以纺花之法，曰："能则释汝。"再犯则杖而后教之，在堂上纺花一月。三犯则曰："是不能改矣。"使二役挟之急行千步，以热醋一碗灌之，饮至半，使一人突拍其背，则嗽终身不愈，不能作贼矣。盖终不肯用法律也，时称"陆青天"。袁枚任溧阳令时，民有诉其妻六月生子，要求离异者。公自言己亦六月所生，且认乡人子为义儿。民大喜，讼遂解。有询公："胡自污乃尔？"公笑曰："乡人娶亲不易。女被出谁愿得者？而此子亦终不育。于三方均大不利。必如此乃获两全。"众始服。汉隽不疑为青州刺史，每行部录囚徒还，其母辄问："有所平反？活几何人？"《明律》："凡监察御史、按察司辩明冤枉，须要开其所枉事迹实封奏闻。委官追问得实，被诬之人依律改正，坐元告、元问官吏。"古人立法，其勤政爱民有如此者。今不此之务，而民刑诉讼法，动至二三千条，津津于手续之末。吁，何其愦也！

（四）用法而不泥于法，法本轻而处重，或法本重而处轻，反以博社会之欢迎

欧洲裁判官虽可自由心证，然必在法律范围内，始有伸缩余地。中国则否。宋张乖崖为崇阳令，有吏盗一钱，令杖之。吏曰："即能杖我，宁能斩我耶？"乖崖曰："杖者法律，斩者自请。"杖而后斩之。丁日昌任台湾巡抚，侦知台湾道刘璈司阍好货，非纳苞苴不许进谒。乃变姓名袖百金投刺见之。刘大惊谢罢，丁不听，载与俱归，立毙杖下，观者称快。此法轻而处重也。汉文因嘉缇萦之孝，而至废肉刑。梁武因嘉吉翂之孝，而免其父死罪。此法重而处轻也。但使有裨风化，有益劝惩，其合法与否，非所计也。

（五）有时为道德心所驱使，虽违法而不惜，后世犹诧为美谈

晋曹摅为临淄令。狱有死囚，岁夕摅行狱，悯之曰："卿等不幸致此。新岁人情所重，岂不欲暂归邪？"因皆感泣。摅开狱出之，至日果如期返。纵囚凡数十事，详见《陔余丛考》。固不独唐太宗之死囚四百来归狱脍炙人口也。[1]

（六）止须判决与情理相合、毫不冤枉，手续虽有不合，社会亦无人加以指摘

李鸿章任两江总督时，其弟四大人，见某监生妻美，强掳之去。生讼之不能直。彭玉麟时为水师提督，适巡江过其境，有人教以拦舆递呈。彭受之，挟呈谒李于其署，谈次忽曰："余不习法律，强夺人妻该何罪？"李曰："此死罪矣。"彭于靴中取呈与阅。李大惊，求缓颊。彭曰："适君自言系死罪。今不诉官，请君弟自裁，即所以为故人地也。"李知不免，迫弟自缢。彭急不能待，乃以鹤顶红与之。未久，闻家人哭声。彭入视，知已绝，乃去。彭在湖口，有某总兵勒索民财，为商民所控。彭至，略询一二语，诧曰："统兵大员，而行同市侩，民何堪矣！"手刃之，横尸船侧。见者遥望红其顶黄其马褂，[2]知其为大官也。此类事

---

〔1〕"脍"原作"哙"，今改。

〔2〕"褂"原作"挂"，今改。

件，在欧人观之，种种不合。水师提督非法官，无审问裁判之权，一也；未经确定判决，二也；自裁非执行死刑之法，船侧非执行死刑之地，三也。然当时上下无间言，不闻有人反诉。盖中国人心理，只求事实不枉，手续合法与否，可不问也。

然则中国法系其果无目的乎？曰有之。礼治之目的，即法律之目的也。礼治之目的为何？曰：《易·家人卦》所谓"父父、子子、兄兄、弟弟、夫夫、妇妇而家道正，正家而天下定矣。"《左氏》所谓"君义，臣行，父慈，子孝，兄爱，弟敬。"皆此义也。其事简而易行，其道顺而成章。与欧洲之以平权均利为目的，其实行之难易，不可以道里计也。

第五章　中国法系不振之原因（缺）

第六章　中国法系之将来

今之为救国论者，约分二派：新派主张全盘欧化，固非余所敢附和；旧派主张保全国粹，亦非余所敢苟同。何者？优胜劣败，物理原则。中国法系，苟毫无所长，即日言保存，亦必归于消灭。苟有其不可磨灭者存，虽一时受外界之摧残，终有发挥光大之一日。余为此论者，其旨盖有三焉：

（一）为中国社会之安宁

中国为农业国，耕田凿井，帝力何有，自古向以不扰民为唯一政策。试观暴秦之乱，汉祖承之以约法三章。文景之治，后世艳称，而当时曹参、张苍，皆以黄老为治，清净无为，用此术也。王莽不明此理，锐意兴革，行王田、禁买卖，天下骚然，举国几为盗薮矣。五代之乱，艺祖与民休息。安石变法，青苗手实，民不堪命，而中原沦于胡虏矣。语云："前事不忘，后事之师。"今日中国，弊在求治太急。去其不合国情之法令，则民自安矣。

（二）为对欧美国家之贡献

自法国革命，由君主改为民主，而国体一变。自俄国革命，由共和改为共产，而国体又变。近则法西斯蒂主义盛行，几有恢复独裁之趋向，以人命为尝试，以国家为孤注。人无定志，国无定策，几何而不乱也！计自十七世纪以来，日以自由平等相号召，而所谓自由平等者，果安在耶？今又彷徨中路矣！物质文明，行将破产。机器日发达，而民失业愈增。军械日以发明，而人类之残杀愈惨。世界苟未至于末日，必有投于中国文明旗帜下之一日。诸国中眼光锐敏者，首推德国。其柏林大学已附设中国学术研究院，购买中国文学、医学各科书籍，从事研究。则将来输入东方文明于欧洲者，必自德国始矣。

（三）为导世界大同之途径

国家现象，是否人类之终局状态，颇为哲学上一大疑问。持有机体说者，谓人类由未成年状态入于壮年状态，极于老年衰废状态，而终于死亡状态。国家亦然。马克思〔1〕亦认国家无永久不灭性，以为古代国家为奴隶所有者剥削奴隶机关，封建国家为贵族压制农民机关，近代国家为资本家榨取工人劳银机关。〔2〕至于无可压迫之阶级，则国家必同时死亡。盖欧洲之大同思想，昔为无政府主义，今为社会主义。宗旨虽异，然其以消灭国家为前提，则各派所同。我国惟道家反对国家。《列子·黄帝篇》：黄帝梦游华胥氏之国，其国无师长，自然而已。其主张略与无政府主义为近。儒家则否。孔孟均为富有大同思想之人也，然《大学》首章言："身修而后家齐，家齐而后国治，国治而后天下平。"又云"一是皆以修身为本，其本乱而末治者否矣。"《孟子》言："人人亲其亲、长其长而天下平。"又云："天下之本在国，国之本在家，家之本在身。"所谓天下，即大同之义。平，即平等。特儒家之平等，与墨家异，有差别性。故种族不必同，而受同等待遇；语言不必同，而用同一文字；私产不必废，而土地必须公有；虽有商业，而公司必须禁止；虽有通货，而纸币必须废除；犯罪虽有处罚，而无死刑；守望虽可相助，而无兵役。务使无一夫不得其所，无极贫之户，亦无甚富之家。古所谓封建井田，圣王良法，如是而已。以此推论，大同之世，不止有国，而且有家，形成世界联邦之局。其联邦首领之惟一任务，则在防止战争，故必先从个人修身入手，先养成高尚人格，次则整理家庭，家给人足，而争端自泯，大同乃可实现。今持社会主义者，以打倒封建思想为口号，以取消私有财产为职志，有违反此主义者。虽父母妻子，手刃之不顾。以此求大同，是南辕北辙也。故中国法系，与欧美诸国之法家，其大同思想，目的虽同，而手段则异——中国易而欧美难也。

---

〔1〕 "思"原作"斯"，今改。

〔2〕 原作"近代国家资本家为榨取工人劳银机关"，据前文句式改。

中国法系论下 各论

[附注] 本篇所列大纲，亦未完备。止就已成部分，择要书之，无则阙焉。

第一篇　中国法系之宪法

一、汉之宪法

《史记》：高祖与父老约法三章：杀人者死，伤人及盗抵罪，余悉除去秦法。

二、魏之宪法

《魏志》：延康元年，宦人为官者，不得过诸署令。为金策著令，藏之石室。太和三年七月，诏曰："礼，皇后无嗣，择建支子，以继大宗。则当纂正统而奉公义，何得复顾私亲哉！后嗣万一有由诸侯入奉大统，则当明为人后之义。敢为奸邪，导谀时君，妄建非正之号以干正统，[1]谓考为皇，称妣为后，则股肱大臣，诛之无赦！其书之金策，藏之宗庙，著于令典。"景初元年夏，有司议定七庙。冬又奏曰："文昭庙宜世世享祀，奏乐与祖庙同。永著不毁之典，与七庙议并勒金策，藏之金匮。"

三、西魏之宪法

《周书·文帝纪》：大统元年三月，太祖以戎役屡兴，民吏劳弊，乃命所司斟酌今古，参考变通，可以益国利民便时适治者，为二十四条新制，奏魏帝行之。

四、唐之宪法

《唐书·高祖纪》：大业十三年十一月丙辰，克京城。命主符郎宋公弼收图籍，约法十二条，杀人、劫盗、背军、叛者死。

五、宋之宪法

《宋稗类钞》：艺祖受命之三年，密镌一碑，立于太庙寝殿之夹室，谓之"誓碑"。用销金黄幔蔽之，门钥封闭甚严。因敕有司：自后时享及新天子即位，谒庙礼毕，奏请恭读誓词。独一小黄门不识字者一人从，余皆远立庭中，不敢仰视。上至碑前再拜跪瞻，默诵讫，复再拜而出。群臣及近侍皆不知所誓何事。自后列圣相承，皆踵故事，岁时伏谒，恭读如仪，不敢泄露。靖康之变，悉取礼乐

---

[1]　"妄"原作"忘"，据《三国志·明帝纪》改。

祭祀诸法物而去。门皆洞开，人得纵观。碑上高七八尺，阔四尺余。誓词三行，一云："柴氏子孙，有罪不得加刑。纵犯逆谋，止于狱中赐尽，不得市曹刑戮，亦不坐连支属。"一云："不得杀士大夫，及上书言事人。"一云："子孙有渝此誓者，天必殛之。"后建炎中曹勋自金回，太上寄语："祖宗誓碑在太庙，恐今天子不及知云。"又云：艺祖御笔："用南人为相、杀谏官，非吾子孙。"刻石东京大内中。虽人才之出无定处，其后王荆公变法，吕惠卿为谋主，章惇、蔡京、蔡卞继之，卒致大乱，圣言诚如日矣。一云：太祖亲写"南人不得坐吾此堂"，刻石政事堂上。自王文穆大拜后，吏辈故坏壁，因移石他处，后寖不知所在。既而王安石、章惇相继用事，为人窃去云。

六、明之宪法

《皇明通纪》：洪武六年五月，祖训录成，上亲为序。其目十有三：曰箴戒，曰持守，曰严祭祀，曰谨出入，曰慎国政，曰法律，曰内令，曰内官，曰职制，曰兵卫，曰营缮，曰供用。命颁赐诸王，且录于谨身殿东庑、乾清东壁，仍令诸王书于王宫正殿内宫东壁，以时观省。《明史·太祖纪》：二十八年六月己丑，御奉天门谕群臣曰："朕起兵至今四十余年，灼见情伪，惩创奸顽。或法外用刑，本非常典。后嗣止循《律》与《大诰》，不许用黥、刺、剕、劓、阉割之刑。臣下敢以请者，置重典。"九月庚戌，颁《皇明祖训》条章于中外。后世有言更祖制者，以奸臣论。

《明史·职官志》：洪武二十八年，勅谕群臣："国家罢丞相，设府部院寺以分理庶务，立法至为详善。以后嗣君，其毋得议置丞相。〔1〕臣下有奏请设立者，论以极刑。"

《刑法志》：太祖患民狃元习，徇私灭公，咎戾日滋。十八年，采辑官民过犯，条为《大诰》。其目十条：曰揽纳户，曰安保过付，曰诡寄田粮，曰民人经该不解物，曰洒派抛荒田土，曰倚法为奸，曰空引偷军，曰黥刺在逃，曰官吏长解卖囚，曰寰中士大夫不为君用。〔2〕其罪至剟抄。次年复为《续编》、《三编》，皆颁学宫以课士。

《春明梦余录》：霍韬疏《洪武教民榜文》：一民间子弟七八岁〔3〕者，或十三岁者，此时欲心未动，良心未丧，早令讲读三编三诰，诚以先入之言为定，使之避凶趋吉，日后皆称贤人君子，为良善之民，免贻父母忧虑，亦且不犯刑宪，永保身家。臣谨按：《教民榜文》及《御制大诰》等书，皆圣祖训饬天下，拳拳至意。天下臣民皆得熟读敬守，真可以寡过矣。（下略）

---

〔1〕　"毋"原作"母"，据《明史·职官志》改。
〔2〕　"君"原作"军"，据《明史·刑法志》改。
〔3〕　"七八岁"原作"十八岁"。

七、清之宪法

康熙永不加赋及不立太子上谕，均见《东华录》。文长不录。

《清宫史略》：顺治十年六月谕：古用寺人，宫禁役使，势难尽革。朕酌设置，（中略）寺人不过四品。凡内员非奉差遣，不许擅出皇城，不许干涉外事，不许交结外官，不许假名置产。其在外官员，亦不许与内官互相交结。如有觉察，纠参审实，一并正法。顺治十二年六月谕："中官之设，虽自古不废，然任使失宜，遂贻祸乱。近如明朝王振、汪直、曹吉祥、刘谨、魏忠贤等，专擅威权，干预朝政，足为鉴戒。今裁定内官衙门及员数执掌，法制甚明。以后但有犯法干政，窃权纳贿，嘱诧内外，交结官员，越分奏事，上言官吏贤否者，即行凌迟处死。特立铁牌，世世遵守。"

论曰：中国古无所谓宪法也。宪法（Constitution）依原文直译，即国家组织法之义。日本初译为《建国法》，后因古代有《圣德太子宪法》十七条，为国人所重，遂以是名代之。然其用语，实本于中国。《国语》："赏善罚奸，国之宪法也。"《管子》："有一体之治，故能出号令，明宪法矣。"是为"宪法"二字，见于古籍之始。《淮南子》：申包胥"烈壮庙堂，著于宪法"。曹植《初封安乡侯表》："奉诏之日，且惧且悲。惧于不修，始违宪法。"不过表示钦定法律之意，非指一国之最高根本法也。以沿用既久仍之。

欧洲最初之宪法，亦系矫正前代弊政，与中国汉唐约法相类，未尝将国家一切制度罗列无疑。英之《大宪章》《权利请愿》《权利宣言》，所争者裁判之平等、租税之承诺而已。法国革命之《人权宣言》十七条，其性质亦犹是也。乃至现行一八七五年宪法，于人民权利、司法制度，均付缺如。且分为三个法典，零星破碎，与今日普通所谓宪法绝异。其以立法、司法、行政各机关之组织及权限，详列规定，则自一七九〇年之美国宪法始，自是遂为不易原则。我国历史上止有约法，为矫正前代政治弊害而设。此外虽其性质属于宪法，而或以命令行之，或立碑朝堂，或于宫中悬铁牌，无一定方式。此所以为不文宪法之国家也。

第二篇　中国法系之行政法

第一章　官制

第一节　中央官制

第一，内阁制度之递变。（详见《明代官制之善》）

第二，吏部之确立。

《晋书·职官志》：后汉光武改常侍曹为吏部曹，主选举祠祀事。尚书虽有曹名，不以为号。灵帝以侍中梁鹄为选部尚书，于此始见曹名。及魏改选部为吏部，主选部事。及晋置吏部、三公、客曹、驾部、屯田、度支六曹。

《隋书·百官志》：梁武官班，多同宋齐之旧。尚书省置令、左右仆射各一人。又置吏部、祠部、度支、左户、都官、五兵等六尚书，左右丞各一人。后齐尚书省置令、仆射，吏部、殿中、祠部、五兵、都官、度支等六尚书。隋高祖既受命，改周之六官。其所制名，多依前代之法。尚书省事无不总，置令、左右仆射各一人，总吏部、礼部、兵部、都官、度支、工部等六曹事，是为八座。属官左右丞各一人，都事八人，分司管辖。吏部尚书，统吏部侍郎二人，主爵侍郎一人，司勋侍郎二人，考功侍郎一人。

《明史·职官志》：吏部尚书一人，左右侍郎各一人。其属司务厅司务二人，文选、验封、稽勋、考功四清吏司，各郎中一人，员外郎一人，主事一人。尚书掌天下官吏选授、封勋、考课之政令，以甄别人才，赞天子治。盖古冢宰之职，视五部为特重。侍郎为之贰。

《明律》：凡除授官职，须从朝廷选用。若大臣专擅选用者，斩。

论曰：美凡总统选举之年，欲投资者率以款寄附于政党。当选后，则称其资之多寡，以官职酬之。故美易总统，上而郎署，下逮厮养，为之一空。他国者皆有文官考试，独美无之。蒲徕士《现代民主政治论》云：美有少数之州，曾公布文官考试法，然均未实行。以故才智之士，多不愿投身政界。故豪商大贾之中有才，而政界无才，亦风俗使然也。欧洲有政务官、事务官之别。惟政务官与长官同进退，事务官则大抵为终身官，受法律保障，然亦有程度之不同。法虽事务官，仍不能不随内阁更迭。盖国会对阁员之信任投票，例以汲引选举人为条件故也。英则否。官吏保障，较为强固。然欧洲各国，虽皆有文官考试法，而其用人之出于荐辟，则均也。我国秦汉时代，用人亦以荐辟为主。《史记·范雎传》："秦法，任人而所任不善者，各以其罪罪之。"《御览》引《汉官仪》："建初八年十二月己未诏：自今以后，审四科辟召，及刺史、二千石察举茂才尤异者，孝廉吏务实校试以职。有非其人、不习官事、正举者故举不实，为法罪之。"至魏而流弊极矣。所举者，非其乡里，即其亲友。《世说》：许允为吏部郎，多用其乡里。魏明帝遣虎贲收之。既至，帝核问之。允对曰："'举尔所知'。臣之乡人，臣所知也。陛下检校为称职与不。若不称职，臣受其罪。"可见当时皆各私其私，而九品中正之制，遂应时而起。吏部之名，亦始于是时。然士皆作伪，沽名以求进。王祥列为孝子，孟德亦举孝廉。其弊匪特上品无寒门、流为六朝门第之恶习已也。至隋而科举之制始完全确立，吏部遂为六尚书之一。其权綦重，盖不知几经演进而后如是也。苏子瞻有言："知、勇、辩、力，此四者皆天民之秀杰也，类不能恶衣食以养人，皆役人以自养者也。故先王分天下之富贵，[1]与此四者共之。此四者不失职，则民靖矣。"至哉言乎！夫古所谓平天下者，亦平其不平而已。才智罗致于上，而庸愚受成于下，而天下始平。唐太宗见十八学士登瀛洲，喜曰："天下英雄入吾彀中矣！"明斯义也。吏部之设，所以示用人之至公，使官无大小，职无内外，非考试出身，则不许以入仕途。贵极人臣，家资百万，其子弟求一命之荣而不得。如是而不足以平社会革命之声、消弭资本阶级之争者，吾不信也。

第三，弹劾机关之独立。

《汉书·百官公卿表》：御史大夫，秦官。

《后汉书·百官志》：御史中丞一人，为御史台率。治书侍御史二人，掌选明法律者为之。凡天下诸谳疑事，掌以法律当其是非。侍御史十五人，掌察举非法。兰台令史，掌奏及印工文书。

《新唐书·百官志》：御史台大夫一人，正三品。中丞三人，正四品下。大夫掌以刑法典章，纠正百官之罪恶。中丞为之贰。其属有三院：一曰台院，侍御史隶焉；二曰殿院，殿中侍御史隶焉；三曰察院，监察御史隶焉。

《明史·职官志》：都察院，左右都御史，左右副都御史，左右佥都御史。都御史职专纠劾百司，辩明冤枉，提督各道，为天子耳目风纪之司。凡大臣奸邪、小人构党、作威福乱政者，劾；凡百官猥茸贪冒、坏官纪者，劾；凡学术不正、上书陈言、变乱成宪、希进用者，劾。遇朝觐考察，同吏部司贤否黜陟。大狱重囚，会鞫于外朝，偕刑部、大理谳平之。十三道监察御史一百十人，浙江、江西、河南、山东各十人，福建、广东、广西、四川、贵州各七人，陕西、湖广、山西各八人，云南十一人。其在外加都御史或副、佥都御史衔者，有总督，有提督，有巡抚，有总督兼巡抚，提督兼巡抚，及经略、总理、赞理、巡视、抚治等员。十三道监察御史，主察纠内外百司之官邪，或露章面劾，或封章奏劾。在外巡按，则代天子巡狩，小事立断。按临所至，必先审录罪囚，吊刷案卷。有故出入者，理辩之。

论曰：唐制监察御史为正八品下，明改为正七品。古人立法，自有深意。民国三年，亦有肃政史之设，位列简任，优以厚禄。故人皆持重，不发一言，失其旨矣。明海瑞之劾严嵩也，抬棺以随其后，世宗为之动容。以严相之气焰财力、炙手可热，而不能得之于杨继盛、海瑞者，单独制之精神也。利用士大夫好名心理，使其言人所不敢言，而国家受无穷之福。苟多数取决，则人皆好利而畏死，谁肯牺牲生命，冒此危险耶？（下阙）

---

[1] "王"原作"生"，据苏轼《论养士》改。

第四，以给事中司其封驳。

《唐六典》：给事中四人，掌分判省事。凡百司奏钞，侍中审定，则先读而署之，以驳正违失。凡文武六品以下授职，所司奏拟，则校其仕历深浅、功状殿最，访其德行，量其材艺。若官非其人，理失其事，则白侍中而退量焉。

《明史·职官志》：吏、户、礼、兵、刑、工六科各部给事中一人，左右给事中各一人，给事中吏科四人、户科八人、礼科六人、兵科十人、刑科八人、工科四人。六科掌侍从规谏，补阙拾遗，稽察六部百司之事。凡制敕宣行，大事覆奏，小事署而颁之，有失封还执奏。

论曰：欧洲采内阁制之国，其阁员对于元首命令，得拒绝副署，英法是也。最近芬兰宪法第三十五条：内阁员认总统命令违背宪法，有拒绝副署之义务。遂至大权旁落，太阿倒持。故英之国王，法之总统，毫无实权。法人至称之为宝塔中木偶、囹圄中囚犯，此其弊也。美总统任免官吏，须得元老院同意。惟历史上未有不与以同意者，即命令亦无须副署，用人行政完全自由，然其失也专。其他如墨西哥任命公使、领事、陆军、财政总长，须国会同意。此种先例，不一而足。然国会之同意权，不足以防小人之滥进，适足以启议员之敲诈，最为宪法上恶例。故欧战后新宪法，绝少采此制者。我国拒绝人主诏书，谓之"封驳"。汉时仍属之丞相，如汉哀帝封董贤，而丞相王嘉封还诏书是也。唐制凡诏敕皆经门下省，有不便则封还。给事中有驳正违失三权，著于《六典》。自是始有专官，如崔植、韦温，均以封还敕书，名垂史传。宋因唐制。《元城语录》：王安石荐李定时，陈襄弹之，未行。已擢监察御史里行，宋次道封还词头，〔1〕辞职，罢之。次直吕大临，再封还之。最后付苏子容，又封还之。此乃祖宗德泽养成，与齐太史见杀三人而执笔如前者何异？明代虽罢门下省，而独有六科给事中以掌封驳之任。人主谕旨，必先送科。其有不便者，给事中驳正之，谓之"科参"。六部之官，无敢抗科参而自行者，故品卑而权特重。以欧制较之，以拒绝命令之权，寄之微官，则大权不至旁落。同意权系施之于事前，故易运动。封驳则纠正于事后，故难弥缝。此中制所以优也。

第五，以通政司达民隐。

《明史·职官志》：通政使司通政使一人，左右通政各一人，誊黄右通政一人，左右参议各一人。通政使掌受内外章疏、敷奏封驳之事。凡四方陈情建言，申诉冤滞，或告不法等事，于底簿内誊写诉告缘由，赍状奏闻。凡天下臣民实封入递，即于公厅启视，节写副本，然后奏闻。凡议大政大狱及会推文武大臣，必参预。

论曰：我国表示民意之法，与泰西异。泰西在十九世纪以前，其代表民意之

──────────

〔1〕　"宋次道"原作"末次遂"。按此段叙事转引自《日知录》卷九"封驳"条，据以改。

机关，普通为国会，以选举行之。然日久弊生。为代议士者，非出自金钱之运动，则由于政府所操纵。故欧战后，多以国民总投票代之。就中惟瑞士人口稀少，人民党派观念薄弱，稍能代表民意外，其余仍多为少数政党所把持。与国会之作伪，犹五十步笑百步也。考国民投票之制，本始于法国革命时代。其后拿破仑第一、拿破仑第三两次改革帝制，均依此法行之，此制遂为国人所摈弃。欧战后新宪法相率趋之，而法卒不为所动，盖有由矣。我国自昔即以开言路为表示民意之惟一方法。历代之君，诏求直言，史不绝书。《唐律》："凡邀车驾，若上书诉，及击登闻鼓，而主司不即受理者，加罪一等。"盖唐制人民直接陈诉之法有三：邀车驾一也，上书二也，击登闻鼓三也。然立法主旨在于伸私人之冤抑，于条陈时政，尚未有收受之独立机关也。且人主求言之诏，多在灾祲迭见之时，大水大旱则诏之，彗星见则诏之，非常制也。明制无论大小官吏，下及平民，皆许其上书言事，其立法已较古人为进步。而通政司实为收受之机关。使民生疾苦，胥能上达，法至善也。清代因种族之成见，故限制非言官不能言事。各省督抚遂无不加以都御史衔者，通政之职遂废。余故表而出之。

第六，以翰林院储人才。

《陔余丛考》：翰林之名，本于扬子云《长杨赋》，所谓"子墨客卿问于翰林主人"，盖谓文学之林，如词坛、文苑云尔，古未有以此为官名者。其设为官署，则自唐始。然唐时翰林，本内廷供奉之名，非必皆文学也。《旧唐书·百官志》："翰林为词学、经术及僧道祝卜等待诏之所。"比翰林名官之始也。当其初设翰林，本以便于燕私游艺，凡技术之士皆在焉。学士亦技术之一，故亦待诏于此。其后以撰拟诏命，得参机务，遂别为清要之极选。然其时翰林犹有杂流。如天宝中有嵩山道士吴筠，乾元中有占星韩颖、刘烜，贞元中有弈棋王叔文、侍书王伾，元和末有方士柳泌、浮屠士通，皆待诏翰林。柳公权亦充翰林书诏学士。又《顺宗本纪》："罢翰林医工、相工、占星、射覆冗食者四十二人。"沈括所谓"工艺群官，皆称翰林"是也。辽宋以来，尚仍其制。《辽本纪》有"翰林茶酒使"，《宋史》：安忠掌翰林司内衣库提点医官院；韩显符善占候，诏官翰林天文；钱惟演工书，太宗命翰林书学贺丕显至其第取之。《本纪》：雍熙四年，校医人优者为翰林学生；元丰四年，改翰林医官院为医官局；大观三年，诏医学并入太医局，书入翰林书艺局，画入翰林画图局。是宋时翰林亦尚沿唐制，杂艺皆居之。其专以处文学之士，则自明始。

《明史·职官志》：翰林院学士一人，侍读学士、侍讲学士各二人，侍读、侍讲各二人，五经博士九人，典籍二人，侍书二人，侍诏六人，孔目一人，史官修撰、编修、检讨、庶吉士无定员。学士掌制诰、史册、文翰之事，以考议制度，详正文书，备天子顾问。史官掌修国史，经筵充展卷官，乡试充考试官，会试充同考官，殿试充收卷官。

论曰：苏子瞻作《战国任侠论》，以为："智、勇、辨、力四者，皆天民之秀杰。先王分天下之富贵，与此四者共之，则民靖。三代以上出于学，战国至秦出于客，汉以后出于郡县吏，魏晋以来出于九品中正，隋唐至今出于科举。"清储同人评之曰："苏氏此论，通达治体，然非俗儒所知。曩令张角得推择为吏，则无汉末之祸。黄巢一第，唐季之乱亦熄矣。"至哉言乎！今泰西之育材也以学校，而用人也以政党，盖犹是秦以前之政治状态也。学校非富家子弟，不能成就，盖犹有资本主义之臭味、贵族政治之色彩，不如科举之普及于寒畯也。战国四公子皆有客三千人。汉初张耳、陈余号多士，宾客厮养，皆天下豪俊。此与今日以投身政党为进身之阶者，名异而实同也。然党之起伏无常，优秀分子乘时崛起，壮年高握朝权者有之矣；一旦蹉跌，谁则肯槁项黄馘、终老于布衣者？故英、日有枢密院，法有参事院，高其地位，优以俸禄，皆以位置在野失意政客，消弭国家隐患，意至深远也。我国除创业之主，间有破格用人之例，余以循序渐进为原则。大拜之年，头已班白。朝臣植党，律有明禁。苟无大过，多保令终。其功高望重，年老乞休，则优以三公、三师之名号足矣，无须此类冗散机关之设置也。故枢密院、参事院，在补救于事后。而翰林院，则运用于机先。此其主旨之相异也。乃其立法演进，亦非一日。汉时虽有贤良方正之科，然特偶一行之，不为常例。唐以后有明经、进士诸科，而裴思谦以仇士良关节取状头，王右丞以公主介绍得进士，干谒请托之弊，未尽绝也。至明而其制大备。以《明史·选举志》考之，其取士之法，专取四书及五经命题，端其始也。卷用弥封编号，试者用墨为墨卷。誊录用硃为硃卷。试官入院，封锁内外门户，防其弊也。三年大比，以诸生试之直省，或乡试中式者为举人。次年以举人试之京师，曰会试。中式者，天子亲策于庭，曰庭试，慎其选也。有明一代之制，非科举出身者不得授官。而翰林院尤为清贵之选，阁臣取之，科道取之，外而布按亦取之。人才萃于上，庸愚安于下。比其亡也，忠臣义士接踵而起，斯养士之报也。清代因之，而有笔帖式，则畸重于其种族矣；有保举，则渐开援引私人之径矣；有捐纳，则以官为市而仕途因之庞杂矣。然犹足以保其三百年之祚者，则科举之足以维系人心也。及科举废而人心已去，光宣之际，翰林院遂为闲曹，亲贵秉政，汲引私人，国祚遂倾。此亦古今得失之林也。

第二节　地方官制

第一，内外并重。

苏轼《上神宗书》："古者建国，使内外相制，轻重相权。如周、如唐，则外重而内轻；如秦、如魏，则外轻而内重。内重之失，必有奸臣指鹿之患；外重之弊，必有大国问鼎之忧。圣人方盛而虑衰，当先立法以救弊。国家租赋藉于计省，重兵聚于京师，以古揆今，则似内重。"

论曰：内重者何？中央集权是也。外重者何？地方分权是也。美洲诸国，十之八九，均属联邦制，犹未脱封建积习者，无论矣。欧洲如英，殖民地星罗棋布，仅同羁縻。说者谓一旦脱离羁绊，国必骤弱，则外重之弊也。法之八十余县，其长官皆随内阁之更迭而更迭，则内重之弊也。其能折衷尽善者，盖无闻焉。我国自元以前，集权分权，迭为循环。一代之兴，必矫前代之弊。而其卒也，弊恒出于所防之外。大抵惩集权之弊者，必继以分权。承外重之后者，必流为内重。明祖起自闾阎，雄才大略，超越前古，始克折衷二者之间，务持其平。清代因之，卒能跨有中原者，其立法之善使然也。盖其制有左列特点：

（甲）重文轻武。

明祖天性雄猜，既定天下，勋臣武夫，杀戮殆尽。故一代之治，重文轻武。清代因之，提督品级等于督抚，而仪制悬殊。曾、左当国，其厮养皆总兵副将，叱咤役使，以奴隶蓄之。

（乙）统兵大员，必以文人为之。

（丙）财权与兵权之分离。

（丁）京官品高而俸薄，外官禄厚而位卑。（以上均详见《明代官制之善》。）

第二，亲民区域常小，察吏区域常大。

《后汉书·百官志》：武帝初置刺史十三人，秩六百石。[1]成帝更为牧，秩二千石。建武十八年复为刺史，十二人各主一州，其一州属司隶校尉。诸州常以八月巡行所部郡国，录囚徒，考殿最。凡州所监都为京都，置尹一人，二千石，丞一人。每郡置太守一人，二千石，丞一人。郡当边戍者，丞为长史。王国之相亦如之。每属国置都尉一人，比二千石，丞一人。县万户以上为令，不满为长，侯国为相，皆掌治民，显善劝义，禁奸罚恶，理讼平贼，恤民时务，秋冬集课，上计于所属郡国。

《新唐书·地理志》：自秦变古，王制亡，始郡县天下。下更汉晋，分裂为南北。至隋灭陈，天下始合为一，乃改州为郡。[2]依汉制置太守，以司隶、刺史相统治。唐兴，高祖改郡为州、太守为刺史，又置都督府以治之。然天下初定，权置州郡颇多。太宗元年，始命并省，又因山川形便，分天下为十道。开元二十一年，又因十道分山南、江南为东西道，增置黔中道及京畿、都畿，置十五采访使，检察如汉刺史之职。

---

〔1〕"六"字原脱，据《后汉书·百官志》补。
〔2〕"改"字原脱，据《新唐书·地理志》补。

论曰：《元史·地理志》云："立中书省一，行中书省十有一。"是今之省制，盖始于元。元之版图北至冰海，西括西欧，南至安南。今朝鲜八道之地，元则以征东一省名之。古地方行政区域之广，未有如元者也。明废行省，改天下为十三布政使司，而沿习既久，省之名卒未能废。考省为中央官制之称，唐以中书、门下、尚书三省总理庶政。今日本内阁各部，仍习省名，实其明证。是省本蒙古统治汉族一时权宜之制，非中国固有立法也。其弊有二：一、一省所辖州县遇多，官长耳目，不能遍及；二、驾驭失宜，易成尾大不掉之势。考我国古制，自秦废封建为郡县，地方制度本为二级制，曰郡曰县。郡置守、尉、监，守以治民，尉以统兵，监以察吏。汉武帝始分天下为十三州：天子所治，置司隶校尉；其他十二州，各置刺史一人。周巡郡国，省察治状，黜陟能否，平反冤狱，乃察吏之官，非亲民之官也。唐分天下为十道，后改为十五道，道置采访史，皆虚三级制也。宋初分天下为十五路，路有监司，为帅、[1]漕、宪、仓之总名。纵观历代之制，汉曰州，唐曰道，宋曰路，是省无历史上根据也。府即汉之郡，唐之州，自宋以后，皆曰府，历二千年未之有改。此府制之不容遽废也。今宜远师汉制，以刺史为察吏之官；近仿明制，恢复知府。使亲民之官分为二级，则将帅不能拥兵自重，而民治可兴矣。

第三，地方官躬亲狱讼。

《后汉书·百官志》：凡郡国皆掌治民、进贤、劝功、决讼、检奸。常以春行所主县，劝民农桑，振救乏绝。秋冬遣无害吏，案讯诸囚，平其罪法，论课殿最。

《新唐书·百官志》：西都、东都、北都牧各一人，西都、东都、北都、凤翔、成都、河中、江陵、兴元、兴德府尹各一人，掌岁巡属县录囚。刺史、县令掌察冤滞、听狱讼。

《宋史·百官志》：开封府牧、尹不常置，权知府一人，以待制以上充，掌正畿甸之事，中都之狱讼皆受而听焉。其属有判官、推官四人。河南应天府牧、尹、少尹。[2]法曹，专掌谳议。诸府置知府事一人，[3]州、军、监亦如之，掌总理郡政，其赋役、钱谷、狱讼之事，兵民之政，皆总焉。

《明史·职官志》：布政使掌一省之政，理问典刑名。按察使掌一省刑名按劾之事，纠官邪，戢奸暴，平狱讼，雪冤抑。知府掌一府之政，宣风化，平狱讼。推官理刑名。县知县一人，其属典史一人。知州掌一州之政，知县掌一县之政，严缉捕，听狱讼，皆躬亲厥职而勤慎焉。

论曰：自法人孟德斯鸠倡三权说，谓司法权当与行政权分离，各国奉行维

---

[1]　"帅"原作"师"，今改。

[2]　按《宋史·职官志》，此段引文中有阙文。

[3]　"知府"原脱，据《宋史·职官志》补。

谨，遂为不刊之定论。自苏俄以最高法院隶于中央执行委员会，始戾于此原则。夫苏俄之三权合一论，本为利于一党专政，不可为训。然欧洲于三权分立说之外，尚有二权分立说，谓司法权仅为执行方法之一，当隶于行政，不能与立法权并论。此说未为一般所注意，遂无人道及之。我国虽无三权分立说，而唐制实与之暗合：中书省掌宣达天子命令，犹下院也；门下省掌审查覆奏，犹上院也。——此二者均立法机关。尚书省掌执行政务，犹内阁也。刑部尚书，则今之司法行政部也。大理寺，则今之最高法院也。其御史台掌弹劾百僚，亦与检察制为近。惟我国法系所以与欧美异者，则地方官无不躬理狱讼是也。盖我国幅员较广，全国约一千数百州县，遍设初级法院，经费浩繁，不可能也。委之于承审员，人微位卑，威信不立，易于行私。且侦察逮捕，仍不能无赖于行政机关之补助。其所以必使县官理狱讼者，势为之也。明代其知县概由科举出身，进士为一途，举人大挑为一途。膺斯选者，非老成宿学，则少年英俊。迄清代开捐纳，而流品始杂矣。唐制牧、尹、刺史之下，尚有法曹、司法参军事二人。县有司法佐，上县四人，中县二人，下县一人。宋制牧、尹之下，亦有法曹、司理诸官。明惟知府下有推官。清代一切改为聘任，州县概置刑名、钱谷二席，一助理财，一资明法，备长官顾问，而以州县负其责，以收指臂之效，较唐宋已为进步。自宋以来，路设提刑。明清省设按察使，专司辨明冤枉。加以失出、失入，律有专条，法官责任綦重，立法至为缜密。与欧美矜司法独立之名，而法官之采任命制者，随内阁为更迭，选举制者，贿赂公行，人民无告，其相去诚不可以道理计也。

第二章　官规

第一，仕宦回避本籍。

《明史·选举志》：洪武间定南北更调之制，南人官北，北人官南。其后官制渐定。自学官外，不得官本省，亦不限南北也。其初用拈阄法，万历间变为掣签。

《日知录》：南人选南，北人选北，此昔年旧例。宋政和六年，诏知县注选，虽甚远无过三十驿。三十驿者，九百里也。今之选人，动涉数千里。

《笔尘》：太宰富平孙公丕扬，患中人请托，难于从违，大选外官立为掣签之法，一时以为至公。下逮闾党，翕然称诵。

《陔余丛考》：《通典》谓汉时丞尉及诸曹掾，多以本郡人为之。可见汉时掾属官吏，无不用本郡者。宋时授官本籍之例有三：一以便就养，一以优老臣，一以宠勋臣。金元时亦有不避本籍者。回避之例，至明始严。《漱石斋闲谈》记永乐中命邵圮巡按两浙，辞以本籍不当往。则回避本籍已为成例可知。本朝常调官例须回避，所以杜赡徇之弊。仍有亲老改补近之例。既不碍于临下，又可便于养亲，可谓通乎人情，斟酌至当矣。

论曰：欧美诸国，其用人概以荐辟，故从不避本籍。法之县知事，由本县议员推荐，故皆以本籍人为之。盖犹汉时之政治状态也。我国自汉至今，凡三变。汉以前皆不避本籍。严助、朱买臣，皆会稽人，而皆拜会稽太守。光武封景丹为栎阳侯，谓："富贵不归故乡，如衣锦夜行。"是汉时尚无回避之例也。《蔡邕传》：朝议以州县相党，人情比周，乃制两州人士不能互相监临。是此制始于汉末。然晋魏以来，仍多不拘此例。《南史》：张敬儿，南阳人，以功乞为本郡，乃除南阳太守。《后周书》：李穆一家叔侄三人，皆牧宰乡里。《唐书》：张士贵，洛州人，高祖命为洛州刺史，曰："令卿衣锦昼游。"《宋史》：张咏，濮州人，初仕乞掌濮州市税以便养，许之。至明而其制始严。《明史·王彰传》：终明世大臣得抚乡土者，彰与春（叶春）而已。顾氏宁人力言其弊，谓自南北互选之后，赴任之人动数千里，必须举债，方得到官，而土风不谙，语言难晓，政权所寄多在猾胥。其言虽不无所见，然立法岂能无弊？赵氏翼谓吏弊日滋，自不得不用掣签之法，所以三百年来卒不能改，亦势之不得不然。询通达治体之言也。

第二，亲族回避。

《后汉书·蔡邕传》：乃制婚姻之家及两州人士，不得对相监临。至是复有三互法，禁忌转密。注：三互，谓婚姻之家及两州人不得交互为官也。

《明律》：大臣亲戚，非奉特旨，不许除授官职。违者斩。

《大清会典》：凡回避京官尚书以下、笔贴式以上，祖孙、父子、伯叔兄弟不得同任一署，令官卑者回避。官同，则后补之人回避。外任官于所辖属员，有五服之族，及外姻亲属、师生，均命属员回避。

论曰：泰西诸国，除法官有回避明定于诉讼法外，而行政官则无之。且诉讼法之回避，为对于原被告而设。与官吏因亲戚回避，其性质不同。德联邦中，尚有父子兄弟不得同时为两院议员之禁。他国亦绝少先例。我国官吏回避之制，始于季汉，至晋此例已严。《宋书》：刘祗为中书郎，江夏王义恭领中书监，服亲不得相临，表求解职。《唐书》：杨於陵为户部侍郎，其子嗣复迁礼部员外郎。以父子同省，乞换他官。此皆见于正史者，历代相承，垂为厉禁。泰西法似密而实疏，我国法似疏而实密，此类是也。《元史》：大德八年，诏父子兄弟有才者，许并居风宪，盖犹未脱夷俗也。至明，又于律增"大臣亲戚不许授官"一条，违者处以斩刑。牺牲少数人之幸福，以持铨政之平，圣哉明祖也！不睹末流之弊，乌知古人立法之善哉？

第三，京察及大计。

《明史·选举志》：考满、[1]考察，二者相辅而行。考满，论一身所历之俸，其目有三：曰称职，曰平常，曰不称职，为上中下三等。考察，通天下内外官计之，其目有八：曰贪，曰酷，曰浮躁，曰不及，曰老，曰病，曰罢，曰不谨。考满之法，三年给由曰初考，六年曰再考，九年曰通考。考察之法，京官六年，以巳亥之岁，[2]四品以上自陈以取上裁，五品以下分别致仕、降调、闲住为民者有差，具册奏请，谓之京察。自弘治时定外官三年一朝觐，以辰、戌、丑、未岁，察典随之，谓之外察。州县以月计上之府，府上下其考，以岁计上之布政司。至三岁，抚、按通核其属事状，造册具报，丽以八法而处分。察例有四，与京官同。明初行之，相沿不废，谓之大计。计处者不复叙用，定为永例。

《大清会典》：凡天下文武官，三载考绩，以定黜陟。在内曰京察，在外曰大计。京察之制：三品京堂，由部开列事实，具奏候旨。四五品京堂，请特简王大臣验看，分别等第引见。余官各听察于其长。考以四格：曰守，曰政，曰才，曰年。纠以八法：曰贪，曰酷，曰罢软无为，曰不谨，曰年老，曰有疾，曰浮躁，曰才力不及。各注确实考语，具册密送吏部。都察院、吏科、京畿道各封门核定等次。守清、才长、政勤，而年或青、或壮、或健，称职者，为第一等。守谨而或政平、或才平，年或青、或壮、或健，勤职者，为第二等。守谨而才、政平，或才长、政勤而守平，年青及壮、健，供职者，为第三等。皆照旧供职。八法：官贪、酷者，革职提问。罢软无为、不谨者，革职。年老、有疾者，令休致。浮躁者，降三级调用。才力不及，降二级调用。大计之制，直省督抚核其属官功过事迹，注考缮册，举以卓异，劾以八法。不入举劾者为平等。

论曰：泰西监督官吏之法，分政务官、事务官两种。政务官用不信任投票，其结果以党派之多数与否为去留，而不以贤否为进退。因之政潮起伏无常，政府时生动摇，其弊不待言矣。事务官有文官惩戒法，有失职始付惩戒。而我国则每三年必甄别一次，其异一也。我国考核之权在长官，而泰西则属之第三者，其异二也。惩戒委员仅能就一事定其是非，而长官则能审察平时之政绩。京察大计，士大夫率以名丽八法为耻，实能寓奖于惩。吏治澄清之源，莫善于此。中法密而西律疏也。虽然，察典之制，本为沟通中外官吏之升降而设。有清中叶以后，京官京察一等者，可外放府道。而外官大计卓异者，则不许内升。已失古人立法精意矣！考《通典》：晋制，不经宰县，不得入为台郎。魏肃宗时，吏部郎中章雄上言，宜分郡县为三等，三载黜陟有称职者，方补京官。则人思自勉。唐张九龄

---

[1] "考满"原脱，据《明史·选举志》补。

[2] "巳"原作"己"，据《明史·选举志》改。

言于玄宗曰："古者刺史（杨氏曰：刺史当作太守）入为三公，郎官出宰百里。致理之本，莫若重守令。凡不历都督、刺史，虽有高第，不得任侍郎、列卿。不历县令，虽有善政，不得任台郎结舍。都督守令，虽远者，无使十年任外。"从之。宋孝宗时，臣僚言吏事必历而后知，人才必试而后见。未历亲民，不宜骤擢。因定知县以三年为任，非经两任，不除监察御史。此所以示内外并重，用意至为深远。顾氏宁人谓：人主苟欲亲民，必先亲牧民之官，而后太平之功可冀。旨哉斯言！必使内外官吏，互相升转，而后闾阎疾苦，方能上达。京官更历吏事，亦不致以迂阔误国。而察典实为沟通之枢纽，不徒奖惩考成之作用已也。彼欧美之惩戒制度，又乌足以语此哉？

第四，禁滥设官吏。

《唐律·职制》：诸官有员数，而署置过限，及不应置而置者，一人杖一百，三人加一等，十人徒二年。后人知而听者，减前人一等。规求者为从坐。

明《吏律》：凡内外各衙门官有额定员数，而多余添设者，当该官吏一人杖一百，每三人加一等。

论曰：《书》称唐虞建官惟百，夏商官倍。而《汉书·百官公卿表》载汉自佐史至丞相，十三万二百八十五人。《通典》载：晋内外文武官六千八百三十六人，内外诸色职掌十一万一千八百三十六人。是官之有额，由来尚已。设官之滥，必在叔季之世。汉末有"烂羊"之诮。明之亡也，时有"都督满街走，职方贱如狗"之谣。然大都危亡之际，假名器以羁縻人心，其权犹操之人主也。清之中叶，因军兴始开捐纳。市僧豪商，入赀为郎。然犹限于资产阶级也。及其末叶，六官之外，增设多部，既有丞参，而又有丞参上行走，既有秘书，复有秘书上任事。用人之权，操之长官，驯至夤缘贿赂，恬不为怪。祖制一隳，而国事遂益丛脞不可问矣。

第五，禁干求请托。

《汉书·恩泽侯表》引《汉律》：诸为人请求于吏以枉法，而事已行，为听行者，皆为司寇。注：师古云：有人私请求而听受之。

《唐律》：诸有所请求者，笞五十。主司许者，与同罪。已施行者，各杖一百。他人及亲属为请者，减主司罪三等。自请求者，加罪一等。监临、势要为人嘱托者，杖一百。

明《杂律》：凡官吏嘱托公事者，笞五十。官吏听从者，与同罪。监临、势要为人请托者，杖一百。若官吏不避监临、势要，将嘱托公事实迹赴上司首告者，升一等。

论曰：顾亭林云："少时见山野之氓，有白首不见官长、不至城中者。洎于末造，林多伏莽，遂徙于城郭，又一变而求名之士、诉枉之人，悉到京师。故人聚于乡而治，聚于城而乱。"善哉其深有得于治道之言也！顾氏又言：神宗之世，四海少平。郡县之人，其至京师者，仅通籍之官而已。忆余年十八九时，考书院以资膏伙，假馆谷以赡妻子，[1]乡试举优以外无他途，初不闻官之可以营求而得也。除会试朝考外，亦无人敢至京师也。不十年而情势一变。某也以白衣善钻营而膺荐剡矣，某也与权要有瓜葛而得厚禄矣。于是四方之士群集京师，争名于朝。诚为不刊之定论。光宣之际，亦古今风俗一大变化也。然考其所以能禁绝干求者，其立法之递变，亦非一朝一夕之故。秦法用人出于保举，故请托之弊，未能尽除。《明帝纪》诏曰："今选举不实，权门请托，有司明奏罪名并正举者。"可见当时虽有选举不实坐举主之令，而请托之事，仍未能免。《苏不韦传》引汉法："罢免守令，自非诏征，不得妄到京师。"亦可见汉时凡罢官者无不至京师运动也。魏晋改为九品中正，而弊尤深。自孟德下令，求负污辱之名、见笑之行、不仁不孝而有治国用兵之术者，于是权诈迭进。董昭太和中疏言："当今年少不复以学问为本，专更以交游为业。国士不以孝悌清修为重，[2]乃以趋势求利为先。"亦可见当时风气之一般矣。隋唐易为科举，而关防未密。士之躁进者，尤须投谒权要，规取关节。以退之之贤，而集中与宰相书至数上，乞怜摇尾，几不知人间有羞耻事，他可知矣。艺祖首倡气节。南渡以后，士大夫争言道学，难进易退。至明而其制大定。士子进身之阶，考试之外无他途。铨叙改用掣签，升降本于察典。才智之士，自可脱颖而出，不必求也。愚不肖者槁饿以终，不能求也。宋明之亡，忠臣烈士，接踵而起，斯养士之报也。夫国家之元气，人民之廉耻，百年培之而不足，一人坏之而有余。昔有人挟权要函以干有司、求美缺者，有司揭其函于大堂，立黜其官。投谒者饮泣而去。此可望于今日哉？迩者苞苴干谒，视为固然。岂必古人之皆贤而今人之尽不肖哉？法不立而人非请托无以自存，各私其亲，各用其党，其习于蝇营狗苟者，固犹是良善之民也。犷猂者忿恨溃决，非北走胡则南走越耳。阘茸虒聚于上，智勇沈沦于下，欲国之长治久安，岂可得哉？

第六，禁官吏植党乱政。

《汉书·韩稜传》：稜孙演，桓帝时为司徒。大将军梁冀诛，演坐阿党抵罪，以减死论。

《明律》：若在朝官吏朋党紊乱朝政者，皆斩。

论曰：官吏能否结社，法国派与德国派学者异其见解。在法国系以为官吏苟许结社，必以团体名义与势力，向政府或社会，拥护其本身利益，与社会秩序及

---

[1] "赡"原作"瞻"，今改。
[2] "修"原作"门"，据《三国志·董昭传》改。

行政纪律均有妨害，故禁止之。在德国系则以为可减少长官徇私受贿之弊，故以宪法保障之。然此特指事务官言之。至政务官，则因议会政治之发达，非有政党背景不许入阁，已成通例。不论其为两党分立，多党林立，或一党专政，其为政党政治则同。我国历史上，其兴也，创业之主大抵并包兼蓄，不分党派。史称光武豁达大度，同符高祖。陈琳为袁绍作檄讨操，操用为记室，史称曹公能用度外之人。宋艺祖时，降臣子弟，布满中外，任之不疑。明祖用人不拘一格，每破一城，随访其地人才，纳之幕府，故能削平群雄，统一中原。及其亡也，则皆以党派倾轧之故。汉之亡于党锢也，唐之亡于牛李也。北宋洛党、蜀党、朔党创立绍述之说，而二帝北辕。南宋伪学之禁，亦党祸也。唐以前尚无大臣植党之律。明祖鉴前代积弊，于律特定专条，宜可和衷共济矣。而其亡也，东林与阉党交哄，左良玉假东林起兵，马、阮有宁亡于满洲之语。北防空虚，南都遂至不守。自古党祸之烈，未有如明之甚者也。《左传》："有党必有仇。"统观汉唐宋明四代，皆以党亡国。呜呼！可不惧哉！

第七，禁上言德政。

《明律》：凡诸衙门官吏及士庶人，若有上言宰执大臣美政才德者，皆是奸党，务要鞫问察究来历明白，犯人处斩。

论曰：王莽居摄，颂扬莽功德者至四十万人，卒移汉祚。贾似道当国，买收大学生为后盾，日歌功颂德以固位。为相三十年，卒使中原沦于胡虏。明祖创设此律，盖深有鉴如此也。夫大臣宰执，弹劾而纠参之可也，颂扬而赞美之不可也。为官尽职，固其本分。据以为功，假以为名，深为可耻。此种事件非出威迫，即是唆使。谥曰奸党，处以极刑，其防微杜渐，立法之意至深远矣。西律无此条。

第八，禁诈病趋避。

《汉书·吴王濞传》：诈称病不朝，于古法当诛。

《唐律》：诸诈疾病有所避者，杖一百。

《明律》：凡官吏人等，诈称疾病临事避难者，笞四十。事重者，杖八十。

论曰：官吏诈病，细事也，而律科罪名，何也？考《后汉书·何敞传》：[1]以祠庙诈病抵罪。《功臣表》：韩释之坐诈疾耐为隶臣。是《汉律》已有此条。盖官吏遇事托病趋避，久成习惯。故历代法律，均在科罪之列。西律无此条。

第九，禁欢迎欢送。

《明律》：凡上司官及使客经过，若监察御史、按察司出巡按治，而所在各衙门官吏出郭迎送者，杖九十。其应令迎送不举问者，亦如之。

论曰：欢迎欢送，奴颜婢膝，至可耻也。此条盖以法律养成个人之气节。西

---

[1]　"后"字原脱，今补。

律无之。

第十，官规教孝。

（甲）委亲之官。

《明律》：凡祖父母、父母年八十以上，及笃疾别无以次侍丁，而弃亲之任者，杖八十。

（乙）匿不举哀。

《唐律》：诸闻父母之丧，匿不举哀者，流二千里。

《明律》：官吏父母死，应丁忧。诈称祖父母、伯、叔、姑、兄、姊之丧，不丁忧者，杖一百，罢职不叙。

（丙）冒哀求仕。

《汉书·杨雄传》注：《汉律》：不为亲行三年服，不得选举。

《通典》：《后魏律》：居三年丧，而冒哀求仕者，制五岁刑。

《唐律》：冒哀求仕者，徒一年。

《明律》：丧制未终，冒哀从仕者，杖八十。其当该官吏知而听行者，与同罪。不知者，不坐。

论曰：以上三项皆于官规中寓教孝之意，为西律所无。其中最重者为丁忧之制。考古人于期功之丧，皆弃官持服。《后汉书·陈重传》：[1]"为会稽太守，遇姊忧去官。"《曹全碑》："迁右扶风槐里令，[2]遭同产弟忧，弃官。"可见当时凡兄弟姊妹之丧，均谓之"丁忧"，礼应去官。汉时风俗最厚，并师丧亦须去官。如延笃、孔昱，见《后汉书》；刘焉，见《三国志》。至晋末，乃以父母丧为限。《通典》："安帝初，长吏多避事弃官。乃令自非父母服不得去职。"《晋书·谢安传》："期丧不废乐。衣冠效之，遂成风俗。"然其时南方相习放荡，而北方犹重礼教。姚兴时，京兆韦高居母丧，弹琴饮酒。黄门侍郎古成诜闻而泣曰："吾当私刃斩之。"后唐明宗天成三年，滑州掌书记孟昇匿母忧，大理寺断流，奉敕特赐自尽。明宗胡人武夫，犹知此义。五代兵革相仍，生民涂炭，而政治虽乱于上，礼俗犹未变于下也。世未有薄于亲，而能忠于国、厚于人者，此古人立法之深意也。

第三章　地方自治

《周礼》：五家为比，比有长；五比为闾，闾有胥；四闾为族，族有师；五族

---

〔1〕"后"字原脱，今补。

〔2〕原作"迁右扶风令槐里令"，前"令"字衍，据《曹全碑》删。

为党，党有正；五党为州，州有长；五州为乡，乡有大夫。

《汉书·百官表》：十里一亭，亭有长。十亭一乡，乡有三老、有秩、啬夫、游徼。三老掌教化，啬夫职听讼、收赋税，游徼徼循禁盗贼。

《魏书》：太和中，给事中李冲上言："宜准古五家立一邻长，五邻立一里长，五里立一党长。长取乡人强谨者。邻长复一夫，里长二，党长三。所复复征戍，余若民。三载无愆则陟用，陟之一等。"从之。

《后周书》：苏绰作《六条诏书》曰："爰至党族闾里正长之职，皆当审择，各得一乡之选，以相监统。"

《隋书·百官志》：开皇十五年，罢州县乡官。

论曰：（缺）

第四章　兵制

《文献通考》：禄山既反，安西节度使封常清入朝，问以讨贼方略。常清大言曰："今大平积久，故人望风惮战。然事有逆顺，势有奇变。臣请走马诣东京，开府库，募骁勇，挑马箠渡河，计日斩逆胡之首。"上悦，以常清为范阳平卢节度使。乘驿东京募兵，旬日得六万人。

《白香山新乐府》：新丰老翁八十八，头鬓眉须皆似雪。玄孙扶向店前行，左臂凭肩右臂折。问翁臂折来几年，兼问致折何因缘。翁云贯属新丰县，生逢圣代无征战。惯听梨园歌管声，不识旗枪与弓箭。无何天宝大征兵，户有三丁点一丁。点得驱将何处去，五月万里云南行。闻道云南有泸水，椒花落时瘴烟起。大军徒步水如汤，未过十人二三死。邨南邨北哭声哀，儿别耶孃夫别妻。皆云前后征蛮者，千万人行无一回。是时翁年二十四，兵部牒中有名字。夜深不敢使人知，偷将大石搥折臂。张弓簸旗俱不堪，从兹使免征云南。骨碎筋伤非不苦，且图拣退归乡土。此臂折来六十年，一肢虽废一身全。至今风雨阴寒夜，直到天明痛不眠。痛不眠，终不悔，且喜老身今独在。不然当时泸水头，身死魂孤骨不收。应作云南望乡鬼，万人冢上哭呦呦。

论曰：唐有天下二百余年，而兵之大势凡三变：其始盛时有府兵，废而为彍骑，又废而为方镇之兵。开元、天宝之际，古今兵制之一大变革也。府兵之制，无事耕于野，其番上者宿卫京师而已。若四方有事，则命将以出，事解辄罢，兵散于府，将归于朝。故士不失业，而将帅无握兵之重，盖纯粹之征兵制也。高宗、武后时，天下久不用兵，府兵之法寖坏。番役更代，多不以时。卫士稍稍亡匿，宿卫不能给。宰相张说乃请一切募士宿卫，岁一番，号曰彍骑。然所召募者限于卫士而已。安史之乱，诸镇共起讨贼。大盗既灭，武夫战卒，拥兵自重，于是盛行募兵。宋太祖、太宗平一海内，惩累朝藩镇跋扈，尽收天下劲兵，选州军壮勇者，悉部送京师，而征兵之制遂废。《两朝国史志》云："召募之制，起于府卫之废。盖籍天下良民以讨有罪，三代之兵与府卫是也。收天下犷悍之兵以卫良民，今召募之兵是也。募兵之法，或乘岁凶募饥民，或以有罪配隶给役，是以天下失职犷悍之徒，悉收籍之，为良民之卫。有警则以素所养者捍之，民晏然无预征役也。"大抵土狭人稀者，宜于征兵。地广人众者，宜于募兵。说者谓：古者寓兵于民，后世兵与农分，縻国帑廪，以优坐食。此书生之见，岂知古人扰役强悍、销弥争乱之深意哉？

第五章　教育

第一，先学为人，次求知识。

《论语》：子曰："弟子入则孝，出则悌，谨而信，泛爱众，而亲仁。行有余力，则以学文。"

论曰：欧美之教育制度，分为国民教育、人才教育两种。国民教育，在求常识；人才教育，在求精密知识：总之皆以求知识为主。中国则否。《江陵项氏松滋县学记》（《文献通考》引）："有虞氏始即学以藏粢，而命之曰庠，又曰米廪，则自其孝养之心发之也。夏后氏以射造士，而命之曰序，则以检其行也。商人以乐造士，而命之曰学，又曰瞽宗，则以成其德也。周人修而兼用之。"此以学校之命名而知其义，最为精湛。《王制》："司徒修六礼以节民性，明七教以兴民德，春秋教以礼乐，冬夏教以诗书。"可见三代学校，其教人皆先德行而后六艺也。唐学制皆隶于国子监，凡《礼记》《春秋左氏传》为大经，《诗》《周礼》《仪礼》为中经，《易》《尚书》《春秋公羊》《谷梁》为小经。所谓通五经者，大经皆通，余经各一，《孝经》《论语》皆兼通之。是唐时之太学、国子学、四门学，皆以治经为主。武德七年，诏诸州县及乡并令置学，有明一经以上者，有司试册加阶。是并州县学所研究者，仍此经也。是何以故？盖不端其本，虽有学识不足为国家之用，适为犯上作乱之媒，仍孔氏"余力学文"之旨也。

第二，卒业年限较短。

《学记》：一年视离经辨志，三年视敬业乐群，五年视博习亲师，七年视论学取友，谓之小成。九年知类通达、强立而不反，谓之大成。

《尚书大传》：十有三年，始入小学，见小节焉，践小义焉。二十入大学，见大节焉，践大义焉。

《文献通考》：唐制凡治《孝经》《论语》，共限一岁；《尚书》《公羊》《谷梁》，各一岁半；《易》《诗》《周礼》《仪礼》，各二岁；《礼记》《左氏传》，各三岁；凡书学《石经》三体，限三岁；《说文》二岁；《字林》一岁。凡算学，《孙子》《五曹》共限一岁；《九章》《海岛》共三岁；《张丘建》《夏侯阳》，各一岁；《周髀》《五经算》，共一岁；《缀术》四岁；《缉古》三岁；《律生》六岁。

论曰：泰西学制，自小学至大学，年限至短须十五六年。非豪富之家，不能受完全教育，贫寒者或至小学为止，或至中学为止，遂至造成贫富阶级，此其弊也。我国学制止分小学、大学两级。其所谓小学，实则今之中学也。三代以上，九年为大成。唐宋以来，州县之学，不过三年。中央所设如算学、律学、医学等，至长亦不过六年，仍与九年之精神暗合，所以便寒畯之入学，不至半途而废也。

第三，学校与出身之分离。

《王制》：命乡论秀士，升之司徒，曰选士。司徒论选士之秀者，而升之学，曰俊士。论造士之秀者，以告于王，而升诸司马，曰进士。司马论进士之贤者，以告于王而定其论。论定，然后官之。

《史记·儒林传》：太常择民年十八已上仪状端正者，补博士弟子。能通一艺以上，补文学。其高第可以为郎中者，太常籍奏。

《文献通考》：永寿二年，诏复课试诸生补郎、舍人。后复制：学生满岁高第，补吏。

论曰：三代取士，皆以学校。盖其时世官世禄，完全贵族政治，故上下得以相安。秦汉以后，罢封建，废井田，其制已不能行。战国之季，布衣立谈取卿相。孟尝、平原等四公子，又好养客。其时才智之士，争以游说、任侠自见。三代选举俊秀之制，荡焉无存矣。汉兴，武帝始兴太学，置博士弟子。然汉之用人以郡县吏，不以学校也。晋武帝太始中，有司奏大学生至七千余人。然其时出身以九品中正，不以学校也。唐制有国子学、太学、四门学、律学、书学、算学，皆隶于国子监，医学隶于太医局。宋因之，且增置武学。然其时取士以科举，不以学校也。往读前史，名臣宿学，大都起于寒畯。如负薪读书、偷光凿壁之类，不一而足，皆能崛起田间，蔚成一代名人。而今则由初小而高小，而初中，而高中，而专门，而大学。阶级愈多，费用愈巨，寒士之崛起亦愈不易。渐而全国政治握于富豪之手，而天下始有门第之争矣。夫非常之杰，未有能抑之者也。不拘一格，而皆足自见。唐试以诗赋，而诗赋中有才。宋试以表判，而表判中有才。明试以制艺，而制艺中有才。今则膏粱纨绔，虽至愚极顽，苟循序渐进，亦可卒业大学。其狡者或挟赀出洋攫博士头衔以炫人，而窭人子怀才不遇，怀有辍耕太息，唱社会革命以期与之俱败。孔子云："生今之世，反古之道，灾及其身。"中国之为平民政治，二千年于兹矣。居今日而欲恢复二千年前贵族政治之教育，而犹自诩为进化，此余所大惑不解者也。

第四，干涉主义与放任主义。

《新唐书·选举志》：京都学生八十。大都督、中都督府、上州各六十。下都督府、中州各五十。上县四十。中县、中下县各三十五。下县二十人。

论曰：唐之州县学，学生名额至多者八十，少者二十。岂其余人民，均不学耶？非也。盖中国地广民众，欲使全国人民悉受教育，国家财力万万不及。故欧美之强迫义务教育制非不善也，而不能行于我国者，势不能也。且泰西文字，主于谐声，故恒言文一致。吾国六书并用，谐声之外，杂以象形、转注诸法，故言文稍歧。因文字之歧异，而其教育主义亦因之而殊。计其不同之点有二：言文一致之国，其初学率尚浅显。若吾国自幼即授以《学》《庸》《尔雅》，皆以其艰于记忆，先期所难。凡幼年所读之书，及老犹能记忆，而中年以后所习，则逾时而忘。此一异也。言文一致之国，读书不尚背诵。然吾国自昔即用背诵之法。此二异也。因是之故，即使国家果縻莫大之经费，以筹办全国之小学，而其效果乃反不如放任私塾之速。何也？从前合数子弟以延一师，各因其材，智者不数年而淹博，愚者或历久而贯通。若国家强为之干涉，限以三年或四年毕业，则高明者英华为之消阻，愚蠢者勉力或犹不及。二者胥成弃材矣！从前家设私塾，师弟俨如父子，背诵之督责尤严。稍有懈惰，鞭策随之。而父兄之策励，又足为良师之后劲。故成材较易。若国立中小学，断不能如其自谋之亲切。教习则课毕而归，无与己事。学生则聚嬉一堂，言不及义。荏苒三载，询以初授之书，有全不能记忆者矣。故强迫教育之法，无论事实上不能行，即勉强行之，亦不能收良好之效果也。

第六章　财政（缺）

第三篇　中国法系之刑法

英美法系，其特长在公法。罗马法系，其特长在私法。中国法系，其特长在刑法。兹第论其与欧美异者。

第一章　家族主义

第一，重孝。

《唐律》十恶，七曰不孝。注：谓告言诅骂祖父母、父母；及祖父母、父母在，别籍异财，若供养有阙；居父母丧身自嫁娶，若作乐释服从吉；闻祖父母、父母丧，匿不举哀；诈称祖父母、父母死。《明律》同。

　　论曰：《吕氏春秋》引《商书》曰："刑三百，罪莫重于不孝。"其事远在商代。《公羊》文十六年何注：不孝者，斩首枭之。《释例》云：秦法也。秦律即《法经》。是《法经》已有此条也。《汉书·衡山王传》：太子爽坐告王父不孝，弃市。是汉律有此条也。至于北齐，始以不孝列入重罪十条之内。隋《开皇律》改称"十恶"，唐以后因之。《唐律》于不孝采列举主义。然此外别为专条者，如《户婚》篇之父母囚禁嫁娶、居父母丧生子，《职制》篇之委亲之官、冒哀求仕，《斗讼》篇之子孙违犯教令、殴詈祖父母父母，如此之类，不可枚举。《明律》大半沿《唐律》。其稍异者，如：子孙告祖父母，《唐律》本入十恶，明则于《诉讼》篇别立《干名犯义》一条。《唐律·名例》本有"犯死罪非十恶，祖父母老、父母疾者，可上请，犯流罪者，权留养亲"诸条，明则改"权留养亲"为"存留养亲"，不限于流罪，而于《名例》篇别立专条。考《魏书·刑罚志》引魏《法例律》："诸犯死罪，若祖父母年七十已上，无成人子孙，旁无期亲者，具状上请。流者鞭笞，留养其亲。"是此条始于北魏孝文帝。晋及南朝，无此律也。此外吏民不孝不悌者，书犯人姓名于申明亭，而于《杂犯》篇立"折毁申明亭"之禁，则为《唐律》所无。夫我国律所以重孝者，其原因盖有二焉：一、《大学》："其本乱而末治者否矣。其所厚者薄，而其所薄者厚，未之有也。"《论语》："孝悌也者，其为人之本与？"今人遇饥饿患难之日，苟有人给以衣食，则必感激图报。况自幼至长，保抱之，提携之，以食以教，如父母之恩者乎？凡不孝之人，其为臣必不忠，其待友必不义，可断言者。此儒家以孝治天下之原理也。二、父母者，一家之家长。国之本在家。非与以特别之权力，不足以统治其家族。《宋书·何承天传》引法云："违犯教令，敬恭有亏，父母欲杀者，许之。"所谓法，即《晋律》。唐以后虽无此律，而惯习上犹如是也。其立法与教忠之旨同。

　　第二，惩奸。

　　《唐律》十恶，十曰内乱。注：谓奸小功以上亲、父祖妾。

　　《明律》"犯奸"特立一门，为目十：曰犯奸，曰纵容妻妾犯奸，曰亲属相奸，曰诬执翁奸，曰奴及雇工人奸家长妻，曰奸部民妻女，曰居丧及僧道犯奸，曰良贱相奸，曰官吏宿娼，曰买良为娼。

　　论曰：食色性也。自伏羲始制嫁娶，女娲正姓氏、职婚姻，而奸罪之名始立。三代具用五刑，而宫为五刑之一。古代刑罚，多采报复主义。因犯奸而去其势，与因犯盗而刖其足，理由正同。李悝《杂法》有"轻狡"，即奸罪也。然春秋时子烝父妾、弟奸兄嫂，见于《左氏传》者不一，其禁犹不甚严。秦并天下，立碑会稽，侈言功德，有"夫为寄豭，杀之无罪"之语，是贞操之说，至秦始盛也。汉律有强奸、居丧奸、奸部民妻诸罪名（详《九朝律考》），已开《唐律》之先河。然唐以奸附于《杂律》，其体裁尚沿《法经》之旧。至《明律》则特设奸罪一门，《清律》因之，并附例以补律文之不备，故奸罪以清制为最详。分别举之。

（甲）和奸

和奸分无夫、有夫两种，其刑至轻。但有左列加重：一、女为十二岁以下者，虽和以强论。此基于年龄者。二、女为同宗无服亲及无服亲之妻时，男女各杖一百。女为缌麻以上亲，及缌麻以上亲之妻时，或妻前夫之女、同母异父姊妹时，各杖一百徒三年。女为尊属亲时，或尊属亲之女、兄弟之妻、兄弟之子之妻时，男女各绞立决。此基于亲族者。三、奴隶及雇工人奸家长之妻女时，各斩立决。与家长期亲及期亲之妻奸通时，男绞监候，女减一等。如为缌麻以上亲者，各杖一百，但妾各减一等。此基于名分者。四、文武官于管辖内奸人妻女时，加凡奸罪二等。法官、狱卒于其部内奸因妇时，杖一百徒三年。此基于身分者。五、居父母及夫丧犯奸罪者，加凡奸罪二等。此基于礼教者。

（乙）刁奸

刁奸者，奸夫以甘言诱出奸妇至他所，以遂其奸也。以其淫纵之尤，故加重其律，不问夫之有无，各杖一百。

（丙）强奸

既成，绞监候。未成，杖一百流三千里。因而致死者，斩立决。妇女耻而自尽者，亦准之。其因年龄、身分等之加减，与和奸略同，略之。

（丁）欺奸

欺奸者，谓尊长欺卑幼之妇，陵制成奸也，处斩监候。未成奸，而妇耻自尽时，照亲属强奸未成例科断。

（戊）轮奸

轮奸者，谓数人之男子捉一妇女以次奸之也。首犯斩立决，从犯绞监候。因而致死者，首犯枭示，从犯及帮同下手者斩立决，未下手者绞立决。

（己）鸡奸

谓男子间之奸也。其例有二：一、恶徒共同抢去良家子弟，强行鸡奸者，首犯斩立决，从犯绞监候。二、强奸十二岁以下幼童时，斩监候。和奸照奸幼女，虽和以强论之律。

明清两代之律，除和奸外，几全为死刑，且处罚限于男子。盖不如是不足维持家庭之和平故也。日人东川德治以为中律束缚男子过严，苟不为之谋出路，恐法不易实行，故不得已而明认妾之存在。且以欧制较之，彼国民法表面一夫一妻，不许纳妾，而事实上人皆有妾，私生子满天下。中国法律表面上一夫多妻，实则有妾者在全国人民中占最少数。人人有家庭幸福，止有庶子无私生子。二者较之，仍以中律主义为长也。

第三，繁殖人口。

（甲）收养弃儿

《唐律》：其遗弃小儿年三岁以下，虽异姓听其收养。

《明律》：凡收留人家迷失子女，不送官司、自留为妻妾子孙者，杖九十徒二年半。（《清律》以收养弃儿全属养家之权利。其附注云：小儿成人后，亲生父母告认者，不准以示，与迷失有别。）

（乙）孕妇缓刑

《魏书·刑罚志》：[1]世祖定律：妇人当刑而孕，产后百日乃决。

《唐律》：诸妇人犯死罪，怀孕当决者，听产后一百日乃行刑。

（丙）无子听妻入狱

《后汉书·吴祐传》：[2]安丘男子毋丘长白日杀人，以械自系。祐问长：“有妻子乎?”对曰：“有妻，未有子也。”即移安丘，逮长妻。妻到，解其桎梏，使同宿狱中，妻遂怀孕。至冬尽行刑，长泣谓母曰：“妻若生子，名之吴生。”

《御览》引《东观汉记》：鲍昱为泚阳长。县人赵坚杀人系狱，其父母诣昱自言：“年七十余，惟有一子，适新娶。今系狱当死，长无种类。”涕泣求哀。昱怜其言，令将妻入狱。遂妊身有之。

《晋书·乔智明传》：张兑为父报仇，有妻无子。智明愍之，令兑将妻入狱，于狱产一男。会赦得免。

《北史》：后周时，斐政为司宪，用法宽平。囚徒犯极刑者，许其妻子入狱就之。至冬将行决，皆曰：“斐大夫致死于我，死无所恨。”

《陔余丛考》：清制：长系之囚，许妻孥入视。其无子者，并许其妻入宿。古时尚未有定制，特长吏法外行仁。后世著为成例，其即昉此欤?

（丁）同姓为婚

《左传》：男女同姓，其生不蕃。

《唐律》：诸同姓为婚者，各徒二年。缌麻以上，以奸论。

论曰：我国生齿之众，甲于全球。非特儒家之无后主义有以致之，亦立法之善使然也。欧美之个人制，其最大之害，即在于人口减退。今德意诸国，深知其弊，为种种奖励，以期生齿之繁殖，然已晚矣。今之主张个人制，及节育主义者，皆自杀之道也。

第四，提倡伦常道德。

（甲）同居相隐

《公羊》何注引《汉律》：亲亲得相首匿。

---

[1]　“魏书”原作“汉书”，今改。

[2]　“后”字原脱，今补。

《汉书·宣帝纪》：地节四年，诏曰：自今子首匿父母，妻匿夫，孙匿大父母，皆勿坐。其父母匿子，夫匿妻，大父母匿孙，殊死，皆上请廷尉以闻。

《唐律》：同居相为容隐，勿论其罪。奴婢为主隐者亦同。

（乙）卑幼不得私辄用财

《唐律》：诸同居卑幼私辄用财者，十匹笞十。又同居卑幼将人盗己家财物者，以私辄用财物论。

（丙）犯罪加重

《明律》"斗殴门"有殴期亲尊长、殴祖父母父母、殴妻前夫之子、妻妾殴夫、奴婢殴家长，"骂詈门"有骂祖父母父母、骂尊长、妻妾骂夫及骂故夫父母、奴婢骂家长。

论曰：以上三者，皆所以维持家族之道德，而以法律保障之也。"父为子隐，子为父隐"，见于《论语》。"父母在，不有私财"，见于《曲礼》。此皆以儒家学说制为法律，此亦礼、律不分之证。此外，律对于尊长犯罪，必较普通为重。同一詈骂也，而于骂祖父母父母、骂尊长，则加重之。同一杀人也，于谋杀祖父母父母，则加重之。同一奸也，而亲属相奸、居丧犯奸，则加重之。同一殴也，而殴祖父母父母、殴期亲尊长、妻妾殴夫，则加重之。此虽清制，而其原实出于《唐律》也。

第二章 保护贫弱主义

第一，敬老同于慈幼。

《曲礼》：八十、九十曰耄，七年曰悼。悼与耄，虽有罪，不加刑焉。

《周礼·秋官》注引《汉律》：年未满八岁、八十以上，非手杀人，他皆不坐。

《明律》：凡年七十以上、十五以下，及废疾，犯流罪以下收赎。八十以上、十岁以下，及笃疾，犯反逆杀人应死者，议拟奏闻，取自上裁。盗及伤人者，亦收赎。余皆勿论。九十以上、七岁以下，虽有死罪不加刑。

论曰：欧洲各国刑法，均有责任年龄之制。其制计分四种：第一，十四岁未满，绝对无责任，过此则完全负责者，如挪威是也。第二，十六岁未满，相对无责任，过此则完全负责者，如法、比是也。第三，七岁未满，绝对无责任，七岁至十四岁相对无责任，过此则完全负责者，如英国是也。其中不同者，绝对无责任年龄，墨西哥为九岁，希腊、荷兰为十岁，匈牙利、德国为十二岁。相对无责任年龄，美纽约州为十二岁，荷兰、匈牙利为十六岁，德国为十八岁。第四，九岁未满，绝对无责任，九岁至十四岁相对无责任，十四岁至二十岁为减轻时代，二十一岁完全负责，如意大利是也。其有不同者，绝对无责任年龄，墺大利、丹麦为十岁未满。相对无责任年龄，西班牙为九岁至十五岁，墺为十岁至十四岁，丹麦为十岁至十五岁。减轻时代，丹麦、西班牙为十五岁至十八岁，墺为十四岁至二十岁。然无论何种制度，皆止限于幼小，而不及老者。我国老者与幼者同受保护，与西律不同。三代以上法令简单，只分一级。汉制据《惠帝纪》："诏民年七十以上，若不满十岁，有罪当刑者，皆完之。"似有二级。八岁、八十为一级，七岁、七十为一级。唐以后均分三级，法历久而愈密也。

第二，保护女子。

（甲）奸罪处罚女子轻于男子。

《唐律》：诸和奸本条无妇女罪名者，与男子同。强者，妇女不坐。诸监临主守于所监守内奸者，如奸罪一等。妇女以凡奸论。

《明律》：凡居父母及夫丧，若僧尼道士女冠犯奸者，各加犯奸罪二等。相奸之人以凡奸论。

（乙）妻三不去。

《大戴礼记》：妇有三不去：有所取无所归不去，与更三年丧不去，前贫贱后富贵不去。

《唐律》：虽犯七出，有三不去而出之者，杖一百。

第三，保护无母之子。

《唐律》：诸殴伤妻前夫之子者，减凡人一等。死者，绞。妾殴夫之妾子，减凡人二等。殴妻之子，以凡人论。

论曰：女子及无母之子皆弱者，故法律保护之。

第四，保护囚人。

《唐律》：诸囚应请衣食医药而不请给，及应听家人入视而不听，应脱去枷鏁杻而不脱去者，杖六十。有疮病不待差而栲者，亦杖一百。

《明律》：凡狱卒非理在禁，凌虐殴伤罪囚者，依凡斗伤论。克减衣粮者，计赃以监守自盗论。

第五，保护兽畜。

（甲）禁屠杀含孕。

《魏书·世宗纪》：永平二年冬十有一月甲申，诏禁屠杀含孕，以为永制。

（乙）禁杀牛。

《淮南子》：法禁杀牛，犯之者诛。

《魏志·陈矫传》：曲周民父病，以牛祷，县结正弃市。

《南齐书·王玄载传》：永明元年，坐于宅杀牛，免官。

《梁书·傅昭传》：子妇尝得家饷牛肉以进。昭召其子曰："食之则犯法，告之则不可。取而埋之。"

《魏书·肃宗纪》：熙平元年七月，重申杀牛之禁。

《唐律》：诸盗官私马牛而杀之者，徒二年半。

论曰：瑞士新宪法，禁止不先绝息，扑杀兽畜。盖近年印度哲学输入欧洲，知人类残杀动物，非文明举动。而欲令全国人茹素，事实上又不可能。故折衷之而有此种立法。他国尚无先例。我国儒家以博爱为宗旨，所谓"亲亲而仁民，仁民而爱物"，与墨子兼爱有别。盖兼爱为平等的，而博爱则有阶级性也。以法律保护兽畜者，始于汉律之杀伤人畜产，然范围过广。故《唐律》限于马牛。马为军用品，且以驾车。牛以耕田，均于人类有功。汉律杀牛罪至死。六朝以后，佛教盛行，杀牛尤为厉禁。苏子瞻《代张方平谏用兵书》："譬犹屠杀牛羊、刳脔鱼鳖以为膳馐，食者甚美，死者甚苦。使见其号呼于梃刃之下，宛转于刀几之间，虽八珍之美，必将投箸而不忍食。"善哉言乎！世界大同之日，必全断荤。今虽未能达于最高文明，而瑞士已能减少动物痛苦，不可谓非平等之一线曙光也。

第六，恤贫。

（甲）收养孤老。

《明律》：凡鳏寡孤独及笃废之人，贫穷无亲属依倚、不能自存，所在官司应收养而不收养者，杖六十。若应给衣粮而官吏克减者，以监守自盗论。

（乙）旱涝霜雹减租。

《后汉书·和帝纪》：[1]诏今年郡国：秋稼为旱蝗所伤，其什四以上，勿收田租。刍稿有不满者，以实除之。注：所损十不满四者，以见损除也。

《唐律》：诸部内有旱涝霜雹虫蝗为害之处，主司应言而不言及妄言者，杖七十。

（丙）病故官家属还乡。

《明律》：凡军民官，在任以理病故，家属无力不能还乡者，所在官司，差人管领应付脚力，随程验口，官给行粮，递送还乡。违而不送者，杖六十。

第七，锄强。

（甲）人众走车马。

《御览》引《晋律》：众中走马者，二岁刑。因而杀人者，死。

《唐律》：诸于城内街巷及人众中，无故走车马者，笞五十。以故杀伤人者，以过失论。

《太炎文录·五朝法律索隐》：自电车之作，往来迅轶，[2]速于飞矢。仓卒相

---

〔1〕"后"字原脱，今补。

〔2〕"迅"原作"凡"，据《五朝法律索隐》改。

逢，不及回顾，有受车辖之刑而已。观日本一岁死电车道上者，几二三千人。将车者财罚金，不大呵谴。余以造用电车者，当比走马众中，与二岁刑；因而杀人者，比走马众中杀人，商主及御夫皆殊死。秉《晋律》以全横目，汉土旧法贤于拜金之国远矣！

（乙）债主强牵财物过契。

《唐律》：诸负债不告官司，而强牵财物过本契者，坐赃论。

（丙）官吏在任所置买田宅。

《明律》：凡有司官吏，不得于见任处所置买田宅，违者笞五十。解任，田宅入官。

（丁）娶部民妇女为妻妾。

《明律》：凡府州县亲民官，任内娶部民妇女为妻妾者，杖八十。若为子孙、弟侄、家人娶者，罪亦如之。男女不坐。

（戊）家人求索。

《明律》：凡监临官吏家人，于所部内取受、求索、借贷财物，及役使部民，若买卖多取价利之类，各减本官罪二等。

（己）交结近侍。

《明律》：凡诸衙门官吏，若与内官及近侍人员互相交结、漏泄事情、夤缘作弊，而符同奏启者，皆斩。

（庚）私借钱粮。

《明律》：凡监临主守，将系官钱粮等物私自借用，或转借与人者，虽有文字，并计赃以监守自盗论。

（辛）官营商业。

《后汉书·桓谭传》：[1]理国之道，举本业而抑末利，是以先帝禁人二业。

《唐律》：诸监临主守之官，皆不得于所部僦运租税课物，违者计所利坐赃论。

论曰（缺）

第八，最低级刑罚弃罚金而改用笞。

《周礼·秋官·职金》：掌受士之金罚、货罚，入于司兵。

《齐语》：小罚谪以金分。韦昭注：今之罚金是也。

《管子·中匡篇》：过罚以金。

《史记·张释之传》：一人犯跸，当罚金。注引《乙令》：跸先至而犯者，罚金四两。（钱大昕《三史拾遗》云：此律文也。二人以上，则罪当加等。《汉书》

---

[1] “后”字原脱，今补。

作"此人",于义为短)

《晋书·刑法志》：魏明帝改士庶罚金之令，男听以罚代金。

《唐六典》注：魏罚金六，晋有杂抵罪罚金五等之差。

《御览》引《晋律》：失赎罪囚，罚金四两。

《隋志》：《梁律》罚金五等，《陈律》一用梁法。

论曰：罚金之名，始见于《周礼》，而详于《管子》，与赎罪有别。凡言罚金者，不别立罪名，而罚金即其名。凡言赎者，皆有本刑，而以财易其刑，故曰赎。赎重而罚金轻也。汉以罚金为常制。下逮魏晋六代南朝，并承用斯法。北朝魏及齐周，始改用鞭杖。隋唐易以笞刑。而罚金之名，遂无复有用之者矣。盖罚金便于资产阶级，鞭笞便于贫民。欧美诸国，概系资本主义，故其最低级刑罚，无不用罚金者。清季变法议起，争言笞刑为野蛮刑罚，足为收回领事裁判权之障碍，因而废之。而不知罚金之制，汉及南朝承用已及千年，隋文帝统一南北，刑分五等，知罚金不便于贫民也，又嫌北朝用鞭之名轻实重也，乃以笞代之。历唐宋明清，未之有改，其制之善可知。平民化，一也；仅为名誉上制裁，于身体无重大损害，二也；便于家族主义之国家，三也。以例明之：赤贫车夫二人，以细故斗殴。逻者申其曲直，责以十笞。其人领责后，仍可谋生活，以养其家。若改用罚金，贫者无力受罚，势必换刑。拘留十日，而妻子不免冻馁矣。且今日虽在资本主义之国家，如英美之殖民地中仍有用此刑者，不足为异。弃文明进化之良制，而袭重富轻贫之恶法，何其愦也！

第三章　道德责任主义

第一，财产自由之限制。

（甲）荒芜田地。

《唐律》：诸部内田畴荒芜者，以十分论，一分笞三十，一分加一等。罪止徒一年。

《明律》：凡里长部内已入籍纳粮当差田地，无故及应课种桑麻之类而不种者，以十分为率，一分笞二十，每一分加一等，罪止杖八十。

论曰：法国革命时代，以财产权为天赋人权之一，为人类生存不可缺之要件，其理由殊难索解。欧洲学者，虽百方牵强附会，终无法以说明之。何者？彼既承认人民一切平等，又认财产为生而俱有之权利，其论理之结果，殆非承认均产不可。然当时革命诸人，胸中固毫无此种见解，其目的不过有产阶级对于彼等既得权利获一强固之保障而已。晚近学者解释财产自由，与昔日观念大异，不以为天赋人权，不过私产之存在，在现时状况下，因社会财富之增加与人民之需要，尚不能不假借私产制度也，亦曰社会利益说。依财产自由之旧观念，所有人将其财产放弃不理，亦非法律所能干涉。今既认为社会公益，即不能有如是之自由。凡享有土地者，即有使用土地之义务。享有他种财产者，亦有利用其财产之义务。欧战以还，颇有以宪法明定之者。如德新宪第一百五十五条云："土地之拓殖与使用，应为所有人对于社会之义务。"即建筑于此理论之上者也。此为欧洲最新之学理与律条，而我国则早定于二千年以前。其文明进化之程度，为何如耶？

（乙）毁损他人权利。

《唐六典》注：《北齐律》篇目，十曰毁损。

《唐律·厩库》：诸故杀官私马牛者，徒一年半。杀余畜产若伤者，计减价准盗论。诸放官私（畜）畜产损食官私物者，笞三十。又《杂律》：诸侵巷街、[1]阡陌者，杖七十。其穿垣出秽污者，杖六十。诸占固山野陂湖之利者，杖六十。诸于官私田园辄食瓜果之类，坐赃论，弃毁者亦如之。即持去者，准盗论。诸弃毁官私器物及毁伐树木稼穑者，准盗论。

论曰：德新宪一百五十三条云："所有权之行使，当增进公共福利。"详言之，即不许侵害他人与社会利益也。对于私人使用财产加以种种限制：其为公共安全与卫生而施之限制，如房屋建筑之干涉、颓垣败宇之干涉；其为社会财物之保持与发展而施之限制，如森林斩伐之干涉、鸟兽捕猎之干涉、古物输出之干涉是也。我国《汉律》已有贼伐树木、杀伤人畜产，均入《贼律》。魏晋关于毁损事件，散见各篇。自北齐汇为一目，曰《毁损》。隋唐以后，又复散见各篇。兹杂抄之而论其沿革如右。

第二，身体自由之保障。

（甲）故禁故勘。

《明律》：凡官吏怀挟私仇、故禁平人者，杖八十。因而致死者，绞。若故勘平人者，杖八十。

（乙）淹禁。

《明律》：凡狱囚情犯已完，监察御史、提刑按察司审录无冤，别无追勘事理，应断决者，限三日内断决。应起发者，限一十日内起发。若限外不断决、不起发者，当该官吏：三日笞二十，每三日加一等，罪止杖六十。

论曰：身体自由，始于英国之人身保护律，而莫善于美出庭状之制。凡人被官吏监禁者，本人或他人俱得向法庭请求颁给出庭状，命令该官吏将被监禁者移交法庭。如法庭认为无正当之理由，则被监禁者立即恢复自由，否则法庭亦当依

---

〔1〕　"巷"字原脱，据《唐律疏议·杂律》补。

法开庭审判。此制在英国历史上渊源甚远，一八一六年定为单行法，名曰《出庭律》。美则特于宪法明定之。战后新宪法，惟希腊对此规定特为详书，监禁时期不得超过二十四小时。我国"故禁故勘"及"淹禁"诸条，皆明祖手定，为《唐律》所无，其立法精神较英美出庭状，实有过之无不及也。

第三，私罪重于公罪。

《晋志》：张斐《律表》犯罪为公为私。

《唐律·名例》有同职犯公坐及公事失错。

《明律·名例》有文武官犯公罪、文武官犯私罪。

论曰：西律有公法、私法，而犯罪则不分公私。中律有公罪、私罪，而又不分公法、私法。所谓公罪者，其性质略如政治上之犯罪，而范围较广。而私罪则西律所谓破廉耻之罪也。考公罪之名，《汉律》已有之。《魏志·王凌传》注引《魏略》："凌为长，遇事髡刑五岁，当道扫除。时太祖车过，问此何徒，左右以状对。太祖曰：'此子师兄子也，所坐亦公耳。'"是其原甚古。《盐铁论》："《春秋》之义，原心定罪：志善而违于法者免，志恶而合于法者诛。"盖汉时罪之有无，在心术不在形式。唐以后范围稍狭，仅以为轻重之标准。同一犯罪，为公则轻，因私则重。今西人对于政治上犯罪，常加以保护，不移交于其本国，而对于破廉耻犯罪则否，其精神亦与此同。

第四，自首免罪。

《尚书·康诰》：既道极厥辜，时乃不可杀。

《汉书·衡山王传》引《汉律》：先自告，除其罪。

《魏志·孙礼传》：同郡马台坐法当死，礼私导令逾狱自首。

《晋书·庾纯传》：纯诣廷尉自首，诏免纯罪。

《梁书·武帝纪》：诏暗丁匿口，开恩百日，各令自首，不问往罪。

《陈书·华皎传》：开恩出首，一同旷荡。

《周书·柳庆传》：广阳王欣家奴面缚自告。

《唐律》文长不录。

《明律》文长不录。

论曰：自首之制，世界各国刑法，殆无其例。盖我国法律本以辅助道德所不及，许人以改过自新，故有此特例也。《书·康诰》有"既道极厥辜"一语，明丘琼山以此为后世自首制度之起源。《汉律》止谓之自告，然汉时对于重罪，恒为除外。如《伍被传》被诣吏自告与淮南王谋反，卒就诛夷，其一例也。曹魏定律，始用自首之文字，然犹循汉例，不尽免除其罪。《魏志》宣王遂至寿春，张式等皆自首，乃穷治其事是也。其他《魏志》纪自首事不一而足，故知律称"自首"当自魏始。晋及南朝律文，均有自首之条。而后魏定律，多袭汉制，故仍沿

"自告"之用语。其规定最详者，莫如《唐律》，大抵分自首免罪、减罪、不能免罪三种。其尤异者：一、自首不限于本人。即他人代自首，各听如罪人身自首法。二、限于特定犯罪。对于事主自首，与首官有同一效力。三、对于官吏亦有自首免罪之规定，但不曰"自首"，而曰"觉举"。明清律亦沿《唐律》，仅文字上之修正，内容无甚出入。惟于强窃盗、诈欺财得向事主自首之外，加入"受人枉法、不枉法赃，悔过回付还主者，与经官司自首同，皆得免罪"一段。《唐律》于坐赃悔过还主，止听减三等，不能全免也。

第五，保辜。

《公羊》何注：古者保辜，辜内当以弒君论之，辜外当以伤君论之。疏：其弒君论之者，其身枭首，其家执之；其伤君论之者，其身斩首而已，罪不累家。《汉律》有其事。

《急就篇》注：保辜者，各随其状轻重，令殴者以日数保之。限内至死，则坐重辜也。

论曰：凡殴伤人未致死者，当官立限以保之，谓之保辜。三代时已有此制，其源古矣。保辜限期，《唐律》所规定者凡四：一、手足殴伤人，限十日；二、以他人物殴伤人者，二十日；三、以刃及汤火伤人者，三十日；四、折跌支体及破骨者，五十日。明清律加入"责令犯人医治"之文，并手足、他物为一，均为二十日，而于"破骨"之下增入"堕胎"字样，较《唐律》尤密。清代又于条例别设补充期限，重伤二十日，轻伤十日。盖《唐律》利其短，《清律》则利其长，精神微有不同。日人东川德治盛称此制，以为我国立法之一大特色，将来必为全球所采用。

第六，诬告反坐。

《后汉书·杨璇传》：[1]荆州刺史赵凯，诬奏璇实非身破贼而妄有其功。璇相与章奏。凯有党助，遂槛车征，防禁严密，无由自讼。乃噬臂出血，书衣为章，具陈破贼形势，又言凯所诬状。潜令亲属诣阙通之。诏书原璇，拜议郎，凯反受诬人之罪。

《魏志·曹爽传》注：宣王乃忿然曰："诬人以反，于法何应？"主者曰："科律反受其罪。"

论曰：西律诬告为独立罪名，不用反坐之法。考《晋书》载魏《新律序略》，有囚徒诬告人反，罪及亲属，异于善人。所以累之，使省刑息诬也。据此知汉时诬告尚不过反坐，至魏时乃加重之。唐明律均用反坐之法，最为平允。西律定为独立罪名，处以徒刑。对于诬陷人致死者，既属过轻；而在轻微诬告，又嫌过重；

----

[1]　"后"字原脱，今补。

盖两失之。

第四章　礼教主义

论曰：中律惟此部分非强行法，有不告不理之性质。《唐律》所定者，有大祀散斋吊丧、居父母丧生子、妻殴詈夫、国忌作乐；《明律》所定者，有无故不朝参公坐、亵渎神明、直行御道、骂人、官吏宿娼；《清律》所定者，有纵妇女在寺观神庙烧香之类，皆不能绝对生效。且此种律条因时代而不同。《汉书·百官公卿表》："卫尉充国坐斋不谨，弃市。"其罪至重。《唐律》："大祀散斋不宿正寝者，一宿笞五十。"已渐减轻。明清以后，则未闻有因不宿正寝犯罪者矣。乾隆中忌日唱戏一案，致兴大狱，牵连数十人。赵秋谷有"可怜一曲长生殿，误我功名到白头"之句，即犯国忌作乐之条也。此如今日士大夫终日以麻将消遣，几为最普通之娱乐品，苟有人执以告官，仍当以赌博论罪，亦此理也。删其最与习惯不合者可矣。

附　中国之法医学

《四库全书总目·子部·法家类存目》：《洗冤录》二卷，《永乐大典》本，宋宋慈撰。慈始末未详。又《无冤录》二卷，不著撰人名氏。《永乐大典》载此书，题元王与撰。与不知何许人。

论曰：法医学在欧西极为幼稚，尚在研究过程中。而我国自清代钦颁《洗冤录集证》以来，折狱者奉为圭臬。考《唐书·艺文志》，刑法类二十八家，而不及检验之说。宋宋慈始著《洗冤录》，此外尚有《平冤录》《无冤录》《理冤录》诸书。余所见者止《无冤录》，他均未见。盖《四库》于法家类仅收八部，其按语以为刑名之学为圣世所不取，并《洗冤录》亦只存其目，他可知矣。《洗冤录》原序称"自先秦汉以迄国朝，备载綦详"，是此学发达已久。姑举一例：《洗冤录》所载滴血法，谓如有父母骸骨，或子女是否亲生，难于辨认，试令就身刺一两点血滴骸骨上。是亲生则血沁入骨，否则不入。每以无所取证为疑。后读《梁书·豫章王综传》："其母吴淑媛自齐东昏宫得幸于高祖，七月而生综。恒于别室祀齐氏七朝。又微服至曲阿，拜齐明帝陵。然犹无以自信。闻俗说以生者血沥死者骨，渗即为父子。综乃私发齐东昏墓，出骨沥臂血试之，并杀一男取其骨试之，皆有验。自此常怀异志。"则洗冤之说，有自来矣。然滴血之法，并不始于梁。《南史·孝义传》："孙法宗入海寻求父尸。闻世间论，是至亲以血沥骨当悉凝浸，乃操刀沿海见枯骨则刻肉灌血。如此十余年，臂胫无完肤。"事在东晋之末。又据《太平广记》一百六十二引《会稽先贤传》云："陈业字文理。业兄渡海倾命，时同依止者五六十人，骨肉消烂而不可辨别。业仰皇天誓后土曰：'闻亲戚者必有异焉。'因割臂流血，以洒骨上。应时歃血，[1]余皆流去。"是汉时已有此说。又考《瑯玉集》引《同贤记》云："杞良，秦始皇时北筑长城。主典怒其逃走，乃打杀之。其妻仲姿向城啼泣，一时崩倒。死人白骨交横，莫知孰是。仲姿乃刺指血以滴白骨，云若是杞良骨者，血可流入。即沥血，果至良骸，血径流入。便得归葬之。"据此，则滴血之法，其源甚古，亦不始于汉也。

第四篇　中国法系之民法

第一章　中国不定民法之原因

第一，理论上之原因。

或问：中国自古无民法，何也？答曰：我国地广人众，故自昔止有治官之法，而无治民之法；止有官刑，而无民法。官治，而民在其中矣。《韩非子》："吏者，民之本、纲也，圣人治吏不治民。"王应麟曰："斯言也，不可以韩非废也。"（《困学纪闻》十）

《书·舜典》："鞭作官刑。"《伊训》："制官刑儆于有位。"是官刑唐虞三代已有之。汉为《朝律》，然皆为单行法也。晋改称《违制》，始归入正律。唐曰《职制》，明因之。以官刑代民法，犹之治国必先齐家，挈其纲、正其本也。此为我国立法之一大特色。

第二，事实上之原因。

定民法之方法，必先调查国内习惯，列表记载，取其多数定之，方能生效。吾观于法德二国法典编纂之历史，而知其法之不可行于中国也。法国古来有成文法国与习惯法国，大都各用其固有之法律。世人常谓法国每旅客更马，必更法律。即表示其法律复杂之状态也。路易十一世欲统一之，未竟其业而殂。共和三年宪法，明记编纂全国民法之旨，期以一月，使创定民法草案。此草案不为国民议会所採纳。及拿破仑任执政官，再命参事院起草，始于一八〇四年公布。法国民法全典，盖距倡议时已将百年。德本为联邦国，从前北方诸国所行者，为普鲁士及丹麦民法，中央诸国则用索逊民法，南方诸国则用法国民法。十九世纪之初，止巴威仑一邦，有六十二种民法并行。一八〇九年，政府提议编纂民法，会因事中止。及北德意志联邦成立，始着手收集德国固有法普通法，前后凡开会七

---

[1]　"歃"原作"饮"，据《太平广记》卷一六二引《会稽先贤传》改。

百三十四次。至一八八八年，始由联邦议会公布。其起草委员会十一人中，三人通普国民法，三人通德意志普通法，一人通索逊法律，一人通法兰西民法，一人通巴丁法律，余二名通罗马法及日耳曼法。聚集各派学者，互相讨论而后可底于成，盖编纂若是其难也。我国版图过广，除西藏、蒙古、回族、苗族不计外，单就汉族而论，南北风气不一，隐然画一鸿沟。且各州县惯习尤为复杂，即使勉强规定，势必例外范围大于原则。故非全国共同遵守，不能定入法律。唐明二律，大抵用此态度。历史上民法故附入刑法，未尝独立成为法典，皆基于此理由也。

第二章　民法之用语及内容

《书序》：咎单作民居。注：马融曰：咎单，汤司空。民居，民之法也。（《图书集成·祥刑典》引）

是"民法"二字，其用语实本于中国。惟我国古代既未定有民法，依欧洲现行民法之范围，除唐明二律定有明文者外，散见各书者当复不少。欲从事搜集，绝非短时间所能卒业。迟暮之年，无此精力，谨就昔日研究所及者，略为整理。后之有志斯道者，得观览焉。

第一，成年制度。

《周礼》：乡大夫以岁时登其夫家之众寡，辨其可任者。国中自七尺以及六十，野自六尺以及六十有五，皆征之。疏：七尺谓年二十。

《曲礼》：人生十年曰幼学，二十曰弱冠。疏：幼者，自始生至十九时。

《汉书·食货志》：古者二十受田。

《汉书·高帝纪》：发关中老弱未傅者。注：孟康曰：古者二十而傅，三年耕有一年储，故二十三而后役之。《景帝纪》：令天下男子年二十始傅。注：师古曰：旧法二十三，今此二十，更为异制也。

《晋书·食货志》：男女年十六以上至六十，为正丁；十五以下至十三、六十一以上至六十五，为次丁；十二以下、六十六以上，为老小，不事。

《晋书·范宁传》：求补豫章太守。临发上书曰："礼，十九为长殇，以其未成人也；十五为中殇，以为尚童幼也。今以十六为全丁，则备成人之役矣；以十三为半丁，所任非复童幼之事矣。岂可伤天理、违经典、困苦万姓，乃至此乎！今宜修礼文，以二十为全丁，十九为半丁，则人无夭折、生长滋繁矣。"帝善之。

《通典》：宋孝武大明中，王敬宏上言："宜以十七为全丁，十五至十六为半丁。帝从之。北齐河清三年，乃令男子十八以上、六十五以下为丁，十六以上十七为中，六十六以上为老，十五以下为小。"

《魏书·食货志》：太和九年下诏，均给天下民田，诸男夫十五以上受露田四十亩。

《隋书·食货志》：后周太祖作相，创制六官，司赋掌功赋之政令：凡人从十八以至六十有四，与轻癃者，皆赋之。司役掌力役之政令：凡人自十八以至五十有九，皆任于役。隋高祖颁新令：男女三岁以下为黄，十岁以下为小，十七以下为中。十八以上为丁，丁从课役。六十为老，乃免。

《通典》：开皇三年，乃令人以二十一岁成丁。

《隋志》：炀帝即位，户口益多，男子以二十二成丁。

《通典》：大唐武德七年定令：男女始生者为黄，四岁为小，十六为中，二十一为丁，六十为老。神龙元年，韦皇后求媚于人，上表请天下百姓年二十二成丁，五十八免役。制从之。韦庶人诛后，复旧。天宝三载制：自今以后，百姓宜以十八以上为中，男二十三以上成丁。广德元年制：百姓二十五为丁，五十五入老。

《宋史·食货志》：其丁口男夫，二十为丁，六十为老。

《通考》：乾德元年，令诸州岁二十为丁，六十为老。女口不预。

《庆元条法事类》引《户令》：诸男年二十一为丁。

《金史·食货志》：户口，金制男女二岁以下为黄，十五以下为小，十六为中，十七为丁，六十为老。

《明史·食货志》：太祖即位之初，定赋役法：丁曰成丁、曰未成丁，凡二等。民始生，籍其名，曰不成丁。年十六，曰成丁。成丁而役，六十而免。

《大清会典》：民年十六始傅，六十以上除之。

论曰：世界各国成年制度之比较：有以十五岁为成年者，波斯是也；十六岁为成年者，土耳其是也；二十岁为成年者，瑞士、日本是也；二十一岁为成年者，意、俄、英、法、比、美、德、葡、希腊等是也；二十二岁为成年者，亚尔然丁是也；二十三岁为成年者，荷兰、西班牙是也；二十四岁为成年者，奥、匈是也；二十五岁为成年者，瑞典、丹麦、智利是也。其所定标准，完全以气候为主。热带成年较低，而寒带则较高。其中以二十一岁为最多数。我国土地广袤，地域虽居温带，而北尽阴山、南越岭海，兼涉寒热两带区域。故历史上所定成年制度，自十五至二十五，皆有先例。以表明之：

二十五	唐代宗
二十三	汉　唐玄宗
二十二	隋炀帝　唐中宗
二十一	隋文帝　唐高祖　南宋

续表

二十	三代　汉景帝　北宋
十八	北朝
十七	南朝　金
十六	晋　明　清
十五	后魏

以上共分九等。以一国而兼备全世界制度，何也？盖我国之成年标准，不以气候，而以人口之多寡定之。版图狭小者，其成年之制必低，如南北朝是也；人口众多者，其成年之制必高，如汉、隋、唐是也。盖古代采用征兵制，人民对于政府于纳税义务外，尚有差役义务。高其年龄，所以示国家之宽大。观于隋唐两代，隋由十八改为二十一，又改为二十二；唐则由二十一改二十二，又改二十三，再改为二十五，皆明言因户口众多之故。明代以来，久废强征主义，改用募兵。故太祖定制，以十六为成年，最为良法。清代因之。近人沈家本著《丁年考》一书，力主以二十为成年，此特宜于北方耳。至长江以南人民身体智识，发达甚早，使十九岁之男女行为不负责任，殊失情理之平也。

第二，婚姻年龄。

《曲礼》：三十曰壮，有室。

《内则》：女子二十而嫁。有故，二十三年而嫁。

《通典》：太古，男五十而娶，女三十而嫁。中古，男三十而有室，女二十而嫁。

论曰：我国古代所定之婚姻年龄，与欧洲民法所定者，性质迥异，乃定婚姻之最高年龄。非必三十始许娶、二十始许嫁也，其意谓男子娶不得过三十，女子嫁不得过二十耳。《家语》："鲁哀公问曰：'男子十六精通，女子十四而化，是则可以生民矣。而礼男子三十而有室，女二十而有夫也，岂不晚哉？'孔子曰：'夫礼言其极，不是过也。男子二十而冠，有为人父之端。女子十五许嫁，有适人之道。'"据此知男二十、女十五，为我国之适婚年龄。

第三，婚姻制度

（甲）婚姻之目的

《礼记·昏义》：[1]礼者，将合二姓之好，上以事宗庙，而下以继后世也。故君子重之。

---

[1] "昏义"原倒作"义昏"，今改。

《孟子》：不孝有三，无后为大。舜不告而娶，为无后也。君子以为犹告也。

论曰：旧日举行婚礼，恒于祖先之前行之，为上下一般之通则。此我国人口繁殖之一大原因也。

（乙）婚姻预约

《唐律》：诸许嫁女已报婚书，及有私约而后悔者，杖六十。

《明律》：凡男女订婚之初，若有残疾、老幼、庶出、过房、乞养者，务要两家明白通知，各从所愿，写立婚书，依礼聘嫁。若许嫁女已报婚书，及有私约而辄悔者，笞五十。虽无婚书，但曾受聘财者，亦是。

《大清律例》：凡期约已至五年，无故不娶，及夫逃亡三年不还者，经告官给执照，并听别行改嫁，不追财礼。

《南史·韦放传》：与张率皆有侧室怀孕，因指腹为婚姻。

《北史》：崔浩女为尚书于遐妻，浩弟恬女为王慧龙妻。二女俱有孕。浩谓曰："汝等将来所生，皆我之自出，可指腹为亲。"及慧龙子宝兴将娶于女，浩为撰仪，躬至监视，谓诸客曰："此家礼事，宜尽其美。"

论曰：欧美诸国婚姻预约，或认为无效，或止为损害赔偿之原因。我国则定婚为有效，翻悔者，男女均有制裁。《唐律》所谓"私约"，《疏议》原释为夫身老、[1] 幼、疾、残、养、庶之类。《明律》已将此数项采入律条，而又有"私约"二字，颇费解释。《清律辑注》："有媒妁通报而写立者，为婚书；私下议约者，为私约。"详言之，即不依媒妁，由两家主婚者约定之婚书也。惟定婚为一种要式行为，以主婚人及媒妁人为不可缺之要素。而法律上即以主婚人、媒妁人为婚姻之责任者。《明律》："凡嫁娶违律，若由祖父母、父母、伯叔父母姑、兄姐及外祖父母主婚者，独坐主婚；余亲主婚者，事由主婚，主婚为首，男女为从；事由男女，男女为首，主婚为从。若媒人知情者，各减犯人罪一等。"若夫指腹为婚，自南北朝以来，久已通行，本系陋俗，流弊滋多，宜以法律明文禁止之。

（丙）婚姻成立条件

子、实质上条件。

一、一夫一妻。

《唐律》：诸有妻更娶妻者，徒一年，各离之。《疏议》：一夫一妻，不刊之制。

二、当事者之同意。

《明律》：若为婚而女家妄冒者，杖八十。注：谓如女有残疾，却令姊妹妄冒相见后，却以残疾女成婚之类。追还财礼。男家妄冒者，加一等。注：谓如亲男

---

〔1〕"夫"原作"天"，据《唐律疏议·户婚》改。

定婚，却与义男成婚。又如男有残疾，却令弟兄妄冒相见后，却以残疾男成婚之类。不追财礼。未成婚者，仍依原定。已成婚者离异。

三、父母同意。

《诗》：娶妻如之何？必告父母。

《明律》：若卑幼，或仕宦，或买卖在外，其祖父母、父母及伯叔父母姑、兄姊后为定婚，而卑幼自娶妻，已成婚者，仍旧为婚；未成婚者，从尊长所定。违者杖八十。又凡嫁娶违律，若由祖父母、父母、伯叔父母姑、兄姊及外祖父母主婚者，独坐主婚；余亲主婚者，事由主婚，主婚为首，男女为从；事由男女，男女为首，主婚为从。其男女被主婚人威逼，事不由己，若男年二十一下，及在室之女，亦独坐主婚，男女俱不坐。

论曰：欧洲诸国民法，男女满成年者，不须父母同意。我国无此规定，此与欧洲异者。又父母拒绝同意，在欧洲可起诉于裁判所，我国及日本均不采此制。盖以利害而言，与其破坏家族之和平，不如屈从其意见也。《曲礼》："男女非有行媒，不相知名。"故双方之意思，通常以媒妁之介绍为之，故媒人亦须负法律上之责任。《明律》"若媒人知情者，各减犯人罪一等"，欧洲无此例也。

四、亲族禁婚。

《曲礼》：娶妻不娶同姓。

《左传》：男女同姓，其生不蕃。

《大传》：虽百世而婚姻不通者，周道然也。

《唐律》：诸同姓为婚者，各徒二年。

《明律》：凡同姓为婚者，各杖六十，离异。凡娶同宗无服之亲，及无服亲之妻者，各杖一百。若娶缌麻亲之妻及舅甥妻，各杖六十，徒一年。小功以上，各以奸论。若收父祖妾及伯叔母者，各斩。若兄亡收嫂、弟亡收弟妇者，各绞。若娶同宗缌麻以上姑侄姊妹者，亦各以奸论，并离异。

论曰：禁近亲间之结婚，直系血族，绝对禁止，此中外所同。旁系血族，各国间范围宽严不同。日本限于三等亲内不得为婚，故从兄弟姊妹，得为婚姻。欧洲兼重女统，故仍为乱伦之罪。我国尊重男系血统，在女统方面，较欧洲为宽；而在男统方面，又较日本为严。至姻族关系，直系姻族，绝对禁止，亦中外所同。旁系姻族，美洲各国及日本则不禁，欧洲仍多禁止。故娶亡兄之妻，与前妻之妹，美洲所许者，欧洲则绝对不许。我国因偏重男系，结果虽许娶前妻之妹，而娶亡兄之妻仍绝对禁止。欧洲及日本，尚有再婚之限制。日本民法，女自前婚解消或取消之日，非经过六个月之后，不得为再婚。此种律条，法德诸国多数限于女子，但亦并有于男子者。如瑞典民法，男子妻死后六个月，女子夫死后一年内，不得为婚姻。中国不设此条。盖我国夫死以守志为原则，再嫁为例外。唐明律于夫丧未满改嫁者，认为不义之罪，列入十恶。故无需有此明文。至男子之再婚，习惯上常在一年以后，且多由妻之遗嘱定之。此属于道德范围，非法律所能制限者矣。

丑、形式上条件。

《昏义》：是以昏礼，纳采、问名、纳吉、纳征、请期，皆主人筵几于庙，而拜迎于门外。入，揖让而升。听命于庙，所以敬慎重，正昏礼也。

《明律》：其应为婚者，虽已纳聘财，期约未至而男家强娶，及期约已至而女家故违期者，并笞五十。

论曰：婚姻为要式行为，除美国外，为欧亚两洲所同。欧洲有宗教结婚与民事结婚之异，然必须有一定方式，则各国大抵相同。我国则方式尤为严重。古代所行者，有六礼之制，即：一采纳，二问名，三纳吉，四纳征，五请期，六迎亲。缺其一，则婚姻不成立。但手续稍过繁重。《朱子家礼》以问名合于纳采，以纳吉、请期合于纳征，略六礼为三礼。此礼制上之形式要件也。至法律形式上，则唐明律皆以婚书为形式要件。惟我国法律本所以辅助礼教，故《明律》男家强娶、女家违期之条，即所以保障请期之效力也。

（丁）离婚。

子、离婚之意义。

《世说》：贾充前妇是李丰女。丰被诛，离婚徙边，后遇赦得还。充先已娶郭配女，武帝特听置左右夫人。

《旧唐书·李德武妻裴氏淑传》：淑字英，户部尚书安道公女也。德武坐从父金才事徙岭表，矩奏德武离婚，炀帝许之。裴守之以死，必无他志。

论曰：礼，妻者齐也。一与之齐，终身不改。故我国离婚之事甚稀。且以历史上离婚之事实证之，所谓离婚者，为亲族关系消灭之义。夫妇之关系，仍不因之消灭，非今民法上之离婚也。唐明律不用离婚之文字，或曰离异，或止曰离。夫之强制离婚，则曰出妻。其两愿离婚，则曰和离。不曰离婚也。因沿用既久，仍之。

丑、离婚之种类。

一、强制离婚。

上、由官强制离婚。

《唐律》：诸为婚而妄冒已成者，离之。诸有妻更娶妻者，各离之。诸同姓为婚者，以奸论，并离之。诸尝为袒免亲之妻而嫁娶者，以奸论，并离之。诸夫丧服除而欲守志，非女之祖父母、父母而强嫁之者，各离之。诸娶逃亡妇女为妻妾者，离之。即无夫会恩免罪者，不离。枉法娶人妻妾及女者，以奸论，各离之。诸和娶人妻及嫁之者，各离之。

《明律》：凡外姻有服，尊属卑幼共为婚姻，及娶同母异父姊妹，若妻前夫之女者，各以奸论，并离异。凡官吏娶乐人为妻妾者，并离异。凡僧道娶妻妾者还俗，女家同罪，离异。凡家长与奴娶良人女为妻者，各离异。

论曰：以上诸条，在欧西或为婚姻无效，或为取消，不曰离婚也。我国名为违律结婚，仍包含离婚范围内，与欧洲不同。

《唐律》：诸犯义绝者，离之。《疏义》：义绝，谓殴妻之祖父母、父母，及杀妻外祖父母、伯叔父母、兄弟、姑、姊妹，若夫妻祖父母、父母、外祖父母、伯叔父母、兄弟、姑、姊妹自相杀，及妻殴詈夫之祖父母、父母，杀伤夫外祖父母、伯叔父母、兄弟、姑、姊妹，及与夫之缌麻以上亲若妻母奸，及欲害夫者。

论曰：此条本家族之原理，为西律所无。盖个人主义之国家，夫妇关系不因第三者之事实而消灭也。

下、由夫强制离婚。

《公羊·庄二十七年》何注：妇人有七弃三不去。无子弃，绝世也；淫佚弃，乱类也；不事舅姑弃，悖德也；口舌弃，离亲也；盗窃弃，反义也；嫉妒弃，乱家也；恶疾弃，不可奉宗庙也。尝更三年丧不去，不忘恩也；贱取贵不去，不背德也；有所受无所归不去，不穷穷也。

《唐律》：诸妻无七出之状而出者，徒一年半。虽犯七出，有三不去而出之者，杖一百，追还合。若犯恶疾及奸者，不用此律。《疏议》：七出者依令：一无子，二淫佚，三不事舅姑，四口舌，五盗窃，六妒忌，七恶疾。三不去者，谓：一经持舅姑之丧，二娶时贱后贵，三有所受无所归。

论曰：近人李慈铭《越缦堂日记》论之曰："七出之条，自《汉律》至今，沿之不改。其六者无论矣，至于无子，非人所自主也。《唐律疏义》申之曰：'妻年五十以上无子，听立庶以长。'即是四十九以下无子，未合出之。夫妻而无子，情之所矜，必待至五十，则有不更三年丧者寡矣。古人五十服官政，则贫贱有不富贵者寡矣。《谷梁传》云：'一人有子，三人缓带。'则妾有子者，妻亦不去也。此七出之制，所以尽善无可议也。"余谓不特此也。无子必出，所以防其妻之挟制，不许娶妾。其目的于国家方面，在增进人口；于私人方面，在继承血统。虽事实上从未有因无子出妻者，而法律不可不设此条。此立法之深意也。

二、两愿离婚。

《唐律》：若夫妻不相安谐而和离者，不坐。

寅、离婚之效力。

一、财产上效力。

《礼记·杂记》郑注引律：弃妻畀所赍。

《嘉庆会典事例》：凡夫妻不和谐而离异者，其女现在之衣饰嫁妆，凭中给还女家。

二、身分上效力

《明律服制图》：亲母因父死再嫁他人，谓之嫁母。亲母被父出，谓之出母。均服齐衰杖期。

论曰：中律离婚之效果，其特点有二：一、为甲妻者，虽离婚后，与甲之旧亲族仍不得通婚。二、妻有子时，虽离婚后，仍保留其亲子关系。盖亲子以天合，无所逃于天地之间也。夫妇之关系，通例因配偶者一方之死亡而消灭。我国则否。惟法律上对夫之死亡，于丧服满后，仍许其改嫁，但事实上宁为例外。《唐律》："诸夫丧服除，欲守志而强嫁之者，罪之。"

（戊）妾。

《内则》：聘则为妻，奔则为妾。

《曲礼》：大夫一妻二妾，士一妻一妾。

《说文》：妾，有罪女子，给事之得接于君者。从辛、从女。《春秋传》曰："女为人妾。"妾不聘也。

《释名》：妾，接也，以贱见接幸也。

《魏书·太武五王列传》引《晋令》：诸王置妾八人，郡公、侯妾六人，第一、第二品有四妾，第三、第四有三妾，第五、第六有二妾，第七、第八有一妾。

《北齐书·元孝友传》：古诸侯娶九女，士一妻一妾。《晋令》："诸王置妾八人，郡君、侯妾六人。"《官品令》："第一、第二品有四妾，第三、第四有三妾，第五、第六有二妾，第七、第八有一妾。"所以阴教聿修，继嗣有广。广继嗣，孝也；修阴教，礼也。而圣朝忽弃此数，由来渐久，将相多尚公主，王侯娶后族，故无妾媵，习以为常。妇人不幸，生逢今世，举朝既是无妾，天下殆皆一妻。父母嫁女，则教以妒，姑姊逢迎，必相劝以忌。以制夫为妇德，以能妒为女工。自云不受人欺，畏他笑我。王公犹自一心，以下何敢二意。夫妒忌之心生，则妻妾之礼废，妻妾之礼废，则奸淫之兆兴，斯臣之所以毒恨者也。请以王公第一品娶八，通妻以备九女，称事二品备七，三品、四品备五，五品、六品则一妻二妾。限以一周，悉令充数。若不充数，[1]及待妾非礼，使妻妒加捶挞，免所居官。其妻无子而不娶妾，斯则自绝，无以血食祖父，请科不孝之罪。

《明律》：其民年四十以上无子者，官听娶妾。

论曰：世界皆为一夫一妻制，而我国独采一夫多妻，以故妾之制度大为世人所非难。此似是而非之论也。日人东川德治著《中国法制史研究》，中有《论妾之制度》一篇，大旨谓：妾制远始黄帝，其源甚古。盖支那法系以防后嗣断绝、

---

[1]　"若"原作"右"，据《北齐书·元孝友传》改。

繁殖子孙为目的，同时禁止和奸并官吏宿娼，不得已而明认妾之存在，以资救济，是其特色。其论卓矣，而未尽也。今欧美私生子充斥于天下，几超过嫡出子之数。欧战以来，丹麦发起私生子大同盟，要求平等待遇。故最近西班牙共和新宪已增入此条。余常疑之，以欧洲既采一夫一妻，而私生子如此其多；中国采一夫多妻，而社会上反少私生子。何也？岂欧美人皆淫泆耶？而非也。欧美特法律上不认有妾耳，非无妾也。且中国偏重男子，故止有女妾。欧美兼重女权，故尚多男妾。名为一夫一妻，实际上不止一夫多妻，且一妻多夫也。我国唐代以前，稍沿贵族门第之陋习，有妾者限于特种阶级。多数平民仍以无妾为原则。明清两代，制限稍宽，虽平民仍许纳妾，然因社会经济之限制，纳妾者仍居少数。故我国乃真正一夫一妻制也。官吏则禁止宿娼，人民则禁止和奸，国家之所以代谋人民家庭幸福者，无微不至。欧美无是也。妾生之子，名为庶子，法律上有继承财产之权，无所谓私生子也。清末稍习外国皮毛之学生，不知欧美之私生子，即中国之庶子，而于所定民法中采用其私生子各条。法律与习惯相反，削足适履，一若欧美真为一夫一妻制者，此皆不学之过也。且中国之所以在法律上明认妾者，尚有其正当之理由。《周礼·职方》九州之民，除雍州三男二女、冀州五男二女外，其余各州女子实多于男子，荆州则一男二女，豫州、兖州则二男三女，而杨州竟至二男五女。观于西藏，其女子与男子为一与三之比例。社会上除贵族外，从未闻单独娶妻者。故法律不得已乃承认一妻多夫也。彼欧美诸国惟重形式，不顾实际，金玉其外，败絮其中，非中国所宜仿效也。

第四、亲子。

（甲）亲权。

一、居所指定权。

《明律》：凡祖父母、父母在，而子孙别立户籍者，杖一百。

二、惩戒权。

《唐律》：诸子孙违犯教令者，徒二年。

三、财产管理权。

《明律》：凡同居卑幼，不由尊长，私擅用本家财物者，二十贯笞二十，每二十贯加一等。凡祖父母、父母在，而子孙分异财产者，杖一百。

（乙）嫡出子。

《唐律》：诸立嫡违法者，徒一年。即嫡妻年五十以上无子者得立庶以长，不以长者亦如之。《疏议》引《唐令》：无嫡子及有罪疾，立嫡孙；无嫡孙，以次立嫡子同母弟；无母弟，立庶子；无庶子，立嫡孙同母弟；无母弟，立庶孙。曾玄以下准此。无后者为户绝。

（丙）私生子。

《唐律》：其遗弃小儿年三岁以下，虽异姓听收养，即从其姓。《疏议》：父母后来识认，合还本生。失儿之家量酬乳哺之直。《清律》附注：小儿成人后，亲生父母告认者不准。

《明律》：凡收留人家迷失子女，不送官司，自留为妻妾、子孙者，杖九十，徒二年半。

论曰：欧美诸国以妻所生之子为嫡出子，非妻所生之子为私生子。瑞典、丹麦诸国不认私生子制度，虽认知之，亦不发生亲子关系。大陆诸国民法均认私生子。但法国法系凡乱伦、有夫奸所生之子，不许认知。德国法系则无此制限。我国妻生之子为嫡出子，妾生之子为庶子，妻妾以外所生之子为私生子，范围较欧洲为狭。《唐律》不曰私生子，而曰弃儿，许其认知。《明律》则解释上以不许认知为原则。盖《明律》别定迷失子女一条，故对于弃儿不许告认，以示与迷失有别也。清季立法家不谙旧律，误采欧洲私生子入民法，既与习惯不合，三十年来，妾之制度依然存在。私生子律条使用上尤多障碍。日本民法虽未明认妾，然依大政官指令，私生子得户长之允许入男子之籍者，削私生子名义，谓之庶子。但既认其子，不认其母，殊失情理之平。且掩耳盗铃，不足效也。我国私生子最少，尤无庸多定律条，不特奖励淫泆，且蹈无病而呻之诮也。

欧洲民法，凡婚姻中受胎者，推定为夫之子。然此不过一种之推定，苟有反证，许其夫有否认之权。至怀胎期限，各国不同。日本民法由婚姻成立之日二百日后，又由婚姻解消或取消之日三百日内，所生之子推定为怀胎于婚姻中者，盖所以定嫡出子与私生子之标准也。我国唐明律均无此条。盖欧美不重贞节，结婚以前已多男友，而离婚又事极寻常，故必须有此规定。我国女子，深闺简出，守宫之砂见于诗人吟咏，今闽广犹有于结婚次日以落红之布夸示于人者，自毋须有此明文。至小说所载拜堂后胎儿落地，或娶妻未满数月生子者，亦非绝无其事。搢绅之家因颜面关系大都隐容不言，至多取消婚姻、退还婚约而止，从未闻有以妻所生子非己子，涉讼公庭者。日本民法之定否认权，已属多事，况我礼仪之邦哉？

欧洲民法，父母对于私生子，则曰认知；私生子对于父母，则曰探究，亦曰搜索。法国法系诸国，虽许母之探究，至父之探究则绝对不许。我国与德国法系同，不设制限。至探究方法，普通以滴血法行之。《洗冤录》："亲子兄弟或自幼分离，欲相识认，难辨真伪。令各刺出血，滴一器之内。真则共凝为一，否则不凝。"

欧洲诸国民法，尚有准正之规定，亦曰准嫡。其制有二：第一种之准正，谓私生子因后日父母为婚姻时取得嫡出子身份也。除英国、丹麦等国外，大多数皆采用之。我国亦然，但其变更身份，必先在妾，名曰扶正。唐明律虽有以妾为妻之禁，而惯习上则许之。妾既扶正，其子当然为嫡出子。第二种之准正，后日父母虽不为婚姻，应君主或总统之命令，改为嫡出子也。例如美国各联邦、意大利、荷兰、普、奥等，均采是制。盖欧美诸国，沿阶级政治之余毒，人皆以私生子为耻，往往于富贵后，以元首命令改为嫡出子。我国未闻其例。

（丁）养子。

《唐律》：以子孙妄继人后者，徒二年。诸养子所养父母无子而舍去者，徒二年。若自生子，及本生无子欲还者，听之。即养异姓男者，徒一年。与者，笞五十。

《明律》：其乞养异姓义子以乱宗族者，杖六十。若以子与异姓人为嗣者，罪同，其子归宗。若立嗣虽系同宗而尊卑失序者，罪亦如之。其子亦归宗，改立应继之人。

论曰：养子之制，为家族制度之结果，埃及、希腊、罗马之古代皆盛行之。今则族制度渐次湮灭，故有全不认养子制度者，例如英、美、荷兰是也。此种国家，大都以赠与或遗赠方法行之。虽有认养子制度，而养亲与养子之间不生亲子关系，仅有承继财产之权利者，例如法国民法，为人养子须年满二十一以上，不能因之断生家关系。从前必须较养子年长十五岁以上，今则判例已改为一日之长为已足。德民法略同。其养子之目的，大抵因年老无子，于朋友中择其交谊最深者，予以继承财产之权，而以扶养伺候为交换条件。养亲与养子间，年龄相差不远，故未成年者不许为人养子。此各国所同。吾国与日本，本于"不孝有三，无后为大"之遗训，为子孙者以承奉祭祀、继续血统为当然义务，而承继又限于男系。故凡家无男系之近亲血族时，不得不以养子为补救办法。虽然，我国宗法之原理，养子为随意法，非强行法，限于无子时听许之而已。盖古代宗法，本以嫡子继承为原则，其众子众孙，则别创设一家，谓之"别子宗法"。《礼记》"别子为祖，继别为宗"是也。此本封建遗制。然后世立嫡之法，皆准据之。《唐律疏议》："凡无后者，概为户绝。"养子并非法律之强制，他方又禁以子孙妄为人后，以紊乱宗法。是虽同宗，亦不许妄与人为子也。

养子中最正当者，为过继，谓同宗亲之卑属为其尊属之后继者也，礼制上统称"为人后者"。《唐律》止称"养子"。南方统称为"过房子"，大抵以甲房之子，继承乙房。如何之条件而后可为过继耶？明清会典及附例所定者，约之凡有三种：甲、家无可继承之男子时。此时唐明清律均以昭穆相当者为养子条件。所谓昭穆相当者，谓与子在同等之列位，指其同宗之侄。所谓侄者，不限于兄弟之子，从侄、再从侄亦包含之。乙、妇人夫死守志时。妇人有子者，夫死以不去夫家为原则。无子者，以本人之意思，定其去就。《清律》附例："凡守志留夫家者，承继夫之财产，凭夫家族长择昭穆相当者为嗣。未举行婚姻而既受聘财者，准用之。"丙、出兵阵亡时。凡出兵阵亡者，支属内无可为嗣者，而其父又别无子时，先为其父立继。俟其生孙，然后再为死者之后。以上三者之外，寻常之夭亡者、未婚者概不许立后。但独子夭亡，而族中无可为其父之嗣者时，许为独子立嗣。设为其嗣者亦独子时，阖族取具甘结，准其承继两家，世称为"独子双祧"。过继子之效力，全与实生子生同一之关系。即一方有取得养家财产之权利，同时即有服从养家亲权之义务。养亲后自生子时，不失子之身份，谓之"原立子"。《清律》附例规定，家产与原立子均分。但因过继子之意思，得还实家。丧服则对于养父母服三年丧，而生父母则降一等。养子不得无故离去养家，违者罪之。但设二例外：一、养亲自生子时。二、本生父母无子时。限于此二种情形许之。唐明律均同。惟养亲则有任意遣还之权利。《疏议》云："若养家自生子，及虽无子不愿留养，欲遣还本生者，任其所养父母。"

其以异姓为养子者，谓之异姓乱宗，《唐律》谓之"异姓男"，亦曰"义子"，或曰"螟蛉子"，绝对禁止。而实际上盛行于南方，与过继子殆无所异。考唐陆广微《吴地记》，余杭山有夫差义子坟十八所，是春秋时代已有此俗。且以历史征之，不乏异姓养子之例。后汉时听中官养子袭封爵，见《后汉书》。五代时唐明宗为李克用之养子，废帝从珂又为明宗之养子，皆袭帝位。其他如前蜀王建，最多养子。南唐李昇本名徐知诰，亦徐温之养子也。是此风五代最盛行。明太祖初起，好养异姓儿，称为某舍，见《明史》。积久沿袭成俗，至今闽粤犹有乞买异姓儿以为己子者。此外尚有养女，其种类不一，有以招婿为目的者，有以图利卖为娼妓者。其使配自己之男子者，俗称为"媳妇仔"。《唐律》惟禁养异姓男，故《疏议》释为"养女不坐"云。

第五篇　中国法系之诉讼法

第一章　中国诉讼法之沿革

《尚书·吕刑正义》：汉世断狱谓之劾。

《晋书·刑法志》：汉《囚律》有告劾。又云：魏分汉《囚律》为《告劾律》。

《唐六典》注：晋命贾充等十四人，增损汉魏律为二十篇，七《告劾》。

《隋书·刑法志》：《周律》二十五篇，二十二曰《告言》。

《唐律疏议》：秦汉至晋，未有此篇。后魏太和中分《系讯律》为《斗律》，至北齐以讼事附之，名为《斗讼律》。隋开皇依齐《斗讼》名，至今不改。

沈家本《律目考》：汉告劾入《囚律》，魏分立《告劾律》，[1]晋、梁因之。北齐合于《斗律》曰《斗讼》。后周曰《告言》。隋开皇仍曰《斗讼》。《大业律》复分之。唐因开皇。元曰《诉讼》，明因之。

论曰：李悝《法经》有《囚法》《捕法》。法止六篇，诉讼法居其二，法家非不重手续也。儒家之礼治，墨子讥其繁文缛节，则手续似亦礼之一端。自魏晋以来，老庄思想盛行，人争脱略形骸，遂成风俗。法律亦随之变更。今明清律之《诉讼法》，篇名实始于元。元末定律，盖何荣祖等议而未行之草案也。考《汉律》有"告劾"，仅为《囚律》中之一细目。魏始分《囚律》为《告劾律》，南朝诸律因之。北魏定律，失史篇目，有无《告劾》篇名，无从稽考。然观《太和律》篇目有《斗律》之名，《唐律疏议》谓北齐以讼事附之，名为《斗讼律》。疑太和《斗律》之外，尚有《讼律》篇目。自此"告劾"二字遂不复用。此不特见古今言文之异，且足证南北法统之殊。然有当注意者，我国之诉讼法，虽兼有一二手续之条，而大部分仍以实体法占大多数，此其与欧洲异者也。

第二章　中国诉讼法之内容

第一，下手书。

《丹铅录》：《周礼·司市》云："以质剂结信而止讼。"郑康成云："长曰质，短剂，若今下手书。"贾公彦云："汉时下手书，若今画指券。"黄山谷云："岂今细民弃妻手摹者乎？不然，则今婢券不能书者画指节。今江南田宅契，亦用手摹也。"

论曰：今人凡借贷、离婚及田宅买卖，应画押而不识字者，则以手摹代之，或曰打手印，其源甚古。观《周礼注疏》，汉已如是，而法律固无明文。此所谓不文法者也。

第二，书罪。

《周礼·秋官·司烜》注：楬头明书其罪法。疏：明用刑以板书其姓名及罪状，着于身。

惠栋《后汉书补注》：大书帛于其背。注：贾山云："衣赭衣，书其背。"汉之罪人如此。

论曰：今世凡遇执行死刑罪因，行刑之日，以木板长数尺，书犯人姓名罪状着于背上，盖古法也。汉时谓之"楬头"。所异者，汉兼书所犯之法条，且不限于死刑，即徒刑亦适用之。犯人平日作工，将其姓名罪状以帛书之，贴于背上，

---

[1] "魏分立《告劾律》"原脱，据沈家本《律目考》补。

与今不同。

第三，禁杀日。

《周礼·秋官·卿士》注：若今时望后利日。疏：利日，即合刑杀之日。

《后汉书·章帝纪》：[1]王者生杀，宜顺时气。其定律：无十一月、十二月报囚。

《后汉书·陈宠传》：[2]萧何草律，季秋论囚，避立春之月。

《唐律》：诸立春以后、秋分以前决死刑者，徒一年。其所犯虽不待时，若于断屠月及禁杀日而决者，各杖六十。待时而违者，加二等。《疏议》：断屠月，谓正月、五月、九月。禁杀日，谓每月十直日，一日、八日、十四日、十五日、十八日、二十三日、二十四日、二十八日、二十九日、三十日。

论曰：此等条文，其目的在限杀人之时，非其时不得妄杀。与法国限定杀人必在巴黎断头台一处者，其旨趣相同。盖专制时代，王者恒任意杀人，故加以种种限制。法限以地，我国限以时。不可以迷信视之。

第四，教唆词讼。

《明律》：凡教唆词讼，及为人作词状，增减情罪、诬告人者，与罪人同罪。若受雇诬告人者，与自诬告同。受财者计赃以枉法从重论。其见人愚而不能伸冤，教令得实，及为人书写词状而罪无增减者，勿论。

论曰：欧美诸国词讼，两造许用律师辩护。我国自昔禁之。其得失如何，颇有问题。《明律》较《唐律》规定特密，并未绝对禁止。苟能保障民权，亦法律所许。特不认为一种营业，致开健讼之风，其立法较西律为长。

第五，口供。

《陈书·沈洙传》引《汉律》：死罪及除名，罪证明白，考掠已至，而抵隐不服者，处当列上。

《唐律》：诸应议请减，若年七十以上、十五以下，及废疾者，并不合拷讯，皆据众证定罪。诸拷囚不得过三度，总数不得过二百。杖罪以下，不得过所犯之数。拷满不承，取保放之。诸拷囚限满而不首者，反拷告人。其被杀、被盗家人及亲属告者，不反拷。拷满不首，取保并放。

《明律》：凡诸衙门鞫问刑名等项，若吏典人等，为人改写及代写招草，增减情节、致罪有出入者，以故出入罪论。若犯人果不识字，许令不干碍之人代写。

论曰：欧美之断狱也以证据，中国之断狱也以口供。二者互有利弊。重口供之弊，在屈打成招。重证据之弊，在无证者易于失出。《唐律》于拷打制限甚严，

---

〔1〕　"后"字原脱，今补。
〔2〕　"后"字原脱，今补。

除老幼废疾者外，概不许用证据定罪，所以重民命而防流弊，最为得之。

第六，乞鞫。

《周礼·秋官·朝士》注：徒论决满三月，不得乞鞫。

《史记·夏侯婴传》注邓展引律：有故，乞鞫。晋灼云：狱结竟，呼囚鞫语罪状。囚若称枉，欲乞鞫者，许之。

《晋书·刑法志》《魏律序》：二岁刑以上，除以家人乞鞫之制，所以省烦狱也。

《唐律》：诸狱结竟，徒以上各呼囚及其家属，具告罪名，仍取囚服辨。

《明律》：若犯人反异，家属称冤，即便推鞫。事果违枉，同将元问元审官吏，通问改正。

论曰：乞鞫，即再审之义。徒论决满三月不得乞鞫者，谓徒刑判决后满三月，即为确定，不许上告也。有故乞鞫者，谓判决虽已确定，有特别事故，仍可请求再审。例如判决犯杀人罪，而此人现尚生存之类。家人乞鞫者，谓家属称冤也。以上杂举我国旧制与西律相同者。

第七，子孙告祖父母、父母，妻妾告夫，奴婢告主。

《魏书·窦瑗传》引律：子孙告父母、祖父母者，死。

《唐律》：诸部曲、奴婢告非诸反逆、叛者，绞。被告者，同首法。

《明律》：凡子孙告祖父母、父母，妻妾告夫者，杖一百，徒三年。其告谋反、大逆、谋叛、窝赃、奸细，及嫡母、继母、慈母、所生母杀其父，若所养父母杀其所生父母，及被期亲以下尊长侵夺财产或殴伤其身，应自理诉者，并听告，不在干名犯义之限。若奴婢告家长者，与子孙卑幼罪同。

论曰：以上诸条，皆西律所无。《明律》所谓"干名犯义"者，谓不问事实如何，即告已成立罪名。父母乃生我者，即有不慈，必系子孙之过。诉之法律，未见其可。唐以前概处死刑。为我国法律上所谓母，不止生母，并嫡母、继母亦包含在内，颇滋流弊。故《明律》定有数多例外，并减轻其刑，即为此也。

[附注]《宋书·何承天传》引法云："违犯教令，敬恭有亏，父母欲杀，皆许之。"所谓"法"即《晋律》。《唐律》已无此条。然习惯上在清代以前，均属有效。所以行之而无弊者，因其以本生父母为限，不特继母，即父有妾，亦不生效力。窃以为此条仍以定为死刑为宜，然父母必限于本生。如继父、嫡母、继母，均不适用之。如此则所有种种例外，皆可无庸赘设矣。

考子告父母，不特中国少见，欧洲亦从无此例。最初发现此案者，始于法国革命后二年。法院对于此种案件，应否接受，颇有疑问。因无先例可援，乃请示于政府。时政权操于山岳党之手，主张受理。判决结果，父方败诉，社会大哗。然自此纪纲堕落，遂养成今日个人制度之社会。拿破仑制定民法，始以子有孝顺父母义务，列为专条。然止成为具文，无裨实际。甚矣！破坏之易，而补救之难也！自共和成立，纲常之说，悬为励禁。淳厚之俗，扫荡无余。乃至父母无以教导其子，夫无以约束其妻，帅无以驾驭其卒。纪纲秩序，完全破坏，而大乱成矣。善乎《礼·大传》之言曰："改正朔、易服色、异器械、殊徽号、别衣服，此其所得与民变革者也；亲亲也，尊尊也，长长也，男女有别，此不可得与民变革者也。"妇之于夫，名为敌体，恩犹父子。故告夫之罪，《唐律》称为"不义"，列入十恶。奴婢多闻阴私，易于挟制其主。凡此皆须别立规定，以维持家族和平与社会秩序。古人立法，具有深意。彼惟知以自由、平等相号召者，乌足以语此哉！

第八，投匿名书。

《晋书·刑法志》《魏律序》：改投书弃市之科，所以轻刑也。

《唐律》：诸投匿名信告人罪者，流二千里。得书者皆即焚之。若将送官司者，徒一年。官司受而为理者，加二等。被告者不坐。

《明律》：凡投隐匿姓名文书告言人罪者，绞。见者即便烧毁。若将送入官司者，杖八十。官司受而为理者，杖一百。被告言者不坐。若能连文书捉获解官者，官给银一十两充赏。

论曰：中律本于道德。匿名告人，不道德之至者也。汉以前概为死刑。孟德提倡告密，故《魏律》遂减轻其罪。《唐律》为流刑。明复为绞刑，清因之。光宣之际，修改刑律，全效欧西，漏列此条。今民刑诉讼法至四五千条，十之七八为琐屑之手续，无用之废话。而此等重要条文，乃竟遗漏。余常谓西律似密而实疏，中律似疏而实密，此类是也。且《明律·诉讼》，寥寥数条，仍以实体法占半数，其轻视手续可知。兹仅略举其要，其余概从省略，识者谅焉。

乙　编

散见法史文存

中国古代之国际公法

鄙人留学东瀛时，曾著有《平时国际公法》一书，于清光绪三十二年五月在上海普及书局出版。原稿久已散失。友人宵君楚禅有其书，假阅一日，恍如隔世。中有《论中国古代国际公法》一篇，颇有精彩。会陈君飞俦索纂季刊，事冗无以应命，即以此塞责。附识于此。

比利时《国际法比较杂志》，世界最良之杂志也。其中所揭载马尔丁氏论文，有《支那古代万国公法》一篇，日人高桥氏尝采取其说。而中村氏亦于其著书中，标题"东洋之国际公法"，以中国、印度为主，而日本附之。然大都刺取近人丁韪良之说，援取春秋战国诸大事，以与公法思想相比附。在彼国能知中国古代之思想，诚足以助其淹博而广其证据，而自吾国人眼光视之，则徒长顽固者以援古证今之陋习，于理论上、应用上均无当也。吾所欲论者，则三代以下国际法衰退之理由，因而推测春秋战国时代交际之真相，而一切剿袭附和之说，悉无取焉。

或曰：国际法之存在，存于分立，而亡于统一。欧洲国际法之所以发达，则以诸国分立，互相犄角，虽以亚历山大、拿破仑之雄心，迄未能混而一之。而吾国则自嬴秦后，列国统于一尊，专制之习愈深，而交际之事遂绝。向使欧洲亦如吾国之混一，则谓至今无国际法可也。

审是，则吾尚有欲决之一问题：如三国、六朝、五季诸时代，中国亦尝分立，胡为而亦无公法之存在也？自汉之亡，迄于晋初，中国分立者五十余年；自唐之亡，迄于元初，中国分立者，垂四百年。此诸时代者，战争相寻，宜可以发见平和之原则，而何以寂然无闻也？

或曰：是分立矣，而缺独立、平等之二大要素。五代以后，天下分为南北，宋始与辽分立而败于辽，继与金分立而蹶于金，终与元分立而亡于元。石敬瑭之于契丹，则为父子之关系；宋高宗之于女真，则为叔侄之关系；犹今日国际上之有半独立国也。夫惟不对等之国，故国际法无由成立。

审是，则吾尚有欲决之第二问题：则彼南北朝者，鼎峙垂数百年，土地相若，强弱相等，胡为而亦无公法之存在也？盖独立、平等矣，而犹必认他国主权之正当。彼南谓北为"索虏"，北谓南为"岛夷"，是皆基于种族上之恶感情。晋之于十六国，刘宋之于北魏，陈之于北周，赵宋之于辽金元，则大抵以种族故。欧洲国际法之源流，其始亦仅限于耶教诸国也。

审是，则吾尚有欲决之第三问题：则三国时代，其鼎立者，皆炎黄之胄胤，胡为而亦无公法之存在也？炎汉之亡，天下分崩，然未久而司马氏以诈术取而代之，其分立时期，在历史上最为迫促。然则由此推之，而吾国国际法不发达之原因，盖有四焉：

（一）统一；

（二）分立时期之过促；

（三）不承认己国以外之主权；

（四）种族上之恶感情。

由是四者以推论，春秋战国时代，恰与之为反比例。第一，则当时所行者封建制度，专治之威力，无由施也；第二，则分立时期，上自夏商，下及战国，垂二千年也；第三，则所谓诸侯者，其祖宗，或开国之功臣，或先圣之遗裔，且又多出于周天子之封号，其立国之正当，各国无不承认之也；第四，则诸国大都同姓，其共姓者，亦皆黄帝之遗胤，楚、秦屏于夷狄，而楚之初祖为文王之师，秦之先祖乃伯益之后，无种族上之恶感情也。然当日列国间交际之状态，杂见于《春秋左氏传》及《公》《谷》《国策》诸书，欲一一胪列之，必非此尺幅之所能尽，且亦非著者之本旨。兹第举其最著者，而其细者则略之。

第一，国际上同盟之例：如襄十一年同盟于亳之誓书，修好同盟也；苏秦之请六国约纵，攻守同盟也。

第二，列国间会议之例：如齐桓兵车、衣裳之会，其他尚多。《王制》曰：诸侯未及期相见曰会。

第三，战时中立之例：如齐、楚构难，宋请中立是也。

第四，使臣不可侵之例：如齐顷公帷妇人以观郤克，卒召晋师；又晋人执郑良霄，《春秋》讥之，所谓"兵交，使在其间可也"。

第五，吊灾恤邻之例：晋乞粜翟于秦，百里奚以为天灾流行，国家代有，又宋大水，鲁尝遣使吊之，是其例也。

第六，君主位次之例：如滕、薛争长是也。

第七，诸侯无擅灭人国之例：《春秋》凡灭国者必书名以示贬，展禽之犒齐师，谓恃先王之命，故以不恐。盖夹辅王室之辞，载在盟府。齐桓存三亡国，以霸天下。其后王室凌夷，诸侯始有自相吞灭者，非周先王之制也。

第八，请赎俘虏之例：如宋人以兵车百乘，文马百驷，赎华元于郑是也。

第九，国际河流之例：如东周欲为稻，西周不下水是也。

第十，军队不得过他国之例：如晋侯伐曹，假道于卫，卫人弗许，自南河济，是也。

第十一，干涉之例：如僖公九年齐侯以诸侯之师伐晋，及高梁而返，讨晋乱也；又文公十七年，晋荀林父、卫孔达、陈公孙宁、郑石楚伐宋，讨曰何故弑君，犹立文公而还是也。

第十二，割地偿金之例：如晋败齐师于鞍，齐人赂以纪甗、玉磬与地是也。

（首刊 1906 年上海普及书局《平时国际公法》，
辑自 1931 年《朝大季刊》第 1 卷第 2 期）

哲学大家荀子之政治论

绪　言

　　欧化输入，士之稍知洋学者，动喜援引先儒之说以相比附，支离附会，为有识者所齿冷。今稍熄矣，然而欧风日炽，汉学浸微，陈相之尽弃所学，籍谈之数典忘祖，斯文坠地。君子所忧，非强事张皇，以树吾旧学之帜也。盖世界学术分为三派：印度哲学最为博大宏深，周秦诸子次之，希腊及其他泰西诸哲学又次之。比闻西人，将以巨资尽译藏印诸佛书，而吾国独弃旧学如敝屣。先哲有言：凡一人种可以独立于世界者，必其有独立之文学。果尔，则非惟学术之患，抑亦国家之忧也。爰不揣弇陋，作《荀子之政治论》一篇。

　　荀卿，赵人，《史记》有传。刘向《序录》作孙卿，荀、孙音同，或曰避汉讳也。年五十，始来游学于齐，齐人谗之，乃适楚为兰陵令。春申君死而荀卿废，因家兰陵。宋人唐仲友疑之，谓春申君之死，当齐王建二十八年。设以宣王末年游齐，年已百三十七。当从应劭《风俗通》以"五十"为"十五"。余谓唐氏之说非也。《史记》明言："谈天衍，雕龙奭，炙毂过髡。田骈之属皆已死，荀卿最为老师。"古之伟人多享上寿，如彭铿，如老聃，其年皆百数十岁，固不止荀卿一人也。荀子既不得志于世，乃发愤著书，又天假之年，使得静观天下得失之变，与夫古今治乱之数，故其书醇正，虽不及孟氏，而精湛深刻则过之。

　　后世论荀子者，多执其性恶之说以为诟病。然性固非恶，亦即非善。荀子之论性恶，与孟子之论性善，皆各有所蔽，而必左祖孟氏者，则亦入主出奴之积习也。独苏氏谓其刚愎不逊，自许太过，而以李斯焚坑之罪归狱荀氏，其言洞见症结。然观其《非十二子》诸篇，敢于排斥诸贤，以自伸己说，诚不免如苏氏所讥，而其书粹然，有儒者气象，蔚成一家之言，则亦有非战国诸子所及者，盖哲学家而兼有政治家之才者也。兹本日人浅井氏之说，取其涉于政治者，萃为一篇。范围稍狭，则研究亦易。其旁涉他科学者，虽有名论，概未之及云。

本 论

第一章 荀子之国家论

第一节 国家之性质论

欧洲论国家性质者，有主观、客观二派：心理的有机体说、团体说、人格说，属于主观者也；自然的有机体说、事实说、状态说、分子说，属于客观者也。荀子所主张者为分子说，以国家要素之一代表国家。然分子说又分为三：曰土地国家说；曰人民国家说；曰统治者国家说。荀子独取其分子说中之统治者说。其《致士篇》云：

> 无土则人不安其居，无人则土不守，无道法则人不至，无君子则道不举。故土之与人也，道之与法也，国家之本作也。君子也者，道法之总要也，不可少顷旷也。

荀子所谓土者，即土地是也；所谓人者，即人民是也；所谓君子者，即元首是也。土与人虽为必要，而苟无统治者则失国家之性质，故国民与土地不过统治者之目的物而已。夫古时民风质朴，君民之分犹未甚严。尧舜以前，以众情之去就定天子之位者无论矣。神禹而后，易传贤之制为世袭。然祖甲之不侮鳏寡，文王之视民如伤，其时君臣之间如家人父子，君不甚贵，民不甚贱，上下之情通而三代所以治也。君民之隔自秦始，而其说本于荀氏。观其《正论篇》云：

> 天子者，势位至尊，无敌于天下。（中略）生民之属，莫不振动从服以化顺之。

《致士篇》云：

> 君者国之隆也，（中略）未有二隆争重而能长久者。

《君道篇》云：

> 君者，民之原也。原清则流清，原浊则流浊。

荀氏之说盖误以君主为国家，而不知国家之性质者也。此其说可以孟氏之国家性质论比较之。孟子主张人民国家说者也，其言曰："民为贵，社稷次之，君为轻。"又曰："闻诛一夫纣矣，未闻弑君也。"又曰："天视自我民视，天听自我民听。"恰与荀氏之说相反。孟氏贵民，故以人民为国家之主体，而土地、君主为其客体。反之，荀氏贵君，以君主为国家之主体，而土地、人民为其客体。二者皆不知国家之性质者也。夫自学理上言之，国家者固非君主，亦非人民。何者？君主，个人也，个人有生存有消灭，而国家则有生存无消灭。苟如荀氏之说，是君主死亡即为国家主体之消灭，其理为不可通。若人民国家说，则希腊以来多唱道之，近世之主权在民说亦根据于是。然以国家本来之性质与构成国家多数之人类视为同一，于法理为不合。夫误以人民为国家，其流极于暴民之毙斯已耳。若夫以君主为国家，则末流之祸将必至淫昏残虐、上下壅蔽。暴秦之亡、六朝之乱，胥是故也。呜呼！是亦贤者之过也。

荀氏之说，极与欧洲中世意大利政治家马克勃雷之说相近。荀氏主张性恶，马氏亦主张性恶。其与荀氏异者，荀氏之主张性恶与政治上无连接关系，马氏则谓因人性恶之故，故政治家当研究者即驾驭此恶性人之方法，而惟君主为能驾驭恶性之人，故不可不尊君主。其说较荀氏尤为极端，因其类似，故并及之。

第二节　国家之目的论

荀氏既主张统治者国家说，其结果当以维持权力为国家之目的，然荀氏则否。此亦其论理上之一缺点。荀子所论国家之目的为何？则安民是已。其《王制篇》云：

马骇舆，则君子不安舆；庶人骇政，则君子不安位。（中略）庶人安政，然后君子安位。传曰："君者，舟也；庶人者，水也。水则载舟，水则覆舟。"此之谓也。故君人者欲安，则莫若平政爱民矣。

《王霸篇》云：

国者，天下之利用也；人主者，天下之利势也。得道以持之，则大安也；不得道以持之，则大危也。

核其所论，与欧洲之幸福说相近。幸福说以增进人类幸福为国家之目的，而荀氏则以安民为国家之目的。人民各安其生，则未有不增进幸福者，而其用语似较幸福说为胜。夫何者为幸福，何者为不幸，至惝恍而无一定之标准者也。将形式上之幸福欤？则丰衣足食，而心怀隐忧者有之。将心理上之幸福欤？则啸歌自得，而箪食陋巷者有之。国家之目的在增进人民形式上之幸福，抑增进人民心理上之幸福，未可知也。以庶人安政、君子安位二语该括之，则无论形式上、心理上，但使上下各得其所，即为国家至大之目的。若夫神意实行说、法律维持说，则为荀子所不取。何者？荀子以天变地异为不足畏，以治乱为与天无涉，故吾知其非神意说也。荀子又以为有治人无治法，故吾知其非法律说也。

欧洲之主张幸福说者，颇采干涉主义，其结果流于压制，往往蔑视人民之自由。荀氏虽以安民为国家之目的，而以安民之责归之于君主，故其弊亦流于干涉人民。对于君主采绝对服从主义，殆无自由之可言。而又恐人主之蹂躏人民之自由也，故其论安民之方法独注重于君主之道德。其言曰："君者民之原也。"又曰："上者下之本也。上宣明则下治辨，上端诚则下愿悫，上公正则下易直。"夫上行下效之理乃当然之结果，而非治乱之本原。今如荀子之说，既以天地为不足畏矣，以法律为不足恃矣，以人民当绝对服从君主矣，举一国之治乱、民生之安危归之于君主之一人。能必为君主者之必皆贤圣耶？不能必其贤圣，则荀氏所谓庶人安政、君子安位者，亦徒讬诸空言而已矣。夫君主不能为恶之格言，惟法治国斯然耳。今荀子舍神圣不易之法律，而求之危险不可必之君主，而欲以之言安言治，何其进退之失据也！故荀子言国家之目的在安民则是，而其所以达此目的之手段则非也。[1]

第三节　国家存在之理由论

欧洲社会党及无政府党皆以国家为不必要，其说颇为骇世，然质言之，人类何故以国家为必要乎？亦思之而穷于索解者也。西儒论国家存在有二理由，其一为强制力之必要，其二为秩序之必要，而皆不若荀子说明之最精湛。荀子主张统治者国家说者也，其论君主存在之理由，即其说明国家存在之理由。《君道篇》云：

君者，何也？曰：能群也。能群也者何也？曰：善生养人者也，善班治人者也，善显设人者也，善藩饰人者也。

《王制篇》云：

故人生不能无群，群而无分则争，争则乱，乱则离，离则弱，弱则不能胜物。（中略）君者，善群也，群道当，则万物皆得其宜。

《富国篇》云：

人之生不能无群，群而无分则争，争则乱，乱则穷矣。故无分者，天下之大害也；有分者，天下之大利也。而人君者，所以管分之枢要也。

总核以上所说，荀子所论国家存在之理由有二：

（一）定分（即秩序）

理想家尝谓：苟无君臣上下之名分，则人类一切平等，无为而天下自治。庄周、列御寇之徒屡称黄帝之治，梦游华胥之国，皆抱此一种幻想，而不知非也。人类即能使之无贵贱，而不能使之无智愚；能使之无上下，而不能使之无强弱。故不平等者，人类自然之关系。国家者，即此不平等所生之一现象也。假令无此国家，其社会之不平均，仍不稍变。试观野蛮草昧时代，其弱肉强食之惨剧，百倍于今日。何者？无上下之分，则无秩序，而个人之生命财产将遂不可保也。名分之发生，为必至的。故国家之成立，亦为必至的。此自社会上观国家之必要者。

（二）息争（即强制力）

平居无事，则彬然有礼。及利之所在，则不惜弃礼义、背廉耻以争之。故争

---

[1] "段"原作"叚"，今改。

也者，人类第二之天性，抑亦性恶之一证据也，有国家而后可以平人类之争。原人时代，多取自力救济主义，以争斗之胜负，决理之曲直。及国家成立，而刑罚之权操于天子矣。古时之命人行为不行为，或以宣誓，或以道德。及国家成立，而有法律以为之后援，背约者可诉之士师矣。故国家非第弱者为必要也，即自强者之方面视之亦为必要。何者？强者苟无国家为之保护，则必为群弱者之所攻，反不能终保其优势也。此自个人上观察国家之必要者。

第二章　荀子之刑罚论

第一节　国家刑罚权之根据论

自古论国家刑罚权根据者，有主观、客观二派。主主观说者，以刑罚为果报之自然，是曰纯正主义。主客观说者，以害社会秩序有无为标准，是曰实利主义。荀子之论刑罚，主张纯正主义者也。《正论篇》云：

（上略）刑罚，报也，以类相从者也。

荀氏又曰：

杀人者死，伤人者刑，是百王之所同也。

盖荀氏之论，刑罚权根据于有罪必罚之原理。凡科刑于犯罪者，为正义及纯理上当然之报复。何者？犯罪者，违背正义之行为也。刑罚者，即对于违背正义之人而科以制裁之法规也。此其说与欧洲刑法旧派之报复主义极为类似。然其说明刑罚权根据之点，颇欠明瞭。夫所谓犯罪者，不必尽为国法上之性质。侮慢尊神、不肯信仰，此宗教上之犯罪也；昧其良心、萌一恶念，此道德上之犯罪也。举念于俄顷之间，而受报于十年之后，人不知而鬼神知之，祸福随之。以此而言因果关系，夫谁敢议其非者？[1]若夫国法上所谓犯罪，必以行为不行为为限，单有意思不能成罪。故有鬼神之所诛、乡党之所薄，而国家不能加以刑罚者矣，所谓果报者何在？且即如其说，是举宗教、道德、法律三者之理想而混同之，吾知其无足取也。

荀氏因主张纯正主义之结果，故其刑罚之目的亦取事实主义，以罪之大小定刑之轻重。其论刑罚，不取名誉刑而取身体刑，此亦荀氏刑罚论之一特征也。《正论篇》云：

世俗之为说者曰："治古无肉刑而有象刑。墨黥慅婴共艾，毕杀赭衣而不纯。[2]

---

[1]　"敢"原作"散"，今改。

[2]　按此段引文有脱漏，但《荀子》原文亦难索解。姑依程氏引文及断句，不作改。

治古如是。"是不然。以为治耶？则人固莫触罪，非独不用肉刑，亦不用黥刑矣。以为人或触罪矣，而直轻其刑，则是杀人者不死，伤人者不刑也。罪至重而刑至轻，庸人不知恶矣。(中略) 故治则刑重，乱则刑轻。

自汉以后，非至酷吏无敢冒天下之大不韪而议肉刑者，荀子独排众论而主张之其天资刻薄，不在商鞅之下。吾姑未暇深论，第取其理想上之误点而评驳之：

(一) 荀子以刑罚者，谓与犯人以苦痛者也；肉刑者，即直接与犯人以苦痛者也。此亦谬说。仲尼有言："道之以政，齐之以刑，民免而无耻。"故设刑罚之趣旨，在豫防未来之犯罪，而非仅与犯人以痛苦。且痛苦云者，存于个人之心理。穷凶极恶之徒，尝有受重刑而毫不感痛苦者，要不得谓非刑罚之执行也。极端言之，苟能达刑罚之目的，虽与犯人以快乐，亦非国法之所禁也。

(二) 荀子以为刑罚者，必当其罪者也，故罪大则刑重，罪小则刑轻。其言曰："刑罚当罪则威，不当罪则侮。"夫刑之必当罪是也，然以罪之大小测量刑之轻重，必不能如数学之精确。欲其至精确，则必抉人之目者亦抉其目，折人之肢者亦折其肢，如古之反坐者而后可，是野蛮时代之刑罚不可为训于后世。欧洲新学派谓罚一时性之犯罪，当较习惯性之犯罪为宽。故杀人罪可减至无刑，而窃盗罪可处终身禁锢，诚以罪之大小不足为刑之标准也。

(三) 荀子谓刑重者，其国必治，是对于社会而用威吓主义者也。子产之治郑，诸葛之治蜀，盖尝操此术矣，然是特一时权宜之计，世固未有严刑峻法而其国能长久者也。战国时刑名家如申韩辈，盖尝主持之。荀氏号称治道，而亦为此言，退之大醇小疵之论，吾不能不深为荀氏惜也。

吾国上古时代，其论刑罚权根据，多推本于天。故王法称天而诛，而《尚书·皋陶谟》曰"天讨有罪"。盖中国古代之思想，以惟天为有刑罚之权。天子者，代天以行刑罚者也。周秦以来，及于汉世，无不执天人相与之说以谈治道者，刑罚其一也。然荀子之论天，则与诸儒大异。其《天论篇》云：

治乱，天邪？曰：日月星辰瑞历，是禹、桀之所同也。禹以治，桀以乱。治乱，非天也。

又曰：

夫日月之有蚀，风云之不时，怪星之党见，是无世而不常有之。(中略) 怪之可也，而畏之非也。

荀子既不以治乱之故归之于天，故其论刑罚权亦不本于天道而本于人事。独惜其以赏罚为报，犹为报复时代之遗物。然其生战国之季，已能脱神权思想而不为诸儒之说所囿。荀氏之识盖有大过人者，其长固不可没也。

第二节　犯罪原因论

意大利刑法家罗勃勒作以生理学说明犯罪原因，谓人之意思非自由的，而为必至的，犯罪者以社会上一定之状况及个人一定之性格而发生。其说风靡欧洲，至于近世，已为一种独立之科学（刑事人类学）。然抑知吾国二千年前已有发明此理者，则荀子是已。荀氏谓人之犯罪非偶然意思之自由，而以为生来性恶之故，其说最精，当时诸儒无能窥其蕴者。其《性恶篇》云：

人之性恶，其善者伪也。今人之性，生而有好利焉，顺是，故争夺生而辞让亡焉；生而有疾恶焉，顺是，故残贼生而忠信亡焉；[1]生而有耳目之欲，有好声色焉，顺是，故淫乱生而礼义文理亡焉。[2]然则从人之性，顺人之情，必出于争夺。

又曰：

今人之性，饿而欲饱，寒而欲暖，劳而欲息，此人之情性也。（中略）礼义者，是生于圣人之伪，非故生于人之性也。

又曰：

古者圣人以人之性恶，（中略）故起法正以治之，重刑罚以禁之，使天下皆出于治、合于善。

核荀氏之所论，可分为三：第一，人也者，性恶者也；第二，犯罪者，基于性恶之原因而发生者也；第三，刑罚者，对于性恶之人而科以制裁者也。其所论详密虽不如罗氏，而论理之正确则过之。何者？罗氏谓人类有犯罪种族，而犯罪种族必有生理之特征，如耳之形状、须之多少、脑之分量、肠胃之构造。犯罪者与非犯罪者，必有不同。故有此特征者，即决其必犯罪。其说奇而诡，近时学者已渐否认之。荀氏之论犯罪原因，则不以人之相格为立脚点，而推本于人之心理，且列举声色、货利诸嗜好，以为人类性恶之特征，其壁垒之固，盖较罗氏为胜。何则？荀氏固主张非相者也。《非相篇》云：

相人之形状颜色，而知其吉凶妖祥，世俗称之。古之人无是也，学者不道也。故相形不如论心。（中略）形相虽恶而心术善，无害为君子也。形相虽善而心术恶，无害为小人也。

刑事人类学派否认犯罪者之自由意思，而主张改良之绝对不可能。何者？人之生理构造不能改良，故犯罪亦不能改良。其说巨谬。夫刑罚之目的，在豫防将来之犯罪。[3]犯罪既不可改良矣，则国家之设此刑罚，不过威吓犯人之具，而于社会之感化上，固毫无裨益也。荀氏则否，独注重于教化改良之目的，其论治道以教化为主，以刑罚为从。《王制篇》云："以善至者，待之以礼；以不善者至者，待之以刑。"《礼论》《乐论》二篇，尤津津于道德之大防。其论性恶，亦非

---

[1] "忠"原作"息"，据《荀子·性恶》改。

[2] "礼"原作"省"，据《荀子·性恶》改。

[3] "将"原作"游"，今改。

以性恶为必不可改良。枸木必待檃栝烝矫然后直，钝金必待砻厉然后利，人之性恶必待礼义之化然后出于治。(见《性恶篇》)荀子之意如是而已。故荀氏之说，其与刑事人类学派议论异者，不外二点：(一)刑事人类学派以犯罪原因为属于生理之构造，荀氏则以为属于心理之现象。(二)刑事人类学派以犯罪之改良为不可能，而荀子则谓当以礼义变化人之恶性，其改良为可能的。夫性恶性善之说，在哲学上虽为未定之问题，而以之说明犯罪原因，则最为精确。后世诸儒之疵之者，皆未足以知荀氏者也。

第三章 荀子之理财篇

荀子非理财家，其经济思想亦甚薄弱。《富国》一篇，所论不能出先儒之臼窠。然当战国之季，商鞅开阡陌，李悝尽地力，纵横诡辩家动持厚敛之说以媚人主竭泽而渔，民生之困至六国而已极矣。平原、孟尝之徒，挟其富贵，争罗致宾客以相骄侈，其所费当无虑巨万。当时公私窘迫之状，当不知若何。书缺有间，不可得详。荀氏忧之，故其论理财之道不外二者，曰节用、裕民是已。《富国篇》云：

足国之道，[1]节用裕民，而善藏其余。节用以礼，裕民以政。

兹以此二者为纲，而分析说明之。

(一)节用

荀氏之所谓节用与墨子异。何者？墨子之节用，以尚俭为主。荀子讥之，谓如是则必塞其耳目而后已，使天下竞习为俭，而天下弥贫。呜呼！荀子之论可谓深中墨氏之隐者矣。盖荀氏所谓节用，有左之二政策：

(甲)节皇室之经费

《王制篇》云：

亡国富筐箧、实府库。筐箧已富，府库已实，而百姓贫。夫是之谓上溢而下漏。

夫曰"亡国富筐箧实府库"，何其言之沉痛也！伊古以来，国家之经费用于皇室者十之九，用于百姓者十之一，此自秦汉以来之通病，意者六国之君殆尤甚焉，故荀子言节用必自省皇室经费始。

(乙)汰无用之冗官

六国官制，史不可考，然以匹夫说动人主，即可立致卿相，名器之滥可知。荀氏论节用，独注意于裁汰冗官。其《富国篇》云："士大夫众则国贫。"盖创论

---

[1] "之"原作"不"，据《荀子·富国》改。

也。汉末唐季，鬻爵之风盛，烂羊都尉，铜臭司徒，世传以为笑。官愈众而民愈贫，国遂以亡。荀氏之识盖不可及矣。

（二）裕民

荀氏以足国之道，首在富民，故其言曰："下贫则上贫，下富则上富。"亦民贫则君不能独富之意。而其论裕民之方法有三：

（甲）重农

欧洲十八世纪以前，列国对于经济现象所既行之政策曰重商主义，对于工商业施种种之保护方法。及十八世纪中叶，法国重农学派起而主义一变。然吾国经济学上之历史，则与欧洲异。自古学者所主持，大都为重农主义，而重商主义无闻焉，如荀氏亦其一人也。荀氏谓："工商众则国贫。"何者？从事工商者众，则从事农桑者少，故国日贫，盖极端之重农主义也。夫分业之行为，社会自然之趋势。荀氏因重农而欲减工商之数，可谓不明分工之理，是亦荀氏之弊也。

（乙）薄敛

主张派重农学者必取单税主义，而荀子则独取地租单一税说。《王制篇》云：

田野什一，关市讥而不征。山林泽梁，以时禁发而不税。

盖古时以地租为惟一之财源，此东西之所同。至税率，则荀氏与孟子同，均主张什一，盖比例税也。夫什一之说，以秦汉以后之税率较之，不得为薄。而当时孟轲言之，荀卿言之，诸侯无听其言者，是何也？盖采复税主义者，税轻而用足；采单税主义者，税重而用仍不足。以六国之君之侈，而其收入仅地租之一种，无怪其不给。是以什一之说终不果行，而益信地租单一税说之果非良法也。

（丙）储蓄

古时无公债之法。防御凶荒之策，无如储蓄者。故荀氏以善藏其余为一种裕民之方法，而对于个人则奖励其储蓄心。《荣辱篇》云：

今人之生也，方知蓄鸡狗猪彘，又蓄牛羊。然而食不敢有酒肉；余刀布，有囷窌，然而衣不敢有丝帛；约者有筐箧之藏，然而行不敢有舆马。是何也？非不欲也，几不长虑顾后，而恐无以继之故也。于是又节用御欲，收敛蓄藏以继之也。

然荀氏所谓储蓄，亦非如后世聚敛之君，以藏积地金银为富者。观其《王制篇》云"通流财物粟米无有滞留，使于归移"云云，则知其所谓储蓄者，固以流通为储畜。此亦可证荀子固非不知经济学原理者。

（载 1908 年《福建法政杂志》第一卷第四号、第五号）

《说文稽古篇》法史条目辑录

疑狱决于解廌

《说文》："法，刑也。平之如水，从水。廌，所以触不直者去之，从去。"廌，解廌兽也，似山牛一角。古者决讼，令触不直。薦，兽之所食草。古者神人以廌遗黄帝。帝曰："何食？何处？"曰："食薦。夏处水泽，冬处松柏。"按《山海经》："东北荒中有兽，如牛一角，毛青，四足似熊。见人斗则触不直，闻人论则咋不正。名曰獬廌。"《论衡》："觟𧣾者，一角之羊也，性知有罪。皋陶治狱，其罪疑者，令羊触之。有罪则触，无罪则不触。斯盖一角圣兽，助狱为验。故皋陶敬羊，起坐事之。"《汉书·司马相如传》注："张揖曰：解廌似鹿而一角。人君刑罚得中，则生于朝廷，主触不直者。"《续汉书·舆服志》："法冠，一曰柱后，或谓之獬豸冠。獬豸，神羊，能别曲直。楚王常获之，故以为冠。"《汉官仪》："秦灭楚，以其冠赐近臣，御史服之。"盖自黄帝至唐虞，凡疑狱皆以解廌决之，必系当日实事。其后不常得，乃以其形为冠。前清凡执法者，犹用獬豸为补服云。

刀守井

《说文》"井"字下云："八家一井。古者伯益初作井。"按《御览》一百八十九引《周书》："黄帝始穿井。"是黄帝时已有井，不始于伯益。《世本》："化益作井。"宋衷注："化益，伯益也，尧臣。"《吕氏春秋·勿躬篇》："伯益作井。"盖旧说相传如是。章氏《文始》："井虽始伯益，然丹井陷阱，自苍颉时已有之，故初文有井。"

《说文》："刑，罚罪也。从井从刀。"按《初学记》引《说文》云："刀守井也。饮之人入井，陷于川。刀守之，割其情也。"今本《说文》佚。又《一切经音义》二十引《春秋元命苞》："刑字从刀从井。井以饮人，人入井争水，陷于泉。以刀守之，割其情。欲人畏慎以全命也。"盖初作井之始，未有井栏，争水者恒陷其中，故以刀守之，取水者以先后为序，争先者有罚，是为刑罚之始。

持刀詈人有罚

《说文》："罚，罪之小者。从刀从詈。未以刀有所贼，但持刀骂詈，则应罚。"按《初学记》："网言为詈，刀守詈为罚。罚之为言内也，陷于害也。"此与刑字，皆于字义中发见最古之逸史。

奸淫劫夺之风

庄、列之徒，动言太古之世无为而治。以《说文》证之，而知其不然。古时奸淫劫夺之风，固甚盛也。《说文》："毋，止之也。从女，有奸之者。"王氏筠据《曲礼释文》引《说文》曰："毋，止之词也。其字从女，内有一画，象有奸之者，禁止之，勿令奸。古人云毋，犹今人言莫也。"按古未有婚姻，辄对女子任意肆其强暴。见人之奸女而从旁禁止之，则曰毋。其后凡禁止之词皆为毋。

《说文》："安，竫也。从女在宀中，谓得女而安也。"朱骏声云："饮食男女，人之大欲存焉。宁从宀心皿，饮食之欲也；安从宀女，男女之欲也。"

"妿，讼也。"《易·睽》曰："二女同居，其志不同行。"《革》曰："二女同居，其志不相得。"盖杂婚时代，一男而有二女，则争起矣。三女为姦，其谊亦同。

"劫"字下云："人欲去，以力胁止曰劫。或曰以力去曰劫。""夺"字下云："手持佳，失之也。"按"佳"，《说文》训为"鸟之短尾者"，盖畜牧时代，猎之所获，辄为人夺取，故其制字如此。

汉罪人剃须发

《说文》："髡，剔发也。大人曰髡，小儿曰鬀，尽及身毛曰鬄。"按古皆全发，惟犯罪始剃之，谓之髡。《汉旧仪》载秦刑制，男髡钳为城旦。《魏志·王凌传》注："凌遇事，髡刑五岁。"《唐六典》注："晋髡刑有四。"《魏书·李诉传》："髡刑配为厮役。"《隋志》："北齐流刑髡之，投于边裔。"自秦汉逮魏晋南北朝均同。

《说文》："耏，罪不至髡也。或作耐。"段注："耐之罪轻于髡。髡者，剔发也。不剔其发，仅去须鬓，是曰耐，亦曰完，言完其发也。"《汉书·高帝纪》注："应劭曰：轻罪不至于髡，完其耏鬓，故曰耏。"是古人不特不剃发，并不剃须。其剃须者谓之耏，剃发者谓之髡，均犯罪也。

春秋时杀敌必取其左耳

《说文》："聝，军战断耳也。《春秋传》曰：'以为俘聝。'"按经传作"馘"。《诗》"在泮献馘"，笺云："所格者之左耳。"正义："谓临阵格杀之，而献其左耳也。"《左传》"示之俘馘"，杜注："所截耳。"此法至战国已废。《史记》载七国交兵，皆云斩首数万，不云断耳。顾氏亭林谓春秋之俗，至战国而废者甚多，此殆其一也。聝本从耳，后改从首，此即由截耳改为斩首之证。俗变而字亦因之而变也。

古时狩猎获兽，亦取其左耳以计功。《说文》："取，捕取也。从又从耳。《周礼》：'获者取左耳。'《司马法》曰：'载献聝。'聝者，耳也。"按许氏释此字，以杀敌之取左耳，实源于捕兽之取左耳，故取从手从耳。

春秋时尚有以矢贯耳之法。《说文》："聅，军法以矢贯耳。《司马法》曰：'小罪聅，中罪刖，大罪剄。'"按《左传》："子玉复治兵于蒍，鞭七人，贯三人耳。"此为军中之刑，与临阵取耳者异。

《说文》尚有"刵"字云："断耳也。"按"刵"字，《书》凡两见。《吕刑》："劓、刵、椓、黥。"《康诰》："无或劓刵人。"此二"刵"字，沈家本《刑法考》以为均"刖"字之误。奚以证之？《说文》："椓，去阴之刑也。"引《周书》"刖劓椓黥"，诸家并以"刖"为"刵"之误。然《吕刑》后文有"劓辟"、"劓罚"，劓即刵。恐古本作"刖"，后传写误作"刵"，《说文》其未误之仅存者。且五刑不应有刵无刖。康叔治殷民自应用常法，不应用军法，故知《康诰》之刵，亦误字也。其论至精，附识于此。

古无斩首之刑

《说文》："斩，截也。从车从斤。斩法车裂也。"按斩从车斤，是制字之始，系指车裂，非斩首也。沈家本《刑法考》曰：古所谓斩，皆指腰斩，故往往要领并言。《管子》："斧钺之人，幸以获生，以属其要领。"《檀弓》："是全要领以从先大夫于九泉也。"不曰保首领，而曰全要领，可知腰斩为多。至汉犹然。《汉书·张苍传》："苍当斩，解衣伏质，身长大，肥白如瓠。"古用车裂，后人乃法车裂之意而用鈇钺也。其论甚精。盖三代以前，未有斩首之刑。苍颉制字，在黄帝时，其时以车裂为斩，后一变而为腰斩。《庄子·胠箧篇》："昔者龙逢斩。"以《韩非子·说疑篇》考之，上云"若夫关龙逢"，下云"要领不属，手足异处"，疑龙逢之死亦系腰斩，是夏时已用腰斩。春秋二百四十二年间，无处斩首者。《左传·僖三十三年》："狄人归其元，面如生。"《文十一年》："埋其首于周首之北门。"《昭五年》："投其首于宁风之棘上。"此皆断首之例，然非刑也。《释名》："斫头曰斩，斫腰曰腰斩。"始分斩与腰斩为二。然汉时多用腰斩。据《汉书》各传，如王䜣、栾大、田仁、屈氂、张延年、赵广汉，均腰斩也。汉以斩首为弃市。《周礼》郑注："杀以刀锯，若今弃市。"《王制》："刑人于市，与众弃之。"王制多殷制，弃市之名，实始于商。其是否斩首，今不可考。《公羊·文十六年》何注："杀人者刭脰。"刘逢禄《公羊释例》云："秦法也。"《说文》："脰，项也。"是以斩首为刑，当自秦始。秦尚有枭首之法。《说文》："县，到首也。贾侍中说：此断首到县县字。"王氏筠据元应引补云："谓悬首于木上竿头，以肆其辜也。《玉篇》引同。末有'秦刑也'三字。"按汉魏晋均有枭首之刑，盖本于秦。据此知其首皆倒悬。

奴婢古之罪人

《说文》"奴"字下云："奴婢，皆古之罪人也。《周礼》曰：'其奴，男子入于罪隶，女子入于舂槁。'"（《初学记》引《说文》："男人罪曰奴，女人罪曰婢。"与今本异。）按《初学记》引《风俗通》："古制本无奴婢，即犯事者或原之。臧者，被臧罪没入为官奴婢。获者，逃亡获得为奴婢也。"此释"臧""获"二字之义，极为明确。《吕氏春秋》高注引《汉律》"坐父兄没入为官奴"，盖律有此文。《左传》："斐豹，隶也。"杜注："犯罪没入为官奴。"《论语》："箕子为之奴。"汉制盖本于三代。

《说文》"童"字下云："男有罪曰奴，奴曰童，女曰妾。""妾"字下云："有罪女子给事之得接于君者。"按"童"通作"僮"。《急就篇》颜注："僮谓仆使之未冠笄者。"《汉书·司马相如传》："卓王孙僮客八百人。"注："僮谓奴。"考《左传》："男为人臣，女为人妾。"汉时罪人妻女恒没入掖廷，至唐犹然。

《说文》："隶，附著也。"《九经字样》："隶字从又持米，象人手也。经典相承作隶已久，不可改正。"《一切经音义》三："隶，附著也。字从米，古者隶人择米，以供祭祀，故从米也。"桂氏《义证》云"今本《说文》当别有古文脱去"是也。古者使罪人舂米，至汉犹然。《汉书·宣帝纪》注："鬼薪白粲，皆三岁刑。女子为白粲，使择米白粲粲然。"

（以上著于 1928 年，辑自 1930 年商务印书馆《说文稽古篇》）

《续明夷待访录·原法》（节录）

今西人号称法治国。虽然，法果可以治国乎？吾不敢相信也。今有人焉，一生未犯窃盗、强奸，未尝一日干触法网，而其人不仁不义、不忠不信、寡廉鲜耻，则世竞目为无人格。夫不仁不义、不忠不信、寡廉鲜耻，于法无罪也，然而不可以为人。国也者，集人类而成者也。知徒守法之不可为人，则徒守法之不可为国也明矣。是何以故？盖法律者，道德之一部。人生事件属于道德范围者恒十之九，而其成为法律者仅十之一。守其十之一而遗其十之九，故以之为人则败，以之为国则乱而亡。

荀子云："有治人，无治法。"孟子亦云："徒法不能以自行。"古圣人知法之不足为治也，故《尚书》曰："刑期于无刑。"孔子曰："道之以政，齐之以刑，民免而无耻。"降及战国，法家者流，申、商之徒始主法治。秦用其说，二世而亡，至于其身亦卒不免。使法而果足为治，则秦之天下至今存可也。商君虽主法治，然其《画策篇》云："国皆有法，而无使法必行之法。"则固已窃窃然自疑之矣。

汉诛暴秦，而《九章》即沿《秦律》；唐诛暴隋，而《唐律》本于《开皇》。乃至南美诸国，均与美国有类似之宪法，而效果适得其反。夫秦、隋之亡，南美之乱，岂必其法之不善哉？胡法同而治乱者异也？是国家之治乱，固无关于一纸具文之法也，岂待论哉！

太史公曰："法令者治之具，而非制治清浊之原。"六朝以后，科条委诸胥吏。纪昀编《四库全书》，乃致屏法令之书不录。吾国之轻法治，已二千年矣。欧化东渐，始有哗然以制定宪法、编纂民商法之说进者。而约法增修，旋更帝政；宪法再颁，流为贿选。……

吾炎黄之胤，所以立国者，其道有二：曰礼，曰让。孔子云："能以礼让为国乎？何有？"礼者何？不以法治也。让者何？不以平权均利治也。《孝经》："安上治民，莫善于礼。"《礼运》："治国不以礼，犹无耜而耕也。"

春秋之季，诸侯并起，道家主清净，墨家主尚同，法家主法治，儒家主礼治，各持一说而不相下。秦用法治，旋踵而亡，后世引为大戒。汉文用黄老，六朝重清谈，而道家之说中之。唐崇老子，尚彷徨于道家、儒家之间。至宋而礼治乃定于一尊。南渡以后，斯道益昌。斯固优胜劣败之公例，非有强权左右于其间也。

礼治以优柔繁缛偏胜，其弊固亦有之。然而重伦纪、别男女、尚信义，以视拜金诸国，朋友则竞争权利，婚姻则约定财产，其风俗之厚薄，固不可以道里计也。今必舍我醇厚之礼治，而从彼浇薄之法治，是犹弃美玉而宝碔砆，迁乔木而入幽谷也。（下略）

（著于 1931 年，辑自 1941 年《学林》抽印本《论语之研究》）

论中国法系

世界有五大法系，今盛行者，惟英美法系与罗马法系。其印度、回回、中国三系，则渐趋衰歇。印度、回回法系，余未研究，不敢妄言。中国人而不知中国法系，可乎？请言中国法系！

法系之盛衰，与国家之强弱为正比例。中国国运不振，故法系随之而微，非必其法之果不善也。余信中国法系，必有复兴之一日。何也？欧洲法系，无论其为英美、罗马，要之皆属于资本主义之国家。自马克思《资本论》出，谓国家为富者压迫贫民之工具。以经济罪恶，归罪国家，欲取社会主义以代之。……〔1〕资本主义，非国家之特质，如中国自昔即非资本国家。何者？泰西立法，以权利为基础，我国则孔子罕言利，孟子亦云何必曰利，其非资本主义明甚。即如印度之佛学，首重戒贪，亦非资本国家也。自甲午、庚子以还，国民心理，排外者转而媚外，回顾祖国，一若无一事可以及人者，而不知我方尽弃所学而学，乃彼国学子，方且从事研究东方文化，（注一）深惜其弃琬琰而宝碔砆，是可慨也！

中国法系，有左列特殊之点：

（一）泰西立法，根据权利，故以平权均利，为无上之至治。平权之弊，其结果非至阶级斗争不止，均利之弊，其结果非至实行共产不止，此必至之趋势也。我国立法，根据道德礼让，以父慈子孝、兄爱弟敬、夫唱妇随，为太平之极轨。孔子所谓"能以礼让为国乎何有"，孟子所谓"人人亲其亲长其长而天下平"是也。此立法目的之不同也。

（二）西律既根据权利，故常保护资本。中律不特不保护资本，且以抑强扶弱为其特质。以例明之：

（甲）抑强之例

（1）禁止亲贵入任

《明律》：大臣亲戚，非奉特旨，不许授官，违者斩。

（2）禁止长官援引私人

《明律》：凡除授官职，须从朝廷选用，若大臣专擅选用者斩。所谓朝廷选用

---

〔1〕　编按：此处删一句。

者，即由中央设吏部，专司铨叙，非经考试，不得授官，故泰西之荐任委任制度，在《明律》皆犯罪也。

（3）官吏犯罪加重

《唐律》有"监主在监守内奸"一条，以官吏身份，为奸罪之加重条件。

（4）禁止上言德政

《明律》：官吏及士庶人，上言大臣德政者斩。

（5）禁止借用钱粮

《唐律》：监临主守，私借钱粮者，以监守自盗论。

（6）禁止挟势请托

《唐律》：诸有所请求者，笞五十。《明律》：官吏嘱托公事者笞五十，官吏听从者与同罪。监临势要，为人嘱托者杖一百。官吏不避监临势要，将嘱托实迹赴上司首告者，升一等。

（7）禁止官吏租住民房

《明律》：凡官吏不住公廨，而住街市民房者，杖八十。按：此指外官言之，前清犹沿此例也。

（8）法官断狱错误加刑

中律有失出、失入罪名，为西律所无。

（乙）扶弱之例

（1）保护囚人

《唐律》：诸囚应请给衣食医药而不请给，应听家人入视而不听，应脱出枷鏁杻而不脱者，杖八十。

（2）保护女子

《唐律》：妇人怀孕未产而拷决者，杖一百。

（3）保护疾病

《唐律》：有疮病不待差而拷者，亦杖一百。

（4）保护老者

各国刑法，止有责任年龄之规定，而对于老者则无明文。《清律》：年七十以上，流罪以下收赎。八十以上，犯杀人者议定奏闻，取自上裁，盗及伤人亦收赎，余皆勿论。九十以上，虽死罪不加刑。与幼年受同一之保护。

至对于债权债务之关系，西律常保护债权，故本息之外，尚认损害赔偿之制。我国则否。前清凡地方官对于债权案件，例不代索利息。如债务者果属穷困，即本钱亦可折扣偿还。其最奇者，则历代凡大赦之年，将民间债务，一律免除。《搜采异闻录》云：宋淳熙二月登极赦，凡民间所欠债负，不以久近多寡，一切除放。遂有方出钱旬日，未得一息，而并本失之者。此例至元代犹然。与西律可谓极端背驰。

泰西之立法、司法、行政，无一非资本主义之表征。立法上之资本主义，则选举制度及议会制度是也。选举非金钱不能当选，故马克思以为一切立法，皆阶级立法，诚有昧乎其言之也。我国自昔即不闻有投票选举之制，国会三代有之，秦以后久已废止。司法上之资本主义，即罚金、拘役是也。富者不关痛痒，贫者则大感困难。我国汉魏有罚金刑名，隋唐则以笞刑代之。何者？贫者无钱以充罚金，势不得不以拘役代之。而我国向为家族主义，一人拘役，未一星朔，而妻子成为饿莩。笞刑者，平民化之刑罚也。豪强富者，罚以百金，未足损其毫毛，笞五十则颜面扫地尽矣。是以历唐至清，迄不能废。行政上之资本主义，指不胜屈。姑一教育言之，学校制度，亦资本主义之教育也。自小学递至大学，历十余年，非资本家子弟，能卒业乎？我国三代贵族时代，本以学校为出身途径。隋唐以后，考试制度成立，虽有学校，止为研究学问之所，入仕不必以学校为惟一途径，囊萤映雪，闭户自修，不假金钱之力，而能取青紫如拾芥。如我国者，乃真平民化之教育耳。

（三）罗马法重形式，故手续法多如牛毛。我国向不重视手续，虽万金贷借，一言有效，不必立据也。口头可以起诉，不必诉状也。故泰西有极缜密之诉讼法，而我国皆无之。

（四）英美为不文法之国，而大陆则皆有成文法典。我国与英美派为近，亦一不文法之国家也。未有民法，惯习即民法也。未有商法，商惯习即商法也。泰西有根本法、普通法、特别法诸名，而我国自晋以后，举宪法、刑法、民商诉讼诸法，悉纳于一律之中。《唐律》以外，不闻文以律名者，此其故何也？幅员广，人口繁，种族杂，风俗殊，非全国可共同遵守，不敢轻易入律也。且农业之国，以不扰民为第一政策。尧舜无为而天下治，遵斯道也。古训有之："国将亡，必为制。"汉高祖约法三章而民大悦，唐高祖约法十二条，遂代隋而有天下。法简则治，繁则乱也。且即此一律，《晋律》尚有千余条，唐减为五百条，明再减为四百六十条，清又减为四百三十六条。以中国之大而适用法律止有此数，诚得以简驭繁之道也。

（五）西律以个人为本位，而中律则以家族为本位。个人主义之弊，其一在人口减退，其二在人生观痛苦，法国学者痛言其害。以故瑞士新民法，遂改为家族制。我国三任授田任役，均以家为单位，历二千年来不变。其原因则以人口过繁，统治者无力兼顾，故有此必要。如《唐律》脱漏户口，家长徒三年。《清律》"欺隐田粮"条注云：一户以内所有田粮，家长主之，即其例也。

因维持家族和平起见，故其律重孝而惩奸，分别论之：

（甲）重孝

《吕氏春秋》引《商书》曰："刑三百，罪莫重于不孝。"《唐律》以"不孝"

入十恶，盖家族制之国，其父母义务极重。孔子所谓"子生三年，然后免于父母之怀"，此立法之理由也。

（乙）惩奸

《明律》始以奸罪列为一门，除和奸外，几全为死刑，所以维持一家夫妇之和平也。平民尚有娼妓，可以娱乐，官吏则并此禁之。故法律于一定条件之下，不得不明认妾之存在。日人东川德治，有妾之研究论文，以为欧洲民法不认有妾，实则男女淫佚，[1]全国私生子数目，常超过正常婚姻所生之子。名为一夫一妻，而结果适得其反。中国有妾者，百人中不及一二，乃真正之一夫一妻制度。即少数之妾及所生之子，法律上亦与以相当地位，故离婚争产之事极稀。中律真诚，西律虚伪。其言亦不为无见也。

于男女之平等，采分工主义。男子主外，女子主内，事实上妻几为一家之主，故女权并不弱。近德希特勒内阁，已有采此主义之趋势矣。

以上述其大略。要之，我国人口之众，版图之广，几甲全球，而四千年以来，上下相安，从未闻有贫富之争，阶级之争，则其立法之善，终有不可磨灭者，余故表而出之，以告国人。扶掖之，光大之，亦我国全体国民之责任也。（注二）

（注一）去岁秋间，美国哥伦比亚大学教授毕格氏，因在美得见拙著《九朝律考》，携舌人来访，语余曰：唐、明二律，止有法文译本，而英文无之，研究颇以为难。殷殷询旧律要旨不倦，既而曰："贵国自有治国良法，胡必一一模仿外国？"余默然内愧，无以答也。在平购中日关于旧律著述书籍数百种。终日寝馈其中，有所疑则录一小册子，就质于余，闻将翻译一二名著，以饷其国人云。荷兰人范可法（字宪之。欧人用汉字为名，非译音也）充荷属印度汉务司顾问官，喜研究中国旧律，携胡适之介绍函来谒，操中语甚流利，不仅能读汉文也。

（注二）因外国人屡以旧律大旨见询，苦于舌人翻译之不便，久有著《中国法系论》之拟议。会寒假中李君麋寿，嘱为法律评论社作文。而废历年关，酬应蝟集，仍无余暇，匆促以数小时书此付之，拉杂简单，都无修理，阅者谅之！是书尚未着手起草。上课忙碌，益以多病，迄不知何日能成书也。

（著于 1934 年，载该年《法律评论》第 11 卷第 19 期）

---

[1]"则"原作"到"，今改。

名 教

何谓名教？以名为教也。名教一语，盛行于魏晋六朝。《世说新语》："王平子、胡毋彦国诸人，皆以任放为达，或有裸体者。乐广笑曰：'名教中自有乐地，何为乃尔也？'"刘孝标注引《八王故事》："夷甫虽居台司，不以事物自婴，当世化之，羞言名教。"顾氏《日知录》云："汉人以名为治，故人材盛；今人以法为治，故人材衰"，"自其束发读书之时，所以劝之者，不过所谓千钟粟、黄金屋，而一旦服官，即求其所大欲。君臣上下怀利以相接，遂成风流，不可复制。后之为治者，宜何术之操？曰：唯名可以胜之。"呜呼！余读之而不禁慨然叹也。三代皆以礼为教，故孟子曰："何必曰利？亦有仁义而已矣。"汉世士务修身，故忠孝成俗（见《南史》）。不能使天下之人以义为利，而犹使之以名为利。虽非纯王之风，亦可以救积污之俗。今泰西诸国，号称法治，而其所谓法者又以权利为本位，是以利为教也。父子言利，而孝敬之意薄；夫妇言利，而婚姻之道苦。乃至上无以御其下，将无以率其卒，国无不贿选之主，朝无不赂遗之官，而犹自诩法治，盛称民意，是直不知人间有羞耻事耳，文明进化云乎哉？

董江都之言曰："正其谊不谋其利，明其道不计其功。"此为中人以上说法，非可责之一般林林总总也。昔人谓三代以下唯恐其不好名，盖好名则可与为善，而后始足与言治。《五代史·冯道传论》曰："礼义，治人之大法；廉耻，立人之大节。盖不廉则无所不取，不耻则无所不为。"人而如此，则祸败乱亡，亦无所不至。宋范文正《上晏元献书》曰："夫名教不崇，天下岂复有善人乎？人不爱名，则圣人之权去矣。"可谓深达治体之言。自欧化东渐，权利竞争之说，深入人心。于是倒戈卖友，相习成风。但使有利可图，笑骂皆所不顾。廉耻道丧，而统治之术穷矣。何者？以财进者，利尽则交绝，然后知古之以名为教者之不可及也。两汉之重气节，六朝之重清议，明代之重士气，及其亡也，忠臣烈士，前仆后继，为国家生色。较之趋荣附势、卖国投降者，果孰得而孰失也？孰为进步而孰为退化也？夫民族而一于言利，是必未开化之病态也。……[1]

（辑自 1939 年商务印书馆《国故谈苑》卷一）

---

[1] 编按：此处删二句。

隋文帝政治上之兴革

南北朝分立一百七十余年，隋文乃混而一之，功业与始皇等。其二世而亡，亦与秦同，故后人往往秦隋并举。然始皇功业，世多知之。而隋文则鲜能道之者，则以其人格卑下故也。文帝以妇翁矫诏辅政，坐攘帝位，戕杀宇文子孙，至无遗类。此其残忍刻毒，岂复稍有人心？当平陈之日，房乔已知其不久，国祚短促职此之由。然其政治上兴革，实开唐宋致太平之基，功绩之伟，尚在始皇以上，不可以人废也，兹特表而出之。

（一）始定考试之制设进士科

用人之法，三代以上，出于学校。为资本主义富人子弟易于进身，寒畯毫无出路。当时贵族政治，与世官相辅而行。秦以后打破阶级制度，改用荐辟。《通典》言：汉初王侯国御史大夫以下皆自置，辟士之权，在其长官。故各私其亲，用其乡里。党羽门户，由此而分，卒致党锢之祸。魏晋以后，易为九品中正。然人多矫情饰行，以冀取得高品。曹操曾举孝廉，王祥亦称孝子。及其末叶，门第相高，而上品无寒门矣。文帝深知其弊，乃定考试之法，以文字定其高下，始设进士一科。家无论贫富，人无论贵贱，苟有能力，即可进身，最为平等。唐宋明清因之不改。虽当时立法尚未精密，未有糊名弥封之制，士子得以夤缘幸进，然创始之功不可没也。

（二）官无大小悉由吏部铨叙

《隋书·刘炫传》：[1]"往者州惟置纲纪，郡置守丞，县置令而已，其具僚则长官自辟。今则大小之官，悉由吏部。"据此则天下官员尽归部选之制，实自隋始也。（按《隋书》无《选举志》，此事仅载《炫传》）盖听长官辟置，无论末流浇漓，夤缘贿赂之风必甚。即其中号为贤智者，亦多以意气微恩，致其私感，以致成党援门户、背公向私者比比也。若吏归部选，则朝廷之权不下移，可减少任用私人之弊，最为良法，而不知其实创于隋也。

（三）改革刑制

我国刑制，隋初为一大变革，列举如左：

――――――――――

[1] "往者"前原衍"牛弘谓"三字。按《隋书·刘炫传》，此为刘炫谓牛弘语，据删。

（甲）除宫刑

《周礼·司刑疏》："宫刑至隋乃赦。"《书孔传疏》："汉除肉刑，宫刑犹在。隋开皇之初，始除男子宫刑。"自此中国遂无宫刑。

（乙）除鞭刑及枭首轘刑

《隋书·刑法志》："蠲除前代鞭刑及枭首、轘裂之法。"[1]

（丙）除孥戮相坐

夷三族始于秦。北魏孝文帝始罢门房之诛，[2]未几复行，至隋而废。

（丁）始以笞刑列入五刑

汉魏六朝，俱有罚金之制，便于富人，亦资本主义之一特征。隋初废之，代以笞刑，最为平民化之刑法也。唐以后因之不改。

（四）禁止任用乡官

汉魏以来，皆有乡官，即所谓地官自治者也。汉制十里一亭，亭有长；十亭一乡，乡有三老、啬夫、游徼，三老掌教化，啬夫职听讼、收赋税，游徼禁贼盗：盖犹本《周礼》州长、乡师之遗制。后魏太和中，李冲上言："宜准古，五家立一邻长，五邻立一里长，五里立一党长，长取乡人强谨者。"孝文从之。后周苏绰作《六条诏书》曰："爰至党族闾里正长之职，皆当审择，各得一乡之选，以知监统。"可见南北朝以前，皆有地方自治。隋开皇十五年，始尽罢州郡乡官，此制逐废。盖地方自治，以本地之人，司本地之事，亲故请托，百弊丛生，土豪劣绅，缘之而起，非良制也。隋时仕宦尚不避本籍，至其后南北互调用人及吏部掣签之制行，而其法始密矣。

（五）铲除门第恶习

六朝以门第相尚。王谢二家，男则入相，女则为后，几有回复贵族政治之势。纪僧真得幸于齐世祖，乞作士大夫。上曰："此由江敩、谢瀹。"僧真承旨诣敩，登榻坐定，敩命左右曰："移吾床远客。"以告世祖，世祖曰："士大夫故非天子所命。"王弘为文帝所爱，谓曰："卿欲作士人，得就王球坐，乃当判耳。"及往诣球，称旨就席，球举扇曰："若不得尔。"弘以闻，帝曰："我便无如此何。"此等阶级观念，牢不可破。文帝平陈后，否认其势力，王谢偃蹇如故，复造作讹言。开皇十一年，使杨素为行军总管讨平之。夫一门第之微，而至于用兵，亦可见改革风俗之不易矣。

（六）规定地方官吏任期及携带眷属

《隋书·本纪》："开皇十四年十月，制外官九品已上，父母及子年十五已上，

---

[1] "蠲"原作"触"，据《隋书·刑法志》改。
[2] "孝"原作"汉"，今改。

不得将之官。十一月，制州县佐吏，三年一代，不得重任。"一以绝官亲请托之源，一以收久任之效，而杜运动之门，最为良法，至清不改。

以上举其大者，此外如九品以上妻、五品以上妾，不许改嫁。见本纪及刘炫、李谔等传；禁居丧嫁娶。见库狄士文传。其所兴革，以属于礼律及官规为多。盖文帝综核名实，躬崇节俭，史称开皇初政，民物殷庶，海内乂安，非虚誉也。但天资刻薄，果于杀戮，后世比之暴秦。如始皇筑长城，而帝亦两次修长城；始皇销兵器，而帝亦收天下兵器；始皇焚书坑儒，而帝亦废止太学、四门学及州县学（事在仁寿元年）；始皇求仙，而帝亦佞佛：皆因不信天命，专重人为，以为天下可以力征经营，卒之坟土未干，子孙夷灭。惜哉！

（辑自《国故谈苑》卷二）

古朝会君臣皆立

《说文》：“位，列中庭之左右谓之位，从人立。”按王氏筠《释例》云：“古者朝会，君臣皆立，故位字从人立。”《曲礼》：“天子当宁而立，曰朝。”《顾命》：“一人冕，执刘，立于阼阶。”盖古无椅棹，凡集会皆立，与今之有座位者不同。

（辑自《国故谈苑》卷三）

古以罪人充奴婢僮仆

《初学记》引《风俗通》："古制本无奴婢，即犯事者或原之。臧者，被臧罪没入为官奴婢；获者，逃亡获得为奴婢也。"《说文》"童"字下云："男有罪曰奴，奴曰童，[1]女曰妾。""妾"字下云："有罪女子给事之得接于君者。"考"仆"，金文史仆壶、太仆敦皆从辛人。辛人者，罪人也，是仆之本义为罪人，与"童"字从辛重省、妾字从辛女者无异。

（辑自《国故谈苑》卷三）

---

[1] "奴曰童"原作"男曰奴"，据《说文解字》改。

穴居时代之窃盗

古既穴居，凡米粮杂物，均置穴内，时有被人偷窃者，故窃亦从穴会意。《说文》："盗自中出曰窃，从穴米。"王氏筠云："窃者不必米也，而云盗自中出，则非由穿窬而入，不得入穴部。家人所窃，不过米盐凌杂物耳，故附米部。"盖窃为家人自盗，与盗由外入者异。今司庖厨者最喜偷米，故举米以例余物。知穴居时代，其最易被窃者，亦米而已。

（辑自《国故谈苑》卷三）

儒家解决社会问题之方法

泰西之建国也以权利，以平权均利为至治。我国则否。周秦诸子对于社会问题，各有极精密之研究。道家主张无为而治。《老子》云："不尚贤，使民不争。不贵难得之货，使民不为盗。不见可欲，使民心不乱。"然此法可行于风俗淳朴之上古，而不能行于民智已开之今日。《列子·黄帝篇》：黄帝梦游华胥氏之国，其国无师长，自然而已。盖纯然无政府主义也。法家则欲恃法以解决社会问题。《商君书》："圣王者不贵义而贵法，法必明、令必行，则已矣。"《韩非子》："释法术而心治，尧不能正一国。"太史公评之曰："法令者治之具，而非制治清浊之原。"盖确论也。儒家则不主法治，而主礼治。礼者何？守分是也。人生以衣食住为不可缺要件，谁不欲享其精且美者？谁则甘受其粗且恶者？必使人人同享其精且美者，平等矣，而物之数有所不给；必使人人同受其粗且恶，而遗其精且美者，物则给矣，而人之情又有所不甘。然则奈何？曰：以其智而强者，享其精且美者；以其愚而弱者，受其粗且恶者。人之智强少数也，而物之精且美者，亦为少数；物之粗恶者多数也，而人之愚且弱者，亦为多数。以物之分量，供给人之分量，各如其分际，而后谓之平等。荀子之言曰："人生而有欲。欲而不得，则不能无求。求而无度量分界，则不能不争。争则乱，乱则穷。先王恶其乱也，故制礼义以分之，以养人之欲、给人之求，使欲必不穷于物，物必不屈于欲。两者相持而长，此礼之所由起也。"至哉言乎！自古言礼之义，未有如是之精湛者。人人各安其分，而后需要供给，乃剂其平，始无争夺之患。此儒家礼治之精义也。

与礼相因为用者曰让。孔子云："能以礼让为国乎，何有？"夫贵贱有差，上下有别，礼也。人人知礼，则天下始无非分之想。然仍不能不济之以让者，何也？盖虽至愚弱之人，谁则不思享其精且美者？其争心仍未尽平也。必使智者常让愚者，强者常让弱者，智而强者常使其不足，愚而弱者常觉其有余，而社会之争乃平。彼国风俗重青年，我国则敬老；彼国法律保护债权，我国则保护债务：让之义也。彼国尝教人以争，故竞争奋斗，为流行之名词；我国尝教人以让，故安分知命，为古人之遗训：其道相反。故彼国资本劳工，互相仇视；而我国二千年来，从未有贫富阶级之争者，斯礼让立国之效也。

夫所谓礼者何耶？道德耶？抑法律耶？日人都河氏，尝依黑智儿之辨证法，以解释此问题：盖人类有同情性（即社会主义）。又有自爱性（即个人主义）。二者相反。而有以调和之者。则惟秩序性。秩序性者何。则礼是已。礼之意义。合道德法律而一之。依黑氏辨证法以图明之：

$$\text{戊（合）}\begin{cases}\text{丙（正）（合）}\begin{cases}\text{甲（正）}\\\text{乙（反）}\end{cases}\\\text{丁（反）}\end{cases}$$

例如酸素与水素，其性质异，而合之为水。水与火相反，而合之为汤。道德与法律相反，而合之为礼。孔氏之礼治天下，是合道德、法律而一之，为世界至善之法。其言不为无见云。

礼之起源何在？凡有二说：

（一）自然说

古代学者多以礼之原为出于天。《礼运》："夫礼，先王以承天之道。"《乐记》："大礼与天地同节。"《左传》："先王立礼，则天之明，因地之性。"天者何？自然之义也。英人斯宾塞谓：礼也者，自然发生者也。高等动物中，亦尝有礼。弱犬之逢强犬也，则仰卧而空其四足，以示无抵抗之状态。或怖鞭挞之犬，则垂尾下首，以示服从之状态。原人当未有政治法律以前，亦既有礼。礼也者，由畏敬或爱敬之情而生之形状也。亦主自然说云。

（二）人为说

以礼之起原归于人为者，实为荀子。荀子以道为圣人之伪，礼亦出于圣人之伪。（伪者，人为也。见杨倞注）《性恶篇》："古者圣王以人之性恶，以为偏险而不正，悖欺而不治，是以为之起礼义、制法度，以矫饬人之性情而正之，以扰化人之性情而遵之也。"又曰："凡礼义者，是生于圣人之伪，非故生于人之性也。"

以上二说，各明一理。日本穗积陈重谓：礼之范围，古大而今小。古所谓礼，自今日言之，皆法也。《周礼》《礼记》《仪礼》，其中所载，如爵禄班位、养老赈恤等，则公法所从出也；冠婚葬祭，则私法所从出也；祭祀礼、朝觐礼；为宪法、行政法之渊源；士冠礼、士昏礼，开民法之端绪；聘问礼，为国际法之萌芽。至唐则直以礼名法，如太宗有《贞观礼》，高宗有《显庆礼》，玄宗有《开元礼》，其所谓五礼者，实则皆法也。此不独中国如是也，印度《摩尼法典》、希腊《梭伦法典》，皆以礼占大部分。古之礼包含人类行为之全部，今止限于吉、凶、嘉、宾、军一部分而已（见《法学协会杂志》二十四卷论文）。善乎欧阳修之言曰："由三代以上，治出于一，而礼乐达于天下；由三代以下，治出于二，而礼乐为虚名。"（《新唐书·礼乐志》）盖我国自汉以后，并非纯用礼治。然究与泰西之法治不同者，则以我国之法，本以补助礼治所不及故也。况礼治之最终目的，在使人类相亲相爱。《孟子》所谓人人亲其亲、长其长，而天下平；《左氏》所谓君义臣行、父慈子孝、兄爱弟敬。《易·家人》所谓父父、子子、兄兄、弟弟、夫夫、妇妇，而家道正，正家而天下定矣。其事至近，其道至简，易于实行，与泰西之以平权均利为目的者，其难易不可以道里计也。

自马克思学说流行，关于共产研究之著述，几浩如烟海。其中主义流派，歧又有歧。吾一言以蔽之曰：其言固至甘，而其理固至公而至正也，而其所以不能行者，则以与宇宙生物之原则相反。故宇宙生物之不平等，不止人类，凡物皆然。欲使居处平等，必全数改造而后可，不可能也。衣之精者、食之美者，皆求过于供。不能遍及，则必取其粗且恶者，是徒牺牲少数人幸福，而多数人仍无实益也。人类自私自利之心，根于天性。试问此执行共产之人，谁则能监督之者？假令行之，亦徒供少数人之淫乐已耳。孟子评许行曰："相率而为伪者也，恶能治国家？"一语破的之论也。且自我国之历史言之，共产尤无实行之可能性。何者？三代井田之制，以不动产为国有，男子壮则授之以田，是亦一部分之共产主义也。井田与封建相倚伏，必国小乃易推行。至战国而七十二国之侯封，并而为七，加之生齿日繁，不敷分配，商鞅乃因而废之。商鞅非能废井田也，势使然也。井田废而豪强兼并之风始盛。董仲舒首创限田之议，师丹、孔光用其说，限民田无得过三十顷，然未实行也。北魏孝文帝又立均田之法，太和九年，下诏均给天下民田，诸男夫十五以上，授露田四十亩，妇人二十亩。然未几中更葛荣、尔朱之乱，仍未完全实行。唐初仿均田法，定口分田，丁男十八以上，人授田八十亩。然当时豪强多不奉行，民或卖田逃亡，官吏知而不问，国家法令遂完全归于无效。自井田之废，圣君贤相，谋所以均贫富之法，自汉及唐，历千年而终于无成。一不动产之均富，共难犹如此，况欲举一国之财产平均而分配之哉？泰西诸国，日日争权利、言奋斗，夫至于共产，而权利奋斗之术亦已穷矣。以苏俄之地广人稀，行未期年，而道殣相望，死亡巨亿。其不可行，彼国非不知之，而无如资本之专横，劳动之困苦，固无法以平其争也。一旦剥极必复，乱极思治，浸假而用吾礼让之术以为治，则儒术之行于彼国，未可知也。……[1]则尊孔者，不特今日中国惟一之针砭，且为彼国无上之药石也。

（辑自《国故谈苑》卷四）

---

[1] 编按：此处删一句。

道家思想及于社会之影响

秦用法家，二世而亡。文帝好黄老。至武帝表彰六经，始专用儒家。然东汉谶纬五行之说盛行，其思想已渐与道家接近。加以魏文提倡旷达，举世化之，故三国六朝遂为道家全盛时代。唐祖李耳，各地方均建老子庙，儒与道并重，观唐代诸帝多饵丹药可征也。宋以后因道学一派之崛起，儒术始有统于一尊之势。然宋徽宗时有林灵素、王仔昔，元太祖时有丘处机，明成祖时有张三丰，名列方技，代有其人。因是之故，人民思想受道家学说之濡染，既历二千年之久，其在社会之潜势力，实不亚于儒家。约而举之，凡有四端：

（一）儒家重仪节而道家则尚脱略

《墨子·非儒篇》："孔丘盛容修饰以蛊世，弦歌鼓舞以聚徒，繁登降之礼以示仪，务趋翔之节以劝众，[1]儒学不可以议世，劳思不可以补民，累寿不能尽其学，当年不能行其礼。"可见儒学之短，在繁文缛节，手续繁重。道家反之，礼节疏阔，放浪形骸。今人游欧美者，见其重清洁、守时间，事事谨饬。惟过于偏重形式，拘泥虚文，自中国人眼光视之，极为不便。回顾我国，凡事止求实际，不拘形式。借贷不需手票，订婚不必婚书，庭宇芜秽，衣服垢敝，甚或日旰始起，何等自由。不特无人讥其懒惰，且有推为名士者矣。此种风气，皆道家学说养成之。窃意三代及秦之社会，未必如此，此风当起于东汉之末。考《后汉书·陈蕃传》：[2]蕃年十五，尝闲处一室，而庭宇芜秽。父友同郡薛勤来候之，谓蕃曰："孺子何不洒扫以待宾客？"蕃曰："大丈夫处世，当扫除天下。安事一室乎？"魏晋以后，如嵇康、刘伶、王戎、郭象、毕卓之流，皆以旷达脱略，有大名于时，遂至养成今日之社会云。

（二）儒家远鬼神而道家重神秘

孔子不语怪力乱神，破除一切迷信。道家则否。《老子》谷神、玄牝之论，已开神秘之端，其后衍为神仙方术家言。汉末魏伯阳著《参同契》，晋葛洪著《抱朴子》，自此丹鼎一派盛行。唐韩愈大儒，尚服硫磺，他无论矣。宋以后此派

---

〔1〕"节"原作"学"，据《墨子·非儒》改。
〔2〕"后"字原脱，今补。

渐衰。符录派以张道陵为始祖。南北朝士大夫习五斗米道者，史不绝书。寇谦之最显于北，陶宏景最显于南。今所谓龙虎山张天师，膺历朝封号，其势力几于宣圣等，妇孺尤趋之。而当时最流行者，实惟占验一派。此派至三国而大显，费长房、于吉、管辂、左慈辈，其尤著者也。郭璞著《葬书》为后世堪舆家之祖，嵇康有《难宅无凶吉论》，其时风水说之盛行可知。陶宏景著《相书》，为后世言相法者之祖。《隋志》有《珞琭子》，言禄命者为本经。临孝公有《禄命书》，为后世算命家之祖。卫元嵩著《元包》，庚季才著《灵台秘苑》，为后世言卜筮者之祖。此诸派者，除卜筮为儒家所有外，其余种种怪诞之说，皆出自道家。如算命、看相、风水、画符等诸神秘，至今日犹足以支配社会之人心也。

（三）儒家主忠信而道家则尚权谋

老学最毒天下者，权谋之言也。将以愚民，非以明民，将欲取之，必先与之，此为老学入世之本。故纵横家言，实出于是。而法家末流，亦利用此术。《韩非子》有《解老》等篇，史公以老韩合传，最得真相。今日阴谋家之政客，其思想亦受道家之支配也。

（四）儒家重克己而道家则言纵乐

道家中杨朱一派，为老学之别派，所谓"拔一毛而利天下不为"是也。杨氏著述久失传，仅《列子》有《杨朱篇》，后来亦无祖述其说者。实则此派势力，久迷漫于全社会。谚所谓"今朝有酒今朝醉""自家打扫门前雪，莫管他人瓦上霜"，及"得过且过"之类，皆足以表示此思想。"举世尽从愁里过，何人肯向死前休"，唐杜荀鹤诗也；"闭门不管牕前月"，宋陈藏一诗也；"儿孙自有儿孙福"，元叶李诗也：亦此思想之表现也。

（辑自《国故谈苑》卷四）

中央集权与地方分权

中央集权，我国名之曰内重外轻；地方分权，我国名之曰外重内轻。苏子瞻上神宗书云："内重之失，必有奸臣指鹿之患；外重之弊，必有大国问鼎之忧。"二者均非良制也。

欧美诸国，如英如美，为分权制，而法则为集权制，德从前本为分权，自法西斯蒂党专政后，渐有趋于集权之倾向。

我国三代以前，盛行封建，大都为分权制，秦混一六国，改封建为郡县，始有用集权制者。汉兴惩秦孤立，大封同姓，以镇天下，于郡外设国，又采分权制。然自吴楚诛后，稍夺诸侯权，诸侯王不得治民补吏，天子别置相以治之，左官、附益、阿党之法设。逮汉之亡，议者以为乏藩屏之助，已渐失高帝立法之初意矣。

魏文帝忌其诸侯弟，帝子受封，有同幽絷，且定制诸王不得交通宾客，又返于集权制。然再传而后，主势稍弱，司马氏父子即攘臂取之，曾无顾惮。晋武封国至多，宗藩强壮，俱自得以领兵卒、置官属，可谓惩魏之弊矣。然八王首难，阻兵安忍，反以召五胡之衅。宋、齐皇子俱童孺当方面，名为镇藩，而实受制于典签长吏之手，每一易主，则前帝之子孙歼焉，而运祚卒以不永。梁武享国最久，诸子孙皆以盛年雄材，出为邦伯，专制一方，可谓惩宋齐之弊矣。然诸王拥兵，捐置君父，卒不能止侯景之难。

隋文以枭雄之姿，统一南北，显庸创制，多近集权。杨广弑父，肆为淫虐，其终于败者，势所必然，非贻谋之不臧也。唐初武功之盛，超越前古，而府兵之制，特为完善。无事耕于野，有事则命将以出，事解辄罢，兵散于府，将归于朝。故士不失业，而将帅无握兵之重，法至善也。府兵坏而后为彍骑，彍骑又废，而方镇之兵盛矣。安史之乱，诸镇共起讨贼，大盗既灭，武夫战卒，以功起行间者，皆除节度使，由是方镇相望于内地，大者连州十余，小者犹三四。兵强则逐帅，帅强则叛上。或父死子握其兵而不肯代，或取舍由于士卒，往往自择将吏，号为留后，以邀命于朝。天子不能制，因而授之，遂成五季分崩之局。此唐之败于分权也。

艺祖以杯酒释兵权，以文臣知州事，重兵聚于京师，一矫五代藩镇器张之习，宜若可以无事矣，而不知子孙卒困于夷狄。中叶而后，道学一派盛行，士大夫习为迂腐。上下恬嬉，始败于辽，继蹶于金，终灭于元，而中原夷为胡虏矣。元代版图之广，凌跨欧亚，太祖每灭一地，即以封其子弟，以俄罗斯封长子术赤，以东欧封旭烈兀，其不能不采分权者，势使然也。于内地则创为行省之制，一省形同一国，地方权力之大，无如元者。然终元世，诸王叛服不常，腹地群盗如毛，此亦分权之弊也。

自汉及元，历二千年之久，迭为循环。矫前代之弊者，弊又出于所防之外。集权固以取亡，而分权亦不能救乱，是何也？明祖起自匹夫，知民疾苦，斟酌汉唐之制，折衷二者之间，知内外之宜并重，而权利之不宜偏畸也，于是定左之三原则：

（一）兵权与财权之分离

明初定制，以布政使掌钱谷，以按察使掌刑，以都指挥使掌兵，分司而治，不相统辖。而布政使兼管吏治，隐然为一省之长。清因明制，惟各省加设督抚，而兵权属之提督，财权仍归布政使。督抚总揽全省政治，权几等于一国之君。然苟有不法，政府一纸命令，朝发而夕就逮，生死唯命，无敢抗者，何也？则以兵财二权，各有专司故也。终明之世，地方官吏，从未闻有称戈犯上之举，其故亦可思矣。

（二）重文轻武

文人统兵者，其国常治，武人统兵者，其国常乱，为自古不易原则。光武帝于功臣优其爵禄，而不使与闻政事。明祖知武人不宜干政，不惜对开国勋臣，假蓝胡奸党之名，芟夷而草薙之。手段虽异，其旨则同。明清两代，其统兵大员，必为文人。流寇之乱，明以杨嗣昌、卢象昇、熊文灿讨之，皆文人也。以洪承畴为三边总督御满洲，洪亦文人也。乃至清中兴名将，曾胡彭左，无一而非文人。前辈有见及曾左者，谓其左右侍从，无非红顶花翎，出入闱内，姬妾不避，叱咤役使，如役隶然。清制巡抚、提督，均为一品，而仪制上实非平等，见必请安，不能同坐。明制尤甚，知县七品官耳，其气焰且足以凌烁总兵，至守备以下，则颐指气使之矣。古人立法，自有深意。光复以后，其时起义者率号都督，而政权遂落于武人之手，数百年文治之局始破。

（三）内官体薄而位崇，外官位卑而体厚

唐时内外官轻重先后不同。太宗时，马周疏云："朝廷独重内官，而轻刺史、县令。"明皇时，张九龄奏言："古者刺史入为三公，郎官出宰百里。今朝廷士入而不出，是大利在内而不在外也，智能之士，安肯出为刺史、县令哉？"是时源乾曜以大臣子多任京职，后又率任外官，非平施之道，请以己子三人任京职者，出二子于外，以示近始，诏褒之。《倪若水传》亦云："时天下承平，人皆重内任，虽自冗官擢方面，皆自谓下迁。班景倩自扬州采访使入为大理少卿，若水钱之于郊，顾左右曰：'班公是行若登仙，吾恨不得为驺仆。'"可见唐初以至开元、[1]天宝，内重外轻之风也。肃、代以后，此风一变。《通鉴》：元载当国，以士进者多乐京师，乃制俸厚外官而薄京官。《唐书·李泌传》：是时京官禄薄，自方镇入为八座，至谓罢权。薛邕由左丞贬歙州刺史，家人恨降谪之晚。泌以为外太重内太轻，请随官闲剧，[2]普增其俸，为窦参沮而止。距开元、天宝不及数十年，而外重内轻相反一至于此。

盖中央集权，则内官重；地方分权，则外官重。唐代如此，其他可推而知。明制最重进士，非翰林出身不许入阁。成祖时巡按多以翰林为之，官虽卑而权特重。后虽不常设，然翰詹科道京察一等者，外放监司，已成通例。清代因之，所异者，保举、捐纳及笔帖式异途出身者多，且有满汉界限。然郎中外放，犹可府道。惟明制内外官可互相升转，清自雍正后，内官虽可外放，而外官不能内转，此其失也。总之，明清两代内官位崇，外官俸厚，尚能互剂其平，非唐宋所及也。

今日有见军阀之专横，而倡军民分治之说，以补救外重之弊者，此似是而非之论也。军与民分，而民政常受制于军政。民国之督军、省长，其前车也。汉于郡置守及尉，守以治民，尉以统兵，然尉实居守下，非并行也。明初置布政、指挥、按察三司，以分统兵刑钱谷，不相统属。然在未设督抚以前，布政一司，固一省之长官也。军民固不能分治，即分治，亦必使操民政者有优越之地位与权力也。政权既落于武人之手，断非文治所能颠覆而收回之，其交还必仍由武人。试观五代藩镇之争，至艺祖而偃武修文，海内乂安，然艺祖固武人也。元季群雄并起，明祖削平大难，而天下始定，然明祖亦武人也。古之良法美意，百年成之而不足，一日坏之而有余。比其乱也，则伏尸流血，常百年而未有止。吾老且死，不及身见太平，然犹不能无望于草泽中之英雄也。而徒曰"军民分治，即足以绝武人干政也"，岂不呓语乎哉！

（辑自《国故谈苑》卷五）

---

[1] "元"原作"皇"。按此段多采自赵翼《陔余丛考》卷十七"唐制内外官轻重不同"条，据改。
[2] "闲"原作"间"，据《陔余丛考》改。

家族制与个人制

欧洲之家族制度，实导源于印度，经希伯来、希腊而入罗马，及共和政治之末，始见衰微。考印度之家族，每家必有户主，而最重者莫如祖先之祭祀、祖先之死亡者，必朝夕祭飨。苟绝其祭祀，则灵魂必流落而为厉鬼，不能生存于极乐界，是为子孙第一之义务。子孙之所以必婚姻者，即为此也。《摩尼法典》尝规定妻之无子者，其夫得与之离婚，奉祖先祭祀者，以长男为限，盖以长男最与祖先接近也。《摩尼法典》云：第一之子，依义务之践履而生；其余之子，不过爱情之结果。故仅有女子而无男子时，以其女子所生之男子，为自己之子。全无子时，得收养他人之男子为自己之子。至财产则分传来财产与所得财产。凡由祖先传来之财产，属于家人共有，户主人不得专有之。欲让与他人，必不可不经家族之同意。户主不过管理此种财产，以其收益供祖先之粢盛及自己家族之给养。户主死亡时，相续开始。然户主生存中或死亡之际，因其家族之要求，有分割其家产而自成一家者，此时户主或长男其取得部分必倍于他之族家。且祖先之家产取得者，常限于长男云。

古希腊、罗马之家制亦然。家必有一屋宇，其傍必有隙地，为祖宗坟茔之所。而家之中央，必安神火，是祖宗神灵之所寄托也。神火熄灭，是为灾死之兆。家必有户主，以奉行祖先之祭祀，而尤莫严于葬礼。其婚姻必有一定之仪式。新妇之至也，必使坐于神火之前，襄以神水，于是夫妇割面包及果实分食之。式毕，始为其家之家族。婚姻之目的，以得子孙继续祖先之祭祀为定，略与印度同一。但无子之夫，得广蓄妾，得认妾之子为正嫡子。当罗马古代，风俗严厉，不许行离婚之制。然其离婚之始见于罗马之历史者，为某豪族之事。盖某豪族极恋其妻，乃因其无子而去之也。户主对于家族有生杀之权、卖却之权、惩戒之权，且包含有亲权、夫权。特希腊之风俗宽缓温和，远不如罗马之峻刻，然其权力固相同也。所异者，希腊尚以长子继承祖先之家屋，使之继承祭祀。而罗马则必分配于数人，历史所载，全无长子相续之痕迹。

罗马之家族制度，至共和政治之末世，全归废灭。至其废灭之原因有五：

（一）宗教心之减退

原人谓死者灵魂与生人同，喜饮食而感苦乐。此种观念，因人智渐开，而忽归消灭。所谓子孙祭其祖先者，不外表示追念祖宗之诚意，非谓以此安其灵魂也。然其根本之倾覆，则莫甚于耶稣教，唱道唯一之真神论，主张亲子别居。耶教行而家族制度始有不能不破坏之势矣。

（二）国权之干涉

国家发达以后，不复容认户主之权利，故极力摧陷之。家族可直接得国家之保护，不必全仰户主之保护。

（三）家族参与国政

公法上，家族常与户主同参与国家之政务，甚有家族反在户主之上者，而户主遂不能保其最优之势力。

（四）家族所有财产

家族得为官僚，所得之俸给赏与，渐成私有。且因商工业之发达，家族取得财产之途益多，不必受户主之指挥监督。

（五）万民法及自然法之产生

此二法者，皆否认家族制度。故学说盛行而家制遂废。

察现今各国之大势，家族制度日渐衰微，而个人主义益炽。因社会经济之发达，妇人及年少者，皆得入工场糊口，妻及子女不必受其夫与父之保护。而夫妇亲子之爱情，始浇漓矣。公共食堂、公共宿泊所，其他居住之设备渐完整。而家庭之快乐，始无必要矣。以欧美之情形言之，家族制度之瓦解，抑亦不可避之事实，犹之封建之变为郡县也。然欧洲因采用个人制而生左之恶结果：

（甲）家庭幸福之消灭

自哲学上言之，凡为人类，均在苦海之中。惟同为苦海，而个人制之人生观尤苦。在家族制之国，褓褓之年，孩提保抱，较幼稚园生活，其苦乐已不可以道里计。中年以后，幸遇良妻妾，则姻缘美满，不幸而遇悍妇，则痛心疾首，其得失犹参半也。比及衰老卧病、辗转床褥，有老妻为之伴侣，有子孙为之扶侍，其视个人制之孤苦伶仃，不啻天渊之隔。何者？欧美婚姻之原因，根于财产。富者持其金钱万能之魔力，固不难消磨岁月。然看护妇之尽心护持，已远不如妻子。而况劳工贫苦，妻则久已离婚，子则弃之不顾，度此残年，大非易事，因而厌世自杀者多，亦可哀已！

（乙）人口生齿之衰退

我国婚姻之目的，在继承血统。语云："不孝有三，无后为大。"因而人多希望生子，而生齿甲于全球。若个人制之国则否。女子在未婚以前，多服药以图避孕者无论矣，即结婚之后，因生活艰难而节育者有之。社会厌弃小孩，成为风气。家有孩童，其租金常倍于孤家。苟家有二子以上，几无可觅住房之机会。盖欧美无所谓家，全国几全为公寓。西人好静，屋住小孩，则邻近之屋，其租金必贱，所受损失由小孩之父母负担之，因此人多不愿生子。至法国所定法律：凡生齿繁殖之家庭，国家与以津贴。各国相继效之，希腊至以此定入宪法，然所收效果甚微，皆因社会习惯，猝不易打破故也。

个人制度之弊，至于如是。而其反动，遂不得不主张维持家制。麦因氏有言：婚姻可为契约关系。然如亲子关系，毕竟不能谓之契约，不如舍婚姻而专以亲子团体为家之最小限度。据此则虽个人主义之国，此最小限度之家，仍不能不认之也。法国社会经济学者路布勃（F. Le Play）氏，谓社会非孤立，乃由家所组成，而以社会腐败之根源，归于因个人主义所生家庭之紊乱。彼尝旅行欧亚，以为世界古今之家制，不出左列三种：

（一）家族制

此制子虽婚姻，不能脱父之范围。父死，其权利归长子继承，希腊、罗马行之。

（二）个人制

子因婚姻新成一家，家因父之死亡而分散。法国及欧洲多数国家行之。

（三）折中制

父选定一子，使继承己之地位及其财产之大部分。其他子女，则分以少数财产，使之别居。英国行之。

应此三种之家制，而其继承制度亦分为三：

（一）不分割制

此制行于贵族社会，举财产之全部全归长子。

（二）强制分配制

此制行于民主社会，然其弊有四：甲、遇子孙多数时，不能继续父所经营之事业。乙、夺其亲赏善罚恶之自由。丙、子尝恃其有继承权而流于放纵。丁、当遗产分配时，许辩护士、公证人之加入，使家内之事，尝受他人之容喙。

（三）自由遗赠制

此制虽可免强制分配之害，而因个人制度之结果，往往以遗产全部，赠与于第三者。故各国民法，常设遗留分之规定云。

路氏以扩张亲权，为复兴家制之入手办法，以为非将教育自由、惩戒自由、遗赠自由之三大自由赋与之，不能完亲权之效用。日本穗积陈重评之曰：路氏此论，盖伤心于法国个人制度之弊也。日本学者中，常有主张仅废止户主权、单存亲权者，即本于路氏之理论者也。

一九零七年瑞士公布新民法，始采用家族制，在欧洲可谓开一新纪元。自路氏《家族复兴论》发布表，大惹起世人注目。然单主张扩张亲权，尚不足以阻止个人制度之趋势。至瑞士民法则更进一步，使家长权与亲权并立，于三三一条以下，特置"家权"一节。而其最重要者，则为家产共有（瑞士民法三三六条以下），盖纯粹之旧家制也。然有当注意者，个人意思之自由者，个人制度之根据。瑞士民法虽极力鼓吹家制，然于个人之意思自由，则毫不敢犯。此新家制与旧家制相异之点也。

（辑自《国故谈苑》卷五）

省制沿革与改造

我国自秦废封建，分天下为三十六郡，为郡县二级。郡有守有尉，守以治民，尉以统兵。县大者置令，小者为长。汉因之。武帝元封五年，分天下为十三州。天子所治，置司隶校尉。其他十二州，各置刺史一人，周行郡国，省察治状，黜陟能否，断治冤狱，乃察吏之官，非亲民之官也。汉惩秦孤立之弊，于郡外设国，以封诸侯王，各置相以治之，其下置县，一如郡制。唐初分天下为十道，道置巡察使，后改观察处置使。道下为州，置刺史。州下为县，置令。盖唐之道相当于汉之州，唐之州相当于汉之郡，皆虚三级制也。

宋初分天下为十五路，徽宗增为二十六路，路有监司，为帅、漕、宪、仓之总名。[1] 帅为安抚使，[2] 漕为转运使，宪为提刑，仓为提举常平仓。四者非必并置，或省其一二。路下为府、州、军。府，京师所在地曰尹，其他为知府事。府之小者为州，有知州事。州之驻兵曰军，有知军事。府、州、军下为县，置令，为三级制。

元以版图过广，始于各地方设行中书省，省之称盖自元始，非古制也。明废中书省，改天下为十三布政使司。然沿袭既久，省之名卒未能废。洪武时以布政使掌钱谷，按察使掌刑，都指挥使掌兵，分司而治。府设知府，其小者为州，亦曰直隶州，有知州。府下为县，置知县，县之小者亦曰州。清沿明制，所异者，省设总督或巡抚为最高行政长官。总督多兼辖二省，如闽浙总督驻福建，而浙江止设巡抚是也。大省止设总督，如四川总督是也。明清皆三级制，而区域较广于宋。幸而未滋流弊者，则以总督、巡抚，皆文士为之。

民国后改称都督、督军，任用武人，其害渐著。盖其弊有二：一、省大者辖百数十县，小者犹数十县，即交通便利之省，犹恐耳目难周，况边地铁路未设，于属官之良否，督察更为不易。二、省大者当欧西之一国，军权财政，操于一人之手，易启武人干政之渐，中央难于统治。此制之害，尚不专在省之保留，而在府之废止。改革之法，应废省存道，大省划为四道或三道，小省划为三道或二

---

[1] "帅"原作"师"，今改。
[2] "帅"原作"师"，今改。

道。道置观察使，为察吏之官，而于县上增置府一级。道设总兵，管理军政，受观察使节制，如此可无尾大不掉之患。古之言军民分治者，必使操民政者有优越之地位与权力，非并行也。民十三年宪法，采省县二级制者，由未知省非中国古制云。

（辑自《国故谈苑》卷五）

边地人口疏密今古不同

中国边地人口之疏密，今与古异。大抵东南之人口，古疏而今密，西北则古密而今疏。

窃尝论之，今之青海、新疆伊犁、天山南北路，皆古繁盛之区也。其见于载籍者，汉武时西域有三十六国，张骞使西域还，盛称其地繁富。其后霍去病击破右地，初置酒泉郡，后遂分置武威、张掖、燉煌、酒泉四郡。其地广饶水草，有溉田五千顷，种五谷与中国同时熟，且置戊己校尉、宜禾都尉以镇之。以今日沿革考之，则伊犁即汉之乌孙也，乌鲁木齐则车师后王庭也，巴里坤则蒲类也，喀什噶尔则疏勒也，叶尔羌则莎车也，和阗则于阗也，库车则龟兹也，土鲁番则车师前王庭也，哈密则伊吾庐也。终汉之世，与西域关系常多，而东夷无闻焉。是汉时地气盛于西而衰于东。

若夫东方之盛，则自十六国始。西晋之末，鲜卑崛起东陲。或以鲜卑即悉毕之转音，今西伯利亚之地也。其时石勒、南燕、北燕迭据之，皆在今东三省及朝鲜偏北之地。慕容廆居大棘，冯跋都和龙，教民农桑，修明刑政。时值中原大乱，流亡者多归之，乃立郡以统其众，有冀阳郡、唐国郡、城州郡诸名，亦可以知其时之大概矣。然西域之盛犹未艾也。秃发、乞伏、赫连、拓跋之属，雄视中原，庞然称大国焉。河套以西、鄯善以东，皆得而郡县之。

唐至五代，稍凌夷矣，而耶律氏崛兴于北，并漠南、漠北之地而有之，南境远跨十六州，幅员万里，上京临潢府，东京辽阳府，实包括鸭绿以北黑龙以南之地，遍置州县。以今考之，多不能确指其处，雄图霸业，考之《辽史》可知也。

其与契丹并峙者，有西夏。自拓跋思恭据有银夏，曩霄继之，遂恢先业。其国虽无专史，然其北并河套，西包青海，灵州高踞形势，俯瞰全陕，故以辽金之强，卒不能肆其吞并，远胜于二帝蒙尘之辱也。

金承辽后，土宇益广，以会宁府为上京，降辽黄龙府为隆州，虽其建置与辽人稍异，然东陲固其发祥之地，视为重镇，其遍置州县自若也。

若夫包辽金之所有，而舆图最广者，莫如元、和林一都，远在今外蒙古，迄难指其所在。太祖、太宗不改游牧旧俗，驻跸恒无定所。如拖雷之崩于六盘山、太祖之至铁门关是也。世祖平宋，都燕，然每年必避暑上都，终元世不改。盖元之立国，与辽金异。辽金所有者，特阴山以南之地耳。元起朔方，并西域、定南诏、平江南，即自古不属中国之高丽，皆欲以中书省之制行之，而况斡难河以南，为其始兴之地，自元人视之，固内地也。元之舆地，西包今土尔其、阿富汗之地，北灭阿罗崽，以封其子术赤，则区区西域三十六国，自彼视之，固中国本部之一部分而已。故凡昔之所视为徼外者，皆得而郡县之，如甘肃行省之沙州路、亦集乃路、兀剌海路，云南行省之蒙怜诸路，岭北行省之和宁路，陕西行省之脱思麻路，辽阳行省之开元路，中书省之上都、应昌、兴和诸路，是举汉唐以来所视为夷狄徼外而弃之者，皆一一以郡县之制行之。其时户口之盛，虽不逮内地，而必不如今日之稀而少也。

若夫中外之隔、徼外之衰，则自明始。太祖驱元人、铲群寇，天下大定。然兵力不及漠北，且东而辽阳、沈阳，西而兰州以西、云南以南，皆以徼外之故，不得与内地同置郡县，而别为卫所以守之，意在严关隘之防，固边塞之围，非不善也。然户口之衰、风俗之陋、声教之隔，自此始矣。且无州县之官以镇之，则商贾贸迁，无不裹足，戍卒久留，易生他志。故泰宁、福余、朵颜三卫，不再传而已变其制。至铁岭、沈阳诸卫，中叶而后，渐入于清，朝廷无如何也。甚而俺答、火筛、瓦剌，沿边为寇，昔日卫所之兵，果足资守御耶？此其故何也？盖既不设郡县，则天下之耳目，固以徼外视之，天子与大臣亦莫不以徼外之地而轻之。其地之人物，稍能自立者，或迁居于内地，或游宦于异乡，或流寓而不思故土，或游牧而因逐水草以居，辗转迁徙者，又不知其凡几也。以故户口之数，日绌一日，商贾之衰，亦日甚一日。至满洲之兴，殆三百年于兹矣，历时愈久，则荒落愈甚，故有汉唐繁富之区，至今日而成荒徼者，非必其地之素为荒芜也。试观闽粤在古时视之，其荒落殆甚于西域，而今则繁盛如江浙焉，岂非因设郡县与不设郡县之故耶？

大抵汉时西域最盛，而东陲稍衰。晋南渡后，则东西并盛。稍凌夷于唐，而耶律、完颜盛于北，元昊盛于西，至元而统一。若田畴之荒，人民之稀，至汉人得以徼外目之者，则始于有明。清高皇帝天命元年，即招服使犬路，嗣后征尼堪外兰，征叶赫，凡内外蒙古及索伦、达呼尔诸部，莫不宾服，有事则率兵以从。康熙中，平葛尔丹、唐努乌梁海，而乾隆又荡平回疆及大小金川。于是汉唐以来之地，咸入版图。然东三省、新疆皆置州县，而青海河套诸地犹沿旧俗，故幅员虽广，而不毛之地犹十之三。盖当时急于藏事，未遑远谋，大臣辈如福康安、兆惠之流，皆厮役庸才，规模狭隘，宜其尔也。咸丰间与俄人议和，失珲春以北地数千里，中国之人不知也，以为是固徼外不毛之地，欲弃之则弃之而已，是亦明卫所之弊也。苟当时皆置郡县，则亦不至轻以与人。观台湾之割，中国人心中目中俱赫赫若前日事。至黑龙江之割，则士大夫无有能言之者矣。以言乎地，则台湾小而黑龙江大。然在上者不引以为失，在下者不引以为耻。是何也？不知其里数也，不明其关系也，不审其矿产与物产也，则皆未置郡县之故也。苟置郡县，则人必明目张胆以争之矣。

（辑自《国故谈苑》卷五）

选　举

世固有观其名则美，而实则万恶者，选举是也。

凡选举必假于运动，君子不争，而选举则非争不得；君子无求，而选举则不求何获。故其中少端人正士焉，其获隽者，非蝇营狗苟之小人，即欺世盗名之枭杰也。凡选举必需于财货，未有不假金钱之力而能获选者。是使一国政权，悉操于富豪之手，而寒畯弗与焉。名为平等，而实造成贫富阶级也。是为选举制度根本上之二大弊。

复次，凡竞选者无不媚其选民，恣其酒食，诱以娼妓，穷形尽相，罄竹难书。故每选举一次，而风俗之浇漓，人心之堕落，必为之激增也。选举人挟此一票，抱无穷之希望，终身衣食赖之。获选者既贵之后，无不汲引其选民，小而郎署，大而民社。非如是，则任满后谁肯再选者？此辈来自田间，未谙政治，惟知嗜利作奸犯科，无所不至。恃有奥援，莫敢谁何。故行选举之国，其吏治无不窳败者。选举费用，与年俱进。虽极贫之国，犹需巨万，个人财力万万不及，不能不需党之补助。苟非卖身政党，虽才智之士，无以自拔，是驱人以营私植党也。

选举之术，积久弥工。凡选举之年，必有无数之慈善家出现，救灾恤贫，挥金如土。王莽谦恭，孟德孝廉，则所谓慈善费也；朝行善举，夕登报端，则所谓广告费也；高筑演坛，聚众游说，则所谓演说费也。选期既近，然后党中鹰犬，按籍纳赂，挟之上车，使之投票，故未开票而如操左券。然而时有失败者，何也？则势迫利诱，人情不甘，废票之多，终无法以防之也。农工商贾，洁身自好者，恒视选举为畏途。以故百人中投票者，常不满六十，甚而有弃权者至九十，亦可以觇人心之趋向矣。近则政府严立强制选举之法，科以罚金，夺其公权，而民之不愿投票如故也。呜呼！是固所谓人人有参政权者，所谓代表民意者，乌知其丑态乃至如是哉！

欧美自市会、县会、乡会，莫不用选举之法，而其最著者曰国会。国会之制，创始于英，各国次第效之。无论君主、民主，奉行惟谨，罔敢踰越者，垂三百年于兹矣。其稍异者，昔惟下院由民选，而上院多为钦派之贵族，今则两院多同用民选矣。昔之有选权者，恒限于地主及纳多额税者，今则改为普通选举，且并及于女子矣。自德人伊耶陵对于代议制为根本上之攻击，英人蒲徕士继之，著《近代民主政治论》，谓英国将亡于国会，谓美人遇议员无不欲唾其面，世人始稍稍疑之。

欧战以还，国会声价一落千丈：一、德、美、瑞士、西班牙等国宪法，关于普通立法，均承认国民之发案权及制定权，是不必有议会，亦能制定法律也。二、美各州宪法，将应以普通法律规定之事项，次第载入宪法，是本属议会职权之事，亦禁其容喙也。三、美洲各共和国，其议会均无制定宪法之权，是国家根本法之起草及修正，悉置诸议会职权以外也。四、美各州凡议会制定之法律，其施行日期，恒在八九十日后。此期间内，人民有一定人数，即得提出抗议，由国民投票决定之。是明认国民对于议会所定之法律有反抗权也。五、德新宪法，总统不同意于议会所定之法律，亦得于一个月内，交付国民总投票。是并总统有反抗权也。六、从前共和国除法国外，总统皆无解散议会之权。自德新宪首破此例，其后捷克、芬兰宪法效之，近则一九二九年奥国修正之宪法、一九三一年西班牙新宪法，无不与总统此特权者，是议会已失其最高机关之地位也。七、普鲁士宪法，明认人民得以解散议会，请愿于政府。且有一定人数，得要求罢免议员。是议员已与官吏立于同等地位，非神圣不可侵犯者也。八、西班牙里维纳政府时代，意大利莫索里尼时代，皆曾一度明目张胆，取消议会。现虽恢复，而意首相之演说，已明言其为玩具，虽利用之而终痛诉之。

现在世界仍有无议会之国家，如苏联，如土耳其，且不乏其例也。现今社会主义之政治家，如列宁之类，直以议会为资产阶级欺骗民众之一种机关，认为保障资本之产物。马克斯亦云：一切立法，皆阶级的立法。意首相莫索里尼，谓议会乃好空谈无实用之物，止可作为玩具，为陈列品。总之社会主义之学者，与非社会主义之学者，对于代议制之非难，其立论虽不同，而其认为不良之制度，则完全一致。其将来之必归废弃，盖必然者。

吾国学者中，首发明此理者，为章氏炳麟，其所著之《国会论》（见《章氏丛书》）谓天殒将以是亡中国也。时值清廷立宪，人民要求开国会，而章氏能为此言，不愧先知之哲矣。次则章氏行严，于《甲寅周刊》尝论及之，亦读西籍中之佼佼者。

（辑自《国故谈苑》卷五）

多 数

立宪制度，以少数服从多数为不易原则，列为信条，久无异议。自德人伊耶陵著《少数者权利》一书，痛斥多数决之不当，力为少数人张目。核其论据，约有四端：

（一）今试问一国之中，贤智者多数乎，抑庸愚者多数乎？必应之曰：庸愚者多数也。无论其国文明至何程度，断不敢谓其国贤智之数，超过庸愚之数。故少数代表贤智，多数代表庸愚。

（二）今试问世界进步至于今日，少数人之力乎，多数人之力乎？必答曰：少数人之力也。古者茹毛饮血，衣其羽皮。有圣人者作，教之烹饪，而后人知火食。制为衣服，而后人免裸露。其发明者不过一二人，而多数人蒙其幸福也。推之火车、电报、飞艇，皆少数科学家所发明，绝非多数人所能议决也。苟事事取决多数，则世界进化，因之终止。

（三）多数制于伦理上不能成立。如父母为少数，子孙为多数，而谓父母当服从子孙，可乎？主人为少数，仆隶为多数，而谓主人当服从仆隶，可乎？匪特此也。耶教为多数，回教为少数，而谓回教当弃其所崇拜，而服从耶教，可乎？黄种、白种为多数，黑种、棕色种为少数，而谓黑种、棕色种当弃其风俗习惯，而服从黄白种，可乎？此不待智者而知其无是理也。

（四）果欲用多数决，必人类知识平等而后可。否则名为多数，实则少数。例如甲乙丙丁四人，共议一事。甲为哲学家，乙丙丁均不识字者。甲反对而乙丙丁赞成之，甲诚少数矣，而不知乙丙丁三人之智识，尚不足以当甲之毫毛，而谓之多数可乎？

伊氏原书，考多数决沿革最详。其言曰：古代日耳曼民族，常谓一人之勇者，于战场战胜五人，无使其服从此五人之理。中世等族会议，有二格言。一曰：宜决于长者，不宜决于多数者。又曰：投票可量之，不可数之。所谓不可数之者，谓不行投票计算之制。日耳曼人种，凡决议须全体一致，以喝采决之。虽其间非无少数之反对，然因多数喝采，不闻其声，故仍为全体一致。今日英美尚守此制。英庶民院选举法，由州会推荐代议士二人，苟无唱异议者，即作为全体一致。若有多数候补者，始以投票决之。故纯粹之多数决，英国法所不认也。最初采多数制者为教会。法皇之选举，其始由僧侣团推举，仍由喝采之法，后乃改为三分二之多数；而僧正之选举，止用单纯多数。次则中古德意志皇帝之选举，亦以选举侯之单纯多数为准。故中古判决例中，遂有少数服从多数之语云。

伊氏此论，影响于欧洲政治颇大，兹略举之：一、从前选举均采用连记投票法，谓之多数代表；自伊氏唱此说后，遂渐次改为减记投票，或重记投票，谓之少数代表。然当选人数，仍不能与党之人数相当，时有小党得多数议员，大党反出少数议员者。近则法、美、德、奥诸国，无不改为比例表代。二、从前议会审查报告，恒以多数之意见为主；近则凡审查之案，虽系少数意见，苟有三分之一，仍须报告。三、伊氏德国人也，故德国社会，受此教训最深。其新宪法凡过半数议决之案，苟有三分一之反对，得延期公布，以待国民之投票。是明认少数得推翻多数也。他国尚未见有采此制者。近自法西斯蒂主义盛行，议会政治、民主政治，渐趋没落。世界大势颇有恢复独裁之倾向，所谓多数决者，恐不久将成为历史上之名词矣。

（辑自《国故谈苑》卷五）

君　臣

　　《易·序卦》："有夫妇然后有父子，有父子然后有君臣。"此即后世三纲之说所从出，国家组织之要素也。郑康成注《周礼》云："有夫有妇，然后为家。"即今所谓小家庭也，有父子则成为大家庭矣。欧洲学者，论国家起源本于血族团体，即《孟子》所谓"国之本在家"之义。既成为国，则必有治者、被治者之关系，而君臣之名生焉。自国体改革，三纲五常之名，悬为厉禁，以为君臣之名可废。呜呼，是犹未解君臣之义也！

　　我国自古为君主国。然三皇称皇，五帝称帝，三代称王，秦以后称皇帝。其例犹匈奴称单于，突厥称可汗，俄罗斯称沙皇，无一定之名词也。《尔雅·释诂》："帝、皇、王、后、辟、公、侯，君也。"《说文》："君，尊也。从尹。发号，故从口。""尹，治也。"所谓君者，不过治者对于被治者发号令之人而已。古时君、尹常通用。《春秋·隐公元年》"君氏卒"，《公》《谷》作"尹氏卒"。《左传·成十八年》："人之求君，使出命也。"《墨子》："君者，臣之禀命也。"《白虎通》："帝王者何？号也，所以号令臣下者。"《汉书·刑法志》："君者国之元。"

　　国家无论何种政体，必不能无元首，必不能无发号施令之人，即不能无治者与被治者之关系。故皇帝、国王之名可废，君臣之名不可废也。《论语》："君臣之义，如之何其废之。"《庄子》："君臣之义，无所逃于天地之间。"即此理也。

　　今共和国称其首领曰总统，出于人民公选，似不宜称君矣，而实不然。《谥法》："从之成群曰君。"《荀子·君道篇》："君者何也？曰能群也。能群也者，何也？曰善生养人者也，善班治人者也，善显设人者也，善藩饰人者也。善生养人者人称之，善班治人者人安之，善显设人者人乐之，善藩饰人者人荣之。四德者俱，而天下归之。夫是之谓能群。"《韩诗外传》："君者何也？曰群也。为天下万物而除其害者谓之君。"《春秋繁露》："君者，不失其群者也。"以上诸书所释君之意义，归纳言之，有下列三条件：（一）国之元首。（二）群下归心。（三）发号令。具备以上三条件，即谓之君，与共和国体毫无抵触。

　　且我国文字通例，使用君字，不限于君主。父子、夫妇、朋友亦用之。《易》："家人有严君焉，父母之谓也。"既死则称先君，《礼·檀弓》"昔者吾先君子"是也。《仪礼·丧服》注："妾谓夫之嫡妻曰女君。"今俗妇称夫曰夫君，而夫称妇亦曰细君。此外朋友彼此皆称君。唐诗"君自故乡来""知君断肠共君语"，皆其例也。官吏亦可称君。战国时有孟尝君、平原君、信陵君、春申君。亦称君子。《礼记》"君子狐青裘"注："君子，士以上。"《玉藻》注："君子，在位者之通称。其有德者亦称君子。"《礼·哀公问》注："君子者，有道德者之称。"然则君之不限于君主，其例甚多，但必表示尊敬之意。故《说文》以尊释之，当矣。

《尔雅·释诂》："臣，服也。"《说文》："臣，牵也，事君也。象屈服之形。"《释名》："臣，慎也，慎于其事以奉上也。"《诗·正月》笺："臣则事人之称，无定名也。"《汉书·高帝纪》"臣少好相人"注引张晏曰："古人相与语，多自称臣，自卑下之道也。"其用不限于对君，例与君字同。

由是言之，君者表示尊敬之意，臣者表示屈服卑下之意。无论何种社会、何种国家，皆不能无治人与治于人之关系。故阶级之制可废，而上下名分不可废也。苟其废之，则上无以率其下，官无以临其民，帅无以统其卒，乃至父无以束其子，夫无以御其妻，而大乱成矣。《易》曰："鼎折足，覆公餗。"夫妇、父子、君臣，国家组织之要素也。今去其一，无惑乎纲纪凌夷，而倒戈之祸烈也。

尚有欲附言者，君臣与忠之关系也。古人言忠，亦不限于对君。《周礼·大司徒》疏："于文，中心为忠。"真西山曰："圣人之言忠，不颛于事君。为人谋必忠也，于朋友必忠告也，事亲必忠养也。至于以善教人，以利爱民，无适而非忠也。"（见《刘氏传忠录后序》）余谓不特此也。臣事君以忠，此为臣对君之忠，人之所知也。不知君之于民，亦可称忠。《左传》："上思利民，忠也。"又曰："所谓道，忠于民而信于神也。"此对于民之称忠也。《左传》："公家之利，知无不为，忠也。"又曰："临患不忘国，忠也。"此对于国之忠也。善乎波兰宪法曰"人民以忠于国家为第一义务"，瓜分百五十年，卒能光复旧物，有以哉！

（辑自《国故谈苑》卷五）

明代官制之善

明祖赋性雄猜，嗜杀等于巢、献，一时功臣，诛夷殆尽，即文臣亦鲜有保首领者。然四库有《太祖文集》三十卷，世所传皇陵碑即其所自为。史称帝凡命将出师，常赋诗以壮其行，是并能为有韵之文也。帝又通法律。《明史》：洪武元年，命儒臣四人，同刑官讲《唐律》，日进二十条。六年冬，诏刑部尚书刘惟谦，详定《大明律》。每奏一篇，命揭两庑，亲加裁酌。盖其天亶聪明，有不可以常理论者。余读《明史》至《孝康皇帝传》（即太子标），见其置东宫官属，罗致天下人材为之师友；又命巡视陕西，盖知南京不可以建都，而长安为古帝王发祥之地，汉唐所由兴，有徙都之意，规模宏远。使其不死，则成康、文景之治，未遑多让。惜乎不知务德，惟恃诈力，以力征经营，卒有此蹶。以帝王之力，而不能蔽其爱子。方正学之《深虑论》，为明祖发也。及太子既卒，乃发狠肆行杀戮，大兴党狱。坟土未干，骨肉称戈，燕师南犯。天下之患，常出于所备之外。《左氏》曰："余杀人子多矣，能无及此乎？"其祸延子孙，非不幸也。然其雄才大略，显庸创制，终非汉唐所及。虽代有昏庸之主，而享祚犹三百年。清代因之，卒能跨有中原者，其立法之善使然也。

有明一代，地方官制，尚能维持内外兼重之平，不蹈历代分权集权之弊，余别有专条论之，兹不具述。即以中央官制而论，亦非前代所及，举其著者言之。

（一）内阁

欧洲英法等国之责任内阁制，与美国之总统内阁制，二者孰为优劣，久为学者讨论之宿题。以我国历史证之，而知美制实优于英法也。我国自昔均采代负责任之内阁制度：《周礼》之大冢宰，即今所谓总理也；其司徒则内务总长也；司马则陆军也；司寇则司法也；其宗伯则教育也；司空则农工商也。《书》所谓："垂拱而天下治。"盖已具内阁代负责任之雏形。秦始置丞相。汉初承秦制，高帝十一年改称相国，哀帝时又称大司徒，然其地位犹之总理也。丞相下置九卿，尚未有部之名也。晋以后丞相、相国，皆不常设。居其位者，率行篡弑，盖已非复人臣之职矣。唐以三省综理庶政：中书省掌宣达天子命令，为立法机关，犹今之下院也。门下省掌审查复奏，犹上院也。其执行机关，厥惟尚书省。置尚书令一人，犹总理也。左右仆射，犹副总理也。下分吏、户、礼、兵、刑、工六部。略与责任内阁之制为近。宋因之，然尚无内阁之名也。至明而其制大变。洪武十三年废中书省，置大学士，掌献替可否，点检题奏，票拟批答，其权至重。授餐大内，故曰内阁。夫秦汉以来，除创业者外，天子拥其名，丞相居其权，遂开六朝禅让之局。唐宋以中书省宣达天子命令，虽无丞相之名，而所谓平章军国重事，犹之丞相也。明不设丞相，其大学士性质，等于人主之秘书。以六部直接元首，略与美制为近。终明世凡阁员出缺，率用廷推之法，略近于选举之制，尤为一大特色云。

（二）通政司

《明志》：置通政司使一人，左右通政二人，左右参议二人，掌受内外章疏敷奏封驳之事。盖明制不限于科道，内官自侍郎、郎中以下，外官自布按以下，皆可上书言事，与清制不同。如此则并平民亦可条陈政见，下无不达之隐，最称良法。

（三）都察院

欧洲自不信任投票盛行，弹劾制度已等虚设，其原因有三：一、弹劾以违宪违法为限，苟阁员未备此条件，不能施以弹劾。二、弹劾以合议制行之，宪法特于弹劾之议决票数，加以稍高之制限。例如德国、捷克等国，须三分二之同意，波兰须五分三之同意，此几为多数国通例。苟阁员稍施运动手腕。使其不足法定人数，极为易易。故弹劾案常因人数不足而归于消灭。三、欧洲多数之国，弹劾结果必施以刑罚。然倒阁之目的，在在野党之争政权，与阁员个人并无仇怨，无使陷于犯罪之必要。复次，欧美以弹劾权属诸国会，名为监督政府，而结果适得其反。何者？苟政府在议会已占多数，虽贪婪枉法，无论如何弹劾，均不能通过。反之，如既失多数，即明知其无罪，亦必攻而去之。换言之，议会弹劾与否，不能以之定阁员之良否。再进一步言之，洁身自好者，反以孤立而无援；而唯阿取容者，易于藏身而苟免也。反而观之我国，自秦置御史大夫，东汉以后，则御史台为独立机关。南北朝有治书侍御史、殿中侍御史、黄沙御史诸名。至唐而其制大备，有侍御史以箴王阙，有监察御史以儆官邪。明改称都察院，置左右都御史，左右副都御史，左右佥都御史，十三道监察御史一百十人，人数十倍于唐。浙江、江西、河南、山东各十人，福建、广东、广西、四川、贵州各七人，陕西、湖广、山西各八人，云南十一人。或露章面劾，或封章奏劾。其在外加都御史或副佥都御史衔者，有总督，有提督，有巡抚及经略等。清因明制，锄奸去佞，成绩蔚然，炳耀青史。盖其制有左之特点：

（甲）弹劾采单独制，不使受他人牵制，故台谏得人，则金钱之力无所施，斧钺之威不足畏，而权奸之术已穷。

（乙）上自人主，下及平民，胥在弹劾范围之内，与欧洲之限于阁员者迥异。

（丙）风闻言事，不负责任，与欧洲之限于违宪违法者异。

（丁）言官受法律之保障，不得加罪，与司法独立无异。

（戊）以最小之官吏，付以最大之权力，既无爱惜地位之心，亦不至于启太阿倒持之渐。

日人北鬼三郎曾为我国拟一宪法案，亦主张不宜以弹劾权付诸议会，而以都察院为宪法上之独立机关。盖至当之论也。

（辑自《国故谈苑》卷五）

法律原理学

法律原理学目录改正

绪言

上编

第一章　法之语原

第二章　法之观念

　　第一节　欧洲学者之观念

　　　　第一款　总论

　　　　第二款　神学派

　　　　第三款　理想派

　　　　第四款　历史派

第二节　中国学者之观念

　　第一款　总论

　　第二款　儒家

　　第三款　墨家

　　第四款　道家

　　第五款　法家

第三章　法之目的

第四章　法律与道德之关系

第五章　法系

　　第一节　罗马法系

　　第二节　英国法系

　　第三节　中国法系

第六章　法典

　　第一节　法典编纂论之沿革

　　第二节　法典编纂之目的

　　第三节　法典之体裁

　　第四节　法典编纂之次序

第七章　法之分类

绪　言

宇宙之现象，至为繁赜。其真正之现象，虽非吾人脑力之所能及，而人类之欲望，则终不达于知其究竟之域不止。其欲知其究竟之状态，是谓之学。学之范围极广，欲以人类之知识，研究宇宙全体之现象，势有不能，不得不分割而研究之。盖宇宙现象，有自然现象与精神现象之殊。前者为自然现象之学，后者为精神现象之学。精神现象中，又有个人心理现象之学与社会现象之学之二种。法律之现象，则特别社会学之一种而已。举社会上法律部分之现象而研究之，是谓法学。西儒之研究法学者，常于一学科中，分为无数之学科而研究之，故法学又可分为法律之学与法理之学之二大部。法理者何？即于同种类之法律现象中，而求其共通元素之谓也。宇宙之间，森罗万象，纷杂错综。然细探之，莫不有一定之原理。此种事物之共通性，谓之学理。即推而至于法学，亦有同一之性质，研究之者，是谓法律原理学。

法律原理学（或曰法理学）者，研究法律原理原则之一种科学也。宇宙之现象，骤见之似杂乱而无秩序；细考之则皆有一定之法则以支配之。人类亦然。意思也，行为也，其间之原因结果，皆有自然必至之关系，时非通常之人所能识别而已。盖人类之知识愈进步，则其发见之原理原则亦愈复杂。法律者，宇宙现象之一种也，则其必有一定之法则，固毫无可疑之理。然近世学者间，尚有持反对之论者，其批难之点有二：

（一）法律者，术也，非学也。盖谓之学者，必有一贯之理论，而法律不过应用之方法，故不能为学。

（二）法律因各国之历史、地理、风俗、人种、宗教而殊。古人之良法，今以为非宜。南方之正理，北以为荒谬。无一定不变之原理也，故不能为科学。

是说也，辨则辨矣。然法术先于法学而发达，此诚不可掩之事实。而法术之发达，未始不可促法学之进步。至法律之外形，虽因一时代一国家而固有之现象互殊，然其可为基础之原理，则无不有同一之轨。譬之相续之制，各国相异。然其由祭祀相续，进而为身份相续，终为财产相续之沿革，则东西一辙。卖买之现象互殊，而买主卖主代价合意之共通要素，则古今同理。西谚有云："照墙壁之上、山岳之顶者，同为日轮之光线。"法律之现象，亦若是而已。但法理学之性质，虽为科学，而其研究之区域，不特研究现象之规则，且时涉及现象之本性。以科学而含有哲学之性质，故又有称之为"法律哲学"者。

英儒贺兰德（Holland）以法理学之范围，专在论制定之法律，是不免失之狭隘。盖法理有过去、现在、未来之分。考过去法律之变迁，因而知其得失，是谓"沿革法理学"；论现在之法律，因而知现行法之精意，及比较各国法律之异同，是谓"解释法理学"及"比较法理学"；发明至善之良法，而期于将来立法之进步，是谓"纯理法理学"。如贺氏之说，则其范围单止于解释、比较。吾国现行法律，尚未完全施行，固无从解释；至比较法学，让之于各种之实体法；而沿革，则法制史之范围也。故兹所注重者，专在纯理之一部，而沿革、解释、比较，则亦时略及之。盖法理学非特于学术上有校[1]用也，且有左之实益：

（甲）发见现行法律之缺点，使之所改良；

（乙）为今日立法家之一助，使制定最完备之法律；

（丙）在新制定法律之国家，最足以增益人民之法律智识。

以下分为编、章、节说明之。

---

[1]　"校"今常作"效"。

第一编　总论

第一章　法之语原

我国所谓法者，英语谓之"罗"（Law），法语谓之"多罗阿"（Droit），德语谓之"勒喜特"（Recht），而其最古者莫如拉丁语。拉丁语有所谓"攸斯"（Jus）者，其语源诸家所说不一致。或曰：有命令指挥之义；或曰：本于梵语之"攸"（Ju），及羁束或结合之意也；或曰：为大神之名，盖人类之有法律思想，自供贡物于遮斯特（Justice）之大神始，其事见于荷马之诗歌。诸说纷如，莫能详也。英语之所谓"罗"，直译之有制作之义。德语、法语，直译之则道线之义，或直源之义。然在今日皆用以指示国家之法。除英语外，如德语、法语，于指示国法之外，更有二个之本义，即表示权利或正义之意也。英语虽无左之意义，然其用法颇广，凡道德的法则、宗教的法则，亦用此名词。合是数者考之，故知欧洲"法"之一语，有正义、权利、法律之三意义。所谓法律者，不过法之一部而已。

试再以吾国"法"字之语源考之。"法"之本字为"灋"。《说文》"灋"字下云："灋，刑也。平之如水，从水。廌，所以触不直者去之，从廌、去。"今按"廌"字下云："廌，解廌兽也，似牛一角。古者决讼，令触不直者。"然廌之物属于何种兽类，诸家之说不一。古书荒渺，莫能详也。夫古代裁判争讼之法，据希腊、罗马古史，有所谓兽类触接之裁判。德意志古代有水之裁判、火之裁判。则托于薦〔1〕以判决人之犯罪，在中国古代，容或有之，固未足为异也。而"法"之文字，即由是取义焉。故"法"字为合三之会意字而成。从水，所以示如水之平；从廌、去，所以示如廌之去不直。故"法"字最初之本义，即平直之意也。然《释名》解"法"字云："法，逼也。莫不欲从其志，逼正使有所限也。"此与欧洲近世历史派之言法者，意极相近。盖制限自由之义，认制裁为法律中一要素也。是为"法"字之第二义。

---

〔1〕　原文如此。

"法"字之用法，凡有三种：

第一用法，凡事物之有一定原理、一定轨道者，皆谓之"法"。《诗》所谓"天生烝民，有物有则"，即最广义之法也。西儒言性法、言自然法者，谓制定法以前，已有法之存在，如生物有生物之法则，心理有心理之法则。凡有一物，莫不有一法以支配之。推而言之，如方法、文法、书法等字，其用不限于法律，是其例也。

第二用法，乃稍狭，专指一国之法律言之。如国法、法制、法度等字属之。不限于议会通过之法律，凡君主之命令，及行政上一切规则，皆包含之。

第三用法最狭，吾国则专指刑法，如《尚书·吕刑》："惟作五虐之刑曰法。"又如《唐律》："异类相犯者，以法律论。"皆最狭义之法也。然欧洲狭义法字之用法，则与吾国大异，不指刑法，而指经议会协赞、君主裁可之法律，以示与命令有别。此盖有其特别之沿革焉。

盖欧洲大陆主义之法律观念，与英国主义异。大陆诸国之所谓法律，必关于臣民权利义务，且朝廷咨询于特别委员者，始谓之法。而英国反之，虽非关于人民权利义务，苟为行政上规则，总谓之法。及法国政变以后，大陆诸国模仿英国制度，袭其三权分立之制，而大陆主义与英国主义混。盖其时法国虽不认元首之有独立命令权，而德意志中诸君主国仍保有从前之命令权制度。其中非全与人民权利义务无关系者。法律之与命令，交互错综，而不可分，故今日欧洲所谓法律，凡经议会协赞、君主裁可公布者，谓之形式上法律，即最狭义之法律。其为权利义务准则，虽不经此次序，仍谓之实体上法律，即第二用法所谓稍狭义之法律也。

吾国与"法"互训之字尚夥，如"刑"，如"则"，如"式"，如"典"，如"范"，如"令"。欲一详释之，固治小学家所当有事，而非本讲之范围。其最常与"法"互用者，莫如"律"。《说文》"律"字下云："均布也。""均布"有二义。段注云："律者，所以范天下之不一而归于一，故曰'均布'。"是以"均布"为一义也。桂氏馥《义证》云："均布也者，义当是均也，布也。"所说各明一理。盖吾国发达最早者，莫如乐律。《史记·律书》云："王者制事立法、物度轨则，壹禀于六律。六律为万事根本。"吾国度量衡，无一不出于律。故律也者，实有平均中正、固定不变、可为一切事物标准之意焉。其后辗转假借，凡平均中正、固定不变，可为事物标准者，皆名为"律"。《易》曰："师出以律。"孔疏云："律，法也。"然法、律二字连用，已于《管子》书中偶一见之。《史记·萧相国世家》云："何独先入收秦丞相御史律令图书藏之。"《杜周传》云："前主所是著为律。"盖自汉以后，法之与律，遂为通用之文字矣。

第二章　法之观念

第一节　欧洲学者之观念

第一款　总论

欧洲学者对于法律之观念，凡分三派，即神学派、理想派、历史派是也。至其沿革，则希腊之世，法学不过哲学之一部分，未尝有独立之性质。而其说明大约不出二种，其一以法全出于人为之任意，其一以法之存在为自然必至之关系。二说互相对峙。至于罗马，则一变演绎之论理为实验，盖已由理论时代，而入于实行时代矣。中世以后，因僧侣专横之故，其时之法律思想，大都为宗教所左右。寺院之权力，远在国权之上。国家不过寺院之保护者，以导其臣民信仰为惟一职务。故其时之制度，除神法、寺院法之外，殆无所谓法理。迄于近世，因宗教改革之结果，哲学及其他科学次第复兴。自十七世纪至十八世纪为自然法派全盛时代，取从来所宗之神意说而破坏之。如虎哥、霍布士、斯宾挪莎、孟德斯鸠、路索，皆自然法之巨子也。至十九世纪之后半，因自然科学之发达，与法律界以一大助力。以生物之学理，说明国家，谓法律非创造物，而发达物。故今日历史派之势力，莫威于德意志，而英国次之，近则殆有蚕食法兰西之气象。虽然，法理之改良进步，持理想而改良进步者也。如历史派之说，则法律不过历史之产物，将何所据以定法律之良否？且欧洲百年来，法律界所遇不经见之事，不知凡几。单倚制定之成文法以决断之，势有不能，仍不得不求助于理想。故历史派虽占势力，而近日如瑞士，如意大利，如法兰西，其学者概主张理想派，殆有中分天下之势，抑亦足见其说之不可废云。

第二款　神学派

神学派以法律为出于神之意思，是为神意主义。盖草昧时代，人类之智识，极为浅薄。凡事之苦于解释者，则诿之于神。以山崩、地震为神之怒，以疾病为神之行罚。政治家知之，恒利用此迷信以达统治之目的。故以法律归于神意，即本于此思想也。然亦可细别为二：

（甲）直接神意主义

此主义谓神自造法，直接告之人民者，如印度之《摩尼法典》，斯巴达之《来喀瓦士法典》，摩罕默德之《哥兰法典》，其最著者。

（乙）间接神意主义

此主义谓法律非神直接告知人民，不过出于神意，而其表示之方法有二：

（一）以君主代表神意者。是即今日君主专制论之鼻祖，与吾国之理想极相合。今日欧洲君主国，尚有加教主之徽号者。盖以君主代表神意，则君主为对于神而负责任。君主既有所摄而不敢自肆行其暴虐，人民因尊神之故，而并移其爱情于君主。故虽宗教思想，不留影于二十世纪，而此说至今犹有势力者，职是故也。

（二）以人民代表神意者。此即民权说之鼻祖，与吾国"天听自我民听"之说，如出一致。其说盛行于希腊。

神学派混宗教、法律为一，在古代或为立法家之一政策，于学理上固无批评之价值也。然历史派中之阿斯庆氏，亦主张神意说，其说较为圆满，兹特绍介之。氏于人定法之外，别认神法之存在。以神法为适当之法，人类有不可不从之义务，违者必有制裁。制裁者何？即冥罚是也。氏所谓神法，盖有二种：

（一）既显神法；

（二）未显神法。

谓人可于造化及道理之中，窥见神法。而其窥探之方法有二：

（甲）道德情感主义

谓人类之行为，有得人赞可者，有受人反对者。此可否之感情，不识不知，常发于人类之心中。凡为人类，皆有此普通性，即神意之微示也。依此感情，以判断神之欲与不欲，必无过误之事。盖此种感情，由神所特别付与，决非因教育经验而得，乃天性固有之感情。无论何人，生而已具者也。（按：此即孟氏性善良知之旨，特以为出于神意，为稍异耳。编者附识。）其所为道德感情，有二特质：

（1）人类判断善恶是非，甚为敏速，不假思索；

（2）道德感情，各人同一。

依氏之说，神之与人以判别是非之感情，犹神使人视而与人以目，使人听而与人以耳也。此感情以为是者，即为神所命之行为；以为非者，即为神所禁之行为。然近世对于是说亦有反对之者。谓其误有四：

（子）判断是非善恶，以得于宗教、教育、经验、习惯者为多。文明国人与野蛮国人间，其判断必大不同。不能以此为神意之微示。

（丑）判决敏速之善恶，不必即为真善恶。有时反因三思而悟真理之所在者。

（寅）判决敏速，不必即为天性。偏僻之人，其判断较天性尤速，且因教育而得之判断，亦未始不速。

（卯）古今东西，其道德情感，必不同一。

（乙）实利主义

凡为神者，无不望人类之有幸福。故人类行为之有利者，即为合于神之目的。反之，有害者即为反于神之目的。详言之，人类快乐行为之方向，即可推知为神意之所在也。而所谓人类行为之方向者，当以全体言之。何者？自一人言之为利益，而与一般有害者，仍为有害。反之，自一人言之为有害，而与一般有利者，仍为利益。故欲确知神意之所在，当以全体之利益决断之。此阿氏所谓第二之未显神法也。其详于历史派中述之，兹从略。

是二说者，皆阿氏所主张。颇有非难之者，因是而变为一种之折衷说。其说谓：道德感情可以推测神意之若干部分。其他部分，即道德感情不能推测之部分，以实利主义推测之。神意说至是始极圆满。

第三款　理想派

理想又可分为二：其一为自然主义，谓法本于自然者也；其一为民约主义，谓法因人之意思所造成者也。分别详论如左：

第一，自然主义。此主义亦有三派：

（甲）理性主义

黑智儿谓适合于理性者，即位法律。盖氏亦主张法律为人民总意，但其总意不可不合于理性，故制定法之外，别认有所谓"性法"者。

（乙）正义主义

柏拉图曰：法律者，道德之一部也。虎哥亦曰：法律者，强制使正之道德的行文之规则也。此说认道德与法律，有同一之实质。

以上二说，为自然主义中势力较薄弱者，盖对于左之疑问，常不能答：

（1）人类果有理性与否；

（2）假令即有理性，而各人之理性，能同一否；

（3）以法为正义，则与宗教、道德将无区别；

（4）反于道德之法律，不得谓之非法；

（5）所谓正义，以何标准定之，又何人有定此标准之权。

（丙）纯粹自然法主义

此主义于人定法以外，别认自然法之存在。其说与理性主义极相似，而较为圆满。所谓自然法者，亦分为三派：

（一）以自然法为支配宇宙间之万有者。其说出于希腊之万有哲学派。近世如孟德斯鸠亦曰：法也者，基于事物本性之必然关系。万物有法，天地有法，兽畜有法，人类亦有法。盖亦主是说者。

（二）以自然法支配一切之动物界者。其说本于罗马之马禄比亚氏，范围较前稍狭。

（三）以自然法专支配人类者。其说本于亚里士多德，盖范围之最狭者。

以上诸说，其用语虽互有同异，然其认自然法之存在则一。此自然法者，果能与人定法无关系，而独立存在耶？人类之精神，果能断定自然法有无之问题耶？是今日学者最困难之一问题也。

梭格拉底之著书，有曰地上各处之人民，互不相识，而同有正理之思想。岂人类果有自然法之存在耶？君不见世界之内，莫不有亲子；又亲子莫不禁其相奸。是岂非自然法存在之证据耶？其说具有至理。

欧洲近世学者，对于此问题颇有攻击之者，其事远在罗马以前，有名西奢伦其人者，驳自然法存在之说曰：试作一幻想，吾人苟能乘龙而登于半空之上，以瞰大地山河之法律，有拜牛者，有许人民相窃盗者，有以人类为牲牢者，尚何正理之有？

西氏之后，至十七世纪，法国学者巴斯卡尔著书，以反对自然法之存在，确信人类之间毫无正理之存在，而举裁判以为证据。氏之言曰：凡气候变更之国，其正理无不变更者。每北纬进三度，必异其裁判。即暖国之裁判，与寒国之裁判，亦全相反。故法律者，因国而异者也。飞勒山（法与西班牙之间）以北之正理，山南为虚伪。且有以窃盗、亲族相奸、杀子、弑亲为正当者，甚有许杀外国人无罪之权利者，岂非咄咄怪事耶？其说如是。然此说决不足以破自然法存在之理。试就各种科学之原理以断定之。（以上据巴氏法理学，氏为意大利大学教授有名之法律家也。）

（一）以人类学证自然法之存在。攻自然法说者，常以人民法理之异为武器。然以各国实际之法律比较之，其外形虽异，而根本原则则无不同。据人类学者言，谓人类所以与他动物区别者，人类有抽象的思想，而他动物无之。试以科学上术语明之，即人类不特为物质的生活体，又可为精神的生活体也。其物质部分，与他种生活体无殊。至其精神部分，则高出于他生物之上。故人类之存在于世界，有德性，有理性，有权利义务之感想。而他动物无之。虽在草昧之人类，不能充分有此思想，然较之他动物，则固已有间矣。虽至顽昧之部落，必有上下名分之感想，必有所有权之感想，必有杀人有罪之感想。彼因未尝有法律也，则人定法以外，别有自然法之存在，为不易之论矣。

（二）以社会学证自然法之存在。不特人类而已，即合无数人类之社会，亦必有一定不易之自然法在。主历史派者曰：法律因国而殊，是岂非自然法不存在之证耶？然试一览东西之历史，地球之上无处不有强制组织，无国不有治者与被治者之关系。六合以内，未有舍国家以外，别以其他方法组织社会者。此无政府党、社会党主义所以断然不能成就。何者？以其背于自然法之原理故也。然此特就一般之社会言之。即各别之社会，亦必各有其自然法在，决非人力之所能左右。今夫人类之生存于一社会也，有意思及行为之自由耶？曰：无有也。人类之生也，无选择场所之能力。吸如何之空气，受如何之教育，服如何之宗教，本如何之遗传，以种种之外物刺戟，不识不知，以造成特别之性质。虽至豪杰，莫能外之。何者？人类为社会所支配，社会又为自然法所支配。社会之自由，为关系的。故人类之自由，亦为关系的。西谚有云：太阳之下无新奇。盖个人与团体，均不能逃于自然法范围之外矣。

如上所说，自然法之存在，为绝对无可怀疑者。然此不过法之原理。至其适用，则不可不依人定法。人定法因国而异者也。人定法之最进步，即与自然法翕合。苟充非自然法派之论，其结果不至大害人类之幸福不止。此则自然法派中持论之最强者。

第二，民约主义。民约主义之论法律，以法律由于人类相互之契约，如斯宾挪莎，如路索，皆契约说之巨子也。其说以法律为君民间之双务契约。双务契约之性质即一方不履行时，他之一方得解除之。推是说也，人民之违背法律，而君主罚之者，非君主有刑罚权，乃君主讨人民不履行契约之罪。反之，君主违反法律时，人民亦有同等之权利。是说不特于政治上极为危险，即自法理上论之，亦不得其当。盖对于左之疑问，常不能答：

（1）法律果由君民之契约而成与否，无方法以证明之；

（2）未有法律以前，不能证明契约之存在；

（3）祖宗之契约，可以羁束子孙与否。

第四款 历史派

历史派以法律为历史之产物。除主权者直接间接所定之法律外，不认自然法之存在。此说之根据，以法律因时代而殊，乃渐次达于最完全之域。同一事件绝不重复。历史由发展而进于圆满界，法律亦有同一性质，与自然界之生生灭灭过程中常重复者不同。其说倡于康德，诸家和之，盛行于德国之法学界。然诸家所说，亦微有异同。兹绍介如左：

（甲）康德之自由说

康德谓：欲知法律之为何物，不可不先研究人类之心的现象。心的现象可分为二种：其一为纯粹理性之批判，其二为实行理性之批判。纯粹理性之所及谓之认识，实行理性之所及谓之行为。康德谓认识非人类之目的。何者？现象之本体到底非人之智力所能充知。故人类纯粹理性之应用范围止于实行理性之部分。所谓实行者何？即伦理的行动是也。而伦理则不可以不以自由为首提。盖吾人所当尊重者，非自然，而自由也。于是尽弃从前自然之说，而开一新纪元，遂为历史派中之先驱者。

康德即以此自由为基础说明法律，谓法律与伦理本为同一，特形式上相异耳。何者？法律与伦理同以自律高志为其实质，特法律为行为之规则，而伦理则行。[1]康德又谓法律者,一人之自由与他人之自由可共存之全部条款也。以此为前提,故有强制之必要。何者?自由之障害不可不排除之。排除障害而后归于自由,是为共存之自由。故强制为法律而生之结果。

(乙)阿斯庆(Austin)之命令说

命令说之始祖为霍布士,谓法律者有权力之人定事之可为不可为之命令。其后英人阿斯庆袭之,盛有名于欧洲之法学界。阿氏曰:法律也者,优者对于劣者之意思表示付以裁制而施行者也。盖可称为法者,当其左之元素(据阿氏《法理学》):

(一)优者与劣者。优者即命令者,劣者即被命令者。举例明之,如神有罚人之权力,是神对于人即为完全之优等者。次则如元首之对于臣民。再次之则父对于子,主人对于奴仆,皆可为优等者。但神有无限不测之势力,故为最完全之优者,元首以下止能于其势力所属之范围内为优等者。其他凡不得不从人者,皆谓之劣者。

(二)命令。阿氏谓法也者,不过命令之一种类。单曰命令,义甚不明,盖其中含有左之三要素:

(甲)有势力之智能者欲使他之智能者为某事或不为某事之欲望;

(乙)后者不从前者之望时,前者得课后者以祸害;

(丙)前者之欲依言语又其他方法而表示之语又通知。

以上三者,苟失其一,即失命令之性质。故以叱咤强使他人为某事不为某事,其人不从,吾无如何者,不得为命令。又单以卑礼厚币使人为某事不为某事,其人不从,而可课以祸害者,仍有命令之性质。但其命令之表示方法,有明示命令与默示命令之二种。

(三)义务。为免其祸害,故有不得不服从优者之义务。而法之中遂必含有义务之性质。

(四)制裁。不从命令时,即当甘受一种制裁。或曰制裁之中含有褒赏之意义,此说巨谬。何者?以褒赏为制裁,则对于不欲褒赏者即无命令之效力。故所谓裁制者,以含有苦痛之性质为限。(原书上卷第一章)

命令说之要点,即:第一,法律者,命令也;第二,法律者,必有制裁者也。是说之误,已为近世学者所公认,今评驳之如左:

(甲)以法律为主权之命令,则近世之共和国可以谓之无法律;

(乙)宪法及行政法,皆主权者自己应守之规则。据其说则二者皆不得为法律;

----

[1] 按:原文如此。疑下有阙文。

（丙）以法律为命令，是义务为主，而利权为客，反于近日权利本位之性质；

（丁）法律亦有不附制裁者，不得为法律之元素。

（丙）边沁（Bentham）之功利说

英人边沁以功利主义说明法理（功利或译快乐）。氏谓善恶之标准，以快乐与否。定之法也者，以增进人类最大多少之最大幸福为目的者也。其定快乐之标准有七，即（1）要为最强；（2）要为永续；（3）要为确实；（4）要为最近；（5）要为含蓄；（6）要为纯粹；（7）要为多数。故氏之所谓快乐者，非个人之快乐，而为一般之快乐。苦乐既为善恶所从出，而人类所因刺击而归于正行者，则赖有四种制裁：

（1）自然的制裁；

（2）政治的制裁；

（3）道德的制裁；

（4）宗教的制裁。

【页下批语】违反之制裁，异于违礼不过招君子之讥、社交摈斥、宗教之责罚、君主之谴怒。至于违礼之制裁属于行政权始于何部分亦一问题。其初大不敬于君者加以刑罚，而礼遂有法。

【页下批语】印度婆罗门之礼典一部，及希腊梭仑法典，皆礼多而法少。此节属廿六页。[1]

此边氏功利说之大较也。此派之法律观念谓法律当以功利为基础而定其原则，即解释法文亦必以此为标准。故法律者非基于正义之原则，而基于社会之实利为其根据者也。此派之学者以理想派所谓自然法无一定标准为之，立一功利以为之标准。而有当注意者，则功利主义非利己的，而利他的是也。盖氏所谓快乐，绝非庸俗之快乐，必有高尚之方针。古之仁人义士舍其身而为天下后世，是亦一快乐也。由是言之，古之圣贤无一而非功利主义之人。故功利主义与私利私欲主义绝非同一。

阿斯庆氏亦热心于功利主义者也。其论法律，虽以为主权之命令，至其立法基础则全在实利。且设为问答之词，以明其义，谓：难功利主义者，尝以人类多先己后人，先目前之利后永远之利，故功利主义不过达先利之目的。是不尽然。人类所以不能判断者，大部牵于利害得失之故。凡一种行为自其一般之方向考之，未有不能定其标准者。故以为可者，平均多数时即为幸福之所在。反之，平均以不为者占多数时即不得谓之幸福。况即以功利之念虑考之，未有不能判断者。试举一例。如财产安全，此一般之幸福也。财产不安全，则人不贮蓄；人不

---

〔1〕　下划线为原文所加。

贮蓄，则乏资本；乏资本，则物产不丰，人不安其业而为窃盗。凡人欲取他人之财产时，不可不熟思之。知财产安全之理，则不为盗窃之心自油然而生矣。推此论点，人民不可不服从政府之命令。何者？不从之，则社会之安宁将不可保也。故虽不良之政府，犹愈于无政府。虽然，政府至十分暴厉时，人民应执如何之态度耶？此时当较量者有四：（1）现在政府之害，与变更后而生战乱疲敝之害，孰为大；（2）变更有无平稳公正之道；（3）人之感情好恶各殊，有认不甚恶之事以为至恶者，苟非至人民不能安身之程度，不得即断为恶政；（4）暴政为永远耶，为一时耶。以上四者，实际上虽少其例，[1]然苟一遇之，则贤者有时而误，况庸人耶？故由此推之，每一事件不可不举上之四者而考察之，即：一，现在之害与因变更而生之害，孰为大；二，变更有无稳当之道；三，是否止于一人之感情；四，其害为永续否；是也。

然对于以上问题，尚有第二难问。以前例言之，即国家有两政党时，政府党虽极不欲改革，然当勉力以从事改革；平民党虽极欲改革，然当略少改革，以求互相让步，则其祸患必稀。是为双方实利主义（原书第二章）。

（丁）斯宾塞之进化说

进化之理，始于达尔文之种源论。其后益扩充其范围，而应用于自然界及人事界。如斯宾塞之法律说，其一也。斯氏谓法律为发达的，而非制作的。其谓法律为制限一人自由之巅，与康德同，而根据则迥异。盖氏以伦理与法律皆包含于事物运行之中。人类之进化，不过宇宙进化之一部。而其进步则非偶然，而必然者也。此说渐有由历史派而返于自然派之倾向。

法律为发达物之说，不始于斯氏，沙比尼氏已主张之。沙氏曰：法律者，与国民共生成、共发达、共死亡。详言之，法律与人同，由未成年状态入于壮年状态，极于老年衰废状态，而终于死亡的状态者也。试以历史上证之，有左之通则：

（一）法律由不文状态，入于成文状态；

（二）法律由隐闭状态，入于公开状态；

（三）法律由属人状态，进于属地状态，止于万国共通状态；

（四）法律由义务本位状态，入于权利本位状态。

此派之发达，始于德国法典之论争。自法国大乱以后，世人对于自然法派之论据不能无疑。而法律非制作物之感想，因而渐生。一千八百十五年，拿破仑之败，德意志列邦感民心统一之必要。维时有名之法学家齐婆（Thibaut）氏著一书，谓德国之所以屡蒙外患者，实缘于人情风俗不一致之结果，不可不定一全国通行之法典以统一之。时沙比尼（Savigny）为伯林大学教授，见而大愤，亦著书

---

[1] 按"际上虽少"四字有粘纸修改的痕迹，覆盖之处原本只能容三字。

驳之，谓法律非可以立法者之意思随意制定。法典之编纂，与国民权利思想之统一毫无关系。譬之言语因地而言，虽编纂言语大词典，而世界言语之统一仍不可望也。此派之主要点谓：法律随社会为变迁，无万古不变之法律，即不认自然法之存在也。至其批评，则上已述之，兹不具辨。

第二节　中国学者之观念

第一款　总说

吾国法律观念之发达，远在夏商以前，而莫盛于周秦时代。惜无贯通说明之书。是节所录，大都以日本广池氏所著《东洋法制史序论》为主，并旁及《东洋哲学》与日本各杂志论文。其他无根之谈、臆断之语，概不敢及，识者谅之。

吾国古所称礼教之国。自唐虞以至今日，皆以礼治为本，而以法治为末者也。强秦统一，礼治时代一变而为法治时代。然因操之过促，又其主持者大都天资刻薄之徒，故当时一般之思想鉴于暴秦之弊，尊礼乐，贱法律，以唐虞三代之治为黄金时代，秦汉以后之治为浇季。是则法治主义之不振，虽亦因于其时代之思潮，抑亦持法治主义者之有以致之也。盖秦汉之交，实为法学盛衰交替之时代。文帝好黄老之术，而道家之说中之。武帝虽杂用儒法，然表章六经、罢黜百家。自兹以往，而法家遂微。虽然，自汉以下，亦非纯以礼治也。盖自萧何作九章之律，魏晋因之，至唐而大备。故吾国名为礼治，实则法治。是谓礼名法实主义。欧阳永叔论礼法分化之沿革，曰："由三代以上，治出于一，而礼乐达于天下；由三代以下，治出于二，而礼乐为虚名。"可谓洞见真相者矣。故古之所谓礼，自今日言之，皆法也。《周礼》《礼记》《仪礼》其中所载，如祭天地、鬼神、宗庙之礼，天子、诸侯、卿、大夫、士、庶人之爵禄、班位、职司，此外，民级、封域、贡租、教育、听讼、断狱、养老、赈恤等，则公法所从出也。冠婚、葬祭、父子、夫妇、亲戚之关系，则私法所从出也。祭祀礼、朝觐礼，为宪法、行政法之渊源。士冠礼、士昏礼，开民法之端绪。聘问礼，为国际法之萌芽。至唐世，则直以礼名法。如太宗之时有《贞观礼》，高宗时有《显庆礼》，元宗时有《开元礼》。其所谓五礼者，实则皆法也。（详见《法学协会杂志》二十四卷穗积氏论文）

如上所说，则欲研究吾国之法理，不可不先为礼之研究。详言之，即礼之起原何在之问题是也。据古代学者所论，凡有二说：

（一）自然说。古代学者多以礼之原为出于天。《礼运》云："夫礼，先王以承天之道。"《乐记》："大礼与天地同节。"经传中此类之语，不可枚举。其说与近世斯宾塞所说极相似。斯氏曰：礼也者，自然发生者也。高等动物中亦尝有礼，弱犬之逢强犬也，则仰卧而空其四足，以示无抵抗之状态。或怖鞭挞之犬，则垂尾下首，以示服从之状态。原人当未有政治、法律以前，亦既有礼。礼也者，由畏敬或爱敬之情而生之形状也。盖礼之起原，本于自然，已为欧洲之通说，而吾国则于二千余年以前已发现此理云。

（二）人为说。以礼之起原归于人为者，实为荀子。荀子以道为圣人之伪，礼亦出于圣人之伪（伪者，人为也。见杨倞注）。《性恶》篇[1]云："古者圣王以人之性恶，以为偏险而不正，悖欺而不治，是以为之起礼义，制法度，以矫饬人之性情而正之，以扰化人之性情而道[2]之也。"又曰："凡礼义者，是生于圣人之伪，非故生于人之性也。"其《礼论》篇[3]谓礼之起原，因人之有欲，先王故意制礼义以分之，与自然说若不相容，而实不然。自然说所论者，礼之原始；人为说所论者，礼之原容。[4]盖礼之起原虽存于人之性情，而其形式则不可不归于人为。有因君主、族长、僧侣、圣贤之创意而成者，有出于多数之惯习者。（夹注：如贺年贺节是。）

【眉批】[5]

《左传》：先王立礼，则天之明，因地之性。

《乐记》：礼也者，理之不可易者也。礼者，天地之序也。

《礼运》：礼也者，合于天时，设于地利，[6]顺于鬼神，合于人心。

以上皆言礼之合于自然，如犬之摇尾。人生而有欲。欲而不得，则不能无求。求而无度量分界，则争。争则乱，乱则穷。先王恶其乱也，故制礼义以分之，以养人之欲，给人之求。此礼之由起也。

主持礼治主义最有力者为儒家，而孔子则儒家之代表也。孔子生于周末，当时礼教大衰。自以本圣人之裔而居[7]于鲁，鲁又秉周礼之国，有维持礼法之志。其言曰："行夏之时，乘殷之辂，服周之冕。"盖孔子欲以尧舜禹汤文武周公之礼法，为天下后世之模范，而自以一身当政治之局。及鲁不能用，乃退而修《诗》《书》，赞礼乐。而其最注意之作，则《春秋》是已。《孟子》云："孔子成《春秋》，而乱臣贼子惧。"故《春秋》者，孔氏之刑书也。晋杜预《春秋》注云："仲尼自卫反鲁，修《春秋》，立素王，邱明为素臣。《左氏传》曰：《春秋》之

---

[1] "篇"原作"为"。按"为云"不辞，疑"篇""為"形近而误。全书多有"《某某》为云"，又每有"《某某》篇云"，兹全改为"篇云"并出校记。

[2] "道"原作"遵"。

[3] "篇"原作"为"。

[4] "原容"旁注"形式"二字。

[5] 书于上述段落之上端。下同。

[6] "利"今本作"财"。又"顺于"上原衍"设于"二字。

[7] 自"类之语不可枚举"至"本圣人之裔而居"，即前批语所谓"廿六页"。

称，微而显，志而晦，婉而成章，尽而不污，惩恶而劝善。"盖孔子固以学者而居立法家之地位者也。

【眉批】

安上治民，莫善……

《祭统》：凡治人之道，莫急于礼。

《乐记》：礼至则不争。揖让而天下治者，礼乐之谓也。

《礼运》：治国不以礼，犹无耜而耕也。

《曲礼》：有礼则安，无礼则危。

《汉书·五行志》：宓牺氏继天而王，受河图。

《宋书·符瑞志》：成王、周公时，洛出书。

孔子：凤鸟不至。

孔氏既没，其徒分布天下。至于战国之初，而诸派分裂，道家、墨家、法家群起而与儒家为难。兹举其攻难之点若左：

（一）墨家之攻礼治主义之点有二：曰烦扰难行，曰靡费已甚。盖墨氏持节用主义者也，故其《非儒》篇云："孔某盛容修饰以蛊世，弦歌鼓舞以聚徒，繁登降之礼以示仪，务趋翔之节以劝众。儒学不可以议世，劳思不可以补民，累寿不能尽其学，当年不能行其礼。"《淮南子·要略》亦云："墨氏初学儒者之业，受孔子之术，既乃以为其礼烦扰，伤生害乐，靡财贫民。"

（二）古书多记孔子问礼老聃之事，其信伪不可知，然其主义则与儒家迥异。盖老氏固以无法为法者也。其言曰："五色令人目盲，五音令人耳聋，五味令人口爽。"又云："大道废，有仁慈。"故其末流如庄周、列御寇之徒，排斥儒家之礼治主义不遗余力，至为剖斗折衡而民不争之论。其对于法之观念，固持极端之放任主义者也。

【眉批】

《春秋演孔图》：天降血书于鲁端门内。子夏明日往视之，血书飞为赤鸟，化为白书。孔子仰推天命，[1]俯察时变，故作拨乱法。

《汉书·艺文志》：《春秋》者，著述之事。君臣有威权，其事实皆形于传，故隐其书而不宣，以免时难也。及末世口说流行，故有三传。

《五蠹》：且夫以法行刑而君为之流涕，此以效仁，非所以为治也。夫垂涕不欲刑者，仁；而不可不刑者，法也。先王胜其法，不胜其泣，则仁之不可以为治也亦明矣。

（三）法家出于黄老，故亦以排斥儒家为宗旨。至其所以攻难者，则与道家

---

[1]　"仰推天命"原作"仰惟天天"。

异。病儒家之过于优柔，而欲信赏必罚，以矫礼治主义之弊。《韩非子·显学》篇曰："夫圣人之治国，不恃人之为吾善也，而用其不得为非也。恃人之为吾善也，境内不什数。用人之不得为非，一国可使齐。为治也用众而舍寡，故不务德而务法。"《商君》亦云："（上略）是以知仁义之不足以治天下也。圣人有必信之性，又有使天下不得不信之法。"惟其末流，至于以《诗》《书》、礼乐、修善、孝弟、诚信、贞廉、仁义、非兵、羞战为"六虱"，则法家之过也。

以上所述，为周秦诸派对于法学观念之沿革。至其详细，则于下详述之。

【眉批】

儒以文乱法，而侠以武犯禁。

《列子》：孔某、墨翟无地而为君。

《铁论》：今之文学，言治则称孔墨，[1] 行道则称孔墨。

始皇偏任法而国亡。

第二款　儒家

人定法以外，有无自然法之存在，为欧洲学者间一大问题，前既述之。而吾国周秦时代，对于此点则尤争论之最烈者也。兹先述儒家之说。儒家固认有自然法者也。征之于《易·系辞下》云："古者庖牺氏之王天下也，仰以观于天文，俯以察于地理，近取诸身，远取诸物，于是始作八卦。"下复言"盖取诸离""盖取诸益""盖取诸噬嗑""盖取诸乾坤"云云。是明言古帝王象天地以立法，即人定法之根源，原因于自然法也。盖儒家所以认自然法之原因有二：

（一）天道论之发达。法之观念之原始，常本于神意说，此征之历史而可知者。吾国虽无宗教迷信之积习，而当古人立法之始，虽圣人不能脱离神道设教之观念。试举其证。

【眉批】

钦若昊天，敬授人时。

（1）祭祀。儒家言礼者，莫详于祭礼，而祭礼则大别为二。一为祭天地之礼。何者？天也者，法之原始也。《易》曰："天垂象，圣人则之。"一曰祭祖宗之礼。祖先之崇拜，亦法之所从出也。《礼》曰："法施于民，则祀之。"

（2）卜筮。信卜筮，即信有自然法也。《周礼》："太卜掌三兆之法，掌三梦之法。"盖谓人事之外，别有可以决其是非者。（夹注：《周礼》诅祝之官。司盟：约信曰盟，莅牲曰盟。）

（3）盟誓。盟誓之事，莫详于春秋。盖正式之盟誓，神明鉴之，背之者为不祥，亦信有自然法之一证也。

---

[1] 此处"孔墨"今本多作"尧舜"。

如上所述，儒家天人相与之说，其渊源最古，盖亦吾国法学界之神意说也。夫所谓天者何？即自然法也。凡一切之事，莫不以天意之趋向为标准。帝王之兴也，必以为天所眷佑。而其败也，则以为天所诛讨。此儒家天道说之大略也。

（二）命数论之发达。儒家因信天道之结果，遂唱一种之命数论或前定论。子夏云："死生有命。"《孟子》云："莫非命也。"孔子五十而知天命。命者何？亦一种之自然法也。于《中庸》首章即言："天命之谓性。"其言命昭然而不可讳。特其理甚微，又防俗儒自暴自弃之弊，故《论语》谓"子罕言命"云。

【眉批】

治人之道，莫善于礼。礼有五种，莫重于祭。

有虞氏祖颛顼而宗尧，夏后氏祖颛顼而宗禹，殷人祖契而宗汤，周人祖文而宗武。

罗马纪元前四百五十年，犹以卜筮决裁判。

县官求城隍。

《史记·龟策列传》：褚先生曰：闻五帝三王发动举事，必以蓍龟。

《礼记》：龟为卜，筴为筮。卜筮者，先王之所以使民信时日、敬鬼神、明法令也。

□国君主即位、摄政，或证人、犯人口供，均用盟誓。

《大禹谟》：皇天眷命，奄有四海，为天下君。

《汤诰》：天道福善祸淫，降灾于夏，以彰厥罪。肆台小子，将天命明威，不敢赦。

《泰誓》：予弗顺天，厥罪惟钧。

合是二者观之，则儒家固信有自然法者也。何者？以其信天道论及命数论也。

儒家又谓最中正而最平均者，莫如天命。天命者，以平均中正为其实质，而人类之行为不可不准据之。《书》云："非天不中。"《易》云："大哉乾乎！刚健中正。"《左传》亦云："民受天地之中以生，所谓命也。是以有动作威仪之则。"又云："神，聪明正直而一者也。"天道为平均中正，故立法不可不与天道一致。此儒家理想上所谓最完全之法律也。顾自然法本于天，而天不能言，必有方法焉以表示之，而为天之代表，即代天以立法者，曰圣人。《白虎通》云："圣人者何？（中略）与天地合德，日月合明，四时合序，鬼神合吉凶。"《书》曰："惟天聪明，惟圣时宪。"盖惟圣人有高尚之人格，而非是则不足以当立法之任者也。但如今所谓圣人，可分为二种：

【眉批】

《易》曰：是故法象莫大于天地。

第一种之圣人，即自登帝位，掌天下之政权，而可为天下万世之师范者也。

其足以当之无愧者，则惟尧、舜、禹、汤、文、武、周公之七人。孔氏梦周公，孟子称尧舜，亦足以征当时一般之思想。然当时尚有一种奇异思想，即登天子之位者，必为圣人。因此前提，其非圣人而居天子之位者，即不有天子之资格是也。

【眉批】

作成国家意思虽互相矛盾，例如政府议案会否决之一判，可乞二判破，然无妨国家意思之统。[1]

日本：第一条，大日本帝国由万世一系之天皇统治之。第四条，天皇，国之元首，总揽统治权力。此宪法之条规。

1848 年法国宪法，第一条，法兰西共和国以民为国主。第十八条，凡权力为国民而生，不可托之世袭之人。

《荀子·正论篇》：天下归之之谓王，天下去之之谓亡。故桀纣无天下，而汤武不弑君。汤武者，民之父母也。桀纣者，民之怨贼也。

第二种之圣人，即置身臣民之列，而其言行足为天下万世之师范者也。此则孔子尝以自己当之而不少让。如云："文王既没，文不在兹乎？"又曰："天生德于予，桓魋其如予何？"盖孔子既自任之，而后世亦其信之。孟子以孔子为生民未有，即承认孔子为有圣人之人格也。

圣人既为天之代表，故其结果，圣人之命令与天道同有使天下服从之势力。详言之，即圣人之教训有法律上之效力也。以《尚书》证之，记尧、舜之言行称之为"典"，记禹、皋之言行称之为"谟"，次则有誓，有诰，有训，有命。是数者，皆古圣人之命令，准之者为良法，背之者为恶法。此儒家判断法制善恶之惟一标准也。

自然法之原理，发明最精者，莫如孟子。孟子盖主张自然法派中之性法者也。依孟氏所说：（一）人类者，性善者也。惟性善，故人皆可以为尧舜。（二）人类者，有先天的良心与理性者也。后世王氏良知之说，即本于是。盖孔孟同属自然法派，而孟氏独发挥良知之旨，谓人类为有理性的动物，能辨别此自然之法则。而此自然之法则，最为善良，可为人定法律之基础。此纯粹之性法说也。

【眉批】

儒家因人言法之中，未必无缺点。于是以左之方法补救之：

（1）民意法。顺天者存，逆天者亡。顺民所以顺天也。《书》："惟天无亲，克敬惟亲。民罔常怀，怀于有仁。天矜于民，民之所欲，天必从之。"

（2）学者之法。《左传》：如书崔杼弑君，为董狐直笔。按南史闻太史尽死，执简而往，闻既书矣，乃还。

---

[1] 此句意思难明，只得粗为断句。

（3）衡平法。《书》："皇帝请问下民鳏寡有辞于苗。"《周礼》："以肺石达穷民。凡远近惸独老幼之欲有复于上而其长弗达者，立于肺石三日，士听其辞，以告于上，而罪其长。"（英国有衡平裁判所）

（以上儒家立法思尽于此）

儒家中不认有自然法者，惟有荀子。荀子之学派，儒家而近于法家者也，其主张与孔孟绝异。即：

第一，荀子不信天道说及命数论者也。其《天论》篇[1]云："强本而节用，则天不能贫；养备而动时，则天不能病；修道而不贰，则天不能祸。"又其《解蔽》篇云："心者形之君也，而神明之主也。出令而无所受令，自禁也，自使也，自夺也，自取也，自行也，自止也。"其说与康德之自由意志论极相类。

第二，荀子不认性善主义者也。《性恶》篇云："凡礼义者，是生于圣人之伪，非生于人之性也。"荀子既不认有天道及性善之旨，自不能复认有自然法。以社会法度为生于圣人之制作，与历史派中认法律为主权命令者略相似。其《性恶》篇云："礼义[2]法度者，是圣人之所生也。"《礼论》篇云："天能生物，不能辨物；地能载人，不能治人。宇中万物生人之属，待圣人然后分也。"但其所谓圣人者，与普通儒家异。孔孟皆尊先王，而荀子则法后王，此其与儒家异者也。法家任法而不任人，荀子则曰"有治人，无治法"，不纯采法治主义。此其与法家异者也。观其《富国》篇[3]云："由士以上，则必以礼乐节之。子庶百姓，则必以法数制之。"是以礼为上治，以法为下治，可谓儒法二家之折衷者。但因其认法为人为主义，故其结果不能不尊崇君主。其言曰："君子者，法之原也。"又曰："君主者，万民之仪表也。君正，则民亦正。"[4]欲法之归于至善，而其手段乃不能不期之于君主个人之道德，亦可谓术之至拙者矣。此李斯之徒所以用其说而卒至于亡秦也。（详《东洋哲学·荀子政治论》）

【眉批】

《天论》篇云：星坠木鸣，国人皆恐，曰：是何也？曰：无何也，是天地之变，阴阳之化，物之罕至者也。怪之，可也；畏之，非也。夫日月之有蚀，风雨之不时，怪星之党见，是无世而不常有之。上明而政平，则是虽并世起，无伤也。上闇而政险，则是虽无一至者，无益也。

圣人积思虑，习伪故，以生礼义而起法度。

或谓后王指孔子，以孔子为后王。

---

[1]　"篇"原作"为"。

[2]　"义"原作"善"。

[3]　"篇"原作"为"。

[4]　按此段引文不见于今本《荀子》。

《君道》篇：法不能独立，（中略）得其人则存，失其人则亡。○君者，槃也。盂圆则水圆，方则水方。

君者，民之原也。原清则流清。

第三款　墨家

墨子对于法之观念，亦持正义说与神意说，认天道之存在者也。其《天志》篇下云："天之所欲者何也？所恶者何也？天欲义而恶不义者也。何以知其然也？曰：义者，正也。何以知义之为正也？天下有义则治，无义则乱，而其正不正之标准则以天决之。顺天之意者谓之善，反于天意者谓之不善。刑政亦然。顺天意者谓之善刑政，反于天意者谓之不善刑政。"其论法律与天道一致之观念，与儒家略同。虽然，墨家之言天，与儒家之言天迥异。墨家所言者，但为有主宰之天，而不及命数之天、理性之天。盖吾国天字之意义有左之用法，以图明之：

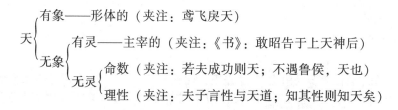

【眉批】

儒墨

儒用周[1]，墨用夏；儒厚葬，墨反之；儒薄爱爱，[2]墨兼爱；儒重乐，墨非乐；墨家非命。（儒、墨均非厌世派）

西国儒者研求学术也，无关其说之是与非也，必取其书而读之。苟其说之戾于正理，则书为论说驳正之。故驳难愈多，而正理亦益明。中国则不然。

儒家之言天，兼有灵、无灵而一之。墨家不然。儒家言命，而墨子则非命，此不信有命数之天也。孔孟皆言性，而墨子于性绝不论及，此不认有理性之天也。故墨子之所谓天，仅为主宰的，与耶稣教《新旧约全书》中之所谓上帝，若出一致。奚以知之？于其《明鬼》篇知之也。墨子言天不特能造日月、星辰、山川、草木、人畜，且能置天子、立百官、供人民之衣食，故天寔为天地万物之创造者，而为道德法律之渊源。

【眉批】

古者桀之所乱，汤受而治之；纣之所乱，武王受而治之。此世未易、民未渝，

---

[1]　"周"原作"用"。

[2]　此处文意费解，后一"爱"字疑衍。

在桀纣则天下乱，此岂可谓有命哉？

墨子对于自然法中之命数论，最为排斥。何者？墨子最长于名学（即论理学），故依名学之原理以断定此种法则之不存在。盖墨子之辨论，有一定之三种方法：

第一法　本（夹注：考）（本于圣王之事）（夹注：有无）

第二法　原（征之先王之书，察之百姓耳目）（夹注：善恶）

第三法　用（发而为刑政，为国家百姓人民之利）

前之二法为演绎法，第三法则为归纳法。墨子即缘是以定命之有无。命也者，不特为古圣王所不言，且自古及今生民以来未尝有见、未尝有闻，而于社会上刑政则有大害焉。故墨子于鬼神，以名学断定其有；于命数，以名学断定其无。遂与荀子同为吾国意思自由论之原祖。

【眉批】

墨 { 兼爱
     名学
     游侠

《非命》篇：言有三法。何谓三法？曰：有考之者，有原之者，有用之者。恶乎考之？考先圣王之事。恶乎原之？察众之耳目。恶乎用之？发而为政乎国，察万民观之。此三法也。○三法者何也？有本之者、原之者、用之者。于其本之也，考之天鬼之志、圣人之事。于其原之也，征以先王之书。用之奈何？发而为政刑。此三法也。

墨子因不信意思前定论，故亦不认有自然法。《尚同》篇云："古者，民始生未有刑政之时，盖其语人异义，是以一人则一义，二人则二义，十人则十义。其人兹众，其所谓义者亦兹众。"又曰："天下之乱，若禽兽然。"又曰："是故选天下之贤者，立以为天子。"此其否认自然法之一证据也。盖墨子之法律思想与欧洲一部分之功利主义略相类似。兹举其《法仪》篇之文以证之。

（一）墨子固承认人类之不可无法者也。故其言曰："天下从事者，不可以无法仪。无法仪而其事能成者无有。虽至士之为将相者，亦皆有法。百工为方以矩，为圆以规，直以绳，正以县。（下略）"

（二）法之善恶之标准，其准据之法不外左之三种：

（1）父母；

（2）学；

（3）君。

此三者皆不足为法之根源。其可以为法之根源者如天。天之所欲，则为之；

不欲，则止。

【页下批语】

三年无改于父之道，可谓孝矣。《法仪》篇：然则奚以为治法而可？当皆法其父母奚若？天下之为父母者众，而仁者寡。若皆法其父母，是法不仁也。法不仁，不可以为法。当皆法其学奚若？……故父母、学、君，三者莫可以为治法。然则奚以为治法而可？故曰：莫如法天。

【眉批】

《天志》篇：顺天意者，兼相爱，交相利，必得赏；反天意者，别相恶，交相贼，必得罚。昔者三代圣王，禹、汤、文、武，顺天意而得赏者；桀、纣、幽、厉反之。

（三）天之欲恶，于何知之？于兼爱、交利知之。天必欲人之相爱相利，而不欲人之相恶相贼。

（四）何以知天之兼爱？以其兼而食之也。譬之楚越之君，楚王食于楚四境之内，故爱楚人。越王食于越，故爱越人。今天兼天下而食焉，以此知其兼爱天下之人。

（五）古之圣王顺天之意以立法，无不以兼爱、交利为主义者。盖本于上所举第二之论理法以决兼爱之理，即所谓征之先王之书者，禹、汤、文、武所以得福者，以顺天意而兼爱故。桀、纣、幽、厉所以得祸者，以逆天意而不兼爱故。

【眉批】

一、爱心恶身，以形体为罪恶之渊源者，印度外道。（婆罗门教）

二、爱自己形身，而不顾它人者，杨朱及希腊之一派。

三、由亲疏定爱之差等者。

四、无亲疏之别，平等兼爱者，墨、耶。

五、无人无物，一律兼爱。（佛戒杀）

（六）故立法者不可不以兼爱为主。

如上所述，墨子于法理学上之价值，则在其主张法律之平等。其兼爱之说，则今日博爱主义之源泉也。其尚同之说，则今日平等主义之滥觞也。夫博爱之理，本于孔子。特儒家所谓博爱，为差别的博爱。孟子所谓"亲亲而仁民，仁民而爱物"。墨氏反之，主张平等的博爱。至尚同之说，亦本于孔子。《礼运》载孔子之言，谓"大道之行，天下为公，选贤与能"，与《墨子·尚同》篇言"选天下之贤者，立以为天子"若出一致。夫墨子以法律为平等，则其论理之结果必不得不取民主主义。而秦汉以来，吾国数千年为专制国，所谓平等博爱之思想，殆无孑遗焉。则墨学之不振，有由来矣。（以上参照日人高濑氏所著《墨子哲学》）

第四款 道家

老庄一派之学者，亦认有自然法。老子所谓"人法地，地法天，天法道，道

法自然"者是也。盖老庄之徒，亦主张天道论与命数论。其主张天道之说，于
"天地不仁，以万物为刍狗"之言，及《庄子·天道》篇证之。其主张命数之说，
于"天网恢恢，疏而不失"之言，及《列子·力命》篇证之。虽然，老庄之论天
道、命数，与儒家已时有出入。至其对于法之观念，则与儒家迥异。以基于人类
自然状态之法则，为真正之法律，而以文化发达以后之人为法，悉如恶法。其言
曰："古之善为道者，非以明民，将以愚之。民之难治，以其智多。"而论之最详
者，莫如《列子》《庄子》二书。《列子》论黄帝梦游华胥氏之国，谓其国无帅
长，自然而已。《庄子·骈拇》篇谓三代以下，事业不同，名声异号，其于伤性
以身为殉，一也。又其《天道》篇云："虚静恬淡、寂寞无为者，天地之平，而
道德之至。"故儒家、道家同有"圣人"或"至人"之一名词，而其所指迥异。
儒家所谓"圣人"，谓能体天立法，以尽力于国家及人类行为为目的者也。道家
反之。所谓"圣人"者，止于纯任自然，所谓无为而治，不必计划国家及人类之
事者也。故儒家尊禹、汤、文、武、周公之事寔，以孔子为至圣。而道家则谓
"绝圣弃智，民利百倍"（所谓"圣"者，指禹、汤、文、武、周公诸圣人言之）。
盖庄子之理想中，固别有一种之圣人，即所谓"圣人不行而知，不见而名，不为
而成"，以关尹、老聃为"古之博大真人"。而于孔子之行为，嘲笑之不遗余力。
盖老庄纯以自然之法则为主，而否认人为法。详言之，即人类不必有人定法，而
后始合于自然法。至其所谓法，则所谓"恍兮惚兮，其中有象"，不能以形迹求
之。此道家一贯之主义也。夫后世之法律，虽不尽为良法，而恶法犹愈于无法。
老庄不悟进化之原理，误以人类未有法律以前，为一种极乐之黄金世界。此则证
之以今日之科学，而断然知其为空论也。何也？人类未有法律以前，其弱肉强食
之惨剧，证之以今日野蛮之社会，[1]已有确据。而谓未有人定法以前之自然法为
最完全优美，其谁信之？此老庄一派之法律思想，所以不能于法理界上，有影
响也。

【眉批】

《马蹄》篇：夫至德之世，国于[2]禽兽居，族[3]与万物并，恶乎知君子小
人哉？同乎无知，其德不离；同乎其欲，是谓素朴。素朴而民性得矣。及至圣人，
蹩躠为仁，踶跂为义，澶漫为乐，摘僻为礼，而天下始分矣。

《黄帝》篇：黄帝即位十有五年，喜天下戴己；又十有五年，忧天下之不治，
竭聪明，尽智力，三月不亲政事。昼寝而梦游于华胥氏之国，不知去齐国几千万
里。盖非舟车足力所至，神游而已。其民无嗜好，自然而已。其国无帅长，自然

---

[1] "会"原作"食"。
[2] 今本"国于"作"同与"。
[3] "族"原作"旅"。

而已。黄帝既寤，怡然自得。又二十八年，天下大治。

《在宥》篇：昔者，黄帝始以仁义撄人之心，尧舜于是股无胈，胫无毛，以养天下之形，愁其五藏以为仁义，矜其血气以规法度。然犹有不胜也。尧于是放讙兜[1]于崇山，投三苗于三危，流共工于幽州。

又曰：喜怒相疑，愚智相欺，善恶相非，诞信相讥，而天下衰矣。

《史记·老庄列传》：庄子作《渔父》《盗跖》《胠箧》，以抵訾孔子之徒，以明老子之术。

大道废，有仁慈。智慧出，有大伪。

关尹子主张自由，与老子异趋。

人之力可以夺天地造物者，如冬起雷，夏起冰，死尸能行，枯木能华。古今之俗不同，南北之俗不同，至于一家一身，善又不同。[2]

道家之学，至杨朱而别为一派。杨氏固尝直接受道于老子，证之以《庄子》《列子》之书可考也。然杨氏之学，虽出于老子，而亦与之微异，专提倡利己快乐主义，盖一种变相的之老子主义也。杨子生于周季，见儒家末流，动以礼教自持，为名誉之奴隶，故持极端之放纵说，以救其弊。奚以证之？杨子书不传，其言论时散见于《庄子》《列子》《韩非子》，而莫详于《列子》之《杨朱》篇。其论卫端木叔之事，以为卫之君子，多以礼教自持，固未足以得此人之心云云，故知杨子亦排斥礼治主义之一人也。

杨子认有自然法，并认快乐主义。何者？杨子亦主张命数论，有"不知其所以然而然者，命也"之言。至其以自然为宗，则与老子同，故知其认有自然法也。然杨子之快乐主义，则与欧洲之功利派绝异。欧洲功利派之论法律也，以有法为利，故立法不可不以功利为基础。杨氏反之，以无法为利。至于无法而后乃可谓最完全之快乐。其言曰："安上不由于忠，而忠名灭焉；利物不由于义，而义名灭焉；君臣皆安，物我兼利，古之道也。"观其论子产之治郑，以为其法止可暂行于一国，未合于人心，且自称其说可推之天下。盖直以法律之为物，或可施之小国，而决不足以治天下。欲治天下，当自为我始。何者？欲利天下，必先利己。人人能为我，然后人人能无我。故曰："身非我有也，物亦非我有也。公天下之身，公天下之物，是之谓至人。"

【眉批】

《庄子·应帝王》篇：阳子居见老聃曰……

《列子·黄帝》篇：杨朱南之沛，老聃西游于秦，邀于郊，至梁而遇老子。

---

〔1〕"兜"字原阙。

〔2〕此段大体引自今本《关尹子》。

杨子：1. 周末衰乱，故主厌世。

2. 列国竞争，生民涂炭，故主快乐。

3. 儒家重礼，迂腐沽名，故主放纵。

杨布问曰："有人于此，年兄弟也，才兄弟也，貌兄弟也，而寿夭父子也，贵贱父子也，吾惑之。"杨朱曰："不知其所以然而然者，命也。"

杨子：子产相郑，专国之政三年，善者服其化，恶者畏其禁。郑国以治。而有兄曰公孙朝，有弟曰公孙穆。朝好酒，穆好色。子产日夜以为戚，密造邓析而谋之。邓析曰："子奚不时其治也，喻以性命之重、礼义之尊乎？"子产用邓析之言，因间以谒其兄弟。朝、穆曰："以若治外，可暂行于一国，未合于人心。以我治内，可推之天下。"

杨氏以为人类所以有争竞、国家所以有治乱者，则皆以有道德法律之故。故曰："善不以为名，而名从之。名不与利期，而利归之。利不与争期，而争及之。故君子必慎为善。善且不可为，而况于恶。"为善与为恶同，故视舜、禹、周、孔、桀、纣为同一。极其论点，遂至拔一毛利天下而不为。何者？有利天下之心，而天下斯不治矣。此则与儒家异，而不认正义之存在者也。杨氏因不信有正义之故，故以克己为非。至以伯夷、展季皆为清贞所误，亦可谓放诞之极者矣。夫不认克己主义，自不复认有人定法。何者？法律固以自律意思为实质者也。此派之要点，在不认人类之有利他心，而以利他心不过利己心之变相，与希腊阿里士帖菩（Aristippus）及伊壁鸠鲁（Epicurus）学派极相近。近世日本之加藤宏之，亦主张此说。推其意以为由利己而利人，而利国家，而利社会。要之，胥不外利己。然此种学说，极为危险。私人之利益，与社会公字之利益，往往不能一致。故欧洲之主张功利主义者，多舍个人之快乐，而以团体之快乐为标准云。（详《杨子哲学》）

【眉批】

Epicurus, 341B. C., 周显王时，与杨子相前后。

$$\left.\begin{array}{l}\text{纯乎爱己心} \\ \text{变性的爱己心}\end{array}\right\} \text{无限的爱己心}$$
（即爱他心）

第五款　法家

法家对于法律之观念，非如孔孟之徒以人类有自然法，可为万世不易之原则，不过讲求救世之术以贡献于当时之政治社会。故法家对于法之观念，即谓不认有自然法之存在可也。奚以证之？郑子产之铸刑书，叔向谏之。子产曰："侨不才，不能及子孙，吾以救世也。"此法家一贯之主义也。法律既为救时之具，其论理之结果，则法律者无一定不变之原则者也。《商君·开塞》篇云："圣人不法古。（中略）周不法商，夏不法虞，三代异势而皆可以王。（中略）古之民朴以厚，今之民巧以伪，故效于古者先德而防，治于今者前刑而法。"商子盖言民俗有厚薄，故法有异同。治古宜于德，治今宜于法，以示其所以不采礼治主义之故，而变法之出于不得已。夫周之季世，礼治之弊极矣。法家者流，乘其弊而攻之。至于秦，而其势力达于极点。摧陷儒家至于焚书坑儒，若北魏宇文周之除沙门者然。《淮南子》论法家发生之原因最为详尽，兹绍介其说如左：

（《氾论训》）夫殷变夏，周变殷，春秋变周，三代之礼不同，（中略）今世之法籍与时变，礼义与俗易。学者循先袭业，据籍守旧教，以为非此不治。（中略）今儒、墨者称三代、文武而弗行，是言其所不行也；非今之世而弗改，是行其所非也。称其所是，行其所非，是以尽日极虑而无益于治，劳形竭智而无补于主。

（《要略》）齐桓公之时，天子卑弱，诸侯力征。南夷北狄交伐中国，中国之不绝如线。齐国之地，东负海而北障河，地狭田少，而民多智巧。桓公忧中国之患，苦夷狄之乱，欲以存亡继绝，崇天子之位，广文武之业，故《管子》之书生焉。（中略）申子者，韩昭釐之佐。韩，晋别国也，地墽民险，而介于大国之间。晋国之故礼未灭，韩国之新法重出，先君之令未收，后君之令又下，新故相反，前后相缪，百官背乱，不知所用，故刑名之书生焉。秦国之俗，贪狼强力，寡义而趋利，可威以刑而不可化以善，可劝以赏而不可厉以名。被险而带河，四塞以为固，地利形便，畜积殷富。孝公欲以虎狼之势而吞诸侯，故商鞅之法生焉。

【眉批】

《韩非子·显学》篇：今巫祝之祝人曰："使若千秋万岁。"千秋万岁之声括耳，而一日之寿无征于人，此人之所简巫祝也。今世儒者之说人主，不言今之所以为治，而语已治之功；不审官法之事，不烛奸邪之情，而皆道上古之传誉、先王之成功。儒者饰辞曰："听吾言，则可以霸王。"此说者之巫祝，有度之主不受也。

今各部每有改革之折奏，其前数行每引经据典，而后自发其议。

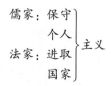

如上所述，法家之发生，亦出于自然之趋势。是不特《淮南子》云尔也，《商君》亦尝自言之矣。其《开塞》篇云："当此时也，亲亲废，上贤立矣。（中略）圣人承之，作为土地、货财、男女之分。分定而无制，不可，故立禁。禁立而莫之司，不可，故立官。官立而莫之一，不可，故立君。既立其君，则上贤废而贵贵立矣。（中略）世事变而行道异也。"故法家之宗旨，非必排斥古代之法也，特以其法之不适用于今日也。奚以证之？法家中称古法之美者，所在而有。如《韩非子》屡称先王之法，其最著者也。虽然，法家之与儒家异者：（一）儒家以法为万古不易之原则，而法家则谓法乃因时宜、察风俗，无一定不变之原则也。《商君》之言曰："观俗立法，则治；察国事本，则宜。不观时俗，不察国本，则其法立而民乱。"此根据之不同也。

【眉批】

《韩非子》：巧匠目意中绳，然必先以规矩为度。上智捷举中事，然必以先王之法为〔1〕。

《庄子》：失道而后德，失德而后仁，失仁而后义，失义而后礼，失礼而后法。

《管子·明法》篇：万事万物，非在法之中者不动。

《任法》篇：君臣、上下、贵贱皆从法，谓之大治。

（二）儒家以礼治为主，而以法治为辅。法家则谓道德不足以治天下，即〔2〕足以治天下而当以法治为主，以礼治为辅。奚以言之？《韩非子》《商子》皆认为礼治主义之不足为治者也。《韩非子》云："释法术而心治，尧不能正一国；去规矩而妄意度，奚仲不能成一轮。"又云："行义示则主威分，慈仁听则法制毁。"《商子》亦云："仁者能仁于人，而不能使人仁；义者能爱于人，而不能使人相爱。是以知仁义之不足以治天下也。（中略）圣王者不贵义而贵法。法必明，令必行，则已矣。"法家中兼主张礼治者，仅有《管子》。《管子》之书所论法制、经济之事，殆占其书之大部分，而其中亦不无治左之论，如《牧民》篇云："仓廪实则知礼节，衣食足则知荣辱。上服度则六亲固，四维张则君令行。"又其《枢言》篇云："人心悍，故为之法。法出于礼。"其《五辅》篇云："民知礼矣，而未知务，然后布法以任力。"盖《管子》说礼，与诸儒异。不以礼为治道之本，而以法为治道之本。盖亦认礼治之不足恃，而欲以法治救礼治之穷者也。

法家主义，非必儒家之所绝对排斥。何者？管仲，法家之雄者也，孔子书中屡称管子之功，至以仁目之，于其任法之点，不闻加以訾议。况吾国阶级制度，至法家起而始尽铲平之。《商君·赏刑》篇谓："刑无等级，自卿相、将军以至大夫、庶人，有不从王令、犯国禁、乱上制者，罪死不赦。"故其结果至于刑其贵族之公子虔，而黜太子之师傅。是为吾国司法独立论之祖，举《周礼》议亲、议贵之敝制而荡平之。阶级之制，至秦而尽绝。欧洲所争之千年，而以人血购之

〔1〕　今本作"必以先王之法为比"。

〔2〕　此字印刷模糊，依残存字形，姑定为"即"。

者，吾国则早破坏于二千年前。法家之功，为不可没矣！然自汉以后，所以一蹶不振者何也？盖儒家所产出之人物常具完全之人格，而法家则多天资刻薄之徒。苟能尽如管仲、子产，则其说必不至如今日之衰弱。兹据《汉书·艺文志》所载法家之书，凡十家，二百十七篇，列举如左：

《李子》三十二篇

《商君》二十九篇

《申子》六篇

《处子》九篇（夹注：韩昭侯相，赵人）

《慎子》四十二篇

《韩子》五十五篇

《游棣子》一篇

《晁错》三十一篇

《燕十事》十篇

《法家言》二篇

【页下批语】

法理：法能刑人而不能使人廉，能杀人而不能使人仁。……所贵良吏者，贵其绝恶未萌，使之不为非，非贵其拘之图圄而刑杀之也。

班氏举其源流曰：“法家者流，盖出于理官。信赏必罚，以辅礼制。《易》曰：‘先王以明罚饬法。’此其所长也。及刻者为之，则无教化，去仁爱，专任刑法，而欲以致治，至于残害至亲，伤恩薄厚。”谅哉斯言！《汉书》所载，除不知作者外，如李悝、商鞅、申不害、韩非、晁错之徒，其言论虽各有至理，至其人则皆非正人也。太史公曰：“法令者治之具，而非制治清浊之原。”盖至是而法治不如礼治之判断，遂为一般之通论矣。

【眉批】

农出农稷，小说稗官。

儒出司徒，道出史官，阴阳出羲和，名出礼官，墨出清庙之守，纵横出行人，杂家议官。

《商君·定法》篇：天下置三法官：殿中置一法官，御史置一法官，及吏[1]丞相置一法官。诸余[2]郡县皆各置一法官及吏。

《赏刑》篇：有功于前，有败于后，不为损刑。有善于前，有过于后，不为亏法。忠臣孝子有过，必以其数断。守法守职之吏有不行王法者，罪死无赦。

---

〔1〕 各标点本“及吏”多属上读。

〔2〕 今本“诸余”多作“诸侯”。

第三章　法之目的

欧洲学者对于法之目的，其所说概分为二派：

第一，消极论派。消极论派，谓法律之目的在制限人之自由。如霍布士、康德、沙比尼等属之。沙氏以法律所以指示各人行动之无形范围，即所谓制限一人之自由，以使多数人得自由也。贺兰德批评之曰：从此说时，必至各个人一事不能自由，始得达法律之目的也。

第二，积极论派。边沁、洛克等，以法律不特以制限自由为目的，且有高尚之目的，即使人类得最大幸福是也。故国家虽不全以保护各人自由为目的，而法律之目则专以保护权利为主。

自然法派中之斯宾挪莎，其论法律，亦以为有特别之目的，但其目的绝非常人所能知之。氏之言曰：一切万物，皆有一定轨道之自然法。法律即由此分离，而为其一部。事物之排列及连环，既非人类所能洞见，则自然法一部分之法律，其目的亦非圣贤不能知之。法律自体之目的既非人所尽知，故立法者执他之目的，以使人共守此法律，即制裁是也。列图如左：

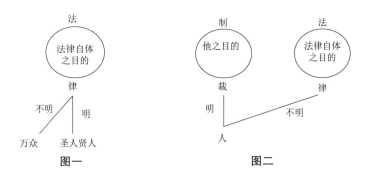

图一　　　　　　　　　　　图二

【眉批】

霍布士：法律制定之故，在设各人天赋自由之限界。故法律非命或行为不外防有妨害其行为者。

康德：法律者，所以制限各人之自由，以使与它人之自由不抵触，而得两立也。

洛克：律法者，谓之制限各人之自由，宁谓之增进保护各人之自由。

人生而无欲，则道德足以郅治。不然，则政府势力、律法必不可去，以共同生活故也。

以上略述欧西学者之意见。至吾国学[1]者，则其论法之目的，儒家与墨家同，而法家独异。《商君书·君臣》篇，谓："民众而奸邪生，故立法制、为度量以禁之。"禁之何？即所谓制限自由，亦一种之消极论派也。然儒家大旨，则谓：法也者非目的而手段，法之自身无目的，而以期于不必用法为真正之目的。举证如左：

（一）刑期于无刑。

（二）道之以政，齐之以刑，民免[2]而无耻；道之以德，齐之以礼，有耻且格。

（三）听讼吾犹人也，必也使无讼乎。

（四）《家语·五刑解》：冉有问于孔子曰："古者三皇五帝不用五刑，信乎？"孔子曰："圣人之设防，贵其不犯也。制五刑[3]而不用，所以为至治。"

墨家亦主张此论，其谓："非刑之不善，用刑则不善。"盖亦以设刑不用为法之目的。至秦而其论稍摇。汉惩秦敝，乃举秦之法治主义而破坏之。史公传酷吏，极言法令非制治清浊之源。《淮南子》亦曰："法制者，治人之具，而非所以为治。"盖自汉以还，视法令毫无高尚之目的。簿书钱谷，人羞言之，遂一变而为吏胥之天下矣。

【眉批】

《墨·尚同》：昔者圣王制为五刑治天下，逮至有苗之制五刑以乱天下，则此岂刑不善哉？用刑则不善也。

第四章　法律与道德之关系

法律与道德，其内容同一与否，颇为学理上一大疑问。凡有三说：

第一说，法律与道德全异其内容说。

【眉批】

衣食足而思忖学问之事生焉。

苦战争而求平和，而法律、道德生焉。

---

[1] "学"原作"举"。

[2] "免"原作"勉"。

[3] "刑"原作"行"。

遗产无据，手票漏缺，在法律不许，而道德许之。

第二说，法律与道德全同其内容说。此说可别为三：

甲说，法律与道德不止同其内容，并范围亦为同一，即道德支配之事项，法律无不支配之，而法律支配之事项，道德亦无不支配之也。

【眉批】

乙说，二者虽同其内容，而道德之范围较法律之范围为大，法律不过道德之一部，（夹注：仅不犯法者非完人，如贞为女德之一）故法律所支配之事项，道德无不支配之，道德所支配之事项，（夹注：复仇说）法律有时不支配之也。（夹注：1. 英例禁止以物与乞丐；2. 自杀之协助。以上为法律所禁而道德不禁之特例。）

【眉批】

（一）法律不可杀人，道德则救人方合。此外如诘盗亦然。

原则：法律所禁者，道德无不禁。然法律所许者，或为道德所不许。欧洲有许子诉亲母[1]遗产于子之类是，但许亲族出名，本人不能出名。

丙说，二者虽同其内容，而法律之范围常较道德之范围为广，即反于法律之事，未必反于道德是也。

第三说，法与道德有共通之范围，有特别之范围，故二者有交互之性质。

【页下批语】

---

[1]　"母"字又似"毋"。

然道德与法律区别之标准果安在耶？亦有左之诸说：

（甲）内外区别说。其说亦有二种：

（一）法律为外部制裁，道德为内部制裁。（夹注：贺兰德）

（二）法律所支配者，人之意思外表于外部之行为；道德所支配者，人之未行为之内部意思。故既决意而未行者，法律之所不问也。（夹注：康德）

然近代之法律不止着眼外部之行为，并有察及内部之心意状态者。

【眉批】

例：挑拨、故意、过失、心里留保如腹诽、诈欺、胁诱。

（乙）选择可否说。道德选择，一出于任意。法律则无论何人皆有遵守之义务。故又称法律为"劣的道德"。此说亦误。法律有发生于道德者，未尝无高尚之目的。西人有认法律为正义之规则者，有以为正义因法律而发生者。是法律与正义有密接之关系，绝不得谓之劣等。或曰：道德出于中心诚服，法律出于威压，故曰劣等。然道德亦未必尽为悦从，有因惯习所压迫者，（夹注：姑虐子媳之类）故亦不足为劣等之证据。

【眉批】

墨[1]智儿：人类社会活动之道，较个人活动之道尤为高尚，故以服从人类社会之道为道德，故服从法律即从服道德也。

（丙）制裁有无说。此说以道德为无制裁。然世界亦有无制裁之法律，且道德亦非必尽无制裁。所谓"积不善之家必有余殃"者，是天道亦有无形之制裁也。或曰：果报之说，毫无一定之轨道。有德而不获善报者，世不乏其人。然此为古今一大疑问。康德至因此谓道德完全，则人类性灵不灭，故此为世间、出世间之交界问题，非浅学所能容喙。然道德之制裁，虽不能尽如法律之有一定秩序，而不能断定其无制裁。且制裁不限于身体之痛苦已也。精神之痛苦，亦包含之。边沁论刑罚曰：不生效果于意思之刑罚为无用。（夹注：重在改良心意。）故心理之制裁，亦制裁之一种。安见道德之必无制裁耶？（夹注：不能为二者之区别。）

【眉批】

自由刑，拘禁；名誉刑，如不得为官吏及议员之类。

（丁）目的说。道德以人格之完全为目的，法律以人格之对立为目的。此说于人格一语，颇有与法人（夹注：公司社会）相混之虞。故其所指，以自然人为限。

---

[1]　"墨"疑当作"黑"。

（戊）权利有无说。法律为双面的。一方加制限，一方即与以保护。道德为片面的，止有义务，毫无权利。（夹注：受恩不必报）

【眉批】

$$民法\begin{cases}保护\\制限\end{cases}$$

以上诸说，以第五说为最正当。（夹注：区别清楚）尚有欲附论者，则吾国道德、法律之关系也。吾国重道德而轻法律，故视刚法律常有与道德相反之性质。而儒家对于此问题，独有以调和之。盖人类有同情性（即社会主义），又有自爱性（即个人主义）。二者相反，而有以调和之者，则惟秩序性。秩序性者何？则礼是已。礼之意义，一面有道德之性质，一面又有法律之性质。依黑智儿之辨证法，以明其说。黑氏谓：对于正而有反，则必生合。绘图如左：

【眉批】
《曲礼》曰：无不敬，俨若思，安若辞。安民哉！

$$戊（合）\begin{cases}丙（正）（合）\begin{cases}甲（正）\\乙（反）\end{cases}\\丁（反）\end{cases}$$

例如酸素与水素，其性质异，而合之为水。水与火相反，而合之为汤。道德与法律相反，而合之为礼。孔氏之以礼治天下，是合道德、法律而一之，为世界至善之法云云。其说本于日本人都河氏，与难礼治主义者恰相反对。姑录以备参考云。

第五章　法系

世界诸国之法律，皆有系统。大约可分为三种：其一，为昔日盛行之法系，而今灭绝者。如埃及法系、波斯法系、希腊法系、犹太法系、腓尼西亚法系等是也。其二，有渐趋于衰微之倾向者，如中国法系、印度法系、回回法系是也。其三，则其势力渐有扩充之倾向者，如罗马法系、英国法系是也。兹所述者，单为罗马、英国及中国之三大法系。

【眉批】
母法：中国
子法：朝鲜、安南。
固有法、继受法：现行法。

第一节　罗马法系

罗马法渊源于十二铜表。考其制定之沿革，盖在罗马建国以后。其时国民分为贵族、平民之二阶级。贵族者，建国当时之人民。平民者，后来加入罗马国民中之人民也。自纪元前七百五十三年至五百九十年，贵族有完全公权，平民止有其一部。且当时以不文法为主，适用执行之机关以贵族为之，平民咸感不平。至纪元前四百六十二年（夹注：462A. D.），由护民官提议，制限执政官职权范围法案，选举五人为起草员。元老院不认可。其后平民提议不已。至纪元前四百五十四年，两党渐和协，遂选举十人之法律起草员。但其被选者，以执政官为限。是年又派遣三名贵族，调查希腊之法律。越年调查员归，始从事起草，编成十表之法案。国民会可决之。至纪元前四百五十年，为追加改正，再选任十人之起草员，以贵族七人、平民三人充之，再成二表，刻于铜表之上。（按十二表刻于何种材料之上，欧洲考据家学说甚繁，莫衷一是。故罗马人止称十二表。英、德、法之罗马法书中，亦不加"铜"字。云铜表者，日本之误也。）

【眉批】

市民法、万民法。

罗马法盖亦一种继受法也。

※1※罗马人重仪饬。

十二表法，文多残缺，兹但举其目录如左：

第一表 法廷召唤之事序

第二表 诉讼事序

第三表 执行事序（夹注：奴隶之类）

第四表 家长权

第五表 后觅保佐及相续（夹注：前者外[1]保护人，后者为经理人）

第六表 债权物权

第七表 物权中之不动产法

第八表 不法行为及犯罪

第九表 刑法

第十表 宗教法

第十一表 补则之一

第十二表 补则之二

---

[1] "外"疑当作"为"。

【眉批】

Manoapatao

Nexum

要式消费、代借行为

主法：民刑

助法：诉讼

第六表

（一）践曼士巴斯阿及礼奇沙摩仪式之意思表示为有效。

以五证人平物，而卖主乃述式语，以手击衡为有效。

2. 以五证人平物，而贷主作式语，以一定之时一定量之铜付还于自己之义务法代用铜，于此可证。

【页下批语】

六（2）照前之仪式所借之契约，有拒其履行者时，以借金又代金之二倍交付于对手人。

（3）由非所有者（夹注：赃物）买受某动产，以善意式受其移交，一年间继续占有时，买[1]主因时效取得所有权，卖主亦无担保义务。土地为买卖目的时，因二年之经过，生同一效力。

（4）不动产以外之物体之取得时效期为一年。一男一女以毕生共同生活之意思，一年间继续同栖时，男得依时栖对女取得夫权。然女子以终断时效之意思应连续不同时，夫权之取得时效因之中断。

纪元前三百八十八年，高卢人侵入罗马。罗马城付之一炬，十二表亦罹于灾厄。所谓十二表者，特依口传而得之。有宿儒其幼时能暗诵十二表法文，故至今犹传于世云。但意大利历史家勃遏斯（Pois）氏，以独[2]十二表法之出生期，在纪元前三百年，盖伪物也。然据近世学者多数之说，谓十二表中，颇置重于农产物，显为农业时代之法典，勃氏之说盖不足信云。

十二表发见之后，至第六实际，罗马鸠斯齐利安（Justinianus）帝从事法典编纂，以十六名之法曹主其事，自纪元五百三十年至五百三十四年而成，凡分为三种法典，即：第一法典（Codex），第二会典（Digestion），第三纲要（Institutiones），其后又加入新典（Novellae），即世所称为罗马法者是也。

罗马法系之势力，多存于各国之私法。盖其用语精确，为他种法系所不及。而其中尤完备者，莫如债权法。试就罗马法势力所及之大小，分为四等如左：

---

[1] 原衍一"买"字。

[2] 疑当作"独以"。

（甲）罗马法势力所及最强大者，如西班牙、葡萄牙及南美诸国之私法。

（乙）罗马法势力所及次强大者，如法、德、意、比等国之私法。

（丙）罗马法势力所及稍薄弱者，如瑞士、丹麦等国之私法。

（丁）罗马法势力所及最薄弱者，如英国之私法。

第二节　英国法系

英国之法源，本于其古代之惯习法。盖英国之惯习，凡欲起诉讼，不可不依一定之方式，否则法廷不与以保护。其后因社会之进步，诉讼之种类日以增加，以致无诉讼之途者有之，人民苦于旧法之不便，遂相率哀诉于国王，求保护其权利。国王使其近侍大法官受理之，调查之结果，遂于惯习法廷之外，别置衡平法廷，即今所称衡平法裁判所（Court of Equity）是也。凡依惯习法无诉讼之途，及惯习法不能与以充分保护时，得诉于衡平法廷。故英国衡平法发生之原因，全为补惯习法之不备而设。惯习法与衡平法有龃龉时，不可不依衡平法。

【眉批】

第二例：违约画工、雕刻、名优，非惟不能赔，亦且不能替代。习惯法廷认赔，而衡平则判其仍践前约。

国王良心之保管者。

第一例：甲乙争布，在惯习法廷须一月，若赴衡平法廷则乙先被扣留。盖赔偿终不敌原物之价值，而官亦不能违习惯而扣留被告。

【页下批语】

英之巡回裁判，共四十老吏，一人判事而不许上指，以此人代表神意也。

英国之私法，为人种的而非世界的。其体裁极不严整，苟非以英国人移殖之美洲及澳洲，绝不能继受此法律。然英国人种最适宜于商战。故私法中之商法，则为其独著之特色。又英国人种最尊重权利，故如不法行为之法律，亦较他国为发达。（夹注：民法、私法，皆非英所长）

【眉批】

衡平法：罗马衡法成文，英不成文。罗法关乎承继者多，英关乎财产者多。

英国法系之势力，存于其公法。近世欧洲诸国之立宪政体，如三权分立之制，大臣副署之制，盖无一不采英国之原理者。他如行政法、诉讼法，实为欧洲多数国家之模范。故学者谓英国公法之势力及于欧洲全体云。

【眉批】

保险法、船舶法、会社法。

第三节　中国法系

欲考中国之法系，不可不先知南北文明之先后。依中国古史所记述，古代之文明限于北方黄河流域，而南方则全属野蛮蒙昧之世界。然文明最初之发生，必在温暖或炎热之地。征之埃及、印度，不乏其例。岂中国而独不然？盖南方人种为北方人种所征服。黄帝斩蚩尤于中冀，颛顼诛九黎而分流其子孙。舜、禹即位屡伐三苗，是固南北竞争之一证据也。南方人种因败亡之结果，其事迹全归泯没。今日犹可想见者，莫如《尚书·吕刑》，其云："蚩尤惟始作乱"，又云："苗民弗用灵，制以刑，惟作五虐之刑曰法，杀戮无辜，爰始淫为劓、刵、椓、黥。"盖当时南方法制井然，而北方则法制犹未成立。何者？以此种刑罚为残酷，出于敌人之口实。实则罗马、日耳曼[1]古代之刑法无一不以肉刑为主，不能以是为之苗咎也。北方之刑法，则尧舜以前无考。宋王键以鞭扑、钻笮、刀锯、斧钺等为黄帝之刑，然无确凿之证据。故论中国之法源，不可不自尧舜始。

【眉批】

自首从轻。

《旧约全书》：以齿报齿，以目报目。

《逸周书》：武王践阼，召师尚父，问："黄帝、尚于之道存乎？"答曰："在丹书。"（注：古人之法律书名。）

《群辅录》：风后受金法。宋均注：金法者，言能决理是非也。

中国法系之特色，在于其刑法。其成立始于舜摄政之第三年，（夹注：《竹书纪年》）约在纪元前二千二百年前后。兹分为二，说明之。

第一，犯罪论。

尧舜时代之法律，取擅断主义耶？抑取法定主义耶？世界各国，上古悉为擅断主义，然吾国则自古即采法定主义。奚以证之？《孔子家语》云："己恶而掠[2]美为昏，以贪败官为墨，杀人不忌为贼。《夏书》曰：'昏、墨、贼，杀。咎陶之刑也。'"此可证法定主义者二：（1）咎陶之刑法，即为舜之刑法；（2）夏之刑法，承继舜之刑法。犹之因《唐律》而可想见《隋律》也。故当时犯罪行为，不可不为法定。舜帝刑法之为法定主义，尚有可考者，则其"眚灾肆赦"之制是也。"眚灾肆赦"，或作"眚灾过赦"，即因不幸又过失之犯罪，全赦之之义也。今之所谓过失、正当防卫、紧急状态等，悉可包含之。盖不幸与过失同视，古代之罗马法、德意志法且然，可为古代人民共通之思想。况世界最古之刑法耶？

【眉批】

中国刑罚权之根据，以天为主，君为天之代表。

---

[1]　"曼"原作"受"。

[2]　此字下有手抄数夹页，为十二表法之中译。为便观览，移附本章末。

【页下批语】

邱：[1]人君爵赏刑罚皆承天从事，非我得私有之。后世人主不知出此，往往以己心之喜怒、私意之好恶加赏罚于人。

第二，刑法论。

吾国古代之刑罚，毫不存宗教思想。此为中国刑罚之特色。以下分析说明之。

【眉批】

明于五刑，以弼五教。

《礼》：四海之内无刑民。言无刑而民不违。

辟以止辟。盖中国别有特别高尚思想，即刑期无刑之意。

1. 追放；[2] 2. 赎刑；3. 国家刑法。

兵刑合一。

蛮夷寇贼并受裁于士。

臧文中：大刑用甲兵，中刑用刀锯。

皋制五刑，无犯之者，但有其罪，而无其事。马。

汉文诏曰：有虞画衣冠、异章服以为戮，而民不犯。武诏曰：唐画象而民不犯。

（甲）刑之种类。先儒以五刑及流刑、鞭刑、扑刑、赎刑为舜帝之九刑。分论如左：

（一）五刑及流刑。《尚书》有"流宥五刑"一语，解释上分二说。一说谓以流刑为五刑之换刑处分者，盖以五刑过酷，故以流刑代之。一说谓五刑中可宥恕者，处以流刑。以后说为正当。至宥恕之条件，马融、郑康成之说互殊，然皆臆断不足采。

【眉批】

宥恕条件：1. 幼；2. 老；3. 愚。马融。见《五帝本纪史记集解》

　　　　　1. 弗职；2. 过失；3. 遗忘。郑说。

大罪居四夷，次九州之外，次千里之外。孔安国。巴比仑以罪人投之水。

五刑执行之法，诸家之说不同，可分为三：第一说，大罪于原野，大夫于朝，士于市（孔安国《尚书孔氏传》）；第二说，大罪于原野，次罪于市朝，同族适甸师氏（《尚书》郑注及《史记集解》）；第三说，大辟弃市，宫刑则下蚕室，余刑亦屏处（朱子《书传辑录纂注》）。未知孰是。至当时适用，以流刑为最广。如《尚书》所载"四罪而天下咸服"，盖所用者悉为流刑之制云。

---

[1] 此段引文出自丘濬《大学衍义补》，"邱"盖指丘濬。

[2] "追"疑当作"逐"。

（二）鞭刑及扑刑。此二者为特殊之刑。鞭所以对于官者。胡氏引《周礼》"治胥吏鞭五百鞭三百"之文，谓鞭之适用，限于胥吏徒隶。然《尚书》有"挞以记之"之语。依郑康成之说，四邻指左辅、右弼、前疑、后丞之四者，是鞭直为官吏之刑，无可疑者。扑所以施之于教，即学校之刑罚也。此以官吏及生徒之特种行为为限。故鲧及共工，亦官吏也，然不能免于流刑之罪。

【眉批】

《书》：钦四邻，庶顽谗说，若不在时，侯以明之，挞以记之。

周公挞伯禽，若挞诸市朝。

（三）赎刑。赎刑之制，诸家之说不一。列举如左：

（1）五刑说。谓罪该五刑而有疑者，许其赎罪。胡寅主之。

（2）鞭扑说。谓限于鞭刑及扑刑许赎罪者。朱子主之。

（3）共通说。谓无五刑及鞭扑之别，皆许赎罪。马端临主之。（夹注：皆根《吕刑》之论）

（4）独立说。谓赎刑为独立之一种刑罚，与五刑等无涉。孔安国、马融主之。

以第三说为正当。尚有当注意者，则中国赎刑之制，与罗马、德意志古代之赎罪制度全异。彼专为对于被害者强要赔偿，属于私法的性质；此则由国家[1]征收之，毫不付与被害者。

【眉批】

《管子》：赎刑。美金以铸戈剑，恶金以铸斤斧。

（乙）刑之适用。其重要有二：

（一）再犯加重。《尚书》有"怙终贼刑"之语。孔安国云："怙奸自终者，当刑杀之。"朱子亦云："怙谓有恃，终谓再犯。有人如此，虽当宥当赎者，亦必刑之。"贼刑之义意虽不明，然自"刑故无小"之言证之，殆含有加重之意。（夹注：《康诰》：厥罪小乃不可不杀。）

（二）加减。《大禹谟》有"罪疑惟轻"之语，而《吕刑》亦曰："上刑适轻下服，下刑适重上服。轻重诸罚有权。"是古代即认加重减轻之制也。

自尧舜而后，历代皆有法典。《左氏》所谓"夏有乱政，而作《禹刑》；商有乱政，而作《汤刑》；周有乱政，而作《九刑》"是也。春秋时各国皆自有刑法。晋铸刑鼎，郑作刑书，楚有仆区之法。至战国时，魏文侯之师李悝作《法经》六篇。萧何益以三篇为《九章之律》。沿汉及唐，东极日本，南逾交趾，北尽阴山，盖无一不属于中国法系者。

―――――――――――――

[1]　"家"原作"字"。

【眉批】

1. 盗；2. 贼；3. 囚；4. 捕；5. 杂；6. 具。

《杂法》如越城、博戏、侈淫、逾制、不廉等。《具法》如加减例。

户律、兴律、厩律。

第六章　法典

第一节　法典编纂论之沿革

法典编纂之论，始于英儒培根（Lord Bacon）。曾上书英王遮姆斯一世（James I），不果用。其后边沁继之，于十九世纪之初盛唱此论，上书于俄皇亚历山大一世，及美国大统领，请自当编纂之任，著书十余卷，以自伸其说。现今欧美诸国盛行之"法典编纂"（Codification）一语，即由氏所铸造也。

然十九世纪之初，反对法典编纂之说亦极盛。其持论大约可分为二派：其一为绝对的非法典论。（夹注：齐婆）谓无论何国、无论何时，凡编纂法典皆与国家不利。其一为相对的非法典论，谓法典非绝对不可编纂，但当斟酌国势民情，不可冒昧从事。（夹注：沙士比、奥士琴）兹举绝对的非法典论主张之理由如左：

第一，法典有妨于社会之进步。社会为进化的，而法典则有静止性质，常不能应社会之变迁。盖国家用惯习法、单行法，则改正容易。若法典，则改正既感困难，故社会与法律之间必生最著之离隔。英国学士伯伦氏〔1〕常著《法理学史》以伸其说，曰："国家而编纂法典，则国民进步因而中止。鸠斯齐利安之法典成，而罗马日就衰微。拿破仑之法典成，而法国之富原人口毫未增殖。故法典编纂，不啻亡国之凶兆。"

【眉批】

英国法典论纂奏议。

英国法律修正案。

法律渊源论。

相对说：奥氏谓法律未发达以前，虽编法典亦无益，徒聚散漫之条文于一处而已。

德国：法曹协会先编债权，后刑法、诉讼法。

普于一千九〔2〕百五十实施普通法，至一八一七置法典改正事务局，经卅一

---

〔1〕　后有英文名，因油墨剥落难以辨识，故阙。

〔2〕　"九"疑当作"七"。

年尚未告成。至一八四八，竟废之。社会新生之事，必有新种诉讼。苟用成文法典，则社会需要未发达以前有先变新法者，或社会需要已过而尚存旧法者。以故单行法尚不可，况法典耶？奥氏说。

又曰：多一条文，多一犯罪。

第二，法典不能包括法律之全体。虽编成法典，然仍有当立于法典之外者。例如要屡次改正之法律，（夹注：破产法，承继人或公司最难包括）及要细密规定之法律，（夹注：保险、船舶等法，出版、专卖、商标不入民法）绝不能编入法典中，则不如不编法典之为愈。

此种反对论极为有力。故一八七四年九月，德国民法编纂委员豫定民法范围，凡版权法、专卖权法、山林法、矿山法、银行法等，皆不入民法之范围云。

第三，法典不能使无单行法。虽编法典，仍须再发布单行法。如罗马既编法典，然尚须再定新典，其一例也。

第四，法典不能使无裁判例。每编纂法典，常必有无数之解释家，此必至之现象也。古今立法家为豫防牵强附会之解释，尝以严法禁止之。罗马鸠斯齐利安帝曾严禁法典之解释。然不久而注释学派（Glossators）盛行于意大利。拿破仑之初定法典也，市中有注释者。拿氏取而阅之，报书叹息曰："朕之法典，亦既废矣！"英国无法典，而判决录尚稀。法、德有法典，而注释书殆汗牛充栋焉。观于此，而法典编纂之无效，思过半矣。

【眉批】

奥氏：

1. 法典不能包括一切事件；

2. 欲总括一切，其条文甚繁；

3. 普法皆编法典即失败。

第3之因：

1. 缺原则区别其法语之解释。解释如六等亲、未成年之类，区别对人权及对物权。例如不溯既往则范围混而不分。

2. 补助法应多。法国参事院条例：a. 自然法；b. 罗马法；c. 古惯习法；d. 惯习、判决例、法理；e. 普通法；f. 普通道理、律法格言。

3. 失之俗成。拿翁以四阅月成之。

4. 全袭罗马法之大部。

5. 改正未得良法。（累发布解释条文命令）

罗马法之排列不如德之清晰。

然察近今欧洲多数之国家，殆无一不编纂法典者。德国自齐婆与沙比尼争论以后，渐次著手于法典之编纂。至一八七四〔1〕年而全国普通民法渐次成立。日本之编纂法典，自明治九年初元老院起草诉讼法始。十年，于司法省中置刑法编纂及民法编纂二课。十三年，遂编成刑法、治罪法公布之。是年设民法编纂局，使法国人颇阿琐那夺（Boissonade）起草。十四年，置商法编纂局，使德国人罗斯勒（Roesler）起草。十七年，置诉〔2〕讼法编纂局，使德国人德雷（Techow）起草。以二十二年发布民法、商法、诉讼法、裁判所构成法四法典。然当时法学士会颇不赞成，以为延外国人编纂法典，恐与本国惯习必多龃龉。且当改革之际，不宜编纂法典。以全会一致之决议，呈其书于内阁诸大臣及枢密院。全国大哗，争论不决。卒以二十五年十一月之法律，延期施行。翌年始设置法典调查会，举朝野名士数十人为起草员，次第修正。而从前外国人所编之法典，遂全归无用云。

【眉批】

法典编纂之为大事业，固无论已。欧洲如英、德尝托夙负名望之士从事编纂，消费几许岁月，经几次更稿，尚未公然发布，其困难慎重如此。顷间政府以此事欲刻日告成，未免过急。且法典编纂之可否，欧美学者其议论尚未一致。盖法律当伴社会进步。定法典，则异日虽发见缺点或不便，仍不能不更变。然此特空谈，不易实行。且当编纂之际，为避朝令暮更之弊，有豫想后日社会变迁而先设法条者，是又使国民苦于遵守者也。

夫欧洲列国所谓"法典编纂"者，不过专编既存之法例，虽有变改，亦止于修正旧贯。而我邦异是，专以欧洲之制度为模范计，所谓〔3〕参酌旧贯，殆有名无实，且商法、民事诉讼等法为德人某某之原案，民法为法人某某之草稿。以数人未充分之协议，彼此互相接触，其学派亦异。（中略）今日不如限以必要不可缺者，以单行法定之。至法典全部之完成，暂俟之异日。乞以草案公之于世，假以岁月，广征公众之批评，徐加修正，以期完美。

明治廿二年 法学士会

理由：

1. 悖于民俗之条文太多；

2. 止以法意两国之民法为模范，不参考最新学说；

3. 民商法之关系未得其宜；

4. 不设统括之规定，故条文过繁；

5. 不严守私法及实体法之领域，公法及形式法滥入者甚多；

---

〔1〕 旁注 1896，似铅笔笔迹。

〔2〕 "诉"原作"诈"，下同。

〔3〕 "所谓"前原衍"谓"字。

6. 条文多引例，失法典体裁；

7. 法文流于翻译，极不易了解。

第二节　法典编纂之目的

法典编纂，必有目的。举其大者，凡有五策。

第一，治安策。国家承战乱之后，为回复社会已紊之秩序，有采编纂法典之政策者，是谓治安策之法典编纂。（夹注：纪元前四百五十一年共和时之贵族、平民交讧，所令十二铜标）昔希腊有名之馱兰哥（Draco）法典（夹注：血法）及梭伦（Solon）法典（夹注：纪前594），即操此政策者也。沛公入关，与秦父老约法三章；英王约翰（John）为镇静内乱，发布大宪章，亦属于此种目的者。

第二，守成策。国家当承平之际，有英主崛起，讲守成之策，欲改良从前之法律，亦有编纂法典者。（夹注：权利不确，自由不固，则民心离散，国遂危。改良法律，保护权利，亦守成之意。）吾国凡守成之贤主，殆无不操此策者。（夹注：日本德川氏百条刑律）如唐太宗承高祖创业之后，命长孙无忌、房元龄等编《唐律》，其最著者也。罗马大将西萨（Julius Caesar）既征略全欧，即欲编成法典，因毙于刺客不果。其后鸠斯齐利安帝（夹注：Justinian，东罗帝）卒命学士托利波尼亚（Tribonianus）等编罗马法典，遂成中兴之业。拿破仑既平诸国，亦编《拿破仑法典》。而普鲁士《普通法典》之编纂，说者谓即普国中兴之基础云。（夹注：朕维定祚之尊荣，不惟当以兵威表彰之，又当以法律保持之。拨乱图治，不可不得其正。故君临罗马帝国者，宜依兵力威服公讨，依法律阻压犯罪，而兼备战胜者与法律保护者之资格。朕践祚后，锐意画采，遂达其志。顾蛮民既服我兵威，为我隶属，亚洲其他诸国虽久叛，赖天佑亦为罗马藩属。自是万民遂奉朕制定之法律。）

【眉批】

普法典成于一八九四年，一千一百九十四[1]实行。

伊大利当时所行者，拿破仑法典、奥大利法典，乃罗马法主教令外，此法尚有十余种，极为错杂。至一八六五民商治罪法始成，而刑法则因废止死刑论争议，遂至延期，其后刑法成而死刑卒废。

第三，统一策。当并合数国为一国时，立法者为谋全国之和协，有采齐一国内各部法律之政策者。或同在一国之内，而各地方各有惯例。主治者操中央集权之政略，有欲使全国法律归于一辙者。他如联邦国各州，异其法律，往往酿成不

---

[1]　原文如此。

公不和之弊，于是有执一国一法（One Empire one law）之主义而编纂法典者。如此者是谓统一策。

法兰西国内，古来有成文法国与惯习法国之二大别，大都各用其固有之法律，不相一致。世人尝谓法国每旅客更马，必更法律，即表示其法律复杂之状态也。路易十一世欲统一之，未竟其业而殂。及共和之乱，于一千七百九十一年宪法中明记编纂全国普通民法法典之旨，命立法委员期以一月使创定民法草案。于是甘伯塞（Cambacérès）氏遂于右期限内，呈其草案于国民议会。议会不采用之。其后五百员议会复使甘氏主稿，因内乱而止。及拿破仑之为执政官也，再命委员起草，遂于一八零四年公布法国民法全典。而法国之法律始归统一。

【眉批】

法国经三十六回之讨论，共二千二百八十一条。

德意志帝国[1]之法典编纂，亦采此政策。德意志联邦关税同盟之起也，因各国异其商法之故，非常不便，遂于一八三六年由威敦堡提出关税同盟诸国制定共通商法之议。此诸国中，其结果同盟诸国之政府各发布同一之汇兑条例。此实德国法律统一之动机也。至一八五六年，由巴威仑国之提议，编纂德意志普通商法，由各国选出法律家及商业家为商法编纂委员，至一八六五年遂发布之，（夹注：经三次讨论）名为《德意志普通商法》。至联邦共通之诉讼法及民法，因普鲁士及其他各国认为联邦议会越权之所为，不肯派遣委员，事遂中止。故当时国中所行之民法颇多。北方诸国所行者，为普国及丹麦民法。中央诸国，则用索逊民法。南方诸国，则用法国民法。及北德意志联邦设立以后，议员弥勒（Miquél）氏主张帝国议会之立法权及于民法之全部。然议员来士卡儿（Lasker）则谓议会之立法权止以刑法、治罪诉讼法、汇兑法、商法及民法中债权法为限，不能及于人事篇、相续篇、财产篇。其议竟为议会所可决，而以之明定于宪法。然未几，弥勒再提议，卒以大多数之取决，以民法全体之立法权归于帝国议会。以一八七四年起草，越十三年四个月乃脱稿云。

第四，整理策。法律随社会之进步而益复杂。原始社会之法律，概属单简。如希腊刻于石壁之哥尔亲（Gortyn）古法，仅十二条。春秋郑子产之刑书，虽无由知其内容，然必属于简短之法令。近世则法律之繁，非精通其术者不能尽读之。故法令之粗密，与社[2]会之进步为正比例者也。立法者汇集复杂之法令[3]，而编成使人民易知之体裁，是谓整理军[4]之法典编纂。

---

[1]　"帝国"原作"国帝"。

[2]　"社"原作"私"。

[3]　"令"原作"会"。

[4]　"军"疑为"策"之误。

例如巴威仑，德联邦中法律最错综复杂之国也。十九世纪之初，有六十二种之民法并行，人民颇感不便。于是一八〇九年，政府命腓耶拔弗（Feuerbach）氏依法国民法起草，因事中止。翌年，再命委员，依本国情形立法，亦卒不果。其后阿勒亲（Von Aretin）氏再起草，既经裁可矣，然亦未实施。至一八一八年克臬尔（Goenner）再为第四草案，勒翁罗（Von Leonrod）氏再代之，据澳国民法作第五草案，至一八三四年脱稿，政府仍不采用之。及一八五四年，始新置民法编纂委员，法典始渐完成云。盖十八世纪以来，德国诸联邦无不从事民法编纂。然著有成效者，仅普鲁士、索逊、巴威仑诸国，其宗旨纯采整理政策，不改旧法，不立新法，以而明正确，[1]为惟一之方法云。

第五，更新策。国家当百度维新之际，立法者为应社会之新状态，有当编纂法典者，是谓更新策之法典编纂。俄罗斯、日本即采此政策者也。俄国自一六四九年始定乌罗格尼（Ulozheniye）法典。然帛特尔帝（Peter）践祚以后，输入欧洲文明，渐悟本国风俗之非，始设法典编纂委员，欲改正旧法典。其后女帝加罗林二世（Catherine II）读孟德斯鸠之书而好之，以亲笔敕书公示法典之当改正。至尼古剌斯帝（Nicholas）时，卒编成《俄罗斯帝国法律全典》（Svod Zaconow Rossiiskoi imperii）凡三万八千余条。

日本维新之初，废藩置县，变更政体，遂一变其本国之旧法，而改从欧法。盖日本从前法律，概属中国法系，至明治九年，依司法大臣大木乔任之议，比较各国法律，尽改古制，渐次编纂刑法、民法、商法、诉讼法诸法典，变法之勇，为寰宇所罕见云。

第三节　法典之体裁

法典体裁，古今不一其执，大别有左之四种。

第一，沿革体。古代之法典，常随法律发达之顺序而编成，其排列次第常与近世法典之原理相反。夫有法律即有制裁，有权利即有救正。故权利、义务为主，而制裁、救正为末。英儒边沁谓：规[2]定权利义务之法，谓之主法（Substantive Law），亦曰实体法；规定其救正之法，谓之助法（Adjective Law），亦曰形式法。法典之排列，主法占主位，而助法占宾位。然古代法典，则助法常居开卷之首，而主法反在法典之卷末。盖依法律发达之顺序而编成者，故曰沿革。试以世界最旧之法典证之。如印度之《摩尼法典》，其第一编至第七编，全定宗教、兵事，至第八编始及法律。然第八编中最先规定者，则法廷及诉讼之事也。罗马

---

[1]　原文如此。

[2]　"规"原作"雄"。

十二铜表亦然。第一表即定诉讼法，第二表所定者仍系呼出证人之事，至第三表始及于实体法。其后哈德利安帝（Hadrianus）所编之《永久告示法典》（Edictum perpetuum）、德尔特奢斯二世（Theodosius Ⅱ）之法典，鸠斯齐利安帝之《哥特斯法典》（Codex）及第二法典，（夹注：第一卷裁判构成，第二诉讼法）西班牙阿尔布逊十世（Alphonso X）一二五八年发布之法典，（夹注：第一宗教法）丹麦苦力斯安五世（Christian V）一六八五年发布之法典，（夹注：第一诉讼法）佛兰奇人种古代有名之恰萨法（Lex Salica），爱尔兰古法典，皆以助法居首列云。

【眉批】

第八编

第一条：国王若亲临诉讼时，当随僧侣及雇用官亲临法廷。第二：素衣服，举右手。

哈氏排列次序：1. 召唤；2. 对审；3. 寄托物；4. 窃盗。

Theodisius

哥特斯次序：第一，寺院裁判官；第二，诉讼法。

第二，编年体。从法令发布之次序，依年月而编纂者，谓之编年体之法典。其法始于罗马，如《哥斯特法典》，其每篇必依年月排列。至近世诸国，采此法者甚少。盖此种编纂法，虽有知法律新旧之利益，而秩序不甚齐整，且卷帙浩繁。惟《俄国帝国法律全典》，尚仍此体云。

第三，韵府体。法律之规定，依国字之次序整列者，谓之韵府体之法典。如美国麦利兰州（Maryland）之法典，即全依西文字母之次序而排列者。然关于一事，不能全知其法规之全部，此其最缺点也。

第四，论理体。以论理学之分类法排列法典者，谓之论理体之法典。始于罗马鸠斯利安帝之第二法典，分全典为人事法（Jus Personarum）、物件法（Jus Rerum）、诉讼法（Jus Actiones）三部。中世以后，各国中如法国拿破仑法典，及比利时、意大利民法，悉用此制。

然德意志诸国，大都不用罗马式，而别成德意志式。如索逊、巴威仑及德意志帝国民法，纯采新制，盖出于学者之理想。其编制方法不以人事法为首，而置总则于民法之上，且概分为五卷。盖古代法典所以必以人事法居首者，因罗马当时尚为家族制度。近世社会发达，已由家制本位制而移于个人本位制，不必墨守族制时代之编纂法。德帝国之民法，以债权居首，实世界最进步之法典也。

【眉批】

法国民法：1. 人事；2. 财产；3. 财产取得。

和：1. 人；2. 财；3. 义。

西：1. 人；2. 财；3. 义务。

葡：能力、权力取得；财产、权利侵害。

奥：人事、财、人财共同。

日本大同。

德帝国：总则、债权、物权、亲族、相续。

索逊同上。

如时效代理宜定于总则，则文省。

第四节　法典编纂之次序

第一，法典编纂委员。其委员有四种：

（甲）准备委员。设委员以议定法典之体裁、次序、方法者，谓之准备委员。德国帝国民法编纂时常置之。此种委员，要豫受立法部之认可，则他日可免议会全部反对之烦。

（乙）起草委员。欧洲多数国家之编纂法典，常不置准备委员，止置起草委员，使主法典之草稿。其使一人独任起草者，谓之单独起草委员。使数人分任者，谓之分担起草委员。起草委员不可不从各学派中选任之。例如德意志之编纂民法也，其委员十一人，三人通普国民法，三人通德意志普通法，一人通索逊法律，一人通法兰西民法，一人通巴丁法律，余二名通罗马法及日耳曼法。日本编纂法典，特亦合通唐律、明律、清律，通英、美、法、德法律，通日本法律三种人组织之。此种方法虽甚正当，但各派互相论驳，往往法典草案迁延时日。且其委员长必选精通各种法律之人，否则互相矛盾。故欲使法典之速成，不宜采此方法。

【眉批】

先取特权，留置特权——德派。

（丙）审查委员。法典起草时所设调查草案之委员，谓之审查委员。不过提出意见，以供编纂委员之参考。其采择与否，一任编纂者之自由。昔奥大利编纂法典，即并置编纂委员与审查委员。又其一七九六年法典既脱稿后，于各州置审查委员。

（丁）修正委员。法典与社会，常有相距离之势。故往往法典发布以后，于立法部中，设常置法典修正委员。其法始行于俄罗斯，而耶摩斯（Sheldon Amos）氏谓常置修正委员之外，宜每十年新选临时委员，与常置委员合力修正。盖至当之论也。以上四者之外，法典编纂时必不可不选编纂委员长。其选任方法，不外三种，即：一，以官位最高者主之；二，以法律家中学识最高者主之；三，以能办事者主之。三者于古皆有先例，但有当注意者，则编纂法典不宜假手于外国人是也。日本初聘外国人编纂法典，后卒归无用。此外，欧洲诸国其法典成于外国人之手者，仅希腊、蒙得罗（Montenegro）、埃及、印度四国，然皆有特别原因。希腊刑法、治罪法成于巴威仑国学士马勒尔（Maurer）。盖希腊旧属土耳其，及一八三〇年欧洲诸大国之干涉，遂脱回教羁绊，迎巴威仑国之阿德亲王（Prinz Otto）登王位，故托于其故国之学士起草。蒙得罗民法，成于俄国大学教授波悉克（Bogisic）。然蒙得罗本俄之保护国，其编纂经费悉由俄国支领，故用俄人。埃及非独立国，故其裁判所构成法以英、法、德、意、奥、俄、美等国人合议编纂之。印度之诉讼法、刑法、治罪法、证据法、契约法、相续法，皆成于英国人之手。然印度因英之藩属，无国家之资格。此外，无以外国人编纂法典者。

【眉批】

1. 调查立法部之新法案；2. 各高等裁判所之新判例及疑义；3. 学者对于法典之解释；4. 法之无用及不全之部分。

英儒边沁，法典论主持之大家也。一八一四年五月上书于俄帝亚历山大，欲编纂俄法。俄帝深谢其厚意，并赠以指轮。氏不悟其意，是年再上书，帝遂不之答。边沁又尝于一八一一年上书于美国大统领麦坚尼（Madison）。越五年，麦氏答之，盛称其学术为当世第一，然至编纂法典一事则谢绝之。氏遂于一八一四年上书于美国巴西尔氏亚州（Pennsylvania），愿以无报酬从事法典编纂，复不见答。遂自著书，遍送美国各州之知事，无一州应之者。不得已，乃著书以论外国人编纂法典之利益，并寄书于各国之议院。当时止一二小国（夹注：希、葡）常询其意见，余皆不知顾。盖世非大同，则国界不能尽除。使外国人编纂法典，固不能全无流弊也。边沁抱大同之思想，其不见采于世也亦宜。

第二，法典之编纂规程。定此规程之方法，不外三种：其一，政府豫定之，而使编纂委员准据者；其二，设准备[1]委员定之者；其三，使编纂委员自定之者。以第三种方法为便。

第三，法典之范围及主义。法典之范围因便宜而定，非必以一法典包含一种法律之全部也。盖不可编入法典之法律甚多。约举之，有左之数种：

（甲）要屡次变更之法律；

（乙）有实施期限之法律；

（丙）要细密规定之法律；

（丁）仅一地方、一种族适用之特别法；

（戊）要单行之法律及附属于单行法之法律。

法典不可无一贯之主义。例如宪法，有国家主义，有君主主义、民主主义。民法有家族主义、个人主义。不可不决所从。且一种法典，必不可不与他种法典

---

[1]“备”原作“借”。

之主义相调和。

【眉批】

诉讼法：口诉
书
纠
弹
合议
单独
}主义

邮便、税租各罚则及森、农、工商各法宜单行。

第四，法典之文体。法典文体以平易简明，使全国人民为易于了解为主，但用通俗之文词，往往条文过于浩瀚，故法律上惯用之术语（Techanical Term）必不能以俗语代之者，仍不能不用之。

为使法文意义明显，其方法有四：（1）于法典正条所有之用语，皆下以定义者；（夹注：德国始用此法）（2）法令中往往插入解释文者；（3）法令中举例以明之者；（4）于法典末尾，将可生疑义之用语下注解者。

【眉批】

民法四条

先取特权者从本法及其它法律之规定，就其债务者之财产有先于它之债权者受自己债权办济之权力也。

解释之例

1. 民八十：本法所谓物者，谓有体物。

2. 民八十六：土地及其定著物谓之不动产。称乘舆者，太皇后并同。

3. 日民法三十四条：祭祀、宗教、慈善、学术、教艺其它关于公益之社团又财团不以盈利为目的者，得主务官厅之许可，准为法人。

4. 如英高等裁判所条例例。

法典之条文，止于示其原则，不当详其细则。故德意志帝国新民法全部，止二千一百六十四条。较之行于帝国南部之法国民法，减一百十七条。较之行于中央之索逊民法，减四百五十六条。较之行于北部之普国民法，减其三分之一。

第五，法典之材料。法典起草，必不可不先定其材料。而定材料之次序如左：

（甲）搜集现行法令、惯习、判决例及学说；

（乙）搜集可供参考之外国法；

（丙）删除无用之现行法令及不可编入法典者；

（丁）定改正及新设之法规。

德之编纂民法也，先搜集德国固有法、普通法、法兰西法等，弃其所短，取其所长。次分全典为五编，使各主任委员分担之。前后凡开委员会七百三十四回，至一八八八年，始由联邦议会分[1]布之。

英如不文法国，其所为普通法（Common law）者皆基于古来惯习，包含数百卷之法令全书、判决录，其中有数百年无用之法令尚未废止者，有已被破毁之判决例尚载于判决录者。故政治家谓英之整理法律，常用左之方法：

（1）徒法删除（Expungation）

一八五四年依大臣之上奏，尝废止无用之法令三千余条，亦足以觊英国法律之芜杂云。

（2）法例汇辑（Consolidation）

集关于同种事件之单行法及判决例为一种之条例，是谓法例汇辑。英国判决，初多用判决例。及一八五三年始制定刑法整理条例。其后渐选法律家为委员，使任编纂汇辑之事。而商船条例、会社条例、汇兑条例、破产条例等，渐次发表。

（3）成典编纂（Codification）

英国现行诉讼法，在十九世纪以前多为单行法，至一八六〇年始定普通法诉讼条例。一八七五年又定高等裁判所条例。

【眉批】

1. 正从犯条例；

2. 财产毁害罪条例；

3. 证言伪造罪条例；

4. 货币伪造罪条例；

5. 人身毁伤。

刑法及治罪法：1878 提出议会；1883 仍未决。

第六，法典之起草及公布。法典起草，有单独起草与分担起草之二种。古时法典尝属单独起草，近世各国中亦有用此法者。是虽有体裁划一之利，而不能适用于范围稍广之法律。故德国民法草案即用分担之法。但脱稿之后，不能不付审议会审查之。

古代法典常不公布。然近世则以法律与人民利害有直接关系，非可秘密，故常公开之，以窥一国之舆论。至裁判所、大学校、法律家、政治家及实业家，常送草稿于其家而征其意见。故法典编纂机关中，不可不设意见书审查系，以收受各处之意见书也。

---

[1] 原作"介"，原书批改为"分"。

【眉批】

德：委员长一人，债权一人，物权一人，亲属一人，相续一人。每编协议员各〔1〕人，补助员不计数。

法典之编纂，虽不可托于外国人，而不可不求其批评。普鲁士民法之公布也，政府不止以草案公之国内，且送之于德意志全国及奥大利诸大学校、裁判所、法律家、辩护士、政治家，乞其批评。其所受之意见书，合为三十九卷。政府使委员斯哇勒（Swarer）氏择其要者，作意见书，拔萃八卷。草案中据此改正者极多。故普国民法，世无訾谤者。奥大利则不然，仅送其草案于本国之大学校、法律家等，而不及外国，故其民法虽不必劣于普国，而当世严议其不当。此亦得失之林也。

草案终结，必当上奏君主。故英主多以此为不朽之美名。拿破仑兵威震于全欧，然其自述则谓：法国法典成于朕手，而以为文德优于武功云。

（注）本章所据者，日本穗积陈重之《法典论》，盖明治初叶之法律大家也。此作为"法理学丛书"之一。以其与我国情形极有关系，故节录之。

第七章　法之分类

法之分类，极为多种。兹第述其概略。其详属《法学通论》范围，本校既无此种科目，故略及之。

第一，自然法、人定法。自然法前既述之，（夹注：按己意〔理〕判断）现今立法家大都以之辅人定法之不备，而以法律明认之。日本亦然。凡法律有成文法者，依成文法。无成文法者，依惯习。无惯习者，依条理。

人定法者何？谓主权者直接又简介命遵由之规则也。有成文法、不文法（亦曰惯习法）二种。

（甲）成文法。其定义谓主权者自己又依其代理人表示意思而定之规则也。有法律与命令二种。谓之成文法者，言其必记载于文书。直译之，即书写的法律。法语谓之 Droit écrit，德语谓之 Geschrieben Recht，皆此意也。

（乙）不文法。不文法者，谓人类自然永据之行为标准，而主权者认其有法律上效力也。盖惯习之发生，其始不过一二人之行为，他人从而效之。积久遂成一种之正理。违反者，社会上常与以制裁。是谓惯习。古代之法律，概为惯习法，不必记载于文书，故有不文法之名云。

---

〔1〕　"各"下原有一数字，用笔涂去。

【眉批】

大雪之日，一人留迹，众人踵而行之，雪化时遂成路。

买卖不必交钱交货，皆本于惯习，故法律例承认之。

银行出纳之时间，商法承认之。

惯习不过一种事实。于何时期而变为惯习法耶？有左之五说：

【眉批】

惯习法者，依惯行而确定之法律也。

（一）永续惯行说。此说本于罗马之法典，中世注释家唱之。

（二）国家默认说。英儒边沁及法国学者之大多数唱之。（夹注：一国人民久守某行为之规则时，立法者认可或直接间接不拒之时。一方基于人民之意思，一方渊源于立法者之意思，是生惯习。）

（三）人民确信说。历史派中之沙比尼唱之。

【眉批】

直接发现者为惯习，间接假立法者之手发现者是为成文法律。失与一条同。

（四）法廷承认说。英儒阿斯庆唱之。

（五）法定要件说。此说谓惯习苟具法律之要件，始可变为惯习法。依布尔姆（Bloom）所说，英国惯习变为法律之条件凡七，即：（1）其惯习要发生最古，为人所不能记忆；（2）要继续通行；（3）其惯习要平稳无争；（4）要适于条理；（5）要确定；（6）有强制力；（7）不与他法律及惯习相冲突。（夹注：不能通行）

是诸说者，皆各明一理。故惯习之成为惯习法，必不可不具左之要件：

（1）人民有继续惯行之事实；（夹注：西·十年；巴威仑·三十年）

（2）欲其惯习有法律之效，必由国家付与以羁束力。而其承认之方法有二种，即明示承认、默示承认是也。

惯习法既无法文，其存在与否，往往不免生疑。故不可无证据。欧洲有"裁判官知法律"之格言。惯习法既为法律，似裁判官有不可不知之义务，不必待当事者之援引。然惯习法既无记录，裁判官断不能无阙疑之处。故遇有存在与否生异议时，或自以职权为调查，或使当事者证明之。而其证明之方法，往昔欧洲尝询问于鸠尔布［Jurb（?）］。鸠尔布者，谓裁判所管辖区域内之辨谈士、检事、书记之会合也。或询于地方长老之决议，谓之 Weistumer（?）。今则不外讯问证人与调查书类之二法。

【眉批】

特别惯习，一般惯习。

惯习法与成文法之关系，通常必以法律定之。凡有三种：

（一）认惯习法有变更、废止成文法之效力者。其说倡于德国之历史派。其理由以成文法有固定性质，不能随社会之进步为变迁。故巴威仑民法且明定之。然近世国家之立法机关甚为敏捷，法律之改正极自由，不必认惯习法之效力，且认惯习法可变更成文法，及于成文法之主义。

（二）不认惯习法能变更、废止成文法者。其说始于英美之分析法学派，而普国民法、奥国民法、荷兰民法施行条例、巴丁民法施行条例、法国一八〇四年法律，皆明定之。此最适合于今日之状态。德国新民法第一草案第二条，谓：除法令明示依惯习法之外，不认惯习法之存在。此草案至第二读会，则改为任民法施行法制规定，而施行法亦未定之。故其认惯习法与否，学说不一致。然第五曰法曹会议，则终主张此说云。

（三）不许惯习法之成立者。采此主义者，止索逊民法。

现今日本民法亦采第二种主义。惯习法不过有补充成文法之效力，绝不变更、废止成文法。

【眉批】

例如和奸。

德国对于惯习之原则：

1. 有同一效力；

2. 非特别必要，不许以成文废惯习；

3. 习法不废成；

4. 补充成文。

（4）〔1〕例1日民法九十二：有异于法令中关于秩序之惯习，而法律行为之当事者有依之之意思，从其惯习。

2. 日商法一条：关于商事，本法未规定者，用商习惯法。无之，则用民法。

第二，国法、国际法。国法者，一国以内所定之法律也。至二国以上之间所定之法律，则为国际法。国法或曰国内法，其译语本于德语之 Staat recht，直译之则关于国之法律义，应译为国家法或国事法。盖最新之用语也。

国际法其用语出于希腊学者之所谓自然法（Jus natural）及罗马之万民法。十七八世纪之欧洲学者，犹用此语。英国则于一六三五年，学者始以万民法（Jus Gentium）之名为不当，而称为国民间法（Jus inter gentes）。其用国际法之文字，则始于英儒边沁。然阿斯庆氏则以为国际法非法律，而改其名称为积极的国际道德（Positive international morality）云。

第三，公法、私法。公法、私法之区别，其源流最古。或以为始于希腊之亚

---

〔1〕　意为上述第4点之补充例证。

里士多德。然世远莫能详也。依近世一般通说，则以为始于罗马鸠斯利安帝法典中。常揭乌禄比亚（Ulpianus）之说，其言曰："公法者，关于罗马事务基础之法；私法者，关于个人利益之法也。"（Publicum ius est, quod ad statum rei Romanae spectat, privatum, quod ad singulorum utilitatem pertinet.）是为论公法、私法之始。

【眉批】

贺兰德《法理学》引阿氏说曰：殴打为个人之侵害，脱兵籍、避税为对于国家之侵害。

神事、神官、官吏为公法，自然、万民、市民法为私法。

此区别之学说甚繁，兹但举其大略如左：

（甲）无区别说。凡分为三：

（一）不认公法、私法区别说。德儒伊耶陵不认此区别。阿斯庆氏亦谓法有人法、物法，人法中有公法、私法、例外法（夹注：宗教法）之三种，不以此为最大分类。（夹注：私权之侵害与战争，不止对于自己之义务，并为对于公庶之益务。依战争而保护法律之尊严，维持其制定法律。故各人保护自己之权私，同时亦保全公共之秩序。二者不能区别。）（夹注：公安行为属法，非人非物。）（夹注：[阿] 主权及执政者有权力义务之法为公法。）

（二）一切法皆为公法说。法律之全部，皆为社会利益而存在。故一切法皆当为公法。其说英国学者一部分主张之。

（三）一切法皆为私法说。法律胥为个人之利益而设。故公法不过私法之助法。其说盛行于法国政变时代，故法国民法常揭公法之规定云。

（乙）区别说。此说虽认公法、私法之区别，至其标准则至今无有定说。窃谓法之有公私，其理由特原因于历史。盖罗马法之势力日以强大，故法律家皆受其影响，非果有健全之理论也。兹但略举东西著名之说，以供参考。而其甲论乙驳之点，则概略之。

（一）利益说。此说以公法保护公之利益，私法保护私之利益。自乌禄比亚以后，历史派布里志盛主[1]主之。然欲决公法、私法之性质，不可不先明公益、私益之区别，陷于循环论法之谬。

（二）法律关系说。公法规定权力服从关系，私法规定平等关系。其说本于日本之穗积八东氏，亦最有力之学说。然如其说，则德意志帝国宪法不过定各联邦权利之平等，可为私法；而私法中如亲族法所定者，皆为父子夫妇之关系，不得谓之平等关系。果何说以解之？

---

[1] 疑衍一"主"字。

（三）法律安配本体说。法律全为权力关系之规定。但其中对于人定权力之法，为公法；对于物定权力之法，为私法。英人佐谟主张之。然国家对于领土之关系，为对于物，而不得为私法。亲族关系、债权关系为对于人，而非公法，故不足取。

（四）法律关系主体说。定国家与其他公人格及私人之关系者，其法律为公法；定个人相互之关系者，其法律为私法。其说为法国一般学者所主张。然国家与私人之关系不必全为公法，而个人相互之关系有属于公法者。

（五）法规违反效果说。违反法规，即成不法行为时，其法律为公法；反之，违反法规，不生不法行为，因当事者意思始成不法行为时，其法律为私法。此为德国近今最新之学说。然一切法律皆因违反而生不法行为，不必要权利者之意思表示。特其违反行为有得因当事者之许可，免其不法之责者。故其说亦不能赞同云。

以上五说，皆其势力之较著者。其他则概从省略。以实例言之，宪法、行政法、刑法概为公法，民法、商法概为私法。国际法或以为公法，或以为私法。诉讼法中，刑事诉讼法概以为公法。至民事诉讼法，或以为公法，或以为私法，学者间尚不一致云。

第四，实体法、形式法。实体法者，谓规定权利、义务之主体、客体及其发生、消灭之法律也，亦曰主法。形式法者，谓规定权利行使、义务履行形式之法律也，亦曰助法。其区别始于英人边沁，前既述之。但英国称为主法、助法，而德国则称为实体法、形式法。而其实行此分别，则始于法兰西法典。盖编纂时最为便利，故他国次第采用之。

第五，普通法、特别法。自法律之效力区别之，有普通法与特别法之二，亦曰通法、特法。其标准凡三：

（甲）因于地之区别。通法者，行于一般全国之法律。特法者，行于其国之一部分。此在单一国甚少，然联邦国则常有之。

（乙）因于人之区别。通法者，臣民一般可通用之法律。特法者，限于某身分职业之人适用之法律也。故亦曰同权法、异权法。

（丙）因于事物之区别。通法者，适用于一切事物之法律。特法者，限于适用特别事物之法律。

通法与特法之关系，则通法与特法抵触时，当从特法，是谓特法优于通法。但此为效力同等之法律言之。至效力有轻重时，则仍依效力较重之法律。

第六，强行法、任意法。强行法者，谓利害关系人不得以其意思免于适用之法律也。又可分为二种，曰命令法，曰禁令法。

其得以人意思免于适用者为任意法，亦曰随意法，或曰许可法，又曰解释法。此种任意法，当事者即不依之，仍有法律上效力。至强行法，则违背之者常有左之制裁：

（1）其行为无效之制裁；

（2）不特行为无效，且科以刑罚之制裁；

（3）其行为虽非无效，而科[1]以刑罚之制裁；

（4）其行为非无效，又不科刑罚，而以其他六法制裁之。

第七，固有法、继受法。固有法者，谓因自国之风俗惯习等而发达制定，毫不模范外国之法律也。其以外国法为模范而施行于自国者，为继受法。

一种法律继受他之法律时，其被继受之法律，谓之母法。而继受之法律，谓之子法。凡子法不明时，不可不依母法解释之。

第八章　法源

法源之语，有指法律之基础言者，有指法律关系发生之原因言者，皆非本义。此法源二字，乃指法律所由生之材料，不可与上诸意义相混。

论法源者，其说颇不一致。阿斯庆、沙比尼之流，以成文法、惯习法为法源。贺兰德则以惯习、宗教、判决、学说、条理、立法六者为法源。日本明治初年之学者，多以贺说为根据。近则已有非之者。盖立法与判决，皆非法源。故现今通说，其可为法源者，限于左之七种：

第一，宗教。古代法律概基于宗教，此不待言。虽今日文明国之法律，其发源宗教者，尚不一而足。故麦因氏（Maine）谓法律之源，发于天帝崇敬之会。殆非过言。

盖宗教为法律材料之方法有三：

（甲）以法律为神所制定者；

（乙）基于宗教之教旨，制定法律者；

（丙）采用宗教上之规定为法律者。

第二，惯习。惯习为法律渊源与否，为法理学上一大问题。从来学说，大都止于私法之范围内认为法源，而公法则否。然公法之以惯习为法源，殆与私法无异，固无甚大区别也。惯习之类别，有一般惯习、局地惯习（general usage and local usage），普通惯习、特别惯习（general usage and special usage），成文惯习、不文惯习（written usage and non-written usage）之三种。至其为法律材料，不外左之二方法：

---

[1]　"科"原作"神"。

（甲）明认惯习而附与以法律之效力者；

（乙）采用惯习而规定于成文法者。

【眉批】

（1）法律认为同一效力之惯习；

（2）法律未规定事项之惯习；

（3）与法律相反之惯习。

例（2）日民法

法律未规定者，从惯习。但与善良风俗、公共秩序不相反者。

3. 惯习反与强行法者为无效，反任意法者有效。

第三，条理。条理者何？即所谓正义者是也。夫人类何以有不可不忠实之义务？对于其亲，何以有不可不孝之理由？是即所谓自然法，又即所谓正义也。古代以条理与法律有同一之效力。法律与条理，因无甚区别。至于后世，法律始有与条理异其区域者。昔摩罕默德慕其养子之妻，使之离婚，而取为己有，于是遂宣布一种法律，谓养子与养子之妻，在法律上无亲属关系。此所以有"恶法亦法"之格言也。然此等不条理之法律，宁属例外，而非原则。盖法律通常必合于条理。而其采为法律之材料者，凡有三方法：

（甲）以条理为法律制定之基础者；

（乙）采用条理为法律者；

（丙）附与条理以法律之效力者。此则多在法律不备时适用之。奥国民法第四条云："无明文及惯习时，依自然法。"此外，法国、日本皆有与此类似之规定。英国则自一八五二年以后，惯习法与衡平法并立。所谓衡平法者何？即条理是也。不独英国而已，罗马之布勒托法（Practors law）亦然。盖罗马人民中所通行之法律，有谓之鸠斯西比尔（Jus civile）者。此法律止罗马人民适用之。其后罗马境域渐废，外国人之入罗马府者益多。罗马人与其外国人间，又外国人与外国人之间，生种种之关系。而鸠斯西比尔之法，止适用于罗马人。不得已，始设外国裁判官，谓之布勒托。凡外国人与罗马人间，及外国人与外国人间之事件，使外国裁判官运自己之脑力判断之。故罗马之法律遂有鸠斯比尔及鸠斯阿罗拉力安（Jus honorarium）之二种。是亦与条理以法律效力之一实例云。

第四，判例。判例，谓裁判所关于诉讼所下之判决例也。古时法律之规定极粗，故判例即为法律，谓之审定法（Judgement Law）。麦因氏亦曰："法律非由原则而生，积各事件之判例而成原则。"但近世法律渐完备，立法与司法分离，判例决不有法律之效力。然依各国情形考之，其主义亦分为二派。

（一）英国主义。此主义判例纯然有法律效力，援用判例，与援引条文无异。

（二）罗马主义。此主义判例不与法律同效力。其效力仅有下之三种：（1）

为惯习法成立之证据；（2）示法律解释之见解；（3）因判例所采如何，于后来之判决有重大之效力。此原则（夹注：援例判决之原则）至鸠斯齐尼安帝始确定禁止，不以判例处决诉讼。现今大陆诸国，皆袭此主义。但同袭此主义之中，亦分两派：

（1）特以明文规定之者；（夹注：宣告主文理由，不能引例）

（2）法律上虽无明文，其精神仍为同一者。

【眉批】

普民法第二条，奥民法十二条。

无明文：法比伊。

无判例之国，不适于无知识之判官。

以判例为法律材料者，有左之三方法：

（甲）与判例以法律之效力者。此除前述英国外，无采之者；

（乙）采用判例为法律者；

（丙）判例养成惯习法者。

第五，学说。英美主义，凡裁判官所下之判决，以取诸通儒之学说及辩护士之讨论为多。故学说在法律上常占大势力。至其为法律材料之方法，凡有四种：

（甲）将与法学者以法律解释之权。罗马皇帝尝选法律家与以法律解释权，谓之学士说（Auctoritas prudentium），其一例也；

（乙）与法学者之学说以法律之效力。此罗马尝用之，而西班牙亦曾采此方法；

（丙）编纂法学者之学说为法典。罗马尝编纂三十九大家之学说为一大法典，谓之《集者司脱》（Digesta），其一例也；

（丁）法学者之学说，养成惯习法。

第六，条约。条约者，国家与国家间表示之契约也。德意志一派之学者，谓条约一为对于外国之效力，一为对于臣民之效力。然条约与法律迥殊，不得谓条约即法律。但国家为履行条约，对于人民尝发布遵奉条约之法律，故其为法律材料，尝有左之二种方法：

（甲）以条约与法律同一效力，规定于宪法者；

（乙）每缔结条约时，或作为法律，或作为命令公布之者。

【眉批】

法：关于领土割让及交换、合并。

第七，外国法。外国法尝作为本国法律之材料，现今不乏其例，而其方法有二：

（甲）以外国法为材料而制定法律者；

（乙）外国法养成自国之不文法者。

第九章　法之效力

第一节　时之效力

时之效力者，谓法律何时生效力，又何时失其效力也。其原则有二：

第一，法律自公布之日起，待一定之施行期限后，生实施之效力；至废止之时止，始归无效。

凡法律本以公布生拘束力。但近世诸国通常设一定期限，待其满期后实施之，谓之施行期限。自公布之日起至施行期限止，谓之犹豫期间。

定施行期限之方法，不外左之三种：

（甲）公布之日，全国一般实施者；

（乙）公布经一定期间，全国同时实施者；

（丙）定法令到达期间，依去立法府距离之远近，各地异其施行期限者。

【眉批】

官报发行后第十四日；

奥发行后四十五日；

日发行后二十日；

巴黎满一日，各地方官报到后满一日。

以上三种方法，除第一种绝少采用外，在交通机关发达之国，以采第二法为至当。至土地广袤而交通不便者，当采用第三法。

法律公布以后，一定施行期限已满时，直生实施之效力。人民不得以不知法律为口实而免其责任，是谓"法律不识不宥恕"（ignorantia juris non excusat）之原则。但有左之例外：

（一）因天灾时变而实际不知法律时；

（二）依人民之意思得不适用法律之规定时；

（三）法律特宥恕法律之不知又错误时。

第二，法律不溯既往。

此原则始于罗马鸠斯齐利安帝之法典，诸国渐次袭之。其意义似甚简明，而实则疑义百出。欧洲学者关于此学说之著书不少，兹择要绍介之。

（甲）法律不溯既往之原则，非立法上之原则。欧洲从前之法制及学说，恒以此原则为可拘束立法者，而始于美国之宪法。其宪法有禁止发事后法（Ex post facto law）之明文。其后法国共〔1〕和三年之宪法及挪威宪法皆效之。孔士丹亦曰："法律之反致效，暴虐之最大者也。故溯既往之法律非法律。"但近世立法之情形往往有溯既往之必要，否则不能达其改良法律之目的。盖法律亦有当溯既往者：

　　（1）以明文定溯及既往者；

　　（2）法律虽无明文，而立法者之意思在溯及既往者；

　　（3）法律之性质上可溯及既往者。

　　（乙）法律不溯既往，止于为法律适用之原则。所谓不溯既往者，谓关于同一事项，新旧二法异其规定时，新法管辖公布以后之事项；至公布以前事项，仍归旧法管辖。然此原则实际上颇多障碍。盖旧法时代全完结之事物，自属旧法管辖。新法时代开始之事物，自属新法管辖。所可疑者，发生于旧法时代而结果在新法时代之行为，将归何法管辖耶？学者谓此时代必须有经过法（transitory law）以定新旧二法适用之限界，然不免失之烦琐。故今日德、法二国之学者，皆解释法律不溯既往为法律不及效果于既得权。

　　【眉批】

　　1. 单有权利希往者非既得权；

　　2. 一般之权利非既得权；

　　3. 人身权非既得权（如身体生命自由）。

　　欧洲关于法律不溯既往立法及学说之沿革，有可考者。最初之法制，止规定法律不及效果于过去之行为及事件。（夹注：普一四，法二，和四，伊比二条）其后因适用上之不便，乃制限其范围，止于不及效果于既得之权利及既遂之行为。（夹注：奥大利民法五条）然仍失之过广，故立法者为公益计，尚认许多之例外。（夹注：索逊民法二条复改良之）此近世立法之情形也。但近日学者谓将来此原则尚有狭隘之倾向。所谓溯及者，（夹注：最新之说）谓以新法废弃其既经完结之行为，（夹注：如新法之息轻而旧息重）或变更权利既往之效果，非谓以新法适用于既得之权利，使之将来废灭或禁止其权利之行使也。此论唱自德国学者，而巴丁和之。德国帝国民法编纂委员则谓此原则全属无益，不得认为法律之原则，当使裁判官依情形自由斟酌定之。

　　【眉批】

　　公法：

　　一、关于公权之法律。（如议员、官吏资格，不能有既得权）

　　二、关于诉讼之法律。裁判管辖权中途变更者，归不溯既往。

---

〔1〕 "共"原作"其"。

三、关于刑罚法律。不溯既往，但疑狱惟轻者是从。

私法：

一、关于身分能力之法律（如新法不准养小纳妾等），能力如男子十七而娶，女子十四而嫁，此不溯既往之年龄之类。

二、关于财产之法律。债权同。原因不溯既往，如新律赌债不负之类。效力如利息因无特约而减轻之类。

三、相续之法。如新律长子分产应多之类，或赠友以人死未死未定。[1]

四、照旧法而之行为为无效。如印花税之类。（民事诉讼法）

时效有既得权。如十年占得屋宇之类。

第二节　人之效力

古代法律之拘束力，其范围及于全体之民族。主权者非一国之元首，而为一种民族之首长，是谓属人主义（Personality）。中古以后，国家必有一定之地域，民族主权一变而为属地主权。法律之效力以一定之地域为限，是谓属地主义（Territoriality）。然极端适用此主义，颇有不便。故近世关于法之效力，尝折衷此二主义之间云。兹举其原则如左：

（一）凡法律，国家一般人民皆当遵守。但因于人之特别法，仅其种类之人民遵守之。

（二）得法律之免除者，限于其免除事项，免遵守之义务。

（三）国民在外国时，从其在留国之法律。此原则有三例外：

（甲）国民虽在留外国，其身分能力仍从本国法。

【页下批语】

关于身分之事，不能因属地主义而用外国法。日本结婚年龄男十七、女十五，英则更少。如介二者之间，则日人在英结婚必用本国法，以其关于身分也。诉讼法亦然。如英国以十六为成之类。

（乙）国民虽在留外国，公法上义务仍从本国法。此指约税、兵役等言之。但关于刑法，各国法制计分四种：

（1）国民在外国所为之犯罪，全罚之者。（夹注：德、葡、瑞士）

（2）国民在外国所为之犯罪，全不罚之者。（夹注：英、美、法）

（3）国民在外国所为之犯罪，对于本国人者全罚之。其对于外国者，则限于一定种类罚之。（夹注：侵犯外国皇室、它国使臣等。比利时、荷兰）

（4）国民在外国所为之犯罪，限于外国罚之，及其犯罪对于本国人者，罚

---

[1]　自"私法"以下至此皆用红色铅笔书写，笔迹极淡，辨识困难，或有误，请读者注意。

之。（夹注：有治外法权者为例外。威丁堡）

（丙）国民虽在留外国，有治外法权者，仍从本国法。

（四）法律之效力。不及效力于国家及君主。

（五）对于外国人，法律限于其在留者，为效力之所及。但有治外法权者，不在此限。

【眉批】

五

治外法权关于国际公法有二：

1. 与国民资格关系之法，如当兵、纳税之法；

2. 关于安宁秩序之法，外国有必守之义务。

第三节　地之效力

法律及于土地之范围，依左之原则：

（一）法律以行于全国一般为原则，但依地而定之特别法，行于国内之一部。

（二）法律不行于效力停止之场所。

（三）法律行于其国之领海。

（四）法律因治外法权之结果，行于外国。

（五）军舰及公船在外国领海时，法律行于其军舰及公船。

（六）在公海中之船舶，为本国法律之所及。

第十章　法之改废

法之改正变更者，谓废旧[1]法而代以新法。又关于同一事件，依后出之法律，使旧有之法律失其效力也。法律之废止者，谓废止旧法，而不代以新法也。有学理上言，改正变更不过废止之一种。

法律废止之范围，使法之全体失其效力者，为全部废止；仅某部分失其效力者，为一部废止。全部废止，毫不生疑义。至一部废止，则范围常不明瞭。兹举一部废止之原则如左：

（一）新法明定废止之范围时，以新法所指定者为限，不及于其以外之部分。但有二例外：

（甲）一种制度废止时，关于此种制度之法规亦必因是废止；

（乙）一种法规废止时，以此法规为前提之法规亦必因之废止。

---

〔1〕"旧"原作"新"。

【眉批】

科举废而科场条例亦废。商法废而施行细则亦废。

（二）因于新旧两法抵触去废止，以其有抵触之部分为限。故其抵触止于一部分时，限于其无抵触之范围互用新旧二法，是谓"后法混和于前法"。（Posteriores leges ad priores pertinent nisi contrariae sint）

【眉批】

登记法与公司律。

（三）关于特别事项之法律，不因后所发布之通法而失其效力，是谓"特法不依通法而废止"。（Legis operari per generale non destinatus）

法律废止之原因，有左之二种：

第一，由于内因之废止。内因之废止者，谓法之规定中，包含废止之原因也。分为三种：

（甲）法律预定实施期限时，因其期限之到来而废止；

（乙）可为法律目的之事物消灭时，因其事物之消灭而废止；

（丙）经过法因新法完全实施而废止。

学者于上三种内因之外，尚附加左之二种：

（1）理由之消灭。法语有云："正当之理由消灭时，其法律亦消灭。"（Cessante ratione legis, cessat et ipsa lex）（夹注：长子多分产业之类）学者解之曰：凡法律，其制定必要之理由消灭时，其效力即消灭。然罗马法典及近世多数之法例，皆反对之。故理由消灭，与法律之存在，无意末关系。

【眉批】

古昔法律，其理由绝不能一一探求。探而弗得，遂弃法律，则古法可废者甚多。

（2）不适用。法律得因不适用（Desuetude）而消灭与否，为学者议论之所歧。主张废止者，谓人民人不适用此法律，即为表示嫌恶之意思。然法律既必依一定之形式，则其废止亦必以同一形式为准。故现今多数国家之法律，多以明文规定之。凡成文法苟非有立法者之变更废止，虽不适用，不因之妨其效力。

【眉批】

1. 可废说。久不用者。

2. 不可废说。虽不用而终有效。如普民法五十九条，意民法五条。

第二，由于外因之废止。依立法者之意思废止现行法律时，谓之外因之废止。亦有二种：

（甲）明示废止。立法者明言以新法废止旧法者，谓之明示废止。（夹注：新者某日施，旧者某日作废）

（乙）默示废止。虽不明言以新法废止旧法，而设与旧法相抵触之法律时，旧法当然失其效力，是谓"新法废止旧法"（Posteriora derogant prioribuc）之原则。

第二编　各论

第一章　人格原理

人格者何？谓得为权利义务主体之能力也，所以指示权利义务之归属者。通常所谓人格，即人是也。然法律上所谓人，与生理上所谓人不同。有生理上可为人而法律上不认之者，奴隶是也。有生理上非人而法律上与人同视者，法人是也。自奴隶制度废止以来，苟为人类，皆得为人格者。但近世之法制为避用语之混杂，其生理上之人则称之为自然人，以示区别于法人。

法人之语，法国屡用 Personne civile 之语。然此语专指私法人，颇嫌不能包括。故法国法典中，其表彰非私法人之语则用 Etablissement 之语。实则法人之语，求之法国法规，殆绝无之。（夹注：法民法早，然而间接认之）或有称之为拟制人（Personne faisant）者。今日欧洲一般通用者，则 Personne juridique（法人）、Personne morale（无形人）之二语。德国特别法及奥民法亦用无形人之语。而意国法典则屡以 Corpi 及 Enti morali 充之。

【眉批】

法人种类：

1. 公法人：a. 国家、地方；b. 自治团体、公共团体（水利、商业）。

2. 私法人：a. 社团法人及财团。例因社员之集会，法律上认之。财为一定目的而存立之财产集合体也。例如救火会。b. 公益法人（赤十字会）；营利法人：民事会社、商业会社。

3. 内国法人、外国法人。

（1）准据法主义。（2）设立地主义。（3）社员国籍主义。（4）株主募集主义与住所地主义。

私法人：夫妇、家族；

公法人：罗马帝政之末，以国家为公法人。

法人为一种不可思议之制度，颇有以为超于立法之权能者。罗郎（Roland）氏所著之《民法原理》，谓人类非无论何物皆能创造。立法者无端忍发现一法人，使与神创造之人相并，实一奇怪之现象。然近世法人观念之发达，一方基于法律万能主义，一方又受国家有机体之影响。且近世因社会之进步，人类为单独活动，同时又为各种之共同组织，何者？人生之目的，往往有非合数人之力不能达者，又有非依多数人之财力不能经营者。法律因是而认为一种主体使与自然人分离，为独立之人格者，此法人发生之最大原因也。但其性质，古今学说纷如，至今莫衷一是。故欧洲以法人论为一种之迷路（Labyrinth），盖法学上至难之问题也。

【眉批】

始定法人者，为伊大利比次之普，虽规定而不认财团法人。至索逊则兼认财团、社团。德民则更详备矣。

第一，拟制主义。

拟制说（Théorie de la fiction）之大要，谓真有人格者，限于自然人。至以人类以外之物为有人格，则出于法律之拟制，亦曰假定说。其说始于罗马注释学派。法国多数学者盛主张之。而德国一部分学者犹持此说。如沙比尼及孚布达（Puchta）其最著者。其根据之点，谓人类有自觉（Selbstbewusstsein）与意思（Willen），故可为适当之人格。何者？权利者，意思也。依此论据：（1）权利为人而在；（2）权利之主体限于人类；（3）无无主体之权利。从此主义时，国家创设或消灭法人，全出于其任意，其人格非真人格，不过法律赋与之恩惠。纵令适法之团体，不得主张其有人格。又已赋与之人格，可以随意夺之。

【眉批】

法律关系之主体，必不可不限于有法上之自由者。而法上自由不外有意思之人类。

拟制说近来甚为德国多数学者所排斥，兹举其非难之点如左：

（甲）依拟制说之主义，无自觉与意思，不能（夹注：绝对）为人格。何以幼者、疯癫及其他意思无能力者不妨为权利主体，又奴隶及准死者之人类何以不能为权利主体？无以答也。

（乙）人类可为权利主体是也。因此而谓（夹注：绝对）非人类之总不能为权利主体，是由于不知论理。

（丙）依此主义，决不足以说明公法人。何者？国家亦法人也。然创设国家者，决非法律。又与国家以优胜权者，亦非法律。国家之人格，实为国家存在自然之结果，决不得谓之法律之拟制。沙比尼氏知此说之但碍，于是曲为说曰："国家者，必然的无形人也。仅国家之人格先于法律而存在。"可以知拟制说之弱点。

（丁）此说虽不认无主体权利，然拟制主体终非真正之主体，结局与无主体

归于同一。（夹注：如公司债权，法律可以取消）

第二，法人否认主义。

（一）目的财产主义（无主体权利主义）。其说本于布里志（Brinz），学者多祖述之。依其所说，罗马人止以市为人，其人之分类中绝无法人。近日所称为法人者，以国家、城镇乡等为人，不过一种空想、一种比喻而已，决非正当。盖财产不止属于人，亦有属于目的者，是谓"目的财产"（Zweckvermögen）。近世与财团（Piae Causae）以人格者，不外乎此。但因此目的财产要与个人之财产区别，故别称个人之财产为人财产（Personenvermögen）。此说之批评如左：

【眉批】

如相续人旷废之相续财产（未来人为目的）（寺院、国库）

（甲）罗马以奴隶为物（Res），故不认为人格。断无认物（夹注：目的）为人格之理。

（乙）意思为权利之要素，为不易之定理。离意思而言权利主体，是犹无主体也。与权利让渡及代理之观念皆不合，故不能说明今日之法律现象。

【眉批】

凡权利皆为生来有心的自由之人类而存在，故权利主体或人格之观念当与人类一致。

让渡

公司（人）：卖主——我（人）：买主

目的财产

人格甲——人格乙

（二）个人财产主义（终局主义）。此说以其财产属于组织之自然人，凡与法人关连之权利，皆为自然人之权利。法人特无用之长物。（夹注：然公司未成立之前，或学堂解散之时，或社团因人员之缺乏而解散者之。至财团常无主从。然可认未来之关系主体如胎儿、相续之类。）代表此说者，则德之伊耶陵是也。法人布兰尼阿（Planiol）氏亦赞成之，尝曰："地球上人类以外，尚有权利之所有者，予之所极不解也。"此主义使法人与组合（Partnership）混同。且认此主义，法人之各社员得与自己之债权债务相杀，其弊甚多，故不足采。（夹注：故法律必认法人）

【眉批】

社团实际享有权利者社员，财团享有者贫民、病院、学校。

第三，法人实在主义。此说以法人之存在为真实存在，并非法律之拟制。其说盛于德国。但其说明亦不一致，兹列举于左：

甲说：人类为组织之一细胞。社会与个人同，皆有脑之一物。社会意思之决定，即社会脑之作用也。个人与团体皆为同一之有机体。则法律上待团体，宜与待个人为同一。伯伦知理主张之。

乙说：法人为实在物。从前分人类为物理的人、非物理的人，绝非正当。故人之分类，当依左表：

$$
人\begin{cases}
自然人：个个之人 \\
拟制人：人之集合之社团人格 \\
（相续人旷缺之相续财产）
\end{cases}
$$

是说本于古攸（Kuntie），其区别于社团、财团之一点，与近世主义不同。（夹注：财团亦由意构成。至于社，则有人社中，无论矣。）

丙说：所谓人者，不限于人类，但有意思即可为人。近世称之为意思主义。铁尔曼（Zitelmann）主张之。氏之说曰：今有 A 及 B 之二个体，单纯结合时（夹注：朋友），别不构成新实体，不过为（A+B）。然一旦此二物组织的结合时，A 及 B 二者均与原物异，而成为 A 及 B 有共通性质之 C。此第三者之 C 与其部分之 A 及 B，同为实的存在，即为 A+B＝C。氏又自举例以明之曰：人之体为酸素、水素、室素，全为别异存在。及合成为人，此人则全为别物。合石与柱为家屋，而家屋全为别物。

实在说之依据虽不一致，然其大旨则以为凡为人格，必不可不为法律所付与。自然人并非本有人格，因法律之付与而始生。法人亦非本无人格，法律亦因其实在而后付与之。日本学者初多从拟制说，近则多主实在说，至否认说则今日已无势力。

拟制说与实在说之优劣，法国派与德国派学者尝争之不遗余力。余之浅学决不足以断其优劣。然以吾国之学理言之，以拟制说较为合理。日本民法亦采拟制说。然欧洲近世之现象，则以实在说大占势力云。

第二章 权利原理

第一节 关于权利观念之学说

关于权利之观念，欧洲法学史上凡有四大学说，即意思说、范围说、利益说、势力说是也。日本自输入泰西文明，其国学者亦渐有所主张。兹择要介绍之。

第一，意思说。此说以权利之本质为意思，或为法律认许意思之力。（Willenmacht）其见解发源于黑智儿，法国学者多附和之。其根本观念即认意思为权利之一要素。法律所由以人类为权利主体者，不外因其有意思之故。故缺意思者，必设代理其意思之制度。无意思者为权利主体时，（夹注：法人）以意思之机关（夹注：总理）为必要。即不据意思而作成权利，不可能也。

【眉批】

人格，瑞士

自由设主义

准则法定

法律特许，政府特许

德儒伊耶陵氏反驳之曰：权利既为意思之力，则无能力者应无权利。而法律独许彼等享有权利，是可推定权利在法律上不要意思也。然主张意思主义之学者，常为种种之辩护。其说如左：

【眉批】

批驳者从权利者起见，二者截然不同。不能因无裁判官而谓裁判权。又债权者与债权有别。故此说从根本上消。

（甲）得欲（Wollendürfen）与能欲（Wollenkönnen）异。（夹注：法律许疯人赚利）权利为意思之力者，即得欲之意也。法律许容其欲，即权利也。至实际上能欲与否，不必问之。

（乙）无意思者之有权利，乃假定其有意思也。

（丙）所谓意思之力者，非权利者之意思，法律之意思也。要之，意思为权利要素，为不易之真理，毫无可疑。但权利虽要意思，而不可不包含目的。（夹注：空欲不能为权利□□）故"利益说"得起而乘之。

第二，利益说。此说以权利之本质为利益（夹注：伊耶陵），即法律所保护之利益（Interesse）（夹注：财产、名誉、自由、族群关系）或货物（Gut）也。凡法律上（即诉讼）被保护之利益即谓之权利，（夹注：认有某某权者。赌徒债权无诉讼权）其见解创于伊耶陵，攻击从来所通行之意思主义，盖亦受英国快乐派学者之影响也。此说盛行于德国，其解释利益之正当，为不可争之事实。但其缺点亦有二：

（甲）利益为权利之目的，而利益非即权利。苟如其说推理之，误谬有二：

（1）凡利益之主体，必不可不为权利主体；（夹注：马类虐待防止会，则权利主体必不止限于人类）

（2）无利益者，必生无权利之结果。（相续权不必有利益，而权自在）

【眉批】

亲权、选举权有义务而无权利。

人有官吏资格，而无诉控不为官之控诉权。

（乙）权利非必纯为利益，且有因得权利而受损害者。

第三，范围说，亦曰自由说。其说倡自康德，而盛行于法国。谓权利者，法律所许人之行为之范围也。故法律许容对于他人自由之限界，即谓之权利。斯宾塞亦主张之。然自由之范围，不必即为权利。凡法律所不禁，及法律所不问者，不得云权利，仅为单纯之自由而已。（夹注：和奸、娶妾，法律不问，以不能全反人性也）

【眉批】

制限一人自由，使多数人得自由。

第四，势力说。征之泰西之法理学史，势力说之起源最古。盖基于物理的势力，进而为伦理上（夹注：道德之范围即权力[1]之范围）或心意上之力（夹注：为所欲为如王思想故也），终于为法律上之力。盖欧洲因自然法派之影响，尊重个人之自由意思，以权利者固有之意力，为权利之本质。其后因学者之攻击，遂以权利本质之力系于法律人之创设，由法律授与于权利者，是谓法律授与主义。近日多数学者赞成之。依此见解，权利不过法律上之力（rechtliche macht），即依法律之意思而创设者也。此非权利者固有意思之力，乃法律附与之力。

【眉批】

先取特权：米店有先取特权。中国无此法律，故无此权利。

先买权：如同伙先买房屋，或当立之类。

日本近代之学者多用势力说，而参以意思利益诸说。然莫详于冈松博士所著之《权利论》。氏谓：权利当备利益与势力之二要素，以利益为权利之内容，以法律上之力为权利之外形。兹分别详论之。

（一）权利之内容。权利以利益为其目的。然欲知利益之为何物，必不可不定二种之前提：第一，不可不限于人定法。故法律之目的，当与人类之目的一致。第二，人类之目的，要在于生存，故人类之利益止于生存之利益，是谓权利论之起点。（夹注：人类普通之利益）

利益者，非具体的，乃一种之观念也。人各从其所欲，有定此观念之自由，但要确守其所定之意，使不与自己所论相悖。冈松氏谓目的者，意思也。终局之希望，谓之目的。货物者，物体也。目的归著之处谓之货物。利益者，关系也。目的对于货物之关系，谓之利益。人类之目的既在生存，故其凡百之行动，结局不外生活之维持及改良适应于人类生存之一切事物，谓之货物（Gut），又曰生活货物（Lebensgut）。人类因其欲望而生人与货物之关系，谓之利益（Interesse），

---

[1] "力"疑当作"利"。

又曰生活利益（lebensinteresse）。故货物不过利益之物体。但所谓货物者，谓真适应于人类生存之事物耶（客观的货物）？抑指人类自以为适应于其生存之事物耶（主观的货物）？所谓利益者，谓希望真适应于其生存之事物耶（客观的利益）？抑指虽不适应于其生存之事物，而自以为适应而希望之耶（主观的利益）？然利益无希望则不生，货物非有用则非货物。希望与否，为主观的。有用与否，为客观的。故凡现实不希望者，假令其希望本为正当，不生利益；又现非有用，假令信为有用，仍非货物。故利益必限于主观的，而货物则限于客观的。

利益既为主观的，故非人类不能有之，无意思不能发生之。而所谓国家之利益、社会之利益、共同之利益，不能存在。

利益及货物，与人类共存在，非法律所能制作之。法律之职务，不过单保护人类所有之利益。故有所谓法律货物（Rechtsgut）及法律利益（Rechtinteresse）者。人类之所以制定法律者，不外达此目的之手段方法。故法律所制成之权利，亦不外此种目的。然利益虽自然存在，至利益被保护而成为权利之形式，则纯出于法律之结果。何者可为权利之内容，固必以法律定之者也。法国学者大倡天赋人权说，谓法律以前已有权利之存在。而历史派则谓权利全为法律之产出物。二者盖交失之。

权利得于义务之外独立存在与否？此亦一问题也。古代法律，不过为一国主宰者驾驭人民之具。所谓不可杀人、不可盗物者，单为定人民对于国家之义务。其后此种观念发达，并个人相互之间亦有此义务。因此义务之结果，个人遂有不被他人杀害及盗夺之权利。由此言之，法律者非作权利，乃作义务者也。权利者，义务之反影也。然至近世，思想为之一变。法律直接与人民以生命、身体、财产、名誉、自由诸权利，因权利之结果而个人间遂有不可害他人生命、身体、财产、名誉、自由之义务。由此言之，义务者又不过权利之反影也。故今日之法律利益，义务不过权利之结果，但亦非无因作义务而生权利者。（夹注：诉讼法先定义务，而后权利。父母有抚养之义务，因作亲之义务而生子女之权利）

【眉批】

Lavisse 1890

权利与义务对立，此为最普通之现象，但亦非绝对的。盖法律保护利益之方法，有止保护利益，别不生权利、义务之关系者；有止课其义务，（夹注：如当兵之类）别不与以相当之权利者。惟有一制限，即法律虽可止作义务不作权利，至有权利而无义务，则为法律所不许。

（二）权利之外形。权利之外形，即法律上之力是也，或单称之为力（Macht，Puissance）。要其意义，不外充实其法律利益可得行动之法律上许容也。此力为法律所付与，故己之力有不足时，得乞裁判所为之助力。他人对之，常受相当之拘束，而有作为、不作为之义务。但学者往往因谓权利为对于他人之请求权（Anspruch）者。然此说止可适用于相对权，而不合于绝对权，故不可采。

【眉批】

相对权：夫、父等权，又债务。

绝对：如所有权，天下人皆不得侵害，故相对有请求权，而绝对无之。

第二节　权利之类别

第一，公权及私权。公权、私权区别之方法，为学者所聚讼。大约不外左之诸说，即：（1）公权为公法上权利，（夹注：为公共之利益之保护）私权为私法上权利；（2）公权为公共利益而存在之权利，私权为个人利益而存在之权利；（3）法律新付与权利者不有之力为公权，法律认许权利者本有之力为私权（夹注：如夫权或父权之类）；（4）法律关系主体，一方常为国家其他公法人者，其权利为公权，反之，法律关系主体常为私人者，其权利为私权。此外尚有种种区别，以其无甚价值，略之。

【眉批】

公权：政权参与（狭义）；公民权（广义）。秘鲁有公民权。

（甲）公权。公权，法语谓之 Droit civil，德语谓之 Staats burgerrecht，译为公民权。法语又曰政权 Droit politique。盖法国学者政权之外加以各种特权，谓之公民权。又有称之为担保权者，盖人们非国家与以公权，则人民之私权不能巩固；有公权，则足以担保之也。然以其名称奇诡，故德国学者间无取此说者。

公权惟本国人有之。近世除一二共和国外国人亦得同享此权利外，外国人通常不有此权利。故今日某国惯习，尚有不以本国人为公民者。

公权之种类，以政权占大部分。政权者何？第一，被选举权。第二，选举权。此二者现今各国几于全不许外国人享有。第三，任官之权。官吏有三种：其一为由直接国权委任之官，其二为辅助官吏，其三为佣雇官吏。三者之中，第二类、第三类职权稍轻，大抵得随意使用外人。至第一类，则各国多严禁之。第四，参预自治之权，亦不许外国人享有。政权之外，如陪审之权，辩护士、公证人之权（夹注：遗嘱证人），新闻发布之权，政社集合之权，各国大都著之法律，加外国人以制限云。

【眉批】

英殖民条例：在王国以外出生者，虽已归化，其父母亦系英人者，不得为文武官吏。

西班牙：未归化之外国人，不有裁判权及行政权。

丹：非有公民权，不得为官吏。

兰荷[1]1858：外国人可为：1. 领事；2. 无上属之专记译员；3. 学校长、教员；4. 电局；5. 汽工场；6. 仓库；7. 矿山；8. 兵器；9. 造币印刷；10. 各官衙雕刻师。

（乙）私权。私权之范围，古狭而今广。古代社会，其享有私权者，以同种族为限。故希腊古代非其种族，不能受法律之保护。而罗马古法，至谓对于外国人有永久之掠夺权。其所用 Hostis 之一语，指外国人也，而实含有敌国人之意义。至于中古，对于土地所有权及相续、遗赠，犹禁止之。十八世纪，路索、孟德斯鸠等哲学家出，基于人道之观念，岂[2]言人类之平等。一千七百九十年，法国始以议会之布告，废止外人之遗产没收权。然因他国无效之者，遂变而为一种之相互主义。其国法学者遂袭罗马市民法、万民法之区别，分私权为民权（夹注：身分、财产）与自然权（夹注：居住、出版、言论）。后者内外人同等，不必条约之互相。然近世最进步之法律思想，（夹注：法律相互主义）关于私权之享有，殆无不采内外平等主义者。而最先采用者，实为和兰。其后意大利、葡萄牙、西班牙、日本次第沿袭之。其稍有制限者，不过一二重要之私权而已。

【眉批】

民权须视条约所定。

荷：法例九条：王国民法除定于法律之例外，外[3]内外国人均适用之。

民法二条：在王国领土内者，总为自由人，有享有私权之能力。

1865 意民法三条：外国人享有属于内国民臣之私权。

1889 葡、西民法：除法律又条约规定外，内外皆享有私权。

罗郎：比国民法草案：凡人享有私权。

私权中包含人权。人权，法国学者谓之天赋权。宪法中所谓臣民之权利属之。然私权最大之区别，不外左之二种：

（一）身分权。亦曰亲族权。谓关于人身之权利，同时又构成义务之权利也。（夹注：如父权、夫权得见人以权、义相对待也）有此权利者，以自然人为限。

（二）财产权。财产权者，谓以可处分之利益为目的之权利也。（夹注：如物权、债权、智能权均可任意处分，与夫权不同）学者有谓不许让渡之债权及受扶养权之权利，皆不可处分。（夹注：借钱者不愿使借主告人，故不可处分）然债权不许让渡，未尝不可抛弃。（夹注：非绝对不可处分）又扶养之权利虽不可处分，而扶养之目的物未始不可处分。故不足以破此说。

---

〔1〕 原文如此。

〔2〕 "岂"字疑误。

〔3〕 "外"字疑衍。

【眉批】

不许外人者：

1. 土地所有权；

2. 船舶所有权；

3. 渔业权；

4. 草业权；

5. 诉讼上保证之义务。

扶养如婿之于岳，而岳不能以其权让人。

关于财产权之意义，有主张必有金钱上价值者方足以当之。此误也。夫伤害他人者，其苦痛之价值尚可以金钱计算之。他如医者之治疾，教师之勤劳，辩护士之为人辩护，民法皆认为债权，故不可视为金钱者亦得为财产权。

第二，对世权及对人权。对世权为对于一般之人而有之权利，亦曰绝对权。反之，仅对于特定之人而有之权利，谓之对人权，亦曰相对权。

【眉批】

受质者之权为对世权。以丙虽买得甲所已当之物，而不能向乙讨回也。

第三，原权及救济权。原权者，不俟他人侵害而生之权利也，亦曰第一权。其因遇侵害而始发生之权利谓之救济权，亦曰第二权。（夹注：如继母虐待前房之子女，又如大杖则逃之类。至于警察拘人，则为无防卫）

第四，主的权及从的权。主的权者，谓独立存在之权利也。其从属于他之权利而存在者，谓之从的权。主权利消灭时，从权利随之消灭。（夹注：如质权因时效而随债权消灭。又如留置权）

第三节　权利之得丧变更

第一，权利之取得。权利取得，有左之区别：

（甲）原始取得。原始取得者，谓非基于他人之权利，而独立取得权利也。例如因先占取得所有权，因婚姻取得族亲权。

（乙）继受取得。继受取得者，谓以属于他人之权利，移转于自己也。一曰权利之移转。

因承继而取得权利之原因，谓之权原。（夹注：如卖买、赠与、贷赁借，是曰正当权原。窃而得者，不正当）前权利者，谓之被承继人。取得权利者，谓之承继人。（夹注：借利而生利，不还原主）

权利承继，有特定承继与包括承继之别。特定承继者，谓各别承继个个之权利也，其承继人谓之特定承继人。包括承继者，谓以属于被承继人财产之权利义务为一体而承继之也，其承继人谓之包括承继人。

权利之取得，可以分原始、继受者，专指私权言之，至公权则有原始而无继受。（夹注：共和无世袭）盖公权以不许让渡、相续为原则，故如参政权之类，以附属于一身为条件。他人不能承继之。

第二，权利之丧失。权利丧失，亦有二种：其一为绝对的丧失，谓权利者自然失其权利，更无他人取得此权利也。（夹注：如因效而丧失）其一为相对的丧失，谓原权利者虽失其权利，而其权利更移转于他人也。后者自取得之方面而言之，即权利之移转。

第三，权利之变更。权利之变更者，谓不变更权利之本质，仅变更其形态也。（夹注：地上权、赁借权、质权）其变更本质者，不为权利变更。此亦有二种：

（甲）主体之变更。细分为二：

（1）权利主体之交替。谓新主体代旧主体，即权利或相对之义务由甲移于乙也。（夹注：如子相续之财产）

（2）主体之增减。例如以专属一人之权利，变为数人共有之权利；或以数人共有之权利，变为一人独有之权利。

（乙）客体之变更。细分为三：

（1）数量之变更。谓权利之范围有增减。例如因添附增加权利之范围（夹注：如淤出新地），或因辨济债权之一部而减少权利之范围也。（夹注：如还债一半）

（2）内容之变更。例如所有权被侵害而变为要偿请求权，因债权不履行而生强制请求权。

（3）形式之变更。例如条件附权利变为无条件，又以无条件权利变为条件附。（夹注：如许某甲结婚时始借以银，或不婚而亦借之）期限附权利变为无期限，无期限权利变为期限附是也。

【眉批】
如不许其妻出嫁之类。

第四节　义务

今日之法律，既以权利为本位，则义务不过权利之结果。但义务二字，其用法凡有三种：

第一，广义之义务。谓强要某行为之法律上制限也。盖行为有积极行为、消极行为之二种，有为某[1]行为之义务，亦有不为某行为之义务。二者皆包含之。

---

[1]　"某"原作"其"。

又义务虽为法律上制限，而制限方法不必即限于法律。有道德上义务，有宗教上义务，有社交上义务。虽亦一种制限，然履行与否，一任其人之自由，无法律上制裁。故非法律上所谓义务。

第二，狭义之义务。谓强要通常人所不必要之行为之法律上制限也。此范围较前稍狭，非对于特定之人不必负此义务。（夹注：如妻与夫有同居义务）

第三，最狭义之义务。谓特定之人对于特定之人要求其财产上行为之法律上制限也。指对于债权之义务言之。

第三章　财产所有原理

第一节　所有权之变迁

食色，性也。然放任各个人之自由寻求，则社会之秩序平和，将至不能维持。于是道德设内的节制，法律定外的防障。而法律对于色之需用，有婚姻之制度；应乎食之需用，有所有权之制度。婚姻制度，为保存种类之必要；所有权制度，为保存个人之必要。欲探此二制度变迁之迹，虽各因民族而不同，要惟就其大体言之。盖亲族之沿革，第一期为家族制度，第二期为个人制度，第三期将为社会制度。所有权亦然，第一期为财产共有制，第二期为个人所有制，第三期将为社会所有制。何者？全地球上一切民族，其财产之制度皆始于共有制。此学者所同认也。而共有制中，有村落共有制及家族共有制二种。至二者孰为先后，凡有二说：

【眉批】
所有权之制度，谓专应乎食之需要，则范围过狭。如家屋所有权，其需要之目的与食绝不相干也。

（一）先村落共有制，次生家族共有制者；
（二）先家族共有制，次生村落共有制者。

要之，此种问题因土地而殊，不能一概断定。然共有制之先[1]于个人所有制，则无容疑也。但所谓共有以土地为主，至于动产则自初即行个人所有制，而共有宁为例外。

据社会学者言，人类经渔猎、游牧、耕作三时期而发达。其始，以渔猎为事，有所捕获则共同饮食之。及渔猎不足以供生活，乃谋饲育兽畜。然止于逐水草而转徙，而非有一定土地。

---

[1] "光"原作"先"。

【眉批】

澳洲猎者：尾部至右脚与副者，头部分妻之父，余奉己之父。

鱼亦鳗：己一，妻一，母之伯父、叔父及其妻一，兄弟一，各受其大者。母之兄弟之子一，渔者之女及其夫，各受其小者。

逮至耕作时代，土地之区域日渐缩小，而个人所有制乃始不能不确定矣。考之欧史，古希腊、罗马，其所有权制度书缺有间。其尚可考者，则日耳曼人种之土地共有制而已。日耳曼种族，古代常行每年分配共有地之制。翌年则逐之，使移住他地。村人非得团体全员之许可，不得让渡所有权。然自中古以后，盛行封建制度，而土地所有权之观念一变，以国土属于君主私有，君主分与于诸侯，诸侯又配赋于家臣，家臣则或使佃户耕作，或任隶农耕作。于是诸侯之所有权，称为高等所有权。家臣或佃户之所有权，称为低等所有权。家臣或佃户以土地售与他人时，诸侯得取还之。是特单有家族共有制，而村落共有制殆已绝迹。

【眉批】

中国土地所有权始于唐代。

自法国共和之乱，始认佃户之完全所有权，蠲免封建时代之一切负担。德国则受法国之影响。日本亦自诸侯奉还藩籍须布地券后，始认农民之土地所有权。是亦所有权制度之一变迁也。

因土地不足配付全国之人口，而家族共有制乃不得不变为个人所有制。虽然至于个人所有权愈益发达，增加穷民，助长贫富之悬隔，而人民自此益陷于苦境矣。英国土地兼并之习，为各国所罕见。法、德二国，则小地主之数日减，而大地主之数日增。此统计表上所明示也。然莫专横于美国之大资本家与托辣斯。贫者益贫，富者益富，遂全背所有权之目的。孔子曰："有国有家者，不患寡而患不均。"今使天下之物，无贵于金钱者。人物之地位，悉以财产之多寡为标准，不问智德品性之高下。货贿多者，虽不学无术，居然为王侯。无财货者，虽正人君子，视之若草芥。是金钱本为人所利用，今反贵重于人，岂不大可哀哉？人第知欧美文明，而不知其祸患之伏于隐微者，已有不可终日之势。故其国近今之社会学者，尝欲举现行之极端个人所有利〔1〕而破坏之，犹之因攻〔2〕击昔日之专制而变为立宪也。特其改革方法，学者所见不同，尚无一定之方针耳。

【眉批】

《史记·蔡泽传》：商君决裂井田，以静百姓之业而一其志。

封建子男五十里，故授田均而考察易。秦时封建废而井田必不能存。又因富

---

〔1〕 "利"疑当作"权"。

〔2〕 "攻"原作"政"。

者连阡陌而贫者无立锥，故仲舒主抑兼并而限民田之数额。孝哀帝用师丹言，行限田，凡关内侯、公主、吏民田无过三十亩。王莽禁民卖田。北魏孝文帝用李安世言，行均田，诸男夫年十五以上给露田四十亩，妇人二十亩。露田，无主之田。民田以四十亩为限，有余、不足，得买卖自由。唐高祖武德二年，始有契约文书以私自贸易。《史记》王翦伐楚，请美田宅甚众。又苏秦曰：使我有洛阳田二顷，安能复佩六国印？

第二节　所有权之原理

所有权何故不可侵耶？是法理学上最争论之问题也。有左之诸说：

第一，先占说。太初之时，万物均未有定主。对于此无主物，加以意力、体力而占有之者，是物即归其人之所有。故今日财产之大部，因卖买、赠与、相续方法而取得，追溯其初，无不本于先占。但今日无主物之先占，诸国法典所认者，特限于动产。至不动产，则有因法律之规定，当然归于国库者；有认国家有优先之占权者。然古时则无论动产、不动产，不设区别，皆因先占取得所有权。

此说有反对者，其批评如左：

（甲）先占之意义极暧昧。盖先占谓以所有之意思，取得无主物之占有。占有必其心素、体素之二要件。故无主物之占有者，谓使无主之物，永久置于自己之势力内也。然自己势力所及之时间、空间自有限度，故昔人以土地所有权恰如观剧者之占席。如是解释，虽甚明瞭，而颇失之狭，不足以说明莫大及永远之所有权。反之，广义解释则止以施行为于无主物之上为已足。然无实力之先占，绝不得为所有权之基础。故先占意义，非失之狭，即失之广，无标准也。

（乙）先占仅为事实，绝非正当，毫无可尊敬之价值。

（丙）止先占不足以说明所有权之起源。如土地及天产物之所有权，虽得因先占取得，至因耕作而生之谷物原料品，变形作出之工艺品，其取得所有权，因于劳力，绝不得谓之因于先占。今设一喻，有一巨万之产者，多数之穷民在其旁欣羡之。此种不平等之状态，欲尽归于先占，谁能首肯耶？

（丁）以先占为一切所有权之起源，则今日之所有权悉包含有不正非理之分子。譬之买受盗品者，遇真正所有者之请求时，有不能不返还之义务。权源既有瑕疵，无论经几千百万年，辗转多数人之手，而当初之瑕疵决不消灭。

【眉批】

斯宾氏曰：先占土地者，为防害它人。

第二，劳力说。此说以所有权可以尊敬之故，在劳动之结果。其理由有二：（一）人施劳力，变形原料，作出新物，因而生价格或利益时，其人与物之关系较先占更为密切。（二）人有肉体，此肉体之劳力属于自己之领域。（夹注：劳力所及）劳力与外物混同时，外物亦属于自己之领域。（三）生产者对于他人，非有生产物之义务。因他人不用其劳力，故不能生产。生产者以之归一己专有，他人固毫未损失也。但此说亦有反对者。

（甲）以劳力为所有权惟一之基础，何以解于无劳力而取得所有权者？又何以解于以仅小之劳力（夹注：拾金之类）而得莫大之富资，与以多大之劳力而得寡小之报酬者？（夹注：人虽分勤惰，然劳力相去不远。何以贫富之所有权去如霄壤？）

（乙）依此说，则非劳动结果之物不得为所有权之目的。然土地绝非人力所能造作，而土地之所有权及于土地之上下者，果何故耶？（夹注：社会党曰：原始所无者不能造，亦不能消。即物质不灭说。但加以人力即可以增物之价值，如肥料之类。）

第三，法定说。此说以所有权之不可侵，基于法律规定者。盖所有之事实，虽与人生共存在，而法律未保护之间，止于单纯之事实，故不可不借自己之腕力以防卫之。及法律承认以后，始为一种之权利。故所有权为法律所创设。

此说有本末倒置之讥。何者？所有权必有正当不可侵之理由，而后法律从而认定之。非因法律之规定，始为不可侵。且法律绝无颠覆所有权之权力。彼时社会主义者，欲以法律废止所有权，盖亦用此说而昧其原理者。

第四，民约说。此说谓万物属于社会之共有，社会中之一人欲私有一物，必得他之各员之承诺。而所有权即本人民之契约而成立者也。其误已于契约说中详之，兹从略。

第五，需要说。此说谓人待物而生存，故有取得外物之权利。需要者，所有权之权原，同时又为其限界。所有权与需要共存在，与需要共消灭。此其立论之大略也。但其可非难之点有二：

（甲）生活之需要，因人而殊。若以人之欲望为需要之标准，则清廉寡欲之士以少许之所有权为满足，而贪婪无厌者则要求无限之所有权。其结果虽他人之物，苟为满足自己之需要，不妨夺取之。是人世将为盗贼公行之街衢，而所谓权利者几等于空名也。

（乙）《孟子》有食志、食功之辨，故有求食之志而无求食之功者，仍不得食。有需要即可得所有权，则人争耽游惰，而仰他人之衣食，谁则肯营营于劳动者？

第六，经济说。此说以认个人所有权为社会经济之利益。何者？人类社会最大之利益，在土地能产出生活之必要品。而欲得十分之生产，必不能不加以十分之劳力。（夹注：如加以肥料之类）然自经验上言之，人类为公众之心，不如其为自己及子孙之切。（夹注：中国耻析产，正相反）故为奖励生产之故，不能不认个人之所有权。此说似土地所有权必不可不归耕作者。证以今日之情形，相去尚远。故不能认为正当。（夹注：佣田而耕，公园亦且洁净）

第七，人性说。此说以所有权为基于人类之本性。（夹注：社会主义之难行，不能逆于人性）欧洲古代文豪尝有言曰："人不可不所有'名为自己的物'之物。不然者，彼将杀人，彼将烧人之家。"可谓至言。所有权本体，当以人性说为正。至其外形，则不可不依进化说。

【眉批】

如孤岛独居，则所有权不起。

所有权之旁枝，国家亦不能以法律禁止之。如赌博重利之类。

第八，进化说。人性说谓所有权基于人类保存之必要，故生存所有，皆基于人性。然进化说反之，不认人类有生存之权利，止有强者之权利而已。进化说本于马尔萨斯（Malthus）之人口论，谓人类之数，依几何级数增加；而生产之数，止以倍数增加。人与人相食者，为必至之势。故弱者绝无生存之权利。

要之，所有权之原理，当以人性说为正，而辅以进化说。何者？人类有亲爱心，同时又有憎恶之情；有营团体生存之官能，同时又有作武器杀人之技巧。人类之团体，非如蜂蚁之类，以个人没入于团体。故今日地球之上，数十国家并立，其各员之分功协力，以图生存者，是亦人类发达必经之阶级也。然其结果，强者压制弱者，少数侵暴多数。依社会进化之理，将来至于多数者掌握权力，而成世界联邦现象时，个人与社会之利害全相一致，则破坏今之个人所有制，而返于土地国有制，如吾国三代之井田，亦未可知也。迂儒动言三代井田为古圣王良法，而末流矫之，至以为井田必不可复。要之，皆非也，亦视乎其时而已。

【眉批】

人道主义行则国家界限灭，而所有权亦废。其时当为世界联邦国。

欧洲近世一派之学者，对于所有权制度尝为有力之攻击。兹略举其根据之点如左：

（一）天之生人，本无厚薄。故他人之自由生命，与自己之自由生命，其贵重为同一。今吾于某物之上，有所有权，势必不能不排他人之权利。即不然，而或多或少，其势不能平均，为反乎造物一视同仁之原则。

（二）所有权为自无而之有。地主对于佃户，无何等之让渡，而永久要求佃银，于理为不可解。（夹注：例如空气亦租以与人）

（三）所有权取得之最初原因，无非诈力。故所有权不啻盗贼。

（四）因所有权而社会将归于消灭。生产者为求生活，必须购买其生产物。然如大工业之类，因职工竞争之结果，赁银日就低下。职工既不能以赁银买得生产物，而生不可不休息之结果。是劳动者、所有者，共不能免于死亡之运命也。

（五）所有者尝取生产之一部消费之，故生产尝较其实价尤为高额。

因以上理由，故现今一派之学者，主张废止个人所有主义，而使一国之土地全归国有。至其废止着手之方法，则凡土地所有者死亡时，课以重税，便渐归国家。国家之豫算，专依地代之收入而成立。其他一切之消费税、关税等，皆废之。是虽学者之理想，而无有敢行之者。盖所有权制度，固二十世纪以后最困难之问题也。

第四章　团体发达原理

团体发达之次序，由血族团体进而为地域团体，而终于目的团体。此为进化必经之阶级。然人类最初之团体，或以为当以男性团体为先者，此属于人类学之范围。而人类最终之团体如何，今日迄无精确之解决。故本章所研究者，以家族及国家为限。（夹注：按有机体则国家或必死，但虽别成一团体，而不平等仍自如故）

【眉批】

交通发达，则国界自破。

第一节　家族

第一款 家族制度之沿革

欧洲之家族制度，实导源于印度，经希伯来、希腊而入罗马。及共和政治之末，始渐衰微。今日家族制盛行者，实惟中国，而日本次之。中国、日本关于家族源流，无适当之参考书。兹专就西人所考究者言之。

印度之家族，每家必有户主，而最重者莫如祖先之祭祀。祖先之死亡者，必朝夕祭飨。苟绝其祭祀，则灵魂必流落而为厉鬼，不能生存于极乐界。是为子孙第一之义务。子孙之所以必婚姻者，即为此也。《摩尼法典》尝规定：妻之无子者，其夫得与之离婚。奉祖先祭祀者以长男为限，以长男最与祖先接近也。《摩尼法典》云：第一之子，依义务之践履而生。其余之子，不过爱情之结果。故仅有女子而无男子时，以其女子所生之男子为自己之子。全无子时，得收养他人之男子为自己之子。

【眉批】

印俗有代人生子之义务，但生第二子者为有罪。

至财产则分传来财产与所得财产。凡由祖先传来之财产，属于家人共有，户主不得专有之。欲让与他人，必不可不经家族之同意。户主不过管理此种财产，以其收益供祖先之粢盛，及自己家族之给养。户主死亡时，相续开始。然户主生存中又死亡之际，因其家族之要求，有分割其家产而自成一家者。此时户主或长男，其取得部分必倍于他之家族。且祖先之家产，取得者常限于长男。盖印度之家制，不特私法上关系而已，特又及于公法。因一家分为数家或数十家者，其村落之中央，必设殿堂，以供其同一之祖先。此种共同村落，必有共有之土地。其管理之权，通例归之宗家之户主。此宗家户主，可任村落内部之公务，恍如今日自治团体之首长云。

【眉批】

欧洲宗教改革甚早，故家族制破而国强。印度反是。

古希腊、罗马之家制亦然。家必有一屋宇，其傍必有隙地，为祖宗坟茔之所。而家之中央，必安神火，是祖宗神灵之所寄托也。神火熄灭，是为灾死之兆。家必有户主，以奉行祖先之祭祀，而尤莫严于葬礼。其婚姻必有一定之仪式。新妇之至也，必使坐于神火之前，禳以神求。于是夫妇割面包及果实分食之。式毕，始为其家之家族。婚姻之目的，以得子孙继续祖先之祭祀为定，略与印度同一。但无子之夫，得蓄妾，得认妾之子为正嫡子。当罗马古代，风俗严厉，不许行离婚之制。然其离婚之始见于罗马之历史者，为某豪族之事。盖某豪族极恋其妻，乃因其无子而去之也。户主对于家族有生杀之权、卖却之权、惩戒之权，且包含有亲权、夫权。特希腊之风俗宽缓温和，远不如罗马之峻刻。然其权力固相同也。所异者，希腊尚以长子相续祖先之家屋，使之继续祭祀。而罗马则必分配于数人。历史所载，全无长子相续之痕迹。

【眉批】

七出：无子则出妻。

罗马制，子终身服从父权，又不得私有财产，与中国同。但三回买子者，得脱离亲权。日尔曼有婚姻及别居两者，得脱亲权。但罗马有婚姻年令，而无成年之令。初男十四岁，女十二岁，后延长为廿五及廿二岁。（英之贵族与平民异其年令）

法国当人权宣告之日（1792年）曰亲权因君权而消灭。是为最初定成年为二十一岁。某年某人诉其父，判官宣告其人得独立。是为最后之一日。

1. 昔为亲之利益，今则为子；

2. 昔仅父，今则母亦有权；

3. 不认子之人格，今则反之。

罗马之家族制度，至共和政治之末世，全归废灭。至其废灭之原因有五：

（一）宗教心之减退。原人谓死者灵魂与生人同，喜饮食而感苦乐。此种观念，因人智渐开，而忽归消灭。所谓子孙祭其祖先者，不外表示追念祖宗之诚意，非谓以此安其灵魂也。然其根本之倾覆，则莫甚于耶稣教唱道惟一之真神论，主张亲子别居。耶教行，而家族制度始有不能不破坏之势矣。

（二）国权之干涉。国家发达以后，不复认容户主之权力，故极力摧陷之。家族可直接得国家之保护，不必全仰户主之保护。

（三）家族参与国政。公法上家族常与户主同参与国家之政务，甚有家族反在户主之上者。而户主遂不能保其最优之势力。

（四）家族所有财产。家族得为官僚，所得之俸给赏与，渐成私有。且因商工业及交通之发达，家族取得财产之途益多，不必受户主之指挥监督。

【眉批】

中国非完全家族，以无户主，故与欧洲异。

（五）万民法及自然法之发生。此二法皆否认家族制度。故学说盛行，而家制遂废。

罗马家族制度虽日就衰微，然户主权虽禁止于帝政时代，而父母杀子、夫杀妻之权利，尚久行之。依罗马旧俗，夫苟有正当理由，当然有杀其妻之权利。法国刑法第三百二十四条，即本于此沿革者也。又罗马父有卖却其子之权，夫有卖却其妻之权。此亦帝政时代所禁止，然至十二世纪（夹注：1884[1]），此俗尚盛行。至夫对于妻之惩戒权，今日虽归消灭，而今日刑法妻奸通待其夫告诉之规定，民法妻与夫同居义务之规定，则犹历史之遗迹也。

【眉批】

家族制度之留在民法者：

1. 法刑法三百廿四：妻在夫妇共同之家行奸通，而夫于奸所杀其妻及奸者，恕其罪。

2. 子为婚在男二十五、女廿一岁以前者，当得父母同意。过此，则止呈其状于父母。

3. 法民法三百七五条：虽或成年，仍不能独立，仍服从亲权。

今欧美多数之国家既盛行个人制度，以中国、日本行家族制度者，较之有左之差异：

（一）现今欧美诸国，有亲族而无家族。有自然的亲族（夹注：血族），无法制的亲族（夹注：养子、认亲之类）。有亲子、夫妇、其他血族、姻族相互之关系，无户主家族之关系。

（二）欧美诸国有身分证书，无户籍簿。

（三）欧美诸国有住所，无家。

（四）欧美诸国多数不认养子制度。（夹注：英美主义不许，大陆主义如法、

---

[1]　此夹注在"父有卖却其子之权"与"然至十二世纪"之间，含义不明，照录于此。

德则许之）

（五）欧美诸国有财产相续，无家督相续。

察现今各国之大势，家族制度日渐衰微，而个人主义益炽。因社会经济之发达，妇人及年少者皆得入工场糊口。妻及子女不必受其夫与父之保护。而夫妇、亲子之爱情，始浇漓矣。公共食堂、公共宿泊所，其他居住之设备渐完整，而家庭之快乐始无必要矣。以欧美之情形言之，家族制度之瓦解，抑亦不可避之事寔。犹之封建之变为郡县也。日本今日适在家制将灭未灭之顷，故其国学者常有鉴于欧美个人主义之弊，欲援社会主义之家产法，以维持今日之家族制度者。其陈议甚高，而寔未能行也。请论个人制度之弊。盖其弊有二：

（甲）过重婚姻之弊。婚姻之制，所谓夫唱妇随，家庭之幸福，无过于是者。然此绝不可望之于今日之个人制度。何者？幸福当一任个人之自由寻求，或得之，或失之，而不可以法律之力为强制。耶教盛行以后，其教旨以禁止离婚为主。然绝对禁止，事寔上为不可能。故今日各国立法，或设夫妇别居制度（夹注：西班牙、葡萄牙、意大利用之），或虽许离婚，而以裁判上离婚为限。（夹注：合法律所定理由，如瑞士。至法、德、英，则兼用上二法）间有一二许协议上离婚者，然其方法极复杂，不胜烦累。故现今欧洲人士多避婚姻，而视之如蛇蝎。而其避婚姻之故，约有二种：

【眉批】

《新约全书·马太》十九章曰：上帝所耦者，人不可分之。又曰：出妻而它娶者，淫行也。

一千九百〇三年，欧洲各国关于离婚有三：

一、奸通；二，受体刑；三，过度虐待、重大侮辱。此外，疯病不具。

（1）今日各国婚姻制度，仍有使妻从夫之规定。而女子不满之，以为婚姻乃暴戾男子所作成，以确保其优先地位之制度。此种蹂躏人权之契约，是谓不正。拒绝婚姻，即所以保其自然之人格也。是为第一派。

（2）法律上婚姻，其夫妇、亲子之间有种种之义务。为避此烦累，故避法律上之婚姻，而就事寔上之婚姻。欧洲所谓"伪家庭"是也。此则其去就离合，皆极自由。生子则委于国家之育儿院，即不然而遗弃之，亦非法律之力所能及。因之私生子之统计日增，而国家之救恤费将因之而穷。是为第二派。

（乙）虐待私生子之弊。欧洲通例，区别嫡出子与私生子。其待遇私生子最为残酷。其故何在？盖立法者之理想，欲使人就婚姻而禁冶游，故虐待私生子以恐喝之。然因父母之过失，而罪及于无辜之子，已为不条理之极；况人欲之难防，甚于洪水。固未闻因虐待私生子之故，而世遂无钻穴逾墙之行也。此则策之最下者。

个人制度之弊，至于如是。而其反动，遂不得不主张维持家制。夫家制固非可空论维持也，必不得不求助于新理想与新立脚点，于次节分析说明之。

（注）本节采自日本法学博士冈村氏论文，而润饰之。见《内外论丛》第四卷一号及六号。

第二款　新家族制

家族制度之后，代以个人制度者，世界之大势。故今日欧洲所谓家（Family）之一语，已成无用之名词。欲挽回之，使如东洋诸国之纯粹家族制度，势有不能。虽然，麦因氏有言："婚姻可为契约关系。然如亲子关系，毕竟不能谓之契约，不如舍婚姻而专以亲子之团体，为家之最小限度。"据此，则虽个人主义之国，此最小限度之家，不能不认之也。是为家制维持论之根据。

然日本学者尚有主张仅废止户主权，单存亲权者，其说亦有至理。兹姑从略。第举欧洲最新之学说与立法言之。

第一项　路布勒之家政论

法国社会经济学家路布勒（F. Le Play）氏，最热心于个人主义之改革者也。其言曰：社会非由孤立独存之个人而成，乃由家而成，而以社会腐败之根源，归于因个人主义所生家庭之紊乱（Désorganisation de la Famille）。彼尝旅行欧亚，以为世界古今之家制，大约有左之三种：

一、Famille Patriarcale（即家族制度）

二、Famille Instable（即个人制度）

三、Famille Souche

【眉批】

1. 子虽婚姻不能脱离父子范围，死则长子继承。

2. 子因婚而新成家，家因父之死亡而分散。

3. 父选任一子，使承其地位并财产之大部，余子或分以财，或同居，或异居。

应此三种之家制，而其相续制度亦有三种：

（一）不分割制（La conservation basée）。此为贵族社会之产物，举财产之全部全归长子。

（二）强制分配（Le partage basée）。此制行于民主社会，然其弊有四：

（1）遇子孙多数时，不能继续父所经营之事业；

（2）夺其亲赏善罚恶之自由；

（3）子尝恃其有相续权，而专擅放纵；

（4）当遗产分配时，许辩护士、公证人之介入，使家内之事尝受他人之容喙。

（三）自由遗赠制（La liberte testamentaire）。此制在排除官宪之介入，以尊重亲权。

氏以为社会秩序紊乱之救济策，莫如复兴家制。而以法国社会腐败之原因，归于亲权之衰颓。故欲兴家制，莫如扩张亲权。然非以教育自由、惩戒自由、遗赠自由之三大自由赋与之，不能完亲权之效用。故曰家庭政治（Gouvernement familiale）之复兴，一切改革中之最紧要者也。日本穗积氏评之曰：路氏此论，盖伤心于法国个人制度之弊。虽其说不无夸大，而实足以补东洋诸国家制之缺陷。日本民法认长子相续制，而欧洲多近于强制分配制，皆未得其平者也。

第二项　瑞士新民法之家制

路氏之家制复兴论，大惹起世人之注目。然单主张自由遗赠制，尚不足以阻止个人制度之趋势。其实行家制以挽狂澜于既倒者，实为瑞士之新民法。瑞士本为个人制度之国，与欧洲诸国同。而忽有此规定，欧洲一般之法学家几于舌桥而不能下。盖瑞士民法不特注重亲权，且使家权与亲权并立。盖纯粹之旧家制也。虽然，其规定必有其特殊之点，兹分别绍[1]介之：

第一，家权。瑞士新民法于三三一条以下，特置家权（Die hausgewalt, De l'autorite domestique）节，兹举其条项。

三三一条：属于同一之家之个人，因法规、契约又惯习，有家长（Familienhaupt, chef de la famille）时，其人即有家权。

家权及于血族、姻族，又基于契约关系之仆婢、徒弟、使用人（Dienstboten, Lehrling,）、其他与之类似关系而属于同一之家之一切人。

三三二条：对于家族之支配（Hausordnung, L'ordre de famille），行于各当事者利益衡平顾虑之下。

家族就其教育、职业、信教，享有必要之自由。

家长要以为自己同一之注意，保管家族所有且在家中之物（Von den Hausgenossen eingebrachten Sachen），并防护其损害。

三三三条：对于家族中未成年者、禁治产者、心神耗弱者、心神丧失者所惹起之损害，家长任其责。但家长就其监督，证明已为相当之注意时，不在此限。

家族中有心神丧失者、心神耗弱者时，家长对于其人之自己及他人，负注意使不生危险及损害之义务。

有必要时，得届出于相当官厅，请求适宜之处置。

第二，家产（Das Familienvermögen）。其家产制分为之。

（甲）家财团（Familienstiftungen）

家财团之规定，见于三三五条，云：家族之教育费、婚嫁费、扶养费之负担，

---

[1]　"绍"原作"绝"。

及类似之目的，从人格法及相续法制规定而设定家财团者，得以一定之财产使之与家结合。

世袭财产（Familienfideikommissen）尔后不得设定之也。

（乙）家产共有（Familiengemeinderschaft）

因家长与家族之利益时有冲突，其调和方法不外二种：其一，使家族各员保有其特有财产，而使其亲或夫有管理用益权者。现介诸国所采用是也。然因之易生族制消灭之端绪，故瑞士特采第二种制度，即家产共有制是也。其法与近世夫妇财产制中之共产制（Zütergemeinsehabt）略相近。兹举其要点（瑞士民法三三六条以下）：

（一）数人之亲族，得以相续财产之全部又一部，作为共有财产。又得酿出财产为共有物，而使可定之财产与家结合。

（二）设定共有关系之契约，非有各共有者又其代理人署名之公正证书，不生效力。

（三）共有得定期、不定期设定之。不定期设定者，各共有者得以六个月前之豫告解除其共有。以共有财产营农业者，限于因土地惯行，认为适当之春期又秋期为期限之豫告，始许之。

（四）各共有者得共同利用其共有财产。各共有者之权利推定为相等。各共有者不得于共有继续期间请求分割，又对于共有财产处分自己之权利。

【眉批】

瑞士新民法

（五）关于共有财产之事项，各共有者共同处理之。普通之监理行为，各共有者得单独行之。

（六）共有者得选定其一人为家产共有之首长。首长在关于共有事项之范围内有代理权，可指挥其经济的活动。他之共有者不有代理权之事实，以已登记于商业登记簿为限，得对抗善意（夹注：不知）之第三者。

（七）共有因左之情形而废止，即：一，有合意又有解除之通告时；二，存续期间经过时；三，对于共有者中一人之共有财产被差押且换价时；四，共有者之一人破产时；五，共有者具重大之理由，请求解除时。

遇有第一、第三、第四之情形，他之共有者对于该共有者，得为清算，又得辨济于其债权者而继续其共有。

共有者之一人结婚时，得不豫告而请求其清算。

共有者之一人死亡时，不为共有之相续人得单请求清算。死者之卑属亲为相续人时，以他之共有者之同意，得代被相续人为共有者。

（八）共有财产之分割，又对于脱退共有者之清算，依改除事由发生当时之财产状况行之。

（九）共有者每年以纯益配当于各共有者，故得以共有财产事业之经营（夹注：余财）及代理，委任于其一人。

（丙）霍姆斯脱（Homestead, Familienheim stätten, asiles de famille）以一定之不动产使之附属于家，制限其自己处分，又禁止他人攻击之者，是曰霍姆斯脱。其制始行于美国之德苦沙斯（Texas）州。欧洲学者虽曾论其成效，而卒未采用。其新采用者，实惟瑞士，所以保全个人生活必要之最小限度。盖美国单以为不得妻之同意，不能处分。而瑞士则扩充之，全禁自己之处分，并可防御他人之处分。但以不动产为限云。（夹注：然负债过多，债主得要求裁判官改良管理）

【眉批】

1. 地方上系小地主；

2. 禁止差押；

3. 相续时得免分割。

既作霍姆斯脱之后（限于土地及房产），不得抵债。惟须业□后无债主出而干涉者，始许登记。

要之，欧洲个人制度之弊已趋于极端，故其反动，遂有家制复兴之瑞士民法。中国与日本，方将由家族制而趋于个人制，则欲维持其现状，单倚陈腐之空论，绝不可能。不能不斟酌欧洲承个人制度后之家族制。何者？个人意思之自由者，个人制度之根据。故瑞士民法虽极力鼓吹家制，然于个人意思之自由，则毫不敢犯。此亦立法者得失之林也。

第二节　国家

物体有反对之两性，一为远心力，一为求心力。此物理家所明认也。人类亦然。人类之个人的本性，犹物体之有远心力也；有集合的本性，犹物体之有求心力也。国家者，即人类集合性所发生之一现象也。关于国家之理论，虽在法理学范围之内，然同时又为政治学之范围。兹为避重复，单举其大略，而详细则让之政治学云。

（一）国家之性质。最著者凡有三说：

（甲）分子说。

（乙）有机体说。

（丙）人格说。

（二）国家发生之原因。有三说：

（甲）宗教说。

（乙）契约说。

（丙）家族说。

（三）国家之目的。国家之性质及发生原因，治国家学者类能言之，且坊间亦多译本，兹不备述。至国家之目的何在，则鲜有及之者，兹特绍介波伦哈克之国家论，以供参考。

古代人民以国家之目的，在于表示神意。甚有谓国家之目的，在维持十戒者。然古希腊、罗马时代之国家思想，与日耳曼民族之意思迥异。希腊学者以国家为自己有目的，对于个人不啻主从之关系。亚里士多德曰：国家者，存在于国民以前者也。何者？一部不得先于全部而存在。故国家之目的，非在保护个人之安宁。而人类不可不因国家之故，而牺牲一己。柏拉图曰：国家之发达，无关系于国民之幸福。罗马虽认私法之独立，至公法之方面，犹与希腊人同一见解。然日耳曼民族之思想，正与之反对，以个人之人格为重，国家不过立补充之地位。盖日耳曼[1]民族以教会为天国之活现，国家止为教会一执行机关而已。及宗教分裂以后，遂直以教会之目的，移为国家之目的。康德则以为国家之目的，在于法律之维持。黑智儿则以为国家之目的，在于道德规则之活现。至是而国家之目的，始有渐形扩充之势。

以上二者较之，其国家思想互有优劣。何者？国家本为人而存在，非有自己之目的。特人类不能孤立生存，国家即因是而成立。故个人之利害，不可不屈从于全体利害之下。近世之国家目的，则兼此二者而有之。凡社会上、宗教上之利害关系，限于与集合体利害一致者保护之。其不相容者，则排除之。即国家之目的，在保护集合体，自时又为个人而存在也。

---

[1]　"曼"原作"是"。

【附录 十二表法译本】[1]

第一表

原告愿与被告对质法廷时，被告不能不行。若被告不应时，原告呼证人之后，然后得抑留被告。被告尚踌躇，又将遁逃时，原告得捕被告。

被告为病者及老者时，原告要供乘用之家畜。原告不能反于其意而供车。

受召唤者又引受人（夹注：保释）出头（夹注：责付），又于途中和解时，得免召唤。被告为财产家时，引受人亦要为财产家。被告为贫人时，无论[2]何人得为引受人。

和解成立时，原告要申述其旨于裁判官。不成立时，于午前在法廷先为双方诉讼事件及请求之简单申述，然后再为详细之申述。

（ ）[3]午后仅当事者一方在法廷时，裁判官以在廷者为胜诉。

（ ）当事者双方在廷时，至日殁为止，裁判官要终结其事件。

第二表

1. 千阿斯又以上价格之系争物时，要 500 阿斯之悬金。千阿斯以下，要五十阿思之悬金。

2. 自由人与否之争讼，要五十阿是之悬金。

3. 审判人又当事者罹重病时，可为延期之理由。

4. 无论何人有应当事者之求，于法廷为证言之义务，证人不应时，于第三日可于住宅之前高声催告出廷。

【眉批】

两造共出头于裁判官前，系争动产时，提出于法廷；系争土地时，官亲至其地开法廷；系争奴隶时，原告以左手攫奴，右手持棒，击之，口唱一定之术语："此奴隶以余所云之原因，在市民法上为余物，余故以棒解汝。"

---

[1] 此译本为行草手稿，以夹页（及少量眉批）的形式附于简子页第五十五至五十六叶、五十六至五十七叶间，计十一页面。因于所夹正文内容无明显关联，今附录于全书之末。

[2] 此译本"无论"原俱作"无仑"，今改。

[3] 此（ ）原文如此，下同。

第三表

1. [1] 自白自己之负债，又受法廷判决时，当然有三十日之恩惠期间。

（2）若三十日内不偿还时，债权者得召唤债务者于法廷。

（3）负债者经召唤后，犹不偿还，又不请人保证，债权者得引其来自己之住所，以不必较十五磅犹轻之头架或脚架拘束债务者。又债权者得任意加其重量。

（4）负债者拘留中之衣食须自备。若不得已，债权者每日须给与面包一片。

（5）拘留中，两造得为和解。债权者六十日内得为拘留债务者。至第三市（日），要于裁官目前引率债务者，以债务者受何额支出之判决，告知大众。

6. 三市日后，债务者终不能偿还，又无人为保证，债权者得卖却债务者于国外。债权者有数人时，可裂债务者之尸体，分 x 之于各债权者。

第四表　家长权

（1）具异形之子孙，可杀之，无令传种。（夹注：蜂目豺声，必灭尔族）

2. 家长对于子孙，有无限之权力，得监禁、鞭挞，又得强之使为农业，或杀、卖之。家长三回卖其男子时，其家族得脱离家长权。

3. 夫去其妻时，要用一定术语，所谓"锁匙交来"是也。

4. 家长死后，其妻十个月内所生之子推定为家长之子。

第五表

1. 妇女终身必受它人之后见。

2. 服从亲族后见妇人之财产，除经后见人助成而移交外，不罹于时效。

3. 不问为财产为家族后见，家长就其家事之终意表示，皆为有效。

（4）家长不为遗言而死亡，财产归之卑属亲相续人。无相续人时，归之最近亲族。

5. 无最近亲族时，归之最近亲族。

（6）由解放为自由人者死，无遗言，且无卑属亲时，其财产归之旧主人。

（7）有数人之相续人时，无相续人相续财产人之物权时，以相均之持分属于相续人之共有，各相续人有分割诉权。

（8）家长得依遗言指定家族之后见人。无遗言指定后见人时，以亲族为后见人。

（9）在精神丧失之常况者，如无家长又后见人之保护者时，其亲族又同家族有身体保护财产管理权。

（十）因浪费者受禁治产之宣告时，以财产管理之目的付以保佐人，必仅管理财余皆有效。

---

[1]　此译本数字序号格式极不统一，均照录。

第六表

（6）关于所有权之诉讼，至终局以前，裁判官得保管其目的物。

（7）自由人与否之诉讼，裁判官不能下一暂时留置其人之决定。

（8）不许以附着于建物又葡萄园之材木，由建物又土地解。

（9）材木之所有者，在材木与建物又土地合成一体之间，不得取去。唯对于无权利而被附着之得请求二倍代价之赔偿。

（10）材木成为土地之一部时，虽不许分离，然依人力又自然力，而材木与土地分解时，所有者得自行取去。

（11）材木一旦由土地分解而为独立物时，其所有者得行使其权利。

第七表

（1）土地所有者筑造建物，要存自疆界线二步半以上之距离。

（2）接近邻地设垣，不得越疆界线。又筑边墙壁，要存一步之距。穿沟渠，要存与其源同之距离。穿井，要存与两手长相同之距离。植橄、无花果，要存九步。植其它植物，要存五步之距离。

（3）被使用于农业之土地所有者，不得设因 xx 自然 x 之变更可生损害于邻地之工事于其土地。设如此工事时，有受损害之虞之土地所有者，对于邻地所有者，得请求旧状回复，及既生损害之赔偿。

（4）为引水于甲地而设之工作物损害及于乙地时（夹注：以邻为壑[1]），乙地所有者对于甲得请求担保之提供。

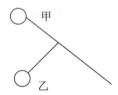

（5）土地主于己土地内树木之枝高至十五步时，要翦除之。

（6）邻地树木因风力倾斜于自己地上时，地主不得自翦除，得对于邻人为翦除之请求。

（7）土地主为拾取邻地之果实，邻主要许其隔日入日入[2]自己之土地内。

（8）相邻之土地间有设通行路之必要时，其通行路之幅要为八步，曲角要十八步。土地所有者有各使得通行之义务。若沙石不敷，难通行时，无论何人得任

---

〔1〕 夹注附一示意图，见本条下。

〔2〕 "日入"二字疑衍。盖誊抄之误。

意通行车马于义务者之土地。

第八表

（1）著韵文害诽它人者，处死刑。

2. 毁伤它人肢体，与被害不能为和解时，处反坐法。

（3）以手或掌毁自由民之头又躯、骨者，罚金三百阿斯。毁奴隶之头骨者，半之。

（4）其它对于它人身体之损害，处十五阿斯之罚金。

（5）加损害于它人之财产者，变为赔偿。

（6）动物加它人以损害时，物主从其选择，以加害物交付被害者，或为损害赔偿。

（7）驱自己家畜于它人所有地食其果实时，要于赔偿。

（8）弄魔术致天变地异时，加损害于它田土之产出物又吸收于自己之田时，加杖后处以火刑。

（9）成年以上者，夜间驱逐其家畜食它人田地之产物，又自刈害其谷麦时，绞杀之。未成年者犯此罪时，依裁判官之裁夺加杖，且附加二倍之罚金。

（10）故意放火者，加杖后处以火刑。因过失致焚者，要为赔偿。贫者处答刑。

11. 截取它人材木者，每一份赔二十五阿斯。

12. 盗贼于夜间为人所捕时，许被害者杀之。

13. 日间为盗被捕时，以盗有凶器为限，呼出证人之后，被害者得杀之。

14. 自由人为盗，寻得被捕者，[1]杖后交与被害人为奴隶。奴隶为盗者，杖后投之岩石下。

15. 盗非自由人时，裁判官依其裁量，使被害者加杖，且命返还赃物。

16. 不论知情与否，受赃物寄托者，被害者得取其三倍之罚金。

17. 家族持赃物于家长宅内时，看作家长为受寄托者。

18. 检举有无受赃物寄托，为被害之责任。受寄托者以善意受寄托，支出罚金于被害者时，对于盗贼得请求赔偿。

19. 被害者疑赃物之存在，得搜索其家宅。

廿．索当得家长之承诺。诺后使证人立会，得执行搜索。

21. 家长拒搜索时，害者依法定方式得实行搜索。

22. 依此方式索出赃物时，拒索者看做为非见行盗。

23. 非现行盗要支出赃物二倍之罚金于被害人。

---

〔1〕　"被捕者"疑当为"被害者"。

24. 赃物不罹于取得时效。

25. 以一成以上之利率贷付金钱者，要交利息四倍之罚金于借主。

26. 受寄者以恶意使受寄物供己用时，后见人 x 领被后见人财产时，要支出二倍之罚金。

（27）保护者对于隶属者违反法定义务，无论何人，得杀之以供神之牺牲。

28. 于法廷为伪证时，投之岩石下。

29. 投手箭杀人者，供神之牺牲。

30. 盗田野果实者，处死刑。

31. 依法律之规定，得为结社。

第九表

（1）不得制定一私人不利益之法律。

（2）剥夺市民身命、[1]自由又市民权之提案，专在平民总会。

（3）法官犯受贿罪者，投岩下。

4. 无论刑事、民事，其裁判为不平者，人民得上告。

（5）唆外国使抗 x 本国者，又以罗马市民交付于 x 者，处死刑。

6. 不论何人，非受审问及宣告，不得处死刑。

第十表

尸体禁埋及焚于市中。

2. 火葬禁用精美材木。

3. 不许反于建物所有者意思，于距五十步以下设新烧场及墓地。

4. 烧场及墓地不罹于取得时效。

（5）会葬之际，限着美丽丧服者三人，着紫衣者一人。一人。[2]奏音乐者十人。

6. 参列葬仪之妇人，禁操颊之哭。

（7）不许使奴隶抹油于死尸，及注高价之香油，及烧香。

8. 生前所得之名誉冠，得置于死者之头，又得加入葬仪之列。死者之奴隶又其医之功劳而得之冠，亦同。

9. 不许因后再 x 葬仪。

10. 不许以金与死尸同葬，又不得烧之。但金之入齿，不在此限。

第十[3]

贵族、平民禁婚。

---

〔1〕 "身命"，原文如此。

〔2〕 "一人"二字疑衍。

〔3〕 按此当作"第十一表"，下"第十一"当作"第十二表"。此是《十二表法》基本完整的译本。

第十一表

　　神之供物之卖主为实行贷金及赁金之请求权，得〔1〕差押债务者之财产。其差押不要于债务者。又裁判官之面前为之差押后，于一定期间满了后得处分差押物。〔2〕

---

〔1〕　下原衍一"得"字。
〔2〕　此条末尾有一形似"3"或"了"字。

丁　编

乡试策论

大宰以九职任万民论

　　天地之生民也，不尽人各授以衣食而民自无饥寒。帝王之治民也，不尽人代谋其身家而民自无穷困。是故持小恩小惠以固结斯民者，骊虞小补之术，圣朝无是也。三代之治天下，欲取民必先利民，欲用民必先养民，务使无旷土、无游民，夫而后上下相安，天下乃无不治。

　　若《周礼》大宰以九职任万民，其治世之盛轨乎？夫民而曰万，非一人之泽所能遍及可知也，大宰胡能总其成？曰恃有职在民。无职则势涣，涣则生奸；无职则欲纵，纵则致变。故三农失其职，有致饥馑之灾者矣；园圃失其职，有供苑囿之玩者矣；虞衡失其职，有生荒芜之感者矣；薮牧失其职，有阙牺牲之供者矣。以言百工，则必困于兴筑也；以言商贾，则必疲于征榷也；以言嫔妇，则必怠于防绩也；以言臣妾，则必惰于积蓄也；以言闲民，则必至于流离转徙也。是以治国不难于治国，而难于治民；不难于治有职之民，而难于治无职之民。三日于耜，四日举趾，周之所以盛也；妇无公事，休其蚕织，周之所以衰也。溯周之已事，而职之当任，断可识矣。

　　抑尝考之大宰之职，为六官长，其位最尊，而农工商贾之贱，皂隶舆台之末，罔不统之。盖三代之世，风俗未漓，井田未坏，民之贫富，不甚相悬。自朝廷视之，均赤子也。周家以农业开基，稼穑之事尤为立国根本。九职之中，首之以三农者，不敢变祖宗之法；终之以闲民者，不敢忽祸乱之来。创制显庸，无一不可为后世法。呜呼！观大宰之任民，而益知周公之德与周之所以王也。

陈同甫上孝宗书论

筹国之道，有百年不易之计，有一时审势之谋。苟昧乎时势，则虽其理至正、其言至顺，亦徒快一日之论，而其势必不能行。

同甫于孝宗时屡上书言大计，甚哉昧于时势也！夫恢复之事，言之于高宗时可也，言之于孝宗时不可也。何言之？高宗渡江以来，内有赵鼎、李纲诸名臣，外有岳飞、吴玠诸勇将，而甘心蒙耻伏处临安，此其失策，夫人而能言之矣。若孝宗之时，与高宗异，和议久定，南北通好。考之正史，孝宗改元隆兴，实金世宗之大定三年也。世宗令主，殆拓跋孝文之俦，其不轻生边事以谋开疆拓土亦幸矣，况先授以责言之隙哉！

且孝宗固未尝无意恢复也。虞允文采石之胜，出于天幸，不可恃也。李显忠苻离之溃，偾于同事，不可救也。张魏公解督府之权，长城失倚，将星忽陨，天意尤可知也。使孝宗果用亮之言，与金构兵，能保其必胜乎？有以知其不能也。世宗方务息民，宋使一至，即许正敌国礼。假使师宣和败盟故智，以一军出淮泗、下灵壁，宋之旧将凋零殆尽，能必金人之不倾国出师、蹂躏江南乎？又有以知其不能也。孝宗而后，轻开边衅如韩侂胄、苏师旦，则淮上鏖兵，强臣函首；蔑视强邻如赵葵、全子才，则轻兵入汴，仅得空城：皆轻举妄动之咎也。同甫又何恃而能恢复中原乎？

亮于孝宗朝，书凡五上。中兴五论，则上于隆兴元年，时帝方初政，犹可言也；次则为戊戌之岁，李显忠初卒，新失大将，无可乘之隙；再次为戊申和好如故，越明年，世宗始没，仍无可乘之隙也。推亮之意，以为坐钱塘浮侈之隅，则非其地；用东南柔脆之众，则非其人。其言则诚是也。然以宋之脆弱，而复有迁都之举，民将骚然不靖。金人乘之，保不立致危亡乎？其后金人迫于蒙古，始而迁燕，继而迁汴，终而迁蔡，而卒至于亡，则是非之数，不待辨而自明矣。

大抵以匹夫上书人主者，率多功名自喜之士。贾生当文帝之时，而遽为痛哭；张齐贤睹藩镇之弊，而犹言封建。书生之见，大率如此，况亮之才又未必及二子哉！史称亮词意夸张，德不胜器。呜呼！此亮之所以为亮也欤？

泰西各国学校孰多其成效若何策

泰西文学肇端于埃及，发源于希腊，而最盛于罗马。至今日举欧洲全境，几于人尽知书、户皆向学，非必其民智之有异也。自中国赢秦之乱，于是三代治国之良法，经中央亚细亚流入欧西。亘数千年，其制愈备而收效之速者，盖莫如学校。

夫学校，古制也。若今泰西各国，则其制有三：为大学，为中学，为小学。上而贵戚，中而缙绅，下而商贾。有不入学者，则国家必绳之以法。一国之中，学舍林立。是故以学校之多言之，则美为上，德次之，法又次之。美固新造国，其地力饶富，国用充裕，学校所以迈五洲而称盛者，亦国富使然。至成效之著，则德其最矣。德之兴学，较诸国为先。其制之详，见于近人所著《西国学校》一书，纲举目张，罔不备载。有仕学馆，而教育及于官吏矣；有师范馆，而教育及于成材矣；有女学院，而教育及于闺阁矣；有训聋训瘖院，而教育及于废疾矣。是以俄之士气，时或不靖，而德不闻也；荷兰诸国，每百人中识字者仅七八十人，而德则九十以上也。

自希腊诸贤发明新理，已为泰西言学之祖。至十八世纪，德儒康德出，始集大成，则收效之在哲学也；昔人多言地动，自德人歌白尼反之，而近世天文家之说一变，则收效之在格致也；西人工于制造，然毛瑟之枪、克虏伯之厂，惟德人实擅其利，则收效之在工艺也。夫德之为国，以形胜论之，未必如英；以地广论之，未必如俄；以民强论之，未必如法。而学校之收效独为杰出者，何欤？夷考德之开国，其始仅日耳曼部落。当罗马盛时，为所征服。罗马即《汉书》之大秦，与中国相通久矣。意其壤地相错，或熟闻三代庠序之制，因而仿之，理或然欤？不然，相隔数万里，而教育人才之道乃合于中国之古制也。

夫西国立学之意，心性为本，技艺为末。伦理之学，修身之科，彼国中固尤重之。其学说之精者，至与孔孟之书相出入。而浅见者仅举一二技术，以为泰西之所长仅在是。是取其粗而遗其精也，夫岂探本之论哉？

英俄德法各建陆军试详其制度考其异同策

环五大洲，强国无虑十数。鹰瞵虎视，各挟其战胜之勇、兵力之雄，互为牵制，各不相下。然其制胜之本，水军而外，阙惟陆军。夫虎踞三岛，属地遍于环球者，非英也耶？负北冰海，以形势临欧亚者，非俄也耶？统一日耳曼，军制为诸国冠者，非德也耶？纵横荡决，几欲混一全欧者，非法也耶？

之四国者，力相亚、势相埒，其陆军制度有相同者，有相异者，有似异而实同者，有似同而实异者。中国古则征兵，今则募兵。西人兼用之，故兵民合一，而人知尚武。此其同也。英人善守，故重守兵；法人善攻，故重战兵；俄多游牧，故重马兵；德精制造，故重炮兵。此其异也。充兵年限，英促于德，德促于俄，惟法则二十一至四十五，为时最久。然初为正兵，渐退为寓兵，则与各国之制隐合。此似异而实同也。俄地大，而兵额亦多；英广于俄，而兵额转少；法与德地相若，而德之兵数较多。此似同而实异也。

且夫强弱，势也；胜负，械也。英之立国，全倚征服属地以为外府，故视水军重于陆军。然昔年之征印度，近时之征搭国，皆用陆军。盖英之置陆军，特以保护商务者也。俄人势强，自其先世已有吞并之志，故谋出黑海而英阨之。近则西侵阿富汗，东经营锡伯利亚铁路以运输陆军，各国亦群忌之矣。然俄地大而险，其民强悍，势不遂其欲不止。德之强自斯丹之战始，其重陆军，备法也，而兵制之精，各国且从而效之。法虽蹶于德，而其先拿破仑蹂躏欧洲诸国，皆以陆军。此二国者犬牙相错，防备綦严，其训练之亟，盖有由矣。故英之陆军，以自卫者也；俄之陆军，以侵人者也；德法之陆军，以相抵制者也。处分据之势，欲固国基，须严武备。我安于弱，安能禁人之不强？我甘于退，安能禁人之不进？各国之建陆军，其亦有不容自已者乎？

泰西各国多有属地其驭治之道孰优策

自葡日兴航海之利，沿非洲好望角辟新地于数千里外，而欧洲之局势，为之一新。踵是，而荷而法而英，皆规取属地以收长驾远驭之效。至今日，而南洋群岛，星罗棋布，无不有西人之足迹焉。非、澳两洲，开疆辟土，无不树西人之旗帜焉。

盖经营属地，其故有四：有资以贸易者，荷之于爪哇是也；[1]有资以采矿者，英之于金山是也；有资以工农者，法之于婆罗洲是也；有资以移民者，俄之于锡伯利亚是也。大都因地制宜、因时立法，然其驭治之道，岂遂无优绌哉？

夫穷海之区，去本国绝远，其民多犷悍，其俗多榛狂。束之以法，而虑其生变也；纵之以恩，又恐其难驯也。昔西班牙尝领有秘鲁矣，葡人亦领有巴西矣，而其后皆叛之而立国，积威之所迫也；荷人当明之初叶，属地甚多而卒至涣散者，严法之生乱也。则驭之得其道者，莫如英矣。英始经营北美洲，苛以重税而美寻叛。英鉴其往事之失也，于是移而经营印度。印度者，葡人伺之，荷人伺之，法人伺之。而卒能收之者，英也。英主膺五印度帝后之号，盖几几乎同于己国矣。继复经营澳洲，使其地之学校、议院一如本国之制，待土人以信，抚酋长以恩，故上下安而民不叛。此英国抚驭之大略也。

夫英人以区区三岛，雄视欧洲，其所恃者，属地耳。故其于属地，所急在商务，所重在公司。以水师为保护，以电线以为脉络，以轮船、铁路为交通，使如身之使臂，臂之使指，而无阻滞之虞。是以严刑重税、虐待藩属，则荷失之；政治隳坏、委靡不振，则西班牙失之；夸大喜功、不求实效，则法失之。兽之搏也，必蹲其足；禽之击也，必戢其翼。英人不动声色，而各处属地敛手而为其藩服，是操何术哉？诚驭之有其法，而治之得其道也。

---

[1]　"爪"原作"瓜"，今改。

瑞士壤地较狭而能特立于列强之间其政治艺学必有可观试悉述之策

法兰西之东，日耳曼之南，奥地利之西，意大利之北，有国焉曰瑞士。以五万五千之方里，二百八十万之人口，特立于欧洲境内。民气倔强，屹然为自主之国。间尝按其山川风俗，以考其政艺之得失，而慨然于立国之道固有由也。

夫瑞士在列强之中，仅弹丸地耳。然据莱尼河上流，罗马领之而不能有，日耳曼领之而不能有，法兰西领之而亦不能有，国至今存，是何故欤？以为地之多险耶？则埃及有苏夷士河之利，而不能自保也。以为民之善战耶？则菲律宾竭力以抗美人，而卒归无补也。盖瑞士之俗，坚忍节俭，上下一心。故考其学校，壤地虽小，大学则有四矣；考其议院，民年二十，则可与选矣；考其官制，则有议政之署矣；考其商务，则牧畜之业，独擅长矣。其政治之理，有如此者。瑞民之工人，不下二十余万。如制丝织棉，为其职业之大宗，而技巧日兴，岁造时辰表至数十万。其艺学之精，有如此者。

夫自古居人肘腋之下，未有不受其制者也。百年以来，列国图强，不遗余力。彼议练兵，此言增饷，鲸吞蚕食，直及亚、非、澳各洲，而何有于附近之瑞士？且如土耳其，非不庞然大也，因其势弱，相率欺之，更何有于褊小之瑞士？然而欧洲则公认之为与国，遣使如故也，论交如故也，守公法如故也。盖己不自侮，人未有能侮之者也。瑞地虽二十二州，而声息相连，指臂相应。国重选举，则上无睽隔之情；人力耕桑，则下无游惰之习。此所以屡蹶屡兴，而国犹其国也。夫地无论大小，政理则兴；民无论众寡，艺精则富。若瑞士者，可以鉴矣。

（以上著于一九〇三年，辑自衡鉴堂镌《光绪癸卯恩科福建闱墨》）

戊　编

晚榆杂缀

自序

余少时所作笔记、劄记之类颇夥，或作或辍，间为人持去，日久散佚，遂无一存者。丙子秋间，始稍稍整理成《国故谈苑》六卷。丁丑，复将原书中无关国故者别厘为《晚榆杂缀》二卷。会余适有《论语集释》之作，因而中止。残稿零乱无序，存诸箧中，未一措意也。

《论语集释》造端弘大，恐年老不能卒业，致功亏一篑。初，日以千字为率，后渐增为三千字。及戊寅，遂改为日五千字，寒暑不易。或询余：胡汲汲乃尔？余笑曰：人寿修短不可知。假令书未成而身先死，岂不前功尽弃耶？昔刘宝楠著《论语正义》，至《宪问》篇为止，自《卫灵》以下，则其子恭冕续成之。方今国学凌夷，载胥及溺，敢望子孙之能读父书耶？是书幸于己卯秋间，全部抄录完竣。入庚辰后，言语更加謇涩，终日双目常闭。视听言动四者之中，完全未失效用者，仅一听官。如是，岂尚能著书哉？余书之成，殆有天幸焉！

今岁长夏无事，病后屏弃一切俗务，作长期修养，间或以阅书消遣。盖四十年来，几无一日不与书为缘。癖嗜如此，不能改，亦不觉劳也。因于阅书之暇，取旧存《晚榆杂缀》残稿略为排比，而近作《死之研究》一篇殿焉。其中所论，以经验及因果为多，性质与纪氏《阅微草堂笔记》为近，或亦有志于立身涉世者所不废也。

庚辰夏五，闽县程树德，时年六十有四

《晚榆杂缀》 目录

《晚榆杂缀》卷上

故都谈往[1]

近阅郭春老《邴庐日记》云：

吾乡在都门本无省馆。在南下洼者为"福州老馆"，有叶台山所题"万里海天臣子，一堂桑梓弟兄"楹联。大门外，又有"皇都烟景，福地人文"一联。因乡人每元夕于此放烟火，"下洼烟火"为宣南相传之一景。

福清馆即在其侧。馆中燕誉堂，为承平谦集之所。京曹散直后，每就此谈憩。夕阳西下，簪裾来会，或擘笺限韵，作击钵折枝之娱。陈缄斋同年言少时犹及见之。同光以后，寓公杂遝，庭宇荒秽，非复旧观。然上元灯火，犹相沿故事也。

在虎坊桥西北者，称"福州新馆"，为陈望坡尚书故宅。尚书告归，舍宅为馆。光绪中叶，陈玉苍重葺之，复于东偏拓地，添南北厅事，略规洋式。时平斋倡荔香吟社，每数日必集于此。初仅粗具盘飧，而庖人善烹调，乡人士亦时就此谦客。外省京僚，因亦假坐。福州馆名厨遂籍籍一时，宴会无虚日，至辛亥国变方止。

据故老传闻，则谓前明时会馆本在东城某巷，为八旗没收，乃别购下洼地。又传洪文襄降清入关时，尝就馆谦同乡。乡人不义其所为，到者寥落。即在馆寄居者，届时亦他出避之。文襄颇不怿。比晚，出外者旋归，则床头各有红笺包，封大元宝并名柬一，可想见其豪侈。文襄所构洪庄，即在金鱼池旁，疑下洼南馆亦文襄所构置者，然无考矣。

此段纪会馆源流最详，而文襄事尤所罕闻，可备掌故，故节录之。

京师街巷，向称某胡同，其来已久，盖沿辽金之俗。《日下旧闻》于各胡同称谓之原因，纪之颇详，如石大人胡同之为石亨住宅，麻状元胡同之为麻勒吉旧居之类，不可枚举。虽近俚俗，然闻者尚可因而知前代之掌故，意固未可厚非也。

自光绪之季，欧化输入，司警政者大都鄙陋不学，好以己意改易。如绳匠胡

---

[1] 此题下批"用过"。

同改称丞相胡同，以其为严分宜旧居，犹可言也；至如魏阉胡同，本忠贤旧宅，易为魏染胡同；奶子府街，本客氏旧宅，易为乃兹府街——已不学可笑，然客魏阉竖，不欲沿其名，尚未为失。其他往往毫无意义，任意更易。如灵济宫旧祀徐知诰二子，俗讹为临清宫，今竟改为灵境；阎王庙街，改为延旺庙街；劈柴胡同，改为劈才胡同；江米巷，改为交民巷——皆毫无意义，徒使考古者有迷离惝恍之感。是虽细事，亦晚近文学堕落之一征也。

京师城垣，建于明永乐，迄今五百余年。庚子拳匪之变，前门毁于火。御史陈璧董修之。及乙卯帝制议起，时朱启钤长内务，欲改筑以便行人。于东西各穿二洞，而毁其瓮城，费至二十八万。筑之时，于砖土中得石匮二。启之，则中储五谷，已陈腐。疑姚广孝长于阴阳之学，筑城时用此以为镇压也。

宣武门瓮城内有土坟五，相传明初有兄弟五人，火姓，以仁义礼智信为名，能役使鬼神，善用兵。成祖用其法，破元兵于乱柴沟。及即位，忌而杀之，葬于此。民国十七年，折瓮城。好事者欲穷其异，掘土深丈许，无所得。知委巷之谈，不足信也。

燕京地势形胜，辽金以来，历代均以为都。清季铁路议起，京汉、京浦均以前门为总汇之所。当时有精于形家者，言蛇入燕巢，其巢必破，天下自此乱矣。壬戌、癸亥之交，政府苦于财政支绌，始有议折皇城之举，卖其砖瓦。不肖官吏又因以为利，于是瓦砾遍地。识者知为故宫禾黍之兆。未久，政府南迁，其言竟验。

光宣琐记

光宣中叶，科举停罢，各省学校林立。然大都因书院寺庙，略为改建，因陋就简。而其中最堪发噱者，莫如小学。村学多就小庙宇悬一匾额，曰"某某两等小学堂"。招集十数学生，形如乞丐，跣足褴褛。所习者多沪上书局之教科书。而各书局之编教科书，则必延聘新自日本毕业之学生，又率皆下驷，其上者皆攫高官以去，不屑为也。故教科书之支离蓰裂，莫甚于光宣之际。编辑者既非通材，诵习者自无实益。以故十年以来，国学日以堕落。有已入仕途，或攫巍官，而不识之无者。

粤人某，以留学生考试得翰林，俗谓之"洋翰林"。一日拜客，书写自己头衔之五品衔，误作"五品街"；又误"辇"为"辈"，误"宄"为"宄"。一时喧传都下，或嘲之曰："辈辈同车，夫夫只作非非想；宄宄共穴，九九难将八八除。"闽人某，于师范学校充教员，说《易》之"十年不字"，以为生十年而不识文字。此皆最脍炙人口者。甚有不知字音之有平仄，以为毫无标准可凭。有呵之者，则悍然不顾。妓馆中多游客赠联，中有佶屈聱牙不可读者，询之，则必新自东洋归国之新贵人也。

共和以后，益不可问。都中正月，市上必书春联，俗谓之"书春"。或五字，或七字。昔多用"皇恩春浩荡，〔1〕文治日光华"等句。共和后已不适用，则大都生造杜撰，无对偶、无平仄，见者无不哂然。不三十年，已堕落至此，而主教育者方且日日言废读经、废汉字，求国之无亡，不可得也。〔2〕

留学之盛，以东瀛为最。途近而费省，士争趋之。其间风气凡三变：

癸卯以前，尚未达七百人。其中亡命海外者十之三，操举业不成弃而改业者十之七。于其地置留学生会馆，日日言革命、言排满。癸卯春间，因俄蒙事至，组织义勇队，将以伐俄。举钮永建、王璟芳为之长，日集于会馆，为投石超距之戏。事不果行，乃议改派钮永建、汤槠至北京，说袁项城背清独立。袁氏拒之。然附和者，率多不学之徒，至误以明太祖为满人，识者嗤之。此一时期也。

清政府渐闻留学生之不法，畏而思有以笼络之，乃废科举而专试留学生。每年留学归者，无论所学何术，皆得入学部应试。最优者授进士，次者授举人。于是风气一变，巨绅之子、富豪之家，率负笈东渡，以此为终南捷径也。甲辰、乙巳之交，留学者计达三万人。日本知吾国人趋之如骛，于是特开学校以容之：曰宏文学院，曰经纬学堂，则以容青年之预备中学也；曰法政大学速成科，则以容官吏之急于归国入仕途者也。丙午春，政府又派进士馆诸生使习法政，于是朝野东渡益众。进士举人之东者，其耄老者率年四五十，拳其发于首作圆髻形，而覆之以洋帽，服装则内中而外洋，内外不相掩。日人争笑之。然其中不乏知名之士。其学成归国者，又大都攫贵官以去，叫嚣之气因而渐杀。此一时期也。

宣统末年，学生骤减。经纬学堂、法政速成科次第废止。留东者率多青年子弟，于是争为狎游，荒其学业。其嗜学者，不过孳孳为将来博巍科计。于是排满流血之声乃寂不闻。此又一时期也。

光绪末年，政府于中央置宪政编查馆，而以王大臣领馆事。所罗致者多日本留学生，故所行新政，蹈袭日制者十之九。于欧美诸先进之良法，无能道者。削足适履，利一而害百，驯至所定《宪法大纲》并抄袭其"万世一系"之语，群情大愤。又专任留学生，其在本国学成者不之与，众志益离。卒至武汉一呼，大局瓦解，遂不可救。〔3〕

戊戌政变，康梁亡命海外，于南洋及新金山组织保皇党。是为晚近以党树帜之始。继以孙文入日本东京组织同盟会，专以排满为宗旨，然不以党名也。

共和告成，于是朝野各自树党：同盟会之外，曰共和党，官僚派大多数属

---

〔1〕 "荡"原作"薄"。

〔2〕 此句下批"上段已用"。

〔3〕 此句下批"已用"。

之，黎元洪为之首；曰民主党，多新派青年学生，汤化龙为之首；曰统一党，纯粹袁派，王揖唐为之首；曰统一共和党，为北派之激烈分子，吴景濂为之首；曰国民公党，多岑之部下，岑春煊为之首。

元年冬，国民公党、统一共和党与同盟会合并，改称国民党。共和、民主、统一三党亦合并以抗之，改称进步党。两党时相龃龉。二年春改选议会，两党竞争尤烈，弃金钱无算。国民党之供给，多各省都督。时胡汉民督粤，李烈钧督赣，柏文蔚督皖，皆搜括民财，以供选举之竞争。进步党之供给，则袁政府也。其结果，参议院以国民党占多数，众议院以进步党占多数。

当时选举之情形，言之有堪发噱者。初选人之当选也，意望甚奢，以为持此一票，将以博得终身之衣食。欲为知事者有之，欲得重资者有之。其欲为议员者，则必卑词下气，日奔走于是等初选人之门。又必召集徒党，赁一屋以供是等之居住，为之设醴酒、陈赌具。甚则导之狎游，以博其欢心，使无异志。其徒党数十人，日喋喋于其侧，以为之某某者，总统所信任，总长、民政长指顾间事。苟当选，则彼必感君，一生吃著不尽矣。狡黠者知其诬也，则其徒党又大言曰：吾将荐你于民政长，区区一差不足道也。乃入以阴事挟长官，荐其所谓初选人者。长官为所制，颔之。于是群初选人皆翕然信之。其不愿得官者，则一票巨者或千金，至贱亦须三百金。及投票日期渐近，竞争者恒倍于议员之额。于是交相排谤，甚或为揭帖以攻其阴私。平居亲友，至是反颜若不相识。故选举时，父不能使其子，兄不能令其弟，而惟利之是趋。盖至是而道德廉耻，扫地尽矣！

及开票后，当选者高车驷马，意气自豪，以为吾固人民之代表也。各党于沪、于京皆置招待所以罗致之。舟车之费，皆非己出。其笼络议员之法，一如议员当时之笼络初选人。一议长之选举，每党费至数十万金。主持党务者，以其半充己囊，而以其半散之议员。久之，事乃泄。然固无如何也。议员之在京者，日流连于酒色。都中八大胡同，无夕不有议员之足迹。昔之初选人，日盼其为总长、民政长，以为可弹冠相庆。久之，寂不闻声。有书与之，亦不答。欲索旧欠，则舟车所费不赀。时或遇之，则反颜如不相识。乃申申以詈，以为是固食言而肥者也。然而晚矣。

有清人入关，改革服制，三百年来悉沿关外之习，髡其首、蹄其袖。大汉衣冠，扫地以尽。及共和底定，始下剪发之令。然东南各省，剪者尚十之七八，西北则士大夫有豚其尾者。甚矣，积习之移人也！

服制议起，有倡议复宋明之旧者。时主持者，多新学生，遂定用西制。然吾国呢革多自外洋输入，恐成漏卮。于是折衷二者之间，以黑褂蓝袍为乙种常礼服，与甲种常礼服并行。黄兴留守南京，自组亲军，衣冠悉仿明制，见者疑为戏剧。自是无议复明制者。

袁氏专政，服制之议又起。二年冬，袁氏自行祭天、祀孔之礼，于是始定祭服。其式略如清之外褂，中饰以团花领。及袖，则以金绣饰之，形制颇不类，识者嗤之。及袁氏将改帝制，各官署之有职者，莫不各制祭服，以供朝贺之需。袁氏又自制龙袍，闻系京师某大商董之。及袁氏败，损失颇不赀云。

"大人""老爷"之名称，沿自金元，其来已久。清末京官，自翰林以上称"大人"；外官，自知府以上称"大人"；余泛称"老爷"。其后益变本加厉。凡宴饮之请单中，有一人应称"大人"者，余虽官职稍卑，亦称"某大人"以示无轩轾。

共和后始废"大人""老爷"之称，以"先生"代之。然惟官署用之。至仆隶之于主人，称"老爷"者尚十之八九。其官署僚属，于总长、次长则直称总长、次长，不曰"先生"也。

清制出身有生员、举人、进士之别，见者以为荣。及共和元、二年之交，士大夫之名刺履历，多没其出身不书，而反书"自治会会员""共和党干事"之类，以自表见其为新人物。袁氏柄国，解散党会。于是举人、进士之履历，连牍累纸。甚且举捐纳之候补道、官署之幕僚，皆为一种资格。京师有甲辰同年会，有癸卯同年会，伟人巨子相率赴会演说，以为美谈。甚矣，风气变迁之易也！

有清刑律，大率沿明之旧，历二百余年。有司断案，以例为凭，律文几同虚设。州县事务繁剧，刑事率委幕僚，俗谓之"刑名师爷"。凡习举业不成，或贫苦无依者，大都操是业，谓之"学幕"。以现任州县之幕为师，衣食率其师供给，业成则其师为之荐于县官。刑名之俸，大县年不过八九百金，小县则常止四百金。所入之俸，必折半与其师。年限十年八年不等，依其地之习惯或契约定之。

如是转转相引，其贵者则入督抚司道之幕。凡州县得缺，督抚之幕必有荐条，州县不敢不应。不应者，则幕僚必悉力倾之。盖幕僚终有清之世，团体极固，师弟互相援引，长官之朴诚者率为其所制。又操是业者，十之八九为浙之绍兴人，然大抵仅识之无，抄袭成例，削足适履，但求免上官之指驳。至民之宽抑与否，不暇问也。

光绪季年，欧化东渐，倡为司法独立之议。于是始议设审判厅，州县不理刑事。南皮张文襄力辟之，至言司法不宜独立，识者讥之。实则吾国自古司法本系独立。言司法不宜独立者固非，怵于欧制而言吾国司法不独立者亦非也。

政府不纳张氏之言，次第于各县设两级审判厅、检察厅，聚群少年之法政生，使之理词讼，而民始困矣。里有甲奸乙之妾，乙遇之，批其颊。讼之官，则以妾为法律所不认，不成立奸罪。释甲不治，而治乙以殴打创伤之罪。又有农夫以锄掣其子，子夺其锄殴其父，毙之。乃以为正当防卫，释其子。物议大哗。其他判决多此类也。资政院之开会也，政府使议定新刑律，于和奸之有罪无罪，争议最烈。新学派多主无罪，而以杨度为之首，劳乃宣争之不能胜。未几，清亡。

及共和告成，于是遂以前清议而未行之刑律颁行，而清律始废。袁氏专政，稍稍洞见审判之弊，又不欲大改革以招新派之反对，乃以知事兼理词讼，而废初级审、检两厅，其巡按使则暂行监督司法事务。盖袁氏将改帝制，不欲失一部分之人心，其改革固自有待。其他设施，大率类此，皆私之一字误之也。

光绪戊戌以前，风气闭塞。有习洋学者，士大夫耻与为伍。及庚子之乱，排外之风一变而为媚外，又因日本以维新致强，于是言新学者专以模仿日本为能事。朝野之言新政者，其夹袋中莫不有《日本法规大全》一部，如冯道之《兔园册子》。于欧美之法制，固不暇问也。其留学归国者亦以日本为独多，自欧美归者恒不能望其肩背。盖欧美学生多习工商者，且往往不通晓本国文字。以故十年以来，社会风气一变，有所谓新名词者，如手续、目的、场合、烧点、暗潮等种种之语，流行于国中。士大夫以能运用新名词为开通，形于官署文牍。至宣统末年，且并上谕亦用之，而尤以司法界沿用为最广。其对于词讼之批示，满纸"手续""目的"，无一能解，商民咸苦之。然此犹其细焉者也。

官署之器具，非用洋椅、洋桌，则不足以壮观瞻。僚友之宴会，非有啤酒、白兰地，则不足以昭诚敬。京师各衙署，首改用洋房者为外务部。入共和后，司法部、财政部次第皆用洋式。衣服则洋帽、洋靴、洋鞋。饮食则洋菜馆，亦名大餐。及学校遍设，则学生所日用者洋纸、洋笔、洋墨。其妇女之染新气者，则多衣洋装。凡若中国固有之物，无一不堪唾弃者。有自西洋归者，上书于教育部，以为吾国之弱，文字实居之。宜废汉字，改用罗马字。于是有倡拼音之新字者，然实不能行也。政府聘外国人顾问以千数，月耗百十万金。盖其中实含有最大作用。意中有欲行之事，则假外人之口。国民以为外国人且主张如是，无敢抗者。袁氏之改帝制，亦先假古德诺一篇文字，而后筹安会始敢于号召，亦可谓洞见国民之隐者矣！共和以后，尤事事步趋欧美。讼师土棍，明目张胆，则曰是大律师也；群小朋比，把持官府，则曰是政党内阁也。昔西晋之季，国人喜衣胡服，卒为五胡乱华之兆。披发伊川，百年为戎，识者以为亡国之征云。

诗话拾遗

《邨庐日记》中，余最爱其《广中小尽行》。其词曰："藤州三月作小尽，梧州三月作大尽。哀哉官历今不颁，忆昔升平泪成阵。我今何异桃源人，落叶为秋花作春。但恨未能与世隔，时闻丧乱空伤神。"自党政府严禁夏历，而上下又无愿用阳历者，故有此种景象。此诗于村居不知岁月，写来维妙维肖，余最喜诵之。传为朱氏希真之作。

亡友沈寿铭，故浙人，流寓闽中。壬寅，余与之同馆于乌石山之积翠寺，恋一女鬼，能诗。寿铭时与之唱和。或曰：狐也。余记其登邻宵台诗云："试学山行喜欲颠，因人推挽上崖巅。洞天仙乐猜寒听，石碣鸿文诵妙年。榕竹阴中千嶂月，桔槔声里一溪烟。浑忘立久弓鞋小，说与山灵著意怜。"语有鬼气。未几，即下世。得病之先，一夕梦中自撰挽联，其辞曰："未蘼国，先蘼身，如此江山，蘼蘼靡所骋；既负人，还负己，相看弟妹，负负复何言？"醒以告余。卒后，乃书而悬之。时年仅二十有四。寿铭少有逸才，工诗，有《碧萝山房遗稿》。兹摘抄数首，庶读者尝脔知味云：

夜雨怀珪如

萧斋三日雨，永夕起相思。

有酒念吾子，经年无一诗。

梦残花外漏，秋老鬓边丝。

不寝篝灯读，微风自入帷。

忆旧

罗衣商换已凉天，围扇多情不忍捐。

秋晚登楼花欲笑，旧时题壁墨犹鲜。

斜阳疑梦碧纱外，落叶如潮红树边。

明月未来人去后，满身香雾立阶前。

游乌麓双骖园

谁家亭馆起山陬，乌岫螺江一览收。

清簟柳阴留客榻，疏灯木末读书楼。

风泉静夜落寒听，云树深秋生远愁。

应有女郎宵待月，卷帘铃语万花幽。

乌石山积翠寺南楼远眺

六桥烟雨旧吟囊，贮句闽山格又苍。

湖水极天诗句碧，岩花扑几道书香。

游人题壁墨痕富，古佛垂龛灯火凉。

今夜南楼知更好，江城如画月如霜。

望耕亭晚眺

海色湖光落鬓边，凭栏远眺雨余天。

西风古木号归鸟，落日孤城朲暮烟。

一杵梵钟黄叶寺，数星野火败苗田。

望耕亭上多明月，犹见宵深下散仙。

谒沈文肃公祠

香火堂前德政碑，此来喜得拜公祠。

中流砥柱推元老，横海楼船创水师。

半壁河山新日月，百年桑梓见须眉。

春秋父老咸垂涕，犹记孤城死守时。

甲寅，余曾序其诗，兹并录之：

亡友沈子寿铭，死于疫。将卒，遗言以其诗文稿付余，且曰："吾少有大志，以为疾疠灾疫，天之所待庸人。世固有非常之人，而厄于疫者乎？闽地虽多疫，予初不之惧，今竟不起。然后知古之享不朽盛业者，抑亦其寿有以致之。使其早岁而夭，则亦草木同腐耳！予之不获有以自见于世者，其命也夫！其命也夫！"予闻其言而悲之。沈子殁时，年才二十有四。予与之同馆于乌石山之积翠寺，识其人，初未逾年，时清光绪壬寅也。寿铭本浙人，流寓闽中，穷愁抑郁不得志，既又欲弃儒业习武。已成议矣，以疾作，不果。为文倜傥有奇气，诗神似黄仲则，盖亦其境遇同也。顾所作不多，殁后遗稿散佚，今存者仅诗词若干首。余往尝谓：沈子何不达乃尔，弥留时犹不能忘情此百十篇之文字！试读《唐》《宋艺文志》，先民遗集今存者有几？诗文之传不传，固有天幸而不可必。况自其大而言之，万物同归寂灭，身外之名有与无等也。孔子谓君子疾没世而名不称，殆为中人以下说法，如佛氏之小乘。虽然，烈士徇名，志士成仁，世固有舍其身而为名者。沈子之靳靳于是，是因未足深异。使其不夭，则其成就殆未可限量。宜乎，将死之际言之而有余痛也！沈子为人庄重不佻，顾诗词中多作香奁体。初疑其有所托。有知其事者谓：沈子实有奇遇，其诗词半与神女酬酢之作。沈子常自告人不之讳，并言女诗才绝艳、旷世无偶。或传集中《登凌霄台》《谒沈文肃祠》二首实女作也，其事绝异。予雅不信神鬼之说。然观传记所载，如是者多不胜纪，抑竟有其事不可知也。十年以来，风尘奔走，行箧中辄以其遗稿自随。他书籍多所散失，而是篇岿然独存，一若有鬼神呵护之者。意天果哀沈子之志，而终不欲没其名耶？抑其精灵宝有不可没者存，而遂遗留以至于今耶？世谓诗人多穷愁。然富贵阘茸，生前炫赫，及其既死，乡里或不能举其名。而断章零句，哙[1]炙有在千百年后者，天之待之者，果孰厚而孰薄耶？因编次其诗词，依岁月先后，录而存之。

余素不工诗。中年后专攻汉学，吟咏之事遂辍。间有所作，亦随手弃掷，无一存者。盖诗文集传世最难，不欲祸枣灾梨也。今秋，偶从故纸堆中捡出旧作数首，皆系二十岁前后之作，录之以志鸿爪，不敢云诗也。

《感遇》云：

淮阴洵英雄，出身苦不早。

---

[1] 原文如此。

使不遇萧何，空山宁终老。
原夫国士才，千军可横扫。
破齐虏龙且，击赵井陉道。
当其垂钓时，乞食形枯槁。
连敖复坐斩，七尺几莫保。
古今几人物，如君洵矫矫。
由来落魄时，智虑亦颠倒。
福至而心灵，此理信非杳。

《咏史》云：

唐室二杰士，仆固与怀光。
忘躯经百战，偏体皆金疮。
分符膺节钺，功业遥相望。
一旦被谣诼，小丑敢跳梁。
狂僭谋不轨，决裂致灭亡。
设竟被谗死，青简有余香。
一念不自持，欲盖反弥彰。
我读史至此，泪落沾衣裳。
罪固不能赎，功亦何可忘？
古今几完人，惟节取其长。
天命以自信，我爱郭汾阳。

《移居新宅书怀》云：

去年家城南，局促如屈蠖。
今岁移其西，新辟地稍拓。
湫隘非近市，性僻远酬酢。
杜陵咏茅屋，靖节欣有托。
一间尤明净，眼底生林壑。
两三不速客，饱饭咨谈谑。
有时动狂兴，亦复具杯酌。
虽无堕簪珥，履舄已交错。
有女初解书，顽与乃翁若。
闻说字旁行，束置便高阁。
稚气论经史，领悟能约略。
秋晚闲无事，访菊绕西郭。
手携步且谈，兴趣亦不恶。

人世何攘攘，尘网〔1〕苦束缚。

苏黄遭贬谪，吟咏有至乐。

金张非不荣，青丝马头络。

乃知乘除间，天意无厚薄。

中原方丧乱，鹃声已鸣洛。

此宁安乐窝，处堂类燕雀。

长啸出门去，孤注视一博。

成败吾不知，终胜今落魄。

吟罢思逾豪，解衣方盘礴。

忽报故人至，恰恰檐间鹊。

昔人谓诗必待穷愁而后工，余谓不特此也。余少而孤露，老而茕独，故所作独多。其中所处顺境则无诗，是诗也者，至不祥之物也。

《甲子除夕》云：

束发初授书，矢志期不朽。

稍壮喜谈兵，金紫如敝帚。

勋名耀青史，封侯印如斗。

何期事蹉跎，明春四十九。

十载沈郎署，所遇辄非偶。

早知事无成，一编差自守。

退之嗟穷年，子云哀覆瓿。

晚岁耽禅理，庄列不离手。

悠悠身后名，何如一杯酒。

矧当离乱年，一家余八口。

秋风茅屋破，敝田无寸亩。

微闻先人说，降生岁在丑。

紫衣俗主贵，群灵环伺牖。

弱龄遭家难，斩祛踰墙走。

晋文始出亡，寄食依漂母。

盘错厉吾节，因之益抱负。

天意不可知，而今已白首。

中原方鼎沸，王纲凤解纽。

斯世无汉高，孰能识郦叟？

---

〔1〕 "网"原作"纲"。

众生勇为恶，蝇营与狗苟。

途穷阮步兵，蹴尔终不受。

罢官迫岁暮，环堵何所有？

啸歌出金石，淡泊甘蔬韭。

蒲柳秋先零，松柏凋仍后。

修己以俟时，奚必问休咎？

《辛未冬夜》云：

冬夜帷枯坐，相亲止一灯。

孤衾寒似铁，深屋冷如冰。

宛是无家客，真成入定僧。

牵肠余旧爱，昨夜梦何曾。

余无诗集，姑录此二首以见一斑[1]云。

忆十六七岁，随宦台湾，偶阅《桐阴清话》。中载徐本敬《歇后诗》云：

抛却刑于寡，来看未丧斯。

只因四海困，博得七年之。

半折援之以，全昏请问其。

且过子游子，弃甲曳兵而。为之绝倒。

抄存箧中三十余年矣，录之以博一笑。

近人聂云台著《人生指津》，力辟洋化之谬，稍嫌偏于释氏。记中载愿云禅师偈云：

千百年前碗里羹，冤深似海恨难平。

欲知世上刀兵劫，但听屠门夜半声。

读之足发人警省。余读《辍耕录》中有句曰：不敢妄为些子事，只因曾读数行书。此与"常觉胸前生意满，须知世上苦人多"，皆可悬之卧室，较之书吉祥春联似差胜一等。

奇　遇

语云：不贪意外之财者，天必报之以温饱；不贪非分之色者，天必报之以美妾。此系某长老所言（见于其所著书名《舍得》），其言确有至理。余生平多奇遇。

辛卯，客台湾之鹿港。有名妓阿美，艳名噪一时。时已革禀生施捷修（葵）设帐其地，绅商子弟从之游者数十。施负才名（后中癸巳举人）。余年十五，承

---

[1]　"斑"原作"班"。

父命，负笈往从之学。后日于经史稍有门径者，施之力也。妓一日于途中遇余，诧曰："此子非常人也。"同学中有与妓昵者，啗以利，嘱招余往。余笑曰："岂有幼年狎妓，而可称为非常人者耶？"谢不往。塾中有文会，月由施定其甲乙。妓闻余得首选，谓同学曰："若年逾三十，渠十五耳，而辄居其下，能无愧死乎？"罗致益力。事为师所闻，因促余归。时余家住彰化，与鹿港相距二十里。阿美遣役于途中邀截之，不获，嗒然若丧者数日。后遂不复相闻。然情不自禁，思恋形于词色。

邻女名阿锦者，闻其事，亦钟情于余。客有学旗装，绾双髻于头者，余偶羡其美。次日，阿锦忽艳装作双髻，至余前，谓："君以双髻为美，如我者足以当之乎？"余始悟其意。一夕，睡方浓，忽有人摇之醒。昏黑摸索，辨其为女，裸无寸缕，骇曰："若何为者？"答曰："邻有乳母教我此策，非如此则事必无成也。"余笑曰："君误矣！余上有老父，婚姻不能自主。万一无成，他日白璧微瑕，投环自尽，向我索命，岂非辜负今日一团好意，化婚媾为仇雠耶？"女闻言悚然，乃止。七月七夕，二人仿长生殿故事，誓来生为夫妇。会庶母周氏谗之父，议遂中梗，女竟别嫁。中东事起，台割于日。是年，适遇乡试，余纳监赴闽应考。临行，与阿锦相别，彼此互赠一物，以作纪念。凄恋之情，不能自已。

既抵闽，馆于乌石山之神光寺。下第后，举子星散。余流落无归。姊夫马子倬悯之，乃荐充王姓教馆。家无男子，仅一婢，年十九，侍候汤水。东家则年少寡妇也。婢即住余后房，有门可通。余欲塞之，婢以来住孔道为辞，余亦听之。菜蔬精洁，夜阑则婢携酒一壶至，曰："为师消闷也。"次晨，婢携镜台至，倚余而栉发。夏，辄于所谓孔道之处而浴。余知其以婢为饵也，遂不之视，并赋《续正气歌》以见志。日久遗失，仅存序一篇。

续正气歌（并序）

光绪乙未，余馆于王氏之家。刘蒉下第，阮籍穷途。风雨孤灯，洒不尽英雄热泪；天涯一剑，肯稍馁烈士壮心？范文正齑粥读书，以天下为己任；陶士行荒斋运甓，方致力于中原。大丈夫生当封侯，死当庙食，安能伏案头弄文墨以终其身乎？余非乐而就此，盖不得志于世者之所为也！况乃重门击柝，寂坐其中。太史公无罪而下蚕室，武灵王非饿而入邱宫。夜少馈金之吏，学懔四知；家传理学之风，斋名三畏。而况石崇家富，岂少绿珠？李靖才高，非无红拂。燕子楼头，君为关盼；凤凰曲谱，我愧相如。任是红颜不加青眼，杨继盛铁石心肠，从来不转；邵康节独知袅影，愿践斯言。此续正气之歌所由作也。嗟乎！鱼投香饵，祸起于贪；虎过深坑，势终必陷。斯必有奇节冠乎古今，浩气塞于天地，而后能克全始终，不为移夺者也。裹尸以革，伏波封大将军；誓死不降，扩廓真奇男子。光（注：时学名崇光）一介书生，江湖落魄，读史而雪千秋之涕，作文而无一字之师。爰续是歌，聊以明志。略同纪事之诗，不是反骚之赋。如孟子所言不动心者，岂敢望哉？倘文山可作，见而笑之，固其宜矣！其辞曰：缺。

自是遂酒醴不设，日以草具饷我矣。七月，遂辞馆，居小排营旧宅，日流连戏馆。时三庆班有旦吴仙宝，字鹤珠，年十四，以色艺名一时。其唱寡妇上坟、杨妃醉酒，尤为独绝。余几无役不从，并为诗咏之。

咏鹤珠（有序）

夫淋铃马上悲凉，灰壮士之心；挝鼓筵间慷慨，动英雄之色。落花时节，肠断龟年；舞袖郎当，歌残鲍老。大抵风流才子，类多落拓人寰。苟能卓著于梨园，差胜庸夫之草腐。而况花衫云貌，我见犹怜；秋月春花，谁能遣此？同是天涯，一般憔悴，聊将尊酒，替慰飘零。刘越石之吹笳，壮心未已；淮阴侯之仗剑，胯下何辞？我独何人，能无同慨！则有居传闽峤，派衍姑苏。头衔高列，则仙宝其名；齿颊生香，则鹤珠其字。写貌则春花夺艳，问年则秋月才圆。媚态横生，濯芙蓉于晓日；柔喉低转，汜杨柳之光风。细真樊素之腰，稳胜潘妃之步。翳夫潘安貌美，自饶翰苑之才；阮籍途穷，且入伶人之传。修成仙骨，名不虚传；疑是玉人，宝真无价。几许红愁，应叹解人难索；不逢青眼，伊谁悦己者容？余以潇湘文士，涸迹三山，风月闲愁，消磨廿载（时年二十）。倚屋柱歌长铗归来，半生作客；铁琵琶唱大江东去，古调独弹。凭吊往古兴亡，胸余邱壑；睹此中原荆棘，志誓澄清。嗟乎！范文正命世之英，且为坠泪；楚霸王拔山有力，不免多情。奇之又奇，解无可解。两行翠袖，底事干卿？一曲红绡，钟情我辈。杂悲欢于俄顷，疑梦转觉疑仙；感身世之沧桑，相逢何必相识！白乐天还悲商妇，胡澹庵犹恋黎涡。聊遣愁怀，何伤大雅？此则奏逸响而消魂，壶觞亦韵；有娇憧之在瞩，台榭俱仙者已。噫嘻！风尘庸碌，孰是钟期？傀儡衣冠，谁非优孟？曲原不误，也知待顾于周郎；壁许赌诗，重结赏音之涣。恨杀因人，誓投班笔，得君下酒，何必《汉书》？倘教身致青云，长此歌聆白雪，则腰缠万贯，定赎文姬；岂梦觉十年，空余杜牧？幸圣代今多雨露，一挥著祖逖之鞭；好众仙同咏霓裳，十日学平原之饮。

> 天涯游子酒为家，醉卧壶中落日斜。
> 问君何乐能复尔？秋之明月春之花。
> 春花秋月等闲度，知己寥寥叹迟暮。
> 卓荦狂生赏识奇，风流忽动周郎顾。
> 狂生赏识天下无，歌场沦落有鹤珠。
> 眉扫远山眼横水，芙蓉为骨玉为肤。
> 天生才子空今古，不擅文章擅歌舞。
> 命宫坐蝎将奈何，少小卖身入曹部。

欲诉衷情无限苦，千回万转黄金缕。

罗襟点点泪痕麤，白眼红尘谁与伍。

嗟君因甚年来瘦，舞罢霓裳香汗透。

同是飘零作客人，青衫一样怜红袖。

楼台宫阙饰金银，檀板歌声岁月新。

试问几生修得到，能教仙骨在君身？

君身仙骨何坷坎，触我愁怀无限感。

纷纷成败兴亡局，顿教披露真肝胆。

君不见伍员乞食困吹箫，誓复仇雠气不消；

又不见衣冠优孟无颜色，朝朝谈笑君王侧。

时从落拓见英雄，不是奇人不相识。

大娘舞剑逢杜甫，商妇琵琶遇乐天。

浮生一梦迷离幻，飘遥万事如云烟。

吁嗟乎！笑余壮士囊羞涩，文姬欲赎待何年？

齐声喝采且为乐，瓮头春熟炉头眠！

有杨兆斌者，癸酉举人。乙未春间，友人介绍从之习八股。一见余文，咤曰："是翰苑中人也，善自爱。吾有女，当使奉箕帚。"盖余曾赋《满江红》一阕，其词曰：

一剑纵横，频叱咤，风云变色。问谁是，壮怀激烈，誓同灭贼。万里封侯班定远，只缘当日曾投笔。恨半生，误我是儒冠，嗟何及！

干戈劫，犹未息；忠义愤，真无极。莫等闲，枉把少年头白。扪虱痛谈天下事，卧龙时抱先生膝。叹何人，相士学平原，风尘识。

杨见之，惊为奇才。未几，县试第一，往其家告之。师喜甚，曰："吾言验矣！"使其女自作羹汤以食余。女自以为得所天，喜不自禁。并谒其师母，如家人父子。盖师也，而不啻以丈人自居矣。不料余方以违命应考获重咎，同时并绝，不与为婚。师遂疑余以富贵易妻，欲得而甘心焉。女次岁缔姻一年老童生，未嫁，郁郁病死。哀哉！

此数事者，虽可见旧式婚姻之不自由，然年少已克自树立如此，其见解终非庸流所及。今老而碌碌如是，古人所谓"小时了了，大未必佳"，殊愧对知己也！

李璮能词

南宋武人多能填词。如岳武穆、辛弃疾，皆有古儒将风，亦一时风气使然也。忆少时偶抄李璮《水龙吟》，爱其声调悽越，录存箧中，垂四十年，久并忘其出处。璮，李全之子。《元史》列入《叛臣传》，父子均列名叛逆。然全遂为叛臣，而瓘富有种族思想，实忠于宋。今不附《全传》而入《元史》，修史者可谓无识。读者当哀其遇而惜其才也。

水龙吟

腰刀首帕从军，戍楼独倚间凝眺。中原气象，狐居兔穴，暮烟残照。投笔书怀，枕戈待旦，陇西年少。欢光阴掣电，易生髀骨，不如易腔改调。

世变沧海成田，奈群生、几番惊扰。干戈烂漫，无时休息，凭谁驱扫。眼底山河，胸中事业，一声长啸。太平时、相将近也，稳稳百年燕赵。

字有南北

余喜以文字考究古史。如"弔"字为矢贯弓，可以知上古弔丧之礼。"毋"字从女有奸之者，可以知未有婚姻前社会强暴之状态。曾以搜罗所及，编为《说文稽古篇》二卷，语必有征，颇蒙读者嘉赏。偶阅沪报杂俎，载有《南北字》一条，意极新颖，惜无征不信，恐自秽其书。故余编《国故谈苑》，未敢采入。然议论新奇可喜，弃之可惜，录为滑稽之一助可矣：

乡村的村字，或又写作邨。其实村、邨二字，都是从屯田的屯字变出来的。屯就是聚居的意思。屯字加邑而为邨，亦如丘邱、番都之类，其例甚多。邨字已为形声字，再一变而为村，依然是形声字。屯与寸不过是方言略异的关系，其实仍是一音之变也。村字从木，则或因古代北方建筑多就山掘洞，所谓穴居是也；南方古代建筑已多用木材，所谓巢居是也。故南北之字，所从不同。由此推之，邨为北方字，村为南方字，其实仍是一字。而至今日，已相混不分矣。又如窥字在《老子》《庄子》书中都作闚，亦因北方穴居，故其字从穴；南方巢居有门，故其字从门。此亦南北字也。又如塞字，北方以土筑成，故从土；南方以木材筑成，故从木作寨。其实二字仍是一字。不过到了后来，寨字的意义是专指大伙的强盗在山中所筑的居住物及防御物而言，塞字则在习惯上已变为专指长城而言。这分明是二字而非一字，然仍不能不谓其是出于一源。其所以分歧者，亦南北字之关系耳。

医术经验谈

李卓吾常云："有病能忘其病，则与无病等。"此真至言，不可以人废也。

常见富贵人重视其病，有病则医药杂投，千金不惜，适以致死。而贫贱因无力就医，反以得全。富贵人多死于医。往往其病本不致死，因误于医药而死者比比也。

再者，老年人有病尤不宜乱医。盖年老之人，血气已衰，多系本病，而非标病。止宜养其气血，使之充足，则病自愈。若求急效，或误用攻伐之药，病未去而本元亏损，未有不致死者。余所见者如陈弢厂太傅，偶感风寒咳嗽，本可不药而愈。因缠绵多日，误听人言，入医院不十日死矣。林仲良年六十，患痰嗽。医者误用川朴三钱，服后大喘，急用参蓍救之，已无及。陈仲耿之父患痢疾，医生亦用川朴，气陷而死。此皆误用攻伐峻药而致死之例。

又老年人不宜用凉药。如陈以时年仅五十，患发烧，误以为上火。医生用大剂凉药服之。次日烧退，家人以手摩之不动，乃知其死。盖全身血脉因服凉药凝滞而不能流通也。

余常谓孟子所谓"尽其道而死者，正命也"。生必有死，理数之常。世间夭札，因求生而反以致死者，皆不得谓之正命也。中国医学虽探造化之秘，可以起死回生，但今之习医者多研究未精。所谓名医亦不过能不用峻剂以杀人而已。曾文正一生最不信医药，其见解特高。汉高祖病疽，吕后欲为之延医。高祖斥去之，曰："吾命系于天，岂医所能为？"盖高祖身经百战，屡冒大险而不死，卒成帝业，故有此经验也。人能知此理者，寡矣！故余谓：人宁可死于病，不可死于医。

不学无术之过

宋太祖改元乾德，不知蜀主早已有此号，始叹宰相须用读书人。民国之双十节，乃宋徽宗节名。宋沿唐制，以君主生日为千秋节（今日本犹用此制）。而宋徽宗生于五月五日，俗以是日生子为不祥，乃加倍之改为十月初十，谓之双十节。卒有青城之变，遂亡其国。此一事也。党政府改地方官制，省曰省政府，县曰县政府。此与李自成所定官制相同，见《明史·流寇传》。又一事也。此皆不学无术之过也。

格言数则

阳明良知之说，为上知者言。尚不如袁子才"凡事不能入哀启者，断断不可作"，其言最为亲切有味。余谓不止哀启而已。士大夫中年以后，遇有寿诞，时有征文之举。偶一检点生平，其行为可以为征文材料者盖寡。平日贪赃枉法、好色好货，无所不至。高官厚禄、人人逢迎，而欲求其行事可为寿文生色者，百无一焉。反不如穷措大啸傲林泉、独行豪举者之可入诗歌也。孔子论齐景公："有马千驷，不如伯夷叔齐之穷饿。诚不以富，以止亦异。"有慨乎其言之也！

庸人遇困苦时，多怨天尤人，此本世俗常态。予谓欲有求于人者，必先视己之所施，则不至尤人矣。欲有求于天者，必先视己之所为，则可不至怨天矣。

古人劝人凡事退一步想。余因此得二秘诀：其一，得意时常作失意时想，则居官不致有过举，且不致开罪朋友；其二，活时常作死时想，则为人不致有过举，且不致负疚于神明。以例明之。家中物被人窃，庸俗遇此，必暴跳如雷。使平心静气思之：世间之物，何者可为吾有？苟物存而我已死，吾亦无如之何。今物被窃，不过我未死以前离我耳。二者何择焉？怒何为者？人肯事事作此想，一切愤恨之气都平。又如居官时尝因身份关系，以步行为耻，出必乘车，或以与村夫谈话为耻，此其人胸中常有官之观念存。殊不知天之生我，本来万物平等，有官不加贵，无官不加贱。孟子所谓"万钟与我何加"，盖即深明此理。忆民国三年，任参政时，曾步行为友购药并食物，携之而归。途中遇某前辈，大惊异之，以为不应简略如是也。其见解一何可笑？岂任高官者不许买物耶？胸中横有"官"之一字，其出言必多开罪于友。孟子所谓"訑訑之声音颜色，拒人千里之外"者，此之谓矣。徐乾学先生之言曰："做官时少，做人时多。"洵见道之言也。

欧公作《五代史》，一人身事数朝者，别为杂传以辱之。于冯道，竟没其保障中国之功，独责其事四姓十君之罪，以为顽顽无耻。赵瓯北《廿二史劄记》痛论其非是矣。道生于五代纷乱之世，一人身事数朝。凡五代之人皆如此，不只道一人，不能以是为道罪也。契丹南牧，微道一言，中原不论于牧场者几希，其功自不可没。余最爱其诗曰："但知行好事，莫要问前程。"又曰："终闻沧海归明主，未省乾坤陷吉人。但教方寸无诸恶，狼虎丛中也立身。"常以此二诗为律己处世之法。自事变以来，尝闻某也误触炸弹而死，某也误犯法网而死。或曰：偶然也。余谓天地间那有许多偶然事？何以他人均不偶然，而我偶然耶？其中自必有其所以然之故。俗云"炮子有眼"，愚者自不察耳。

历代创业者所生长子均不利

余读《明史》，至洪武二十五年皇太子标卒，慨然曰：以帝王之力，而不能荫其爱子，何哉？既而曰：元至顺帝，汉族之沦亡盖百年于兹矣。明祖崛起群雄，光复旧物，驱群胡于塞外，厥功甚伟。玉食万方，长享富贵，宜也。然而削平群盗，孤人之子，寡人之妻，绝人之嗣，灭人之国。况又残忍好杀，猜忌成性，功臣无得保首领者。《左氏》曰："余杀人子多矣，能无及此乎？"其祸延子孙，非不幸也。

虽然，岂独明祖为然哉？上而推之：元世祖长子朵尔只早卒，立次子真金为太子。然真金仍先世祖而卒，不能有天下也。赵宋以忠厚开基，太祖性至孝，听杜太后之言，舍子立弟。然长子德昭卒不得其死。辽太祖长子人皇王倍让位于弟德光，浮海投唐。刻诗海上曰："小山压大山，大山全无力。羞见故乡人，从此投外国。"后为唐末帝所害。金太祖以位传其弟吴乞买，是为太宗。其长子宗峻不得立也。

再推之五代：梁祖朱温长子郴王友裕早卒，郢王友珪以弑逆被诛。后唐武皇李克用长子落落，洹水之战为梁王所擒。庄宗长子魏王继岌，闻庄宗之变，自缢死。晋高祖起兵时，虢王重英为唐废帝所诛，楚王重信、寿王重义皆为张从宾所杀，故立兄子重贵为嗣。汉祖刘知远长子魏王承训先卒。周祖郭威起兵于邺，汉以兵围其京邸，子青哥、意哥皆被杀。是五代创业之主，其长子无一继承帝业者。

然犹曰割据之君无大功德以及子孙也，至隋唐则大一统矣。隋文帝长子勇，为其母独孤后所谮被废。炀帝弑父，同时赐死。盖隋文以妇翁之亲，矫诏入辅政，安坐而攘帝位，杀宇文氏子孙殆尽。此其残忍惨毒，岂复稍有人心？自宜有此食报。若唐高祖，不过一昏庸之主，其得天下皆太宗之力。而长子建成，玄武门之变为太宗手杀。且建成之子安陆王承道、河东王承德、武安王承训、汝南王承明、钟鹿王承义，俱坐诛。时高祖尚在帝位，而坐视其孙之以反律伏诛，而不能救，亦古今所未有也。

唐之得天下，实以征诛而外袭禅让之名，此盖沿魏晋六朝之成例。惟魏晋两代，曹丕封献帝为山阳公，司马炎封魏帝奂为陈留王，皆未尝加害。自刘裕篡大位而即戕故君以后，齐、梁、陈、隋、北齐、后周亦无不皆然。灭人子孙，而己子孙亦终受屠戮。此因果之常，无足怪者。

今以南北史考之：宋武帝七子，长义符即位，以失德为徐羡之等所废杀于金昌亭。齐高帝长子蒨，是为武帝。六朝中长子得立者止此一人。然高帝十九子，武帝二十三子，除早殇者外，皆为明帝所杀。当巴陵王子伦被害时，谓茹法亮曰："先朝杀灭刘氏，今日之事，理数固然。"史称帝尝梦金翅下殿，搏食小龙无数。斯固齐高之自取也。梁武帝长子昭明太子先帝卒。陈武帝卒，传位于始兴昭烈王长子，是为世祖。而己子衡阳王昌，为王琳所留，不得立。及世祖遣侯安都迎之，济江，中流船坏，以溺薨。然据《侯安都传》则曰：昌之将入也，致书于世祖，辞甚不逊。世祖不怿，乃召安都从容而言曰：太子将至，须别求一藩，吾其老焉。安都对曰：自古岂有被代天子？臣愚不敢奉诏。因请自迎昌。昌济汉而薨，以功进爵清远郡公。则亦不得其死也。

北朝后魏道武帝，虽长子明元帝得立，然为其子清河王绍所弑。北齐高欢长子澄，为厨役兰京所杀。文宣长子殷，为常山王演所废。初，文宣命邢邵为其子制名。邵制为殷，字正道。帝尤之曰：殷家弟及，正字一止。邵惧，请改焉。文宣不许，曰：天也。因谓孝昭帝：夺时但夺，慎勿杀也。后孝昭帝立，坠马绝肋。太后视疾，问济南（殷废为济南王）所在者三，帝不对。太后怒曰：杀之耶？不用吾言，死其宜矣！临终之际，唯扶床枕，叩头求哀。后周宇文泰长子毓，因食遇毒，与孝闵帝觉同为晋公护所弑。变起家庭，天所以报其作伪篡窃，而祸延子孙也。

总观南北两代，南朝多昏淫之君，北朝多骨肉之变。盖假禅让而窃人之国，且杀戮其子孙使无噍类，而欲已子之免诛夷，岂可得哉？

晋武帝篡魏，未尝残杀曹氏子孙，似稍胜一筹。然长子惠帝不辨菽麦，终兆五胡之乱，而怀愍至青衣行酒，何也？则以司马氏世济其恶。《晋书·宣帝纪》：明帝时，王导侍坐，陈高贵乡公事。帝以面覆床，曰：若如公言，晋祚复安得长！是则祖宗贻谋不善，未可尽责之武帝也。

三国蜀汉昭烈帝长子禅，世称阿斗，弗克负荷，卒亡其国。孙权废太子和，立少子亮，吴因不振。独曹操以奸雄之才，乃有良子孙。长子丕篡汉，是为文帝。丕长子叡继立，是为明帝。不可解也。世人习见罗贯中《三国演义》，以操为穷凶极恶，实不尽然。赵翼《廿二史劄记》论魏晋禅代，以为操起兵于汉祚垂绝之时，力征经营，延汉祚者二十余年，然后代之。司马氏当魏室未衰，乘机窃权，废一帝、弑一帝而夺其位，比之于操，其罪不可同日而语。洵持平之论也。操并未身行篡逆。丕虽篡汉，然封献帝为山阳公，直至明帝青龙二年始薨。此岂后代所及者？其代有令子，而终不能免于司马氏之篡，天道报施，无或爽也。

光武长子东海王彊，因其母郭后废，恳辞太子，数岁乃许。帝以彊废不以过，优礼有加。明帝即位，彊病，遣太医视疾。及薨，赠以殊礼。终汉之世，废太子皆保全。此固见东汉风俗之厚，然以光武豁达大度，同符高祖。而惠帝遭吕后之祸，文帝以藩王入承大统，彊废而立明帝，岂所谓不利长房者耶？以始皇之功烈，并吞六国，威震海内，而长子扶苏不免自杀，岂所谓善于谋人而拙于谋天者耶？

三代之盛，其祖宗皆有深仁厚泽，享国各数百年，宜有间矣。而《孟子》载：汤崩，太丁未立，外丙二年，仲壬四年。是汤之长子亦先汤而卒，与明祖无异。周则成王虽立，而三监迭叛。微周公，国几不祚。惟夏禹崩后，天下之民不之益而之启，遂开家天下之局。计自三代至明，约四千年，而创业者之长子克保令名，安坐而享富贵者，止此一人。甚矣，其难也！

清代以前，凡立太子，必以嫡出年长者为之。弃长立庶，识者以为不祥，故视之甚重。然六朝以前，创业者之长子尚不无缵承帝位之人，至隋唐以后，则无一继登大宝者，非被杀即早夭。盖得天下者，至少非毁人宗庙、杀人子孙，甚者或绝人之嗣。虽有功德于民，而一生之功罪与个人之恩怨各为一事，不能相抵。故以宋艺祖之忠厚开基，而其子德昭不得其死，所以示负周世宗之报也。汉唐享祚最久，然惠帝被废，建成见杀。正统且如此，闰位者可知矣。谁谓冥冥中有佚罚哉！

主义侵略[1]

---

[1] 编按：本篇删除。

徐市入海求仙考

《史记·始皇本纪》：十六年，齐人徐市等上书，言海中有三神山，名曰蓬莱、方丈、瀛洲，仙人居之。请得斋戒，与童男女求之。于是遣徐市发童男女数千人，入海求仙人。又《封禅书》：自威、宣、燕昭使人入海求蓬莱、方丈、瀛洲。此三神山者，其传在勃海中，去人不远。患且至，则船风引而去。盖尝有至者，诸仙人及不死之药皆在焉。其物禽兽尽白，而黄金银为宫阙。未至，望之如云。及到三神山，反居水下。临之，风辄引去，终莫能至云，世主莫不甘心焉。及至秦始皇并天下，至海上，则方士言之不可胜数。始皇自以为至海上而恐不及矣，使人乃赍童男女入海求之。船交海中，皆以风为解，曰未能至，望见之焉。

按徐市亦作徐福。《史记正义》引《括地志》云：亶洲在东海中。秦始皇使徐福将童男女入海求仙人，止住此洲，共数万家。至今洲上人有至会稽市易者。又作徐服。清末有服部宇之吉者，来华任大学教授。有人询其授姓之由，自言系徐服部下。盖三代音同之字随意混用，金石中不乏先例，不足异也。市，古韍字。《说文》："市，韠也。上古衣蔽前而已，市以象之。"盖象形字。今日本男女俱不穿袴，惟以布遮其下体。男用白，女用红，即古之市也。

今徐市墓在日本之熊本，则古来所谓三神山，即今日本，已成铁案。惟汉时已有此种传说。考《后汉书·东夷传》始有倭国，并云传言秦始皇遣方士徐福将童男女数千人入海求蓬莱神仙，不得。徐福畏诛不敢还，遂止此洲云云。可见徐市所至者为日本，汉人久已知之，不待今日也。

神仙不死之传说，亦非无因。考《说文》夷字下云："夷从大，大人也。夷俗仁，仁者寿，有君子不死之国。"日本古史所载，其国人民寿常至二三百岁。《三国志》亦云其人寿考，或百年，或八九十年。可见传说不尽无因，不得概以迷信斥之。

徐市之求仙，何以必须童男女数千人之多？可见其胸中早有成算，有在海外组织国家之野心，已不难推测知之。惜其出身，止一方士，无政治能力与手腕，不能如箕子之王朝鲜，陈善之王暹罗。当时日本尚在部落酋长时代，其人民排外思想必甚激烈。而徐市周旋其间，竟保首领，其才略亦似有过人者。惜彼国当时未有文字，于其一生事实记载缺如。他日考古家苟能仿欧洲掘地求史之法，将徐市坟墓挖掘，安知其中不藏有铁函秘史，如竹书之出于魏安釐王冢者？后有好奇之士，不妨一试。余言必有惊人之创获，可断言也。

徐市之至日本，是否为中国人最初至日本之第一人，颇有疑问。余则谓中日两国交通甚古，绝不自徐市始。何以言之？《礼记》载：大连、少连善居丧，东夷之子也。《论语》逸民中亦有少连。今日本尚有大连、少连二姓。是其所谓东夷人者，即日本人也。是日本在春秋时代已通中国矣。不特此也，《山海经》为我国最古之地理书，其《海外东经》有君子国，其人皆衣冠带剑，好让不争。《论语》：子欲居九夷。皇疏：东有九夷，一元菟，二乐浪，三高丽，四满饰，五凫臾，六索家，七东屠，八倭人，九天鄙。此海中之夷。翟灏《四书考异》据《山海经》释之云：东方所居，能有如是之国，何可概谓其陋？《山海经》名见《史记》，传为伯益所作，为世界最古之历史。盖世界所有历史，皆记人类变化之迹，而《山海经》则为人禽递嬗交界之历史。《吕氏春秋》：禹东至榑木之地。《说文》：叒，日初出东方旸谷所登榑桑，叒木也。近人章太炎尝作《九州考》，据《南史·貉夷传》，以扶桑国当今之墨西哥。旧以扶桑为日本者，误也。如章氏之说，禹足迹几遍全球，断无未至日本之理。《汉书·郡国志》注引《山海经》：禹使大章步自东极，至西垂，二亿三万三千三百里七十一步；又使竖亥步南极，北尽于北垂，二亿三万三千五百里七十五步。则大章当为最初至日本之第一人。

《晚榆杂缀》卷下

锡名始末

事有前定，岂不信哉！余本鄂人，随父流寓闽中。十岁丧母，孤苦伶仃。年十八，父命名为崇光，以监生应福建乡试，堂备未中，寄宿乌石山禅光寺。寺，唐古刹也，年久失修，鬼物聚焉。夜阑则鬼声大作，不能复寐，辄掩被起读。灯作惨绿色，书声与鬼声相和也。

姊丈马子倬悯之，荐充家庭教师。东家为少年寡妇，一子始十龄。宅无男仆，仅一婢侍左右，待遇优渥。诇知其以婢为饵，私念余少孤露，设再损德，必穷饿以死。未半载，辞去，寄居公寓中。

一日，访友程仁年，盖世交之同姓者，闽人也。值其制名应考。闽中人才渊薮，小试获隽难，应考者例报数名，择名次居前者用之。仁年自制其名曰"程鼎祥"，曰"程履亨"，而尚缺其一。余至，见几上有卷，尘封盈寸，其名为"程树德"，笑曰："奚不即以此为名？"仁年以为俗。改拟久之，无当意者。司其事者急不能待，匆匆书与之。程树德者，南靖县童生也。仁年父任南靖司阍，年必以县试落卷寄其家，供子弟习字涂鸦，弃掷者盖不知几千百矣，而此卷独存。及入试，又以此名嘱余代作，竟列第三。稿房索二十金。仁年吝不与，改用程履亨名应考。又转念第三名不易得，弃之可惜，不如仍由本人应考，吏胥无从索诈，以四百文报卷。四鼓越城而入，至公寓中，促余入场。余笑曰："今已隆冬，余褥方入质库，止余一被，宁能有余力及此耶？"坚决不肯去。争执久之，声达户外，同舍俱惊起询故，力劝余徇其请，乃跟跄入场。三试俱第一。

及末场，同考已有知余非闽人者，欲丛殴之以泄愤。余不知也。三鼓入场，忽腹痛大下，及天明不能起。诸生索余不得，以余畏葸避去，遂次第入场。县长因案首未到，一人隐几以待。天已明，余腹痛止，乃出厕，则众人交头接耳，争言案首逃避。余闻之，遂从容入场。一场大祸，无形打消。

榜发，果得案首。时先严方客粤东，以恐人讹索，嘱弃去，勿应试。余年少，心不甘，仍思挣扎。及院试期至，囊中不名一钱，心惘惘如有所失。四月十六日，傍晚有投巨石于庭者三，大如瓜。狂风骤至，一室灯尽灭。方惊扰间，邻妪有善视鬼者，言有妇人年三十许所为。审其貌凿然知为先慈之灵也。时余方摒挡作次日离闽计。是夕夜三鼓，反侧不能寐，独行市中，阒无一人。遥望一灯如豆，则卜士陈云麟之居也。余因尽以情告，且占此行休咎。卜者讶曰："异哉！以卦论，君明晨有三百金自天上飞来，不必作远行计。世间宁有是事耶！"余亦以其语涉支离，置之。清晨，携衣伞行。途经九彩园，遇虞和甫仆刘姓立于户外，呼余曰："吾主人正遣我觅汝。今恰相值，何其巧也！"遂导余入。和甫，余表兄，其母与吾母为胞姊妹，素不相能。虽亲戚，而绝无往来。茫然不解其故。既相见，殷殷以考事见询，并慨然以三百金见假。次日，讹索者各满所欲而去，款为一空。既得其援，因诘其相救之故。恻然曰：吾母凡三夕梦汝母，其容甚惨而不发一言。因问曰："金声近作何状？"金声者，余乳名也。答曰："闻其得案首，被人讹索也。"母曰："汝曷往救之？"吾不忍其容之惨也。余始恍然悟。呜呼！吾母亡已十年，而魂灵相随不去。闻子之难，重泉之下不恤出死力以救之。吾濡笔至此，犹令人涕不可仰也。

三百金分配一空，各饱所欲，宜若可以无事，而不知事有不然者。比入场，则余之名已除去。询其故，则廪保林某以所欲未遂，未与报名也。时学使王锡蕃祖于胥吏，余力争不能得，怒拂衣去。时已五鼓，踽踽独行。已至宅矣，忽后有呼者，则廪生林有诚也。询余何夜深在此，告以故。乃以二十金饱胥吏，始得入场。此间不容发之顷，设不遇此人则殆矣。

事既定，自此"树德"二字遂为余名。余亦以为天锡佳名，故终身不改。因悟事皆前定，并名号亦不能自主。盖余年未弱冠，已有此经验矣。[1]

科举余谈

科举始隋，以之取士，最为平等。清季模仿资本国家之制，易以学校，寒畯始无进身之路。豪绅子弟争出洋留学，攫高官厚禄以去。不十年，而清社屋矣。盖科举超擢不次，便于才智；学校循资渐进，利于庸愚。故阘庸竞进，人才不聚于上而萃于下，势不至于横决而为乱不止。余生也晚，值科举垂废之余，幸及逢抡才大典。倦怀往事，诧生平际遇之奇，感前辈受知之雅，白发宫人，时谈天宝，不无盛衰之感焉。

闽中僻处海滨，人才萃于都会。乡榜额百零三名，闽侯尝居大半，而小试尤难。府县试例不封门，童生可携卷外出，请父兄或名下士为之捉刀。光绪乙未县试，余即捉刀人之一，第三场获列第三。因胥吏需索，仍由余承考。十名前例提堂面试。余四鼓踉跄入场，未携片纸。知县方朝槃（字同仲，湖南巴陵人）大异

---

[1] 文末批语"已登"。

之，四场拔置第一。及第五场，知县见余年稚，疑之，自晨达未，未离余侧，防有怀挟。余知其意，笔不停挥。日未旰，交首卷而出。题为"季氏使闵子骞为费宰"一章。余后二大比，以"德行先政事之科，忠臣出孝子之门"立意，方大击节称赏，复置第一。六场既毕，仍迟迟未发案。冬至日，又特召十六人复试一次，共七艺。至向晨乃出场，余卒获案首云。

　　然余生平受知，实以秦绶章（字佩鹤，江苏太仓人）学使为最。秦下车观风，拔余第一。未几，壬寅文战失利。鉴于士子蹭蹬，思以他途进。癸卯春，以陈师傅资助，自费留学日本。既抵东京，见学生多不悦学，日投石超距，组织义勇队，甚悔之。未半载，金尽乃归。先是，福州有东文学堂，陈时为监督，派高才生陈海鲲负笈东洋。年四十余，足未离城市一步。既之沪，托友购船票。友忘其名，书"仇满生"付之。陈素拘谨，及登轮，始知之，惊惧投海死。东京学生闻之，张大其事，为之开追悼会。以余与之谂，使述其生平，沪上各报辗转登载。闽中风气闭塞，事闻于学使，以余亦革党中人也。余方栗栗危惧，恐兴大狱。

　　是岁，适为大比之年。闽中富绅吴姓，知余能文，延至其家，拟题作文，备子弟入场。夹带每篇千字，得钱千五百文。余日辄尽万言。比入乡试场首艺，夜四鼓至次日晚不就。诧曰："昔何其易，今何其难！一第其遂无望乎！"嗒然若丧。余四艺，潦草以二小时成之，怏怏而出。

　　故事，先乡试，次考优贡。优贡，全省额六名，福州府、闽县、侯官各一，其余三人外县上下府各一，得预其选者必岁科考获第一，及书院屡列前茅者充之。余因出洋，未及与考，于例不合。是岁，府学候补为林志烜，闽县候补为沈觐平，独侯官候补者二人，一陈姓、一林姓。友人有知余贫者，介绍为人捉刀，获百十千为救贫计，林其一也。陈闻余之为林捉刀也，尽以其事用匿名书告之学使，余不知也。试日，文兴特豪。日未午，已成四艺，各付所求者而去。以余力再成己作，然精华已竭，仅杂书游历事，实兼有抑郁不平语，塞责而已。同考林志烜屡促之，笑曰："君尚思得优贡耶？何其妄也！"余不听，继之以烛。同考者均目笑之。越三日，复试。巡捕朱梧冈出，众争询："压卷何人？林志烜耶？沈觐平耶？"朱曰："皆非也，记是程姓。"众大哗。榜发，余果列第二，优元仍林志烜也。

　　比入，谒谓之曰："子与例为不合格，亦知吾所以拔尔之故乎？吾闻子入革党，殆不得志而为之，今毋复尔。吾观子为人捉刀之文佳矣，子亦今之才士。昔韩魏公以不能用张元，致助西夏为边患。吾为国家而拔子，非为私也。吾之力尽此，子其谅之。"阅数日，乡榜发，余又获隽。再入谒，则曰："子果能自致青云之上，无烦老夫之过虑矣。"是科，乡榜元二与优榜同，一时艺林传为佳话。秦以余比张元，事登沪报。虽所拟不伦，然是科以余故，优贡竟缺侯官，事出破格，不得谓非生平第一知已。故于其卒也，痛哭不能成声，挽以联曰："□□□□□遗山，终老聊城，生死恋旧君，（甲子之变，先生在籍闻之，叹曰："纲纪尽矣！"遂一痛而卒）史笔何人传隐逸；魏公犹失张元□□□□□凄凉思往事，风檐有泪洒孤寒。"〔1〕又挽以诗，中有"渡海几惊成虎市，回车独得选龙门"之句，盖纪实也。

戊申秋，余自日本毕业回国，应留学生考试。先是，学部奏定甄别留学生章程，以留学生多不习普通学，应加试英文、算学、地理、历史、化学、动物学诸门，非甄别及格，不许应试。盖当时管学者重实科而轻文科，故为是以难之。余于八月十六日至北京，距考期仅三日。舟车劳顿，复患痢疾。病中不敢自逸，姑取行箧中所携郭章鋆手抄刑法简本阅。首章论刑法学派，谓旧派以犯罪为自由，新派则谓犯罪系前定，如须少者、颧高者多为犯罪特征。时犹未发明指纹法也。余诧为奇谈，闻所未闻。勉阅终篇，然已头晕眼花，不能复及其余。及入场，果出此题，通场搁笔。盖命题出程明超之手，程卒业于西京大学，应试者多留学东京，其所授讲义从未及此故也。此次定章应考者，卷上不许书中国文字。余于题解已有把握，因得以余力雕琢外国文字。于是在场中为孤本，得百分。国文题为"申公巫臣通吴于上国论"，余用高欢不用慕容绍宗事。考官诧曰："留学生中，岂尚有读过南北史者耶？"亦与百分。是科，私立学校之非实科而列最优等者，止余一人。

已酉留学生考试，余任襄校，即昔之同考官也。典试者以余本举人出身，嘱兼阅国文。时风尚不重汉文，西洋学生止能在卷上自书姓名籍贯，已可及格。甚者至书不成字，或交白卷者有之。中有一卷，笔画工整，并不添注涂改，特给百分。榜发，乃置劣等。探知为闽人，高姓，余癸卯同年也。高卒业西京工科，阅卷者留学东京，不欲高出己上，故抑之也。一日，某襄校取一卷对众传观，中有"余著《答刑论》尚未出版"等语，以为巨谬，并取卷加以红勒帛。出场后，有某生来谒，询考事，并以卷中有此语为证。余笑曰："君殆矣！"次日榜发，竟得雋。后知因提调王君向主复答刑，特拔之也。夫置多数人民于不顾，而单用学生，已属非是；况又重工艺轻文学、重外国语轻本国文。而关防不密，黜陟不公，犹其小焉者也。人心一去，大命以倾，非不幸也。

庚戌法官考试，余又任襄校，革命之前一年也。主其事者鉴于留学生考试关防之不密，故锁院分房、糊名蓝笔等等，悉仿乡会试遗制。历来留学生对襄校不拜老师，不称门生，而此次则否。榜发后，纷纷送贽敬、请老师。房首第二名赵赓祥，实出余房。赵写作俱佳，原定榜首，以非旗人，特抑之。将原定次名诚允

〔1〕 校按：原文缺十二字，只能粗断句。

改置第一。今诚尚列贵仕，而赵则墓木久拱矣。此次同考官十二人，湖北籍最多，几居半数。夏道炳、马德润、司骏、陈应龙皆鄂籍，施呼本为荆州驻防，余则原籍湖北也。住闱中凡月余，令人闷损。重九日，某襄校以七律二首属同人和韵，仅记得一联曰：“七年重九长为客，三十平头初有家。”又记有“迁”韵，多押不稳。余以“肯容一醉胜超迁”为句，众颇赞许。今相隔二十八年矣，同事大都物化。回忆前尘，不胜沧桑之感云。[1]

人生福禄有定数

往读宋人说部，载：范仲淹读书僧寺，偶如厕，见窖藏甚富，掩之而去。后公致仕归寺，僧来募缘。公力以新僧寺自任，估工约需数万金。僧以公居官廉，疑之。至期，公率众至寺发窖，秤之得五万金，即公为官三十年所赢余之数也。惕然叹曰：“使吾早取窖藏，乌有后此之一番事业哉！”

余少时读书至此，始悟人之一生，福禄自有定数，非可强求。岁丁巳，偶与吴君子昂（家驹）饮于春华楼，纵谈及此，吴君因举二事以证其说：

其一，吴君去年夏间坐长江船北上，登舱乘凉。船票被风吹入江中，损失约五元余。正懊丧间，既抵汉口，因友人托带行李甚夥，乘火车过磅，又需五元。吴君时方与一不相识之搭客同在外浣面，正争执间，客曰：“吾与车掌有旧，行李百余件均未过磅。君行李附余名下可矣。”从之。

其二，吴君有友罗某，经界局秘书也。岁暮，无以为生，访吴乞贷。吴以十五元贷之。座有同乡朱某，时任内务部司长。吴转谓朱曰：“此亦君同乡也，能为之稍苏涸鲋否？”朱不答。是日适除夕，朱之来意在觅赌，缺一不能成局。吴语罗曰：“十五元恐不足过年，盍以此款为孤注，一决胜负，可乎？”罗诺之。局竟，吴胜十五元，朱败亦如其数。

此二事者，一可悟造化自有乘除，小小得失不足介意。《庄子》所谓塞翁失马，亦即此理。使船票不吹入江，未必能遇见此客也。意外之损失，不转瞬间，而天已偿之。明乎此理，则凡非分幸获者其危哉！一可悟君子乐得为君子，小人枉自为小人之理。吴慷慨而天偿之，朱鄙吝而损失仍不能免。此事不奇，而奇在胜负均为十五元也。

余自丁巳即迁居北半截胡同，其地本严东楼后院。余性好花木，一日正种树掘地间，忽发现下有隐室，深数丈。意即《聊斋》之所谓天宫，旁有金瓜一，大如斗，灿烂夺目。余谓妇曰：“此必前代所藏，中贮何物虽不可知，但必为珍贵之品。此事仆隶尽知，无从隐瞒。房主闻之，必生纠葛。且暴得大富不祥。吾欲

〔1〕　文末批语“已用”。

掩之，何如？"幸妇贤不持异议，并戒家人勿言。乙丑，迁居南半截胡同，屋故大学士某公宅也。先是，余因旧居湫隘，久蓄移居之志。屡过某公宅，均以芜秽不治未赁。此次重过其地，见其修葺一新，地皆铺板，遂以七十金赁之。既移入，始得其所以修葺之故。

盖故相某公为文宗师，屋其赐第。某公将殁，恐子孙弗克负荷，以己所有窖藏于南屋之土炕下，贮以巨罂，付于长斋事佛、终身不嫁之长女。不幸女中风毙，家中人遂迷其处，仅知祖上有窖藏而已。家日中落，乃恃租赁为生。去岁，有来赁者，自愿出资修葺，费至七八百金，匆匆移去。正惊讶间，忽于琉璃厂发现巨罂，实己家物，乃知窖藏已为租客所发。讼之不能直乃止。据云：租客屡梦有白衣人告以有窖金在土炕下，可发之。乃以铺地板为词，夜间率子妇窃发，果得十余万金而去。其罂亦系古瓷，货于琉璃厂古玩商，始为人侦知之。然则物各有主，小说所戴鬼告藏金之事多矣，或不无一部分足信耶？北半截之屋，其下屋宇深邃，余终以未一穷其究竟为憾。盖守多一事不如少一事之戒云。[1]

预兆

事有先兆，莫喻其理。国之兴衰存亡，人之吉凶生死，断非贸然而至，事前必有重重预兆以示之警，特醉生梦死者不之觉耳。孔子作《春秋》，纪日食星变，苟全与人事无涉，胡为而记之？西人不明此理，一概斥为迷信。因彼国开化较晚，犹之孩提之童阅历未深，缺乏经验故也。

东汉末，始置列曹。尚书初分四曹，次改五曹，终为六曹，俄而曹丕篡汉。宋避圣祖讳，改玄为真，玄武曰真武，玄枵曰真枵，《太玄经》曰《太真经》，其末也目女冠为女真，遂为金人乱华之兆。明末，民间盛行一种赌博，其名称有闯、献诸名。未几，李自成、张献忠作乱。余少时犹及见咸同时代之麻雀牌，有东王、南王、西王、北王之称，识者以为太平天国将兴之兆。

国家如此，个人亦然。祸福之至，事前常有暗示。岳忠武之未就逮也，梦见两犬对谈，醒而悟曰："两犬加言为狱，吾其有牢狱之灾乎！"已而果然。夺门之变，于忠肃初未之知也。先一夕，在家阅书，忽有狂风暴雨袭其室，窗棂尽湿。出房视之，尽鲜血。月朗无云如平时。知有祸至，亟焚香祷于祖宗，方跪而木主尽倒。次晨入朝而祸作。余闻陆建章之被杀也，徐又铮招之饮，驾车马不前，犬衔其衣襟，阻不使行。改乘汽车往，卒见杀。其事与尔朱荣相类。孝庄将害荣，诡称生太子，趣入朝。犬啮其衣，马不行，改驾他车往。及入，果为帝所害。

此类事件见于纪载者不一而足。祸福将至，人不知而禽兽知之，不可解也。

---

[1] 文末批语"已登"。

然犹曰生死事大，乃亦有极纤微之事而预兆者。如唐人说部所载筌篌入梦事。余庚午妾易簀之夕，梦见有女子，年二十许，貌甚美，坐余侧。旁有人指示余曰："此汝妾也。"及娶，貌果如所梦。辛未，此妾以产厄故死之夜，又梦如前貌，则别一人也。壬申再娶，亦即梦中所见之人也。此不奇于神之示梦，而其于所梦皆在易簀之夕也。《阅微草堂笔记》亦有此类之记载，所异者彼在初婚之夕入梦耳。宋儒凡事之不可以理解者，即断为事所必无。如此等事，其中自必有其所以然之故，特决非人类知识所及。宋儒坐读书少，故有此武断见解。今之自命科学家，好以迷信斥人，其病亦止在未读中国书也。汉自董仲舒发明天人相与之理，其后眭孟、京房之徒以《洪范》分配五行，谓某象主某事，诚不免失之穿凿。然事必有兆，即铜山西崩、洛钟东应之理，气有相感，其理自不可诬。《中庸》："国家将兴，必有祯祥；国家将亡，必有妖孽。祸福将至，善必先知之；不善，必先知之。故至诚如神。"此即圣人前知之术也。人心本灵，凡夫则物欲蔽之，故习焉不觉。圣人随事体察，故能烛照机先，岂有他谬巧哉？观于子路行行而决其凶终，两楹之梦而预知将死，此圣人知命之学，亦即释氏之宿命通也。岂寻常术数家所能梦见哉？

人寿修短无定

新学家不信命运之说，斥为迷信。此可以浅譬喻之。譬之赌博中之牌九，手衰者虽九点犹赔通庄，旺者一点可获全胜，俗名之曰"手气"。往者京师盛行麻将，士大夫多以此消遣。余询诸精于此道者，谓术虽至精，只能不至大败，不能转败为胜也。此可以理解耶？宇宙间事，尝有在人类知识范围以外者，此类是也。知赌博之有手气，则人类之有运气明矣。人之命运，是否可以人力挽回，颇为哲理上一大疑问。

余友林子硕田，文忠公后裔，诚笃士也。向执极端固定之说，谓人类呱呱坠地，即已全盘确定所有。今生善恶，均归入来生计算。今生所受者，止是前生之果。故虽以孔子至圣，不能解陈蔡之围。如来功德，不能免背疮之死也。余无以难之。然以余所经验，人一生行为之善恶，虽于命之根本上不生关系，然亦时有出入。命贫者不能转而为富，命贱者不能转而为贵：此即不能转败为胜之理。同一病也，而症有轻重；同一祸也，而变有大小：此即不至大败之理。而林子坚执以为不至大败亦在定数之中。果尔，则余不知之矣。虽然，人生凡事前定，寿之修短则无定。有精子平者语余曰："吾为人推算多矣，往往决是人某年必死，而其人卒无恙。断某是年有小灾厄，而其人竟死。意者与其人行为不为关系耶？大抵运之恶者皆可死，不能执为何时。"其理至精，不能以其为术家言而废也。余谓浅露刻薄者多夭，浑厚仁慈者多寿，享用逾分者多夭，自奉俭约者多寿，虽不尽然，则福泽有厚薄、积累有深浅故也。往读《魏书·高允传》（收书虽为秽史，惟此传特精采，学者不可不读），允因崔浩修史一案诛连，太子救之。允见世祖，深自引咎，不诿过于浩，并力为浩辩护。世祖大为感动，卒免允罪。世祖欲尽灭崔浩以下五族，赖允力谏，全活者数十万人。时允年已六十余矣。史称允为郎二十七年不徙官。当时百官无禄，允常使诸子樵采自给。后相高宗，年九十九乃终。古人生死患难之际，不苟如此。后世有其人哉？而天之所以报之者，可谓至矣。

忆民国三年，举行县知事考试。同乡程某得隽，分发江西。来谒，求介绍函。语之曰："汝年甫弱冠耳，正宜听鼓以练习吏事，胡急急为？夫民社，岂易为哉？举动一不慎，小民受其害，作孽大矣！汝赖祖宗积德，以有今日，当思所以光前裕后者，勿以贪黩贻先人恫也！"斥去之。某闻言以为迂，大不悦，以他途夤缘得缺。某君本乡人，家世为仆隶，妻女皆挑粪卖菜以自给，家道小康。既得官，喜甚，宗族交游随之往者数十人。未半载，坐官亲招摇虐民案落职，鞅鞅自失，遂纵情酒色。一日，患感冒，妻舅误投高丽参，立卒。

林某者，年家子，交通部电报生也。民国十二年，闻其叔任甘肃省长，喜欲狂，摒挡携妻子作远行计。余阻之，不听。至甘未两载，控案累累，督军逐之归。余素与之昵，低声询以所得若干。某作失意态，曰："九千耳。"不半载，讣至。询其故，则因涉迹花丛，得花柳病。医至，匿不以告，误投他药而卒也。年仅三十有一。

此二君者，未必其生而注定为夭也。向使程某知事考试不及格，终身为乡人，林某不往甘肃，终生为电报生，虽寿至古稀可也。又二君皆婆人子，根基福泽本属至薄。今不加培植，而又戕贼之，宜其立致消亡。譬之新发芽之草，雨露培养，尚虞不长，而骤加斧斤，未有不萎者也。林某一生之禄，未必限于九千。今既预支，而此九千之中又多不正当之收入，故禄与寿同时俱尽也。

某说部载有人昵一狐，狐告以今年九月其母当为雷击。某跪求救。狐曰："此定数，余何能为？惟丰其衣食，俾速死可耳。"其人从之，极意孝养，母果以七月卒。至期，雷震破其棺。余友舒文藻，其生庚八字，完全与方永慎之弟同。乃方弟年十八早卒，而舒竟享年五十七。盖方世家子，十八入泮，席丰履厚，故早卒。舒少年失母，晚年无子，一生贫苦，故寿也。余素不解子平术，然造化消息，盈虚之理，谅亦不过如斯。

远生之死

客有自美洲归者，谈黄远生死事甚详。黄名为基，江西人，余癸卯同年也。初项城未称帝时，锐意兴革。已卯元旦，下整顿教育之令。余思有所建白，上

《改良教育刍议》，大旨谓：今日教育不良，在学生于中学无根底。宜废止小学，奖励私塾，由提学考取私塾学生汉文通顺者，入中学肆业。项城韪之，批交教育部会议。时长教育者汤化龙，进步党魁也。疑余欲夺其地位，则大愤引咎辞职。其呈文中有曰："莘莘学子，咸怀出位之思；衮衮诸公，各树复古之帜。"时徐世昌为国务卿，令其弟世光访陈宝琛于其邸，转询余意见。余语之曰：闻教育部将于各省设教育厅。余呈文中请设提学，使提学归总统简放，而教育厅长则归部长推荐，此其异也。盖汤拟扩充党之势力，设教育厅安置党员。余微有所闻，故及之。故事，部长有所呈者，事前必先征总统同意。及教育厅官制，呈文上，乃批缓行，为向例所无。汤之扩充党权计划完全失败，衔余刺骨。

时黄为《国民公报》主笔，进步党机关报也，对余百端谩骂。汤并扬言将置我死地。会帝制议起，黄专电上海，谓筹安会发生，程某首先赞成。事为项城所知，畏其把持舆论，乃以十万金令其作文赞成帝制，以箝其口。黄不得已，书与之文，登《亚细亚报》。黄携十万金逃至上海，在各报登启事，谓赞成帝制文出于挟迫，非本意。项城大怒，使人暗杀之。

黄闻之，惧，急买棹逃至美国。不料《亚细亚报》所登赞成帝制之文已流至美洲，而所登被挟迫启事则侨民尚未知也。黄至，美京各报大书赞成帝制之黄远生到此，为项城作说客。黄见报大惊。时侨民多反对帝制者，议开会驱逐。黄不自安，逃之芝加哥，而该地各报又大书袁世凯说客黄某到此。黄又奔至他埠，而电报随之而至。黄知此地不可一日居，急议返棹，已买好船票矣。某日正午，饮于中国菜馆，预定饭后登舟。忽有不速客入访黄，适值黄饭毕将出。客不识黄，询谁为黄先生。黄答曰："即我是也。"客出手枪，向黄施放，连中三枪，立死。客从容出门去。美制不设检察制度，不告不理。黄死后，其人扬言于众曰："我以其赞成帝制而杀之，非私也。"越明年，汤亦被人狙击，死于美洲。盖亦国民党所为，其详则吾不知之矣。

向使二人未死，余一书生，与一政党为敌，宁有幸理？此其中盖有天焉。语云："曲突徙薪无恩泽，焦头烂额为上客。"使项城未受党派牵制，早用余言，教育败坏当不至此。黄氏只知有党，不知有国。天曹判决死刑，非无由也。今者余尚健在，人证未齐。他日森罗殿上，孽镜台前，黄泉对簿，是非曲直无难立判。忆《教育条陈》公表后，严范孙侍郎来访。曾作《中国小学宜采放任主义说》以示之，兹将全文抄录于后：

中国小学宜采放任主义说

欧西强迫主义之义务教育，果为良法乎？曰：良法也。然则何不行之于吾国？曰：不能也。奚以知其不能？岂其制度之未尽善耶？抑国民程度之不相若耶？皆非也。凡一国之制度，必有历史地理以为之根据，欧洲历史派学者盛主张之。

是不特法律如是也，即教育制度亦然。吾国自三代即有庠序学校，是设学教民，本非泰西所特创。然汉唐迄今，垂二千年，名儒代出，迄未闻有主张以强迫之法施之吾国者，吾固尝疑之。意者新理日明，前贤或见未及此，固不可知。然晚清之季，言义务教育者二十年于兹矣。当局者主张于上，人民提倡于下，教育法令几等牛毛，而义务教育之实施则尚茫如捕风，不知何日。徒闻每省设百十小学校而已。夫此百十小学，苟足为义务教育实行之先驱，吾人亦乐与赞成之。而十年以来，教育之进行不特毫无进步，且较之昔日而尤有衰退之现象焉，此吾人之所大惑不解也。窃当推求其故，而知其受病之源在于小学制度之不良。欧西诸国，其对于小学，率取干涉主义。强迫义务教育，不过其干涉主义之一种。吾国则中学以上，可取干涉主义。至小学，则宜取放任主义，愈放任乃愈发达。夫所谓放任主义者何？非废止小学之谓，即国家止于各地方设立模范小学，而其他悉放任于私塾。国家止定一定之程度，合于此程度者许其考入中学而已。盖小学之所以必取放任主义者，其根据有左之二种：

（一）原因于地理者

假令以强迫教育实行于中国，姑以一县设立百小学计之，全国小学当在二十余万左右，而蒙、藏、青海尚不与焉。试问国家有如此财力否？或曰：小学经费可以地方附加税充之，由地方自治团体担任，不必国家之负担。然今日国家税、地方税尚未有正确之区分。即使将来区分明晰，而地方税收入之全额必不能专以之兴办小学。故地方税之足以兴办小学与否，尚为应须讨论之问题。质言之，即专恃地方税之收入，必不足以兴办无数之小学是也。推其原因，盖吾国不特幅员广大，而户口之殷繁尤迥非他国所及。故欲实行强迫教育，非理论上之不可行，乃事实上不能行也。

（二）原因于文字者

泰西文字主于谐声，故恒言文一致。吾国六书并用，谐声之外，杂以象形、转注诸法，故言文稍歧。因文字之歧异，而其教育主义亦因之而殊。计其不同之点有二：言文一致之国，其初学率尚浅显。若吾国自幼即授以《学》《庸》《尔雅》，皆以其艰于记忆，先其所难。凡幼年所读之书，及老犹能记忆。而中年以后所习，则逾时而忘。此一异也。言文一致之国，读书不尚背诵。然吾国自昔即用背诵之法。此二异也。因是之故，即使国家果靡莫大之经费以兼办全国之小学，而其效果乃反不如放任私塾之速。何也？从前合数子弟以延一师，各因其材。智者不数年而渊博，愚者或历久而贯通。若国家强为干涉，限以三年或四年毕业，则高明者英华为之消阻，愚蠢者勉力或犹不及。二者胥成弃材矣。从前家设私塾，师弟俨如父子，背诵之督责尤严，稍有懈惰，鞭策随之。而父兄之策励，又足为良师之后劲，故成材较易。若国立小学，断不能如其自谋之亲切。教习则课毕而归，无与己事。学生则聚嬉一堂，言不及义。荏苒三载，询以初授之书，有全不能记忆者矣。故强迫教育之法，无论事实上不能行，即勉强行之，亦不能收良好之效果也。

　　难者曰：强迫教育之难行，则吾既得闻命矣。今日并未禁止私塾，则姑仍旧贯，以靳教育之普及，可乎？曰：是乌乎可！今之小学制度，匪特不能收教育普及之效，且将养成阶级制度，而酿成社会之革命。何也？吾国自秦汉，一度破坏贵族制度，迄今几二千年，久已四民平等。民国成立，又以约法保障之。然循其方法，则因教育不良之故，而社会无形之阶级将因是而发生。今日各省小学林立，试问有由小学入中学，渐而高等大学毕业，而蔚为一国之人才，据政治重要之地位者乎？曰：无有也。搢绅之裔，富家之子，莫不遣其子弟负笈东西洋大学。时期既短，而收效亦巨。一旦学成归国，掇高位、拥厚禄，殆如终南之捷径。其入小学者，大都窭人之子，小康之家，力不足以培植其子弟。不得已而为之，故有小学毕业，因学资不继而止者，有仅至中学毕业而止者。坐令全国百万穷乏之青年，沉沦于咿唔小学之中，其抑郁不平之气为何如者？往读前史，名臣宿学大都起于寒畯，如负薪读书、偷光凿壁之类，不一而足。皆能崛起田间，蔚成一代名人。而今则由初等小学，而高等小学，而中学，而高等，而大学。阶级愈多，费用愈巨。寒士之崛起，亦愈不易。渐而全国之政治握于富豪也。国家抑之愈甚，则其破坏愈烈。春秋之季，官皆世禄，遂有战国分争之乱。及汉高起于亭长，而屠狗贩缯皆崛起而为卿相矣。六朝又讲门第，中原分裂。及隋唐之初，而王谢无孑遗矣。何者？反动故也。……[1]吾国向无贫富阶级，万一不幸，彼党得以乘间输入，则将酿成大乱之媒孽，祸有不堪设想者。故采放任主义之小学，即所以缩短教育之期限，为寒畯筹出身之地也。

　　抑其弊匪独如是也。国之所与立者，人才而已。《诗》云："人之云亡，邦国殄瘁。"《荀子》亦言："有治人无治法。"古之观国者，率以有人与否卜之。小学者，培植人才之始基也。始基一坏，而人才即随之而萎靡。譬之林木，其根已伤，则其枝叶未有能茂盛者。吾国自设立学校，迄今二十余年矣。试问所培植之人才，有以逾于昔日否？不特无以逾于昔日，且日呈消乏之状况。是非科举之胜于学校，则小学制度不良所致也。小学不足以培国民之始基，而学校乃不能养成适当之人才。今者，老成尚未凋谢，国家之元气犹未铲除净尽。社会不乏优秀之人才，故人不之觉耳。过此以往二十年，所种之毒一旦横决溃裂，将至于不可收拾。朝野上下，目不知书，悍将叛兵，把持朝柄，五代是也。夫至于横决溃裂之后，必大乱百年，至于杀人流血，人心厌乱，而后能自定。其挽回之也难，而收

---

〔1〕　编按：此处删一句。

效亦缓。及其未横决溃裂而为之，其挽回之也易，而收效亦速。况乎今日列强环伺，尤不能如五代之可闭关自守者，则亡国灭种之祸，殆不可免。语云："涓涓不塞，流为江河。"见披发于伊川，知百年而为戎。所愿与留心国事者拊膺而道也。

夫小学之当采放任主义，固非独人才教育宜如是也，即国民教育亦然。今之小学制度，不特不足与言人才教育，且不足与言国民教育。历史地理与手工图画，杂然并陈。凡志在专门大学者，何取乎浅尝辄止之科目？而但求粗知文义者，又以一二艰深高尚之科目绳之。赤贫之子，家无立锥，乌有如许光阴金钱，以待三年之毕业？尚不如从前村塾之认识杂字，犹可旦夕竣功。人才教育与国民教育不几两失之乎？且自古但闻因注重人才教育，而国民教育随之而兴者矣。宋代最重性理之学，天下化之。穷僻之乡，莫不手一语录。明末士大夫最讲气节，东林复社主持清议。及其亡也，村夫乞丐有抗节不屈者矣。君子之德风，小人之德草。草上之风，必偃。本之不务，末于何有？为上者犹且目不知书，而日言国民教育，庸有济乎？采放任主义之小学，其对于人才教育纯任私人之自己诵习，不为干涉。国家即可以其余力，兴办半日学堂之类，以为赤贫者读书识字之地，费省而效巨，事固未有便于此者也。

难者曰：子之言诚善矣，其如背世界大同之原则何？噫！为是言者，是真不知世界大同之义者也。世界大同，固为将来必至之趋势。然今日尚未能破除国界，则各国之法律政治，莫不含有历史之臭味。英美主义与大陆主义，几划鸿沟，而其细焉者无论。已往者维新之始，矫枉过正，但闻欧制，即已众论翕然。故光宣以来之变法，无一事不削足适履。今者国民知识渐进，知立法之不可不适合于国情也，渐而约法修改矣，渐而定刑律补充条例矣，渐而将初级审判厅裁撤改归知事办理矣。改良小学办法，事同一律，无足骇异。况小学并未废止，不过国家止于各县设一小学以为私塾模范，而其他中学、大学一切如故，固未背于世界大同之原则也。夫放任主义必限于小学者，盖中学以上，其设备较难，其科目亦较复杂，断非个人之力所及，不如小学之简易。故小学可采放任主义，而中学以上则否。若夫小学改良之后，必须增设中学以收容之，则又不易之办法也。

此段文字在今日视为平淡无奇，而当日因其反对欧化，被认为大逆不道。甚矣，习俗之移人也！兹故备举之，以待后人之评判焉。

（自注）余生平未有诗文集。盖诗文集之传世者，必其人先有可传之价值。后人因敬其人，得其只词半句，且珍贵之。若夫富贵阘茸，生无益于时，死无闻于后，而欲以诗文集传世，岂不难哉！此余所以不为也。唐荆川云："达官贵人稍有名目，死后必有诗文集一部，率皆不久泯灭。"此语调侃世人不少云。

容貌重复

传云："人心不同，如其面焉。"世界人类何止亿万，其容貌竟无一重复，足见化工之巧。然亦实有重复者，其原因不外二种：

一，基于遗传之重复。《集异记》：萧颖士南游瓜洲，舟中有二少年视颖士，相顾曰："此人甚有肖于鄱阳忠烈王也。"颖士是鄱阳曾孙，即自款陈。二子曰："吾识尔祖久矣。"颖士以为非仙则神。明年，颖士北归，馆于盱眙邑长之署。忽吏白：于某处擒获发冢盗六人。登令召入。颖士见前二少年在内，疑之，具呈前事。邑长即令先穷二子。须臾款伏，自云："我尝发鄱阳王冢，颜色如生，姿状正与颖士相类，无少差异。"据此知子孙之貌往往与其祖上重复，盖血统关系，理有固然。

二，因于前生之重复。《宣室志》：唐贞元中，有李生者，家河朔间，少有膂力，恃气好侠，不拘细行，常与轻薄少年游。年二十余，方折节读书，为歌诗，人颇称之。累为河朔官，后至深州录事参军。生美风仪，善谈笑，曲晓吏事，廉谨明干，至于击鞠饮酒，皆号为能，雅为太守所知。时王武俊帅成德军，恃功负众，不顾法度，支郡守畏之侧目。尝遣其子士真巡属郡，至深州。太守大具牛酒，所居备声乐，宴士真。太守畏武俊，而奉士真之礼甚谨。又虑有以酒忤士真者，以故僚吏宾客一不敢召。士真大喜，以为他郡莫能及。饮酒至夜，士真乃曰："幸使君见待之厚，欲尽欢于今夕，岂无嘉宾，愿得召之。"太守曰："偏郡无名人，惧副大使（士真时为武俊节度副使）之威，不敢以他客奉宴席。唯录事参军李某，足以侍谈笑。"士真曰："但命之。"于是召李生入，趋拜。士真目之，色甚怒。既而命坐，貌益恭。士真愈不悦，瞪目攘腕，无向时之欢矣。太守惧，莫知所谓。顾视生，腼然而汗，不能持杯。一坐皆愕。有顷，士真叱左右，缚李某系狱。左右即牵李袂，疾去械狱中。已而士真欢饮如初。迨晓，宴罢。太守且惊且惧，乃潜使于狱中讯李生曰："君貌甚恭，且未尝言，固非忤于王君。君宁自知耶？"李生悲泣久之，乃曰："尝闻释氏有现世之报，吾知之矣。某少贫，无以自资，由是好与侠士游，往往掠夺里人财帛。常驰马腰弓，往还大道，日百余里。一日，遇一少年，鞭骏骡，负二巨囊。吾利其资，顾左右皆岩崖万仞，而日渐曛黑，遂力排之，堕于崖下。即疾驱其骡归逆旅，解其囊，得缯绮百余段。自此家稍赡，因折弓矢，闭门读书，遂仕而至此，及今凡二十七年矣。昨夕君侯命与王公之宴，既入而视王公之貌，乃吾曩时所杀少年也。一拜之后，中心惭惕，自知死不朝夕。今则延颈待刃，又何言哉！为我谢君侯，幸知我深敢以身后为托。"有顷，士真醉寤，急召左右往李某取其首。左右即于狱中斩其首以进。士真熟视而笑，既而又与太守大饮于郡斋。酒醉，太守因欢乃起曰："某不才，幸得守一郡，而副大使下察弊政，宽不加罪，为恩厚矣。昨日副大使命某召他客。属郡僻小无客，不足奉欢宴者。窃以李某善饮酒，故请召之。而李某愚戆，不习礼法，大忤于明公，实某之罪也。今明公既已诛之，宜矣，窃有所未晓，敢以上问李某之罪为何，愿得明数之，且用诫于将来也。"士真笑曰："李生亦无罪。但吾一见之，遂忿然激吾心，已有戮之之意。今既杀之，吾亦不知其所以然也。君无复言。"及宴罢，太守密讯其年，则二十有七矣。盖李生杀少年之岁，而士真生于王氏也。太守叹异久之。《台湾外记》：刘豹曾在四川杀姜总兵一家投诚。姜最善一大师。是夜，师梦姜来嘱曰："我欲往福建漳州府平和县黄家投胎报怨。师二十年后相望。"师于甲寅正月间，云游之漳，谒刘豹。出，忽门外喝声避道旁。仰观芳度，相貌与姜总兵无二。随询店主人："此何官？"主人曰："乃海澄公大阿哥黄变舍也。"师又问曰："何处人氏？"答曰："平和人。"师点首，随到公府辕门打坐。适芳度出见之，即延师入书室，谈吐如旧识，又供午斋。送之出，依依携手至北街头泪别。变舍素不喜僧众，大异之。后豹果为芳度所杀，妻女子妇俱溺园池死。迨芳度被经磔于市，而师复至，立于台畔，诵经忏。观者问之，师以前事详述，飘然而去。漳之人士多闻此段因果，据此知前生相貌与来世相同。且不独容貌而已，并癖嗜性情，无一不与前世相类。轮回之理既有可证，而四大假合之肉体亦必在循环定数之中，特庸人习而不察耳。[1]

古坟中奇尸

表兄朱啸虹言：曩在广东某铁路工程处当差，凡轨线所经，虽名山古迹，必铲平之，发掘坟墓无数。中有清澈如水者，有作烂泥色者，有全属鸡毛者。然大抵仅具骨骼，其全尸不化者盖鲜。惟一坟最奇，其柩在山之根，四面均石，坚不可入。惟前和近水，斧去之响，暴发如雷。中涌出黑物一团，高丈许。细视之，乃人发也。遂将全尸取出，则尸耳目口鼻悉具，全身皆指甲及足甲环之，长几十数丈。聚火焚之，臭闻数里。按说部载有发晋卞壶墓者，见其危坐瓮中，周身指甲环绕。掘者误伤其一甲，鲜血迸流，尸亦泪下，顷刻倒地云云。此尸指甲长至十余丈，不知经几千年。或谓使不被掘，不久将成地仙。余谓此盖地气使然，不足深异。即曰可以成仙，然有知识肉体而不能动作，则数千年在地下，受无量苦，以求不可必得之成仙，智者不为也。

谈鬼一束

甲辰，在汴梁会试。第三场文已脱稿，与同号江荔裳围坐说鬼。荔裳因言其

友徐某，少与某匠为莫逆交。某匠之妇甚有姿首，且工诗。徐时出入其家，常与唱和。妇故有贤德，嫁非其人，居恒郁郁。虽与徐甚狎，然以礼义自闲，不及乱也。事稍稍为某匠所闻，拷问无迹，妇卒自缢死。徐闻妇暴卒，急往代理其丧。会有告徐者，始狼狈遁归。匠恨之，甚藁葬之。是岁，徐与一友同赴乡试。其友在船中遇妇人，年约三十余，自称为徐之戚，并言："今岁乡试汝当与徐同号。乞一巡其卷，恐有犯讳或讹误。"言琐琐不已。友怪其言不类，姑领之，未以告徐也。比入场，果与徐同号，始大惊，因以其衣饰容貌诘徐，即某匠妇也。比巡卷，果得一犯讳字，为去之。是岁，徐领乡荐。明年，计偕北上。徐入场，方构思，忽一妇人搴帘入。视之，妇也。文成，妇为之斧削数处。榜发，成进士。未几，徐官御史，感妇之情，乃囊百金，假其友之名，为妇改葬云。场屋遇鬼索命之事，时有所闻。此鬼何深情乃尔？盖徐实无意与妇乱，妇之恋徐，特因其遇人不淑，亦非欲弃其夫而就徐，故卒不怨徐，然其情一何可感也！

近人郭啸麓著《洞灵小志》，举最近三十年异闻灵迹，无不搜罗殆尽，笔亦尔雅简净，可谓鬼之董狐，独于喧传一时之梦中斩婿事反失于记载，岂偶忘耶？有郑姓者，甲午举人，传者讳其名。其婿亦乙榜也。家贫无聊，以律师自给。某年元旦，循例至岳家拜年。郑诲之曰："律师多作孽，盍改途乎？"婿逡巡未答。越数日，郑昼寝而梦似有人招之入衙署，旁列差役多人。一吏捧案上厚盈尺，视被告姓名，即己婿也，大惊。有顷，闻传呼坐堂声。吏导至堂坐定，呈牌请朱书斩字。郑不得已，书与之。未炊许，吏置婿头于盘上，传呼斩讫退堂。一跌而醒，甚异之。婿家与郑相距不远，姑遣仆探之，则婿患落头疽甚剧。梦之日，正其易箦时也。郑因婿，恒匿不以告人。然乡里几无不知之者。冥中捉人，常用生魂，俗称"走无常"，见于记载者多矣。而必以监斩之权，加之妻父，果何说也？子产所谓"天道远"也。

借尸返魂，稗官多纪其事，初未之信也。丁巳二月，同年欧阳成言其族有欧阳熙者，住宣武门外上斜街，有妾已殁三年余矣。先数日，乃借某乡女尸身迳返其家。先是，欧阳熙在前清时充小军机，夜间时梦为狐子督课。自是每夕必往馆于狐者数年，因与狐谂。妾死后，托狐为之营谋，卒得其力。妾返后言其家旧事，累累不爽。因言初卒时，因其姊讼事，魂与偕往证明。家中以其猝死，埋之。及魂归，尸已腐矣。并述阴间及阎王之情状甚详。因生前尚有小罪孽，为数鬼挟入污池中，数日乃已，苦不可言。然则世俗所传阴间之事，及佛氏地狱之说，其果有之矣。是事喧传都下，同人中有好奇者，浼人为绍介，欲谒其妾。余亦欲穷其究竟。会绍介者言其妾虽再生，然日间多昏沈不甚省人事，至夜乃爽豁如平日。终未能一闻其详，甚以为憾云。

清代杀人，皆在菜市口。民国后改为枪毙，行刑改在天桥。乙卯、甲辰间，袁氏当国，以陆建章为军政执法处长，杀人无算，皆秘密于处中执行，不必天桥也。同乡邵幼实（继全）为余言：有甲乙二人，在韩家潭同识一妓，无日不往。妓一日无客，亦不乐也。邵与甲乙为酒肉交，常镶边政。某日，邵与乙至妓所。妓言三日未见甲，思之成疾。乙见妓寒热交作，为之抚摩间，妓忽瞪目视乙，作甲声曰："吾为军政执法处捉去，已枪毙矣。"乙大惊。因言：仓猝间不知己死，误以为逃去也。急乘晚车回天津，至家已二鼓。入门，见妻饭毕，在屋制衣，如未见者。吾告以夫归何不令仆婢预备汤水，妻仍不理，制衣如故。吾始大怒，将其桌上洋灯吹灭。妻忽作恐惧声，大呼有鬼。吾自是始知己身其殆死乎，否则何言而妻不闻也。在室彷徨久之，筹思无策，天明仍搭车回平。夙闻鬼可拊人身，与人谈话。故下车，即至韩家潭，意在拊妓身，与汝细谈衷曲。不料人身如火，热不可近。吾在此屋已二日，邵与汝至，吾皆见之，而苦无传达意思之法。今日妓病，试拊其身，热度稍减，乃得与君辈接谈。言已，唏嘘不置，并以后事及妻子为托。乙次日即赴津，告其家属。其妻言：是夕方制衣时，闻鬼叫声甚厉，灯烛尽灭，实不料为其夫魂归云。

相法之难

"相人"见《左传》，"非相"见《荀子》，古有是法。然相法之难，过于推命。忆壬戌年，前门外有大相士开张。邵蒲生（继琛）与之谂，招余与林清甯（源烠）使相之，以观其技。林君体魁梧，而余文弱不胜衣。相士曰："以我法论，林公前清当以翰林出身，官至二品。民国后亦在简任官以上。"再相余，则曰："君相穷酸已极，前清求一秀才不可得。民国以后，至多不过办事员，月入三十元而已。"蒲生乃大笑曰："君所言适得其反，今日我始以此试君耳。"相士失色。此可谓恶作剧矣。又民国四年，黄伯樵（树荣）在韩家潭小班请客，坐中有蔡姓者，以相术自炫。黄氏使为余相。蔡端相久之，曰："君一穷措大耳，仕途中无君名也。"黄大笑曰："此参政也，君勿妄言。"蔡蹰踏不自安云。

纪梦

古云："至人无梦。"余非至人，然生平却少梦，年不过三五梦而已。有梦辄验，否亦离奇不知所谓。

忆戊申年在日本，梦陈韵珊招饮楼上。酒半，欲小便。跑厅者带至一处，芜秽已甚，不知何地也。秋间入都应试，韵珊招饮情形宛如所梦，视其地则致美楼也。丁巳，林子有约游西山，至白龙潭，忆曾梦到此，故路径均极熟悉。然余生平实从未至其地也。最奇者，丙申年余客福州之白湖，屡梦与数友共狎一妓，妓名兰蕨。诸友面貌均非素识，梦中亦知是梦。记其楹联一句曰："子归声里花齐放。"对句则忘之矣。

三十岁后，常梦兄弟三人共开杂货店。余行三。父母卒，议分析。屋止两楹，而兄弟凡三，难得平均。议久不决。余曰："铺面一间归大哥，住屋归二哥。余年少，不必分也。"又曾梦为隋炀帝时侍御史。炀帝开运河，力谏。已命斩矣，帝见其戆，赦之。及幸江都，抗疏力争。去岁，又梦之并入其军队中，见其人身体皆高大，与今不同。惟自己姓名，醒则忘之。此必前数世之经过，偶入梦也。

壬申，梦与林硕田同行至一庙，以电梯上，至第七层止，乃大雄宝殿。石观音长丈余。浏览中，忽与硕田相失。从他门欲归，则见大海汪洋，茫无涯涘，知非人间。急退回原处，遇故人孙敬，前约法会议秘书也。梦中知其已死，语之曰："此地既非人世，君在冥中，必知未来事。肯告我以死期否？"孙笑曰："尚早，尚早。"并取一泥人，头上有某达官姓名，曰："此人将来终于自杀，其头已在我处矣。"一惊而醒。有一事颇堪自喜，曾梦有人馈巨金，梦中以其为不义之财，拒而不受。醒而自喜曰：佛书以梦为第八识，亦曰种子。今余梦中拒金不受，可见贪之种子全断。来生他事坠落虽不敢知，而贪污之消，吾知免矣。

二重因果

因果之理，佛氏主张报在来生。孔子不言出世法，故主张报在子孙。因此之故，凡为恶者，必有两重报应。例如奸人妻女，其来生之妻女必被人奸淫无论矣，即己之子孙女或为娼妓，男者娶妻必遇淫荡之女。何者？气相感故也。贪污亦然。因得非分之财，享用过分，来生必流为乞丐，且己之子孙恒多浪费，至于倾家荡产者，又比比也。孔氏畏圣人之言。孔子、如来，均圣人也，其言俟诸百世而不惑，从不发生例外。人岂可不慎所为哉！

玉红

唐人小说载玉箫再世，重侍韦皋，竟实有之。己酉廷试后，以京官客居旧京，住南下洼福建会馆。翰苑本闲曹，无所事事。诸客导之为狎邪游。识北妓玉红，貌丰而婉转可人，相得甚欢。余赠以联曰："玉箫愿订来生约，红拂应知不世才。"未几，武昌事起，乞假南归。癸丑来京，访之不得。过其妹，则玉红以壬子九月卒矣。怅惘久之。

己巳、庚午之交，余迭遭家难，一妻一妾先后病卒，茕茕无依。友人为介绍童氏婢。入门，貌固宛然玉红也。询其生年月日，则以壬子九月生。余甚异之。其主字之曰"莺来"。是时，余年已五十有四，而莺来方十九，乃毫不介意。性豪于饮。余因不愿仕而家贫，倚食者众，不得已，乃以教员自给。每自校归，则相携入市，沽酒痛饮，恨相见之晚。未几，得孕。有盲者为之推算，决其死于六七月间，且母子双亡。余初未之信也。然枭鸣于屋，鬼哭于室，咎征恶谶交迫而至，心不能无稍动。乃每星期至医院检查一次。一日，手足微肿。时孕已八阅月，腿肿不足为异。忽一夕，猝患抽风，竟殒。余哭之恸，且为诗数十首以悼之，年才二十耳。忆玉红死时，年亦二十。两世寿皆止于此，不可解也。

死月余，余忽梦魇。时已隆冬，魂入被中。余惊醒，笑曰："人鬼殊途，不堪同榻。"似有人雨泣，泪沾余，两颊都满。以襟拭之，则无迹。情景宛然，知非梦也。余前妾名春燕、燕去、莺来，命名亦巧合，益信数皆前定云。

莺来死后，余曾为诗哭之，凡数十首，择要录之：

（其一）

媚骨丰肌绝代姿，相逢终恨识君迟。

他生若再成佳侣，愿及萧郎年少时。

（其二）

相离顷刻总嫌疏，坐向怀中笑语初。

摊卷便教卿夺去，不令灯右夜观书。

（其三）

温柔性格可人怜，撤尽娇痴态万千。

昨夜刚闻教习字，今朝已试两三篇。

（其四）

闻倚窗前唱竹枝，爱听大鼓与西皮。

如何已是良家女，犹喜青楼薄命词。

（其五）

芳草离离玉骨埋，抛余无处可安排。

黄泉若有家庭乐，愿促天年与汝偕。

（其六）

天上人间消息疏，黄泉风味果何如。

前生宿债今生了，半月间来一梦无。

悼亡云：

（其一）

鳏枕凄凉晚景迍，朝云又逝倍酸辛。

何期衰老飘零日，得此温柔旖旎人。

宛似玉箫来践约，可怜奉倩独伤神。

从今长作孤飞雁，一榻蒲团付此身。

（其二）

准拟今秋乐事新，悬弧汤饼庆良辰。

人生美满天终妬，绝世容华鬼亦嗔。

不信红颜多薄命，谁知白骨已成尘。

与君世世为夫妇，再结前生未了因。

（其三）

时从遗照觅仙容，数月风情忆旧踪。

携手同行人尽笑，分甘食我爱犹浓。

睡余怕痒闲搔背，浴罢支慵泥抹胸。

最是教人肠断处，春寒夜醒发蓬松。

（其四）

咎征恶谶事重重，恩爱悬知不到冬。

自恨孤寒郎福薄，未曾辜负汝情钟。

游园结伴煎新茗，佐酒闲携买晚菘。

到此犹应作豪语，风光虽短胜侯封。

（其五）

夜阑人去阖双扉，自抱罗衾代解衣。

兰麝细香闻喘系，肌肤谶缕见依稀。

情亲代枕时伸臂，梦醒惊寒起掩帏。

似此佳人难再得，一番回想一歔欷。

（其六）

去年风雨记重阳（是日大雨），几遍端相认粉郎（此第二次相见）。

碧玉生成娇养态，青衣犹作旧时妆。

芳名审识莺来字，旧籍询之高固庄。

人面桃花何处去，不堪回首细思量。〔1〕

纪前生为泰山猕猴事

北京言女士，忘其名，湖南人。与其兄某，均以符咒治病，并能知人前生，有奇验。丁丑春间，由方永慎介绍为余治病。余于宗教信仰素薄，故不能生效。因使考察前生是何因果，得此不治之病。越日，方君来，述女士之言曰：“君前生系泰山上一猕猴，修道五百年，已得斯陀洹果，专为还债而入轮回。因生前残害生灵过多，皆以手足攫取而充口腹，故获此报。”其言似荒诞不经，然亦颇有证据，非必纯出虚构。余双足皆作猴形，莫名其故。忆宋人说部载：贾似道年十八九时，一日独立桥上，有老人来相之，曰：“此二十年太平宰相也，可为预

---

〔1〕　文末批语“已用”。

贺。"贾独自欣喜间，老人复来，端相久之，脱其袜视之，大惊曰："此猴足也，必死万里之外，不得令终，惜哉！"

余民国三年，初任参政。到院日晤陈君汉第，素精相人术，摘余帽视之，惊曰："公少时曾流为丐耶？"余曰："然。"陈曰："君记取五十六岁时，当复为丐，谨记我言，勿忘也。"归而谋所以补救之法，因思积钱于身，不如藏富于天。乃疏财仗义、扶危济困，三十年如一日也。今虽幸免为丐，然路毙终不可免。

闻女士言，意始释然。《涅槃经》云："凡得斯陀洹果者，能不退转。"余一生未犯色戒。年十七，有奔女夜裸登床相就，峻拒之。此人情之所难。又生平贪念最薄。民国六年，有安南华侨辇巨金来京运动，开电车公司。访余，以三十万金为运动费，语余曰："主人年少多金，不知爱惜此金。我与汝平分之，事之成否，无论也。所以必访汝者，因同乡且官高，主人必信任之也。"余思天下无此便宜事，婉辞却之。后闻其人系巨骗。同乡某也被骗五千金，某也被骗万金。盖其人举动阔绰、挥金如土，使人不疑。虽老成亦入其笼中，而不之觉云。民八，安福部办福建选举，以余选举有经验，交二十万金使往，且以外交部兼差及总统府顾问，月约四百金，为担保条件。余恐开罪乡里，荐贤自代。其应得参议员一席，以让于陈君定宇。同乡皆尤之，余不顾。后闻他省之办选举者，多先以所携之款购买田宅，以余款办选举。不足，续请增费，干没无算。有询余所以不取之故，余笑曰："人生福禄，皆有定数，一毫增减不得。且金钱之为物，饥不可为食，寒不可为衣，取足敷用而已。世人不明此理，贪得无厌，其结果盖棺之后，分文将不去，惟有孽随身，真不值也。天不生无禄之人。君曾见饿者有几人哉？其至于饿者，必其行为不检，自取其咎也。"余一生毫无凭借，然亦未尝困乏。其善钻营、有奥援者，或不及余之顺遂。知此者，思过半矣。

余疾恶素严，初以为不过如东坡一肚皮不合时宜。闻女士言，乃知虽迷却本来面目，尚能不昧前因，深用自喜。凡此皆可证明"不退转"之义也。还债之说，凿然有之计。自出仕至今，三十余年，代人了婚嫁者，父族三人，妻族四人；代埋灵柩者，父族六口，妻族十二口；而亲戚之扶养费、朋友之借贷费，尚不在内。从前此项支出，年近千余金。现虽毫无收入，坐食山崩，月间此项支出尚须五六十金也，亦可见债额之惊人矣。

世人终日营营，夜则成梦。余一生最少梦，年不过二三次。意者债务还清，心无罣碍之征欤？现在胸中并无未了事，随时可死。如女士之言，来生似可不入轮回。惟余曾有《续明夷待访录》之作，且死后自拟挽联曰："蹈海未学鲁连，止留得数卷残书，敢云青史名山，强分半席？并世不逢光武，空剩有满腔孤愤，誓扫赤眉铜马，且待来生。"因此一念，或不免再堕落尘寰，亦未可知也。

留东外史补遗

近人所著《留东外史》，已如燃犀，无微不照。然未有如某甲之奇者。某甲，传者讳其名。年十一，以神童入泮，与余同案。虽同为乡里，而踪迹殊疏。甲辰夏，余会试报罢，南游百粤，于船中遇之。询以何往，诡词以对。后诇知与其妻同往上海，既挟妻登轮，中途只身逃逸，改登粤船也。妻在船举目无亲，痛哭欲死。幸船系公车，应试者多，乃送之汉口，往投其父，幸免流落。

某既之粤投考，官费派赴日本留学速成法政，与汪兆铭、胡汉民同住三崎馆。适余亦住此馆，见其举止阔绰，挥金如土，甚异之。有知其隐者，谓俞善酬。应同乡之初至日本者，俞必自往横滨接之。既至东京，必导之游宴。既谂，乃向之借贷二十元。人无不乐贷之者。除舟车及宴饮成本约五元外，尚可余十五元。时福建留东学生约千人，虽不能遍及，姑以半计，已属不赀。洋服月必一易，每袭价百金以上。每月上旬之洋服店，择其精美者，与以定钱五元。使之制既成，衣之以炫耀于众。店伙来索价，故迟迟不与。索之急，则曰尺寸不合，或曰材料不佳，原物退还可也。店主人畏其索款之难也，亦忍而受之。次日而新制之洋服又至。盖当甲店索款最急之时，某已以五元向乙店定制矣。比索款，俞之对付方法亦如之。计全年所费不及三十元，而衣服常新。东京洋服店无虑千余家，故其法一时不至败露。

每出门，必携日金票百五十元。假定欲向甲借款者，先一日必至甲家，无意中取袋中百五十元，一一数之，匆匆即去。次日再至其家，坐良久，索袋中不得。作惊诧状，曰：“吾今日决买某书，而忘带钱包，奈何？”询以书价若干，则曰三五元耳。友见其前日之多金也，恒贷与之。盖示之金以见其非穷，取之微人多不惜，故常入其彀中而不自觉也。遭其害者何止千人。而余以同居，得窥其隐微，独幸免，亦从未向余借贷也。

惟一次最为狼狈。有孙润家者，亦某之同学。俞向之贷四十金，屡索不还，问计于余。余以俞之素行告之，孙大惊。是时，某住本乡馆。孙瞰亡往拜，席卷所有而去，留信告以所取之物，估价不逾四十元，款至则还，非盗也。次日，有人于途遇某，见其穿和服，异之，叩以何不穿洋服。扭怩而答曰：“失盗耳。”某住本乡馆凡十九个月，未尝给与租金。店主诉之使馆，限三日还清，否则逐出。某怀中止余一元，乃异想天开，以一元买车票往横滨，住最大旅馆之高野屋，尽召横滨艺伎，大开筵宴，费至二三百金。席毕，告店主以无钱游兴，自愿受拘。店主无法，乃将某送交警察署。时夜已漏三下，余忽在睡梦中被下女呼起，告以横滨有电话。比往接，则警官也。告余以中国学生某姓在此无钱游兴，请明日携二百五十元前往取赎。盖余时为会馆干事，且与某最谂，故及余也。越日，会馆提议同乡每人捐一元，派高种往横滨将某赎归，余款代还房金。某既归，谈笑自若。有责之者，某笑曰："向使向诸君每人借一元，汝肯借乎？非如此，则吾债胡可了者？诸君每人所破费不过一元，而吾得一曲清歌，美人把酒，享人生未有之乐。天下合算之事，有过于此者耶？"闻者无以难也。

秋山雅之介《国际公法》新出版，校中职员欲觅译者。某挺身应之，以四百元成议，限期两月。某归，首尾各译数千言，中取杂字搀其间。校中不之觉，及付印乃发觉。经手职员负赔偿之责，衔某次骨。会毕业考试，伺隙诬某挟带，悬牌斥革。三年辛苦，尽付流水。他人莫不代为惋惜，而某固毫不介意。

正进退两难间，忽得奇遇。时留学生声价重，每届毕业，各省函电交聘。夏同龢任广东政法学堂监督，派其教务长许邓起枢至东京聘教习。某有同学王君维白（家驹），诚笃士也，悯某穷途，因荐俞于许。许诺之，约定月薪三百。某旧态复萌，运用其狠辣手段，先预支三个月薪水九百元，盘川二百元，又以合同抵押于留学生监督王克敏，借得三百元。仍以为不足。时定章，留学生三人互保，可向监督署借洋五十。某托王觅江苏官费生十五人连保，又借得二百五十元。又以须多购参考书为词，向王借得五十元。共携日金票千七百元而至上海，住同丰祥旅馆。购大皮箱二，上书广东候补道封条，并嘱馆主人以月一百七十五元包双马车。馆主人见其阔绰，事之惟谨，且以爱子为托。某慨诺之。某日坐马车，遨游于长三幺二之间，终日花天酒地。未两月，所携金垂尽。一日，忽失踪，不知所之。馆主人大惊，私幸皮箱固在也。及启之，则巨石累累，知被骗，乃嗒然若丧。计两月来除白赔伙食外，尚须垫付马车款三百五十。粤法校开课已久，待某不至，电亦不覆。许引咎辞职，所有盘川、薪水，由许赔偿。使馆方面以留学生滥保匪人，将官费生十五人一律革去。王侦知其回闽，函往索债。得其回信，大意谓：足下终日埋头用功，为廷试计，卑鄙龌龊。落得用汝几文，尚何还之可言？王君，余至好，以信示余，且述其颠末如此，余始知之。

某之留东也，妻阅报乃知其踪迹，函促之归。某以无钱为词。妻父听鼓武昌，家尚小康，曾寄款百五十元于某者两次。款至，而某仍不归。至第三次，妻痛哭陈词，谓无颜再向老父索款，将己之首饰变卖兑往。某得之，仍以付平康缠头之费，函置不覆。其薄情至此。余归国后，浮沉郎署，音信遂疏，故所闻止此。后闻民元某任粤知县，乱民执而诛之。其始末原因，则吾不知之矣。

凶宅

生平最不信阳宅。假定有人一生素履无玷，而大门方向主凶，将使其颠沛流离乎？又如有人穷凶极恶，而房宅大吉大利，将使其富贵寿考乎？无是理矣。然余生平所见，实有凶宅。

余旧宅在福州小排营，相传有赁是屋者，夜间厨有烹饪声，达旦不息。晓开门，而甑已在屋外。自是无敢赁者，荒废已数年矣。乙未秋，余因失馆无归，一人迁入，阶前草尺余。余素有胆，不惧也。然每日落时，则人声潮拥如街市。小排营地故偏僻，绝少行人，知其鬼也。稍停，耳即不闻。夜则厅屋时窸窣有声而不见，其形约略长寸许，或径从耳际掠过，望之不能见也。益信《左氏》"新鬼大，故鬼小"之说不诬。表兄徐子厚迁入，未几而其妇病矣。妇梦有伟丈夫，衣冠而出，直入其房。妇大号，鬼直扑之。妇颠于床下，伤其一足。醒而左足遂不良于行，乃匆匆迁出。是屋后遂典于人，今不知作何状矣。

先君子握恒春县篆时，县署故著名凶宅也，时见怪异。有客晚间倚床独坐，闻床下有群鼠斗声。一鼠仓皇奔出，顷渐大如狗，有顷遂如牛，昂首相向。客大惧，掷之以枕，遂被龁左足。客已不省人事，会有人救之乃苏。先兄扬烈随宦任所。一日，浏览文书至夜半，觉头上有物似弓足形。逼视之，乃一缢鬼悬梁，舌吐出，长盈尺。大惧，晕绝。夜睡欲溺，觉四面皆壁，觅便壶不可得。天明，乃知已易其方向。最奇者，四鬼将床移至屋瓦上，天明始梯而下。而床大户小，不知何以能移出也。

己巳，余迁居南闹市口一宅屋，极明爽。迁居日，尹尧星（朝桢）同年适来访，惊曰："殆哉！此著名凶宅！蒋俊英（邦彦）常迁入此屋，未三日，两女暴卒，狼狈迁出。"余殊不信，且已移入，亦无可如何。果不及半年，妻女先后卒。其屋为尚布政其亨所建，今为屈文六业，凡三院，余住其后进。中进赁梅光远，梅发狂卒。首进尤爽洁，周熙民居之，一妻一子死焉。余迁后，罗静轩女士时任图书馆长，贪其价廉，赁居之。未一夕，女仆白昼为鬼扼吭几死，乃匆匆迁出，今成大杂院矣。余闻之家中仆隶云：屋实有怪，非鬼非狐，有人见其形长丈余，毛发鬙鬙然。空屋中，物皆自动云。

庚午，移居东太平街东北角一屋，二妾先后没于其中。然余娶第三妾时仍住此屋，友人均为我危之。后亦无他异。[1]

掘藏

昔人每谓金银入地，岁久即化乌有。清咸丰庚申正月，西捻犯淮安。有某姓家侨居山阳城外河下镇罗家桥避乱。前三夕，其祖母以六百金，命祖启中堂方塼，深埋三尺。及冠退，于暮春之朔言归，掘原物，已乌有。寻踪至门槛下，始得之。事仅四月，距瘗处已四尺矣。光绪戊戌冬，徐绅董旭庭卒于豫，诸子扶柩回籍。其住宅在南关外，地名沙汪。数年前，董曾蓄三千金于瓮窖内寝之东屋。

---

[1]　文末批语"已用完了"。

至是，拟出以治丧。及启瓮，而空无所有，仅余每锭重若干两之纸单而已。验其瓮口，封识宛然，不似经人盗取者。董子亲为人述之。

光绪甲申，清凉山莲花庵尼某诣官署具禀，自云为太平军西王宠妃，其府第即安徽会馆。当年于正厅下贮沙缸三十，蓄银二百万。二十年来，人无知之者。愿以此入官，而已得千金，为焚修之费。制府左文襄饬城内保甲总局章蕴卿督恪靖营亲兵二百名赴其地发之，缸数果符，封题严密，而银化为水矣。

某甲家富田产，又喜居积。每月入，悉于深夜窖藏墙阴之下。既畏传扬，自不敢假手臧获。又恐家人乞与，并其宠姬亦不使知。后以结怨乡党，或告讦之，逮捕甚急，幸贿役吏得缓。然所费不赀，爰发窖金，思应急需，则罗掘殆徧，一无所获。瞠目拊膺，懊丧欲绝。藏金入地不见，亦不可解也。

家乘志异

少时闻先君子谈一事最怪。咸丰初，先严馆于宁德某宅。时三鼓，已息灯就寝。先严以溽暑汗蒸，不能成寐。闻梯上槖槖声甚厉，如有人行不绝。因取火烛之，则其家木主累累下梯。烛至，始屹立不动。先严大号，屋中人闻声竞起，则楼上已为邻火延烧，势将倾塌。乃各仓皇遁出。比火熄，询之，其家楼上别无居人，仅为祠祖宗木主之所。盖木主畏火延烧，相率下楼以示警，使其子孙远遁也。然亦异矣。

余姑嫁徐氏。年十八，夫为其父所逐，殁于粤。姑不知也。一夕漏三下，已寝矣。见其夫携灯入，解衣迳登榻。询之不答，抚其体僵如冰。天晓始去，次夕复至。始悟其已死，因持香默祝之曰："魂来，使妻子终夕不安，请以后毋至。即至，以梦可也。"自是遂寂然。然每遇姑或其子病，先一夕辄示梦。如是者又四十年，及其子殁乃止。

余家有一妪，能白日视鬼。众初不之信。一日先姊忌辰，使视之，说其衣服形状皆死时所殓服，知其言不诬。光绪丙申三月，余以冒闽籍小试冠军。邑廪广文竞相讹索，余赤贫无以应，已罢议矣。一夕将暝，有怪风自东来，一屋灯尽灭。有人掷巨石于庭三，皆大如碗。家哗然相惊以盗。妪良久始出，语众曰："非盗也。顷睹一妇人，四十有余，形甚悴，取石掷之。"余急询其貌，灼然为先生母王氏也，知有异。余师方咏午，时方馆于余家，劝余弃举子业习农。余旁皇不知所为。次晨将为远行计，至姑家辞行，途遇一仆，邀往其主人虞姓家。虞姓，亦母之姊妹行。悯余贫，假三百金始得饱若辈所欲，群言始息。自是，余常往来于虞家。或贫无依，则其家留一榻以宿余。如是者数年。一夕，与虞氏昆季谈，因询以援救之故。盖余时年甚幼，假三百金，于理为不近。虞昆季慨然曰："是尔母之灵也。尔母虽与余母为姊妹，然少不相能，故两家绝少来往。一日，母谓余曰：'吾三夕皆梦其母，貌甚戚。第三夕尤戚，岂其子近有不测耶？' 余已闻尔被讹索事，因举以告。适王姓者有三百金将假人，母曰："何不取以假之？" 余闻之，泪涔涔下。余闻诸姑言：余母初卒数日，魂恒不离左右。余时方十岁，夜就姑宿。母魂每夕辄至，搴帐坐于床侧。姑祝之曰："尔后若不视尔子如余子者，有如曒日！" 乃去。信乎！父母爱子之心，死而不忘。闻斯事者，孝弟之心有不油然而生者乎！

双忠祠

潮阳郑浩言其乡濒海有神，即《昌黎集》中所记太湖神是也。神为像三，以木塑之，大如人等。后列夫人像三，大亦如之。于求子最著灵异。妇人之无嗣者，必裸体入庙而求之。相传有某姓妇祷于神，夜梦神与交，生子无骨云。其地又有双忠祠，祀唐张巡、许远。巡未至潮州，何以庙食于此？其中盖有一段历史。乡人有赵姓者，为河南县令，有贤声。年老乞休。途中遇老人，以物一捆托其带归，并云当有人来取。赵归后，待之不至，乃发之。中贮一物，作长方形，潮人名之曰"辋"。上书"大吉、上上、中中、下下"等字样。有数千苍蝇飞出，在空中结成"双忠"两字。赵归后，在籍营祠堂。堂凡三进，以首进祀张、许，颜曰"双忠"，香火甚盛。并以所携之辋为占验之具，如签筒然，求者麚至。相传文天祥兵败至潮，祷于双忠庙，于神前列酒杯三，注酒于内，宣言神果佑而获胜者，请享此酒。天祥方跪，而三杯之酒自干，观众鼓掌如雷，军心赖以不至溃散。咸丰末，土匪围城，商民惶恐。忽匪纷纷散去。有自匪来归者，言是夜城上有兵数万人，高丈余，旗上大书"张"字，知为神兵，故惧而退也。民十七，党军至潮，庙宇摧毁殆尽，而双忠庙岿然独存。[1]

死之研究

世界最后将由贫富问题入于生死问题，为必至之趋势。居今日而为死之研究，似觉为期尚早。然欧洲哲学家从未有于死之问题下一明白解决者。余不敏，窃欲本其所读之书加以归纳，且就经验所得为有系统的研究。后之有志于斯者，得观览焉。

第一，死之定义。

死也者，谓灵魂与躯壳之分离也。其适用之范围，以动物为限。其植物则谓之枯，其他无生之物则谓之坏，不名为死。以物理学言之，物质不生不灭，故组织人类肉体之元素，如铁质、水质、燐质等等，本为不灭之物。而灵魂，据佛家

---

〔1〕　文末批语"上段已用"。

所言，亦有永久不灭之性。故死也者，只可认为分离，不能认为消灭。道家以躯壳为房舍，有夺舍法，此譬喻最为确当。故死者如人之有搬家然。

第二，死之种类。

甲，正命之死。

《孟子》曰："尽其道而死者，正命也。"佛家以成、住、坏、空为宇宙不易之定理，人类亦不能除外。譬如点灯，油干则灭。人类生命，至长不逾百年。惟此种之死，至少当在七十岁以上。且死时多无疾病，不感痛苦。非平时为人忠厚正直，或素有修养者，不易到此地位云。

乙，病死。

细分为二：一，因患不治之症而死者。人类五脏，有一损坏，则不可治。此外，患不治之病如砍头疮之类，皆有夙因，非医药所能为力。二，病非不可治，因误于医药而死者。富贵人重视其病，有病则医药，虽投千金不惜。往往其病本不致死，因误于医药至陨其身者，比比也。故贫人多死于病，富贵人多死于医。加以近年西医流行，一班洋化之徒，奴隶根性太深。不知西医在科学中最为幼稚，尚在试验之过程中，故三十年来误于西医割治者，尤不堪偻指云。

丙，横死。

人之所以与禽兽异者，禽兽以横死为原则，而人则否。孔子云："人之生也直，罔之生也幸而免。"动物中除人外无直立者。人苟能正直，无不能保其首领。但事实上有不直而善终者，在佛家有种种说法。孔子不言出世法，故止以侥幸目之。所可疑者，世固有为人正直而遭横死者，孔子何以不言？盖如志士仁人杀身成仁之类，虽系横死，而馨香万古。孔子称童汪琦，谓其能执干戈以卫社稷。可见同为命该横死，人亦非无选择之余地也。

横死又可分二种：一，被杀。此谓真正横死，其中必有宿因。盖前生杀人者，今生必为人所杀。因果循环，理无或爽。但应死于水者不死于火，应死于火者不死于兵。何也？昔有人娶妻六月生子者，其夫自外归，闻之大怒，提起子置水缸中而去。后其夫年老疯癫，家中派人守之。一夕不知所往，天明觅之，则坐水缸中死矣。故何种死法，视其人所种之因。惟此种横死，多有形象可征。如目下视者，俗谓之"视刀"，必被杀。又颏下有水痕者，必死于水。观于子路行行，孔子决其不得其死可见。横死者，其身体上时有特征，不难以相法求之。二，自杀。此只可谓之准横死。阴律对此有一种制裁，非有替代之人不许转生，人世俗谓之"讨替"。盖上帝恶其取巧趋避，故往往沉沦鬼趣，至数百年而不获转世者。

第三，死之预兆。

未死之先，必有预兆。《中庸》："国家将兴，必有祯祥；将亡，必有妖孽。"

此不特国家兴亡如此，人之生死亦然。将死之年，其家必有最不祥之事发生，为多数通例。若遇横死，或大灾难猝至，尤其应如响。其故何也？说者谓天心仁爱，故示之警。余谓此气机之所感召。凡人一生，无论吉凶祸福之至，事前必有预兆，事后必有尾声，亦曰"惰力"。凡事皆然，何况生死为一生大事？此外，性情改变亦为死之特征，俗谓之"变死"。其心稍静者，死前必有梦兆。如孔子两楹之梦是也。

第四，死之情状。

人莫不畏死，以其痛苦也。究竟其痛苦之情状如何，则人鲜知之。记《聊斋》有汤公一段，述此事甚详。其言曰：汤公名聘，辛丑进士。抱病弥留，忽觉下部热气渐升而上，至股则足死，至腹则股又死。至心，心之死最难。凡自童稚以及琐屑久忘之事，都随心血来，一一潮过。如一善，则心中清静宁帖；一恶，则懊恼烦燥，似油沸鼎中，其难堪之状，口不能肖似之。犹忆七八岁时，曾探雀雏而毙之。只此一事，心头热血潮涌，食顷方过。直待生平所为，一一潮尽，乃觉热气缕缕然，穿喉入脑，自顶颠出，腾上如炊。逾数十刻许，魂乃离窍，忘躯壳矣，而渺渺无归，漂泊郊路间云云。庚戌秋间，与陈太傅、陈叔伊（衍）同游西山。偶闲谈及此，叔伊曰："是诚有之。曩在福州马江乘火轮，失足落水。有人救之，得不死。自落水至被救，仅阅一小时，若经一日之久者。将数十年久忘之事，一一潮涌上来，其苦难名，一如《聊斋》所述。"故知人平日行为之善恶，其受用恒在临终之际。惟灵魂从何窍出，颇有疑问。原则上从心窍出，故死时头足俱冷，而心头犹热，即此理也。其思想高尚之人，则灵魂轻飘，往往从玄关出（即山根）。故死时心头已冷，而头尚热。此种人死后多生天界。其思想昏浊之人，则灵魂沉重，则从脚根出。死时头心俱冷，而足犹热。此种人死后多入地狱或畜生道。欲知人死后出生何界，不难于头心足三者孰为后死知之。

死时最忌妻女环坐哭泣。同乡刘以钟次长易箦之夕，不许其子女入内。戒以待断气后，方可哭泣。其子曰："大人何时断气，我外边何从知之？"答曰："此易易耳。汝用小刀在窗纸上刺一小孔。我死后，魂由此出。汝但见窗纸无风自动，便是我断气时。"已而果然。

说部载人临终之际，已故之父母、兄弟、妻妾尝来迎接，事或有之。但非人人皆如此也。惟以为必有阴差勾摄，则殊不然。人之死也，如蚕之蜕化。其出生也，如水之流湿，如火之就燥，宇宙自然之理。除生前作恶，或戕害人命，有人在阴间控诉外，皆听其自死自生，阎罗不加干涉也。

第五，死后至出生之经过。

甲，回煞。

人初死时，多不自知其死。在久病者，则以为病愈。被杀者，则以为逃脱。

往往喜动颜色，出门访友。至半途，遇见已死之旧友。与之谈话，然后知己已死。或访至好之友，与之接谈，而其人始终不理，如未闻见。惊骇之余，急速归家。入门则见停灵在堂，妻子缟素，擗踊哀痛。至己旧居之处，徘徊留连，泣不成声。俗谓之"回煞"。北方有接三之礼，皆为此也。死者既已无可奈何，惟有自去出门，则天地异色，黄沙滚滚，昏黑莫辨南北。正惶遽间，忽见远处似有灯光一线，微露光明。急奔赴之，至则呱呱坠地矣。盖其所见之一线光明，即生母之子宫也。

乙，鬼。

如上所述，人自死亡至出生为止，其期间至长不过三五日，世上应无一鬼。何以经史及说部所载鬼之事实，昭昭在人耳目？岂古人尽妄言耶？非也。主无鬼论者，如南北朝之玄学家，南宋之理学家，今之科学家，未尝不持之有故，言之成理。然而人类之知识有限，宇宙之事理无穷。必以吾人所不见不闻者，即断定其为无有，是厚诬也。且既无其物，圣人何必制此"鬼"字？今世界无论何种文字，皆有鬼字，则其有鬼必矣。至所以有鬼之原因，计分五种：

（一）因自杀受阴律制裁，非得替身不许转世者；

（二）因案株连待质者；

（三）慈母对于子女恐其不能成立，或夫妇之一方因爱情凄恋，魂尝相随，不愿转生人世者；

（四）有冤未雪，有仇未报者；

（五）认人世为苦海，宁长渝鬼趣，不愿投生者。

以上五种，除第五种恐须经上帝或阎罗许可，其手续如何非吾人所知，故极为少数外，其余四者皆有暂不出生之自由，此世上所以多鬼也。

一，鬼之定义。

鬼也者，谓灵魂既脱离旧躯壳以后，未取得新躯壳以前之名称也。内典谓之"中阴身"。所谓中者，亦即过渡之意。其与神异者，鬼为人与人及他动物之过渡。人无长为鬼之理，而神则有永久为神者，其异一也。鬼系人所转变，而神则有自始即非人者，如山川岳渎之神，其异二也。

二，鬼之住居。

鬼与人同在地球之内，其住居因鬼之种类而异。如缢死者，恒住其所缢之屋。溺死者，恒居于水。欲报仇者，恒居于仇人之家。其平时则多居于坟墓。宋儒主张鬼附主而不附墓，纪文达《阅微草堂笔记》辩之是也。

三，鬼之饮食。

鬼仍有饮食，所异者止能吸收其气。故家中厨房蒸饭时，鬼聚众而吸之。

四，鬼之用费。

鬼仍有费用，其通用之货币则为锡箔。自欧化东渐以来，人多不祀祖先，以烧箔为迷信。殊不知天地之大，人所不知者不知凡几。岂能以粗浅之科学，抹杀中国数千年之习惯乎？记得前余嫂因其妾生子，恨祖宗无灵，三年不供祖宗。余父在广东，梦见余祖语之曰："汝家三年不供祖宗，我无钱用。不得已，将汝幼子甲生卖与人，得钱三百千。"醒后怪之。不出三日，甲生病殁，因函余兄述此经过。余兄久不在家，料其必不至此，力辩其无。及回家，乃知不谬。可见烧箔并非完全无用。此等事，宁可信其有，不可信其无。或又谓欧美人并不烧箔，岂欧美之鬼无须费用耶？余谓鬼有地界，我国风俗与欧美异者多矣。幽明一理，其说本自可通也。

五，鬼与人交通之方法。

鬼欲对人表示意思，极为不易。止有附人身体之一法，但不可必得。盖人身温度，鬼附之则如烈火。非其人将死，或患重病，不能附之。此外尚有扶乩之一法。然必先设乩坛，故此法亦不能普遍。将来科学发达，或有用无线电与鬼谈话之一日，未可知也。

六，鬼之形象。

自欧洲发明鬼照相以来，此类出版书籍以法国为最多，惜我国尚无译本。友人金九如尝取一鬼相片见示，系前门外某相馆所照者。其人饭局后同往照相，归家后，中一人得暴病卒。越数日往取相片，照相馆以印坏为辞，坚不肯与。后告以照相者因一人已死，留此为纪念，乃许之。及取出，见死者背后又有一人抱其头大笑，傍又一鬼，头巨如栲栳，高不及三尺，蹲居地上云。

丙，出生。

一，出生之范围。

亚洲之鬼不出生于欧洲，欧洲之鬼亦不生于非洲或美洲，此为原则。不特此也，依轮回之原理，其出生多在关系最密切之地。例如久居北京者，其出生必尝在北京。甚有父母、兄弟、妻子互相轮回者。细心观察，当知余言之不谬。

二，出生后之容貌。

人之容貌，往往与前生重复。非止容貌而已，即性情癖气亦无一不与前生相似。其由禽兽转世者，身体上亦必有特征。如曾文正由蟒精转世，身上时时起皮，其一例也。昔王阳明巡抚江西时，至一庙行香，见一屋门锁闭不开，怪之。询之，知系前长老坐化之处，肉身仍在屋中。阳明欲启视之，住持不许。阳明不听。及入见，肉身盘坐，并于墙上题诗曰："四十年前王守仁，开门即是闭门人。"阳明默然而退。盖阳明时年正四十也。似此不特容貌重复，姓名亦间有与前生同者。

三，变相之出生。

所谓变相出生者，即借尸还魂是也。此必其人寿数未尽，而意外致死者。且必得阎罗之特许，故其例极希。其与普通出生异者，此种借尸还魂，多能记前生，而普通出生则不能。此其异也。

附　录

程树德先生年谱

秦　涛

　　程树德是近代著名法学家、文史学者，也曾亲身参与民国法制进程。程氏兼擅新旧学，一生著述宏富，尤以《九朝律考》《论语集释》传世名家。这样一位法学大家，目前学界尚无一篇专门的传记研究，只能鲁鱼豕亥、辗转相引。考其史源，不外程树德本人自述、程氏朋辈后人回忆及历史档案文献三种，且史料之间也有舛讹矛盾。宋人吕大防云："为年谱以次第其出处年月，而略见其为文之时，则其歌时伤世、幽忧窃叹之意粲然可观。"〔1〕兹本斯旨，以撰此谱，考述生平。体例有四：一曰时，胪列公元、年号或民国纪年、干支、谱主年龄；二曰事，大书以提要，简叙谱主该年行迹；三曰考，分注以备言，详列系年之史料依据；四曰辨，对一些史料歧异进行辨异。全文共计考八十条，辨十四条。虽已搜罗数年，仍未敢自信，方家有以教之。

谱　前

　　程父名邦基，号锡三，湖北江夏人，祖籍安徽。太平天国时期，因战乱全家罹难，唯程父幸免，逃难至福建。早年设馆教书，后长期在台湾任职，官至恒春知县。

　　考一：先世。程树德之父，唯其好友郭则沄《洞灵续志》有迹可寻。《解争纷获报》条云："程郁廷先世为楚人。赭寇之乱，全家罹难，独其尊翁获免，展转入闽。"〔2〕赭寇之乱，即太平天国运动。楚人，即湖北人。《凶癖》条云："程

---

〔1〕《韩吏部文公集年谱》后记。

〔2〕郭则沄著，栾保群点校：《洞灵小志　续志　补志》，东方出版社 2010 年版，第 320 页。按：此书虽语涉神怪，但史料来源应是时人自叙，多可靠。

郁廷言生平不畏鬼。……独尊翁宰恒春时，官廨凶异尤著。其兄显庭随侍在署。"[1]可知程父曾任恒春知县，有子字显庭者。查《恒春县志》，恒春历任知县程姓者仅一人："程邦基，号锡三，湖北江夏县职员。（光绪）十三年七月初九日任，因案撤卸。"[2]籍贯湖北江夏县，与前述"楚人"合。《澎湖厅志》尚有其任澎湖通判等的记录。《木主自行》条云："程郁廷尊君微时，设帐授徒为业。咸丰中，馆于宁德某氏。"可知其早年曾以教书为业。[3]程氏祖籍，见1877年条考五。

年谱

1877 年（光绪三年 丁丑）一岁

程树德，乳名金声，学名崇光，字郁庭，号戊武，福建闽县人，1877 年出生，排行第三。有兄扬烈，字显庭；弟树仁，号杏邨。

考二：名字号。乳名"金声"，原名"崇光"，见《晚榆杂缀》卷下"锡名始末"："年十八，父命名为崇光。……金声者，余乳名也。"后因冒名应考，"自此'树德'二字遂为余名。余亦以为天锡佳名，故终身不改"。[4]字郁庭，见北京敷文社编《最近官绅履历汇编》（1920 年刊）与前引《洞灵续志》。其长女程俊英（与蒋见元）《程树德教授及其〈论语集释〉》所云亦同。[5]号戊武，见《中国近现代人物名号大辞典》（全编增订本）。[6]

辨一：《国故谈苑》郭则沄序称程氏曰"郁廷"，[7]盖"庭""廷"二字通用故。《中国近现代人物名号大辞典》（全编增订本）"程树德"条云："字郁庭，一字郁廷"，两存其说，是也。《福州人名志》云："字戊武，号郁庭"，误。

考三：籍贯。程氏著作或自署"闽侯程树德"，或自署"闽县程树德"。按：闽侯乃是民国以后的行政区划，清代闽县、侯官分治。程氏后人回忆："因为家

---

〔1〕 郭则沄著，栾保群点校：《洞灵小志 续志 补志》，东方出版社 2010 年版，第 234 页。

〔2〕《恒春县志·卷三·职官》，载《中国地方志集成·台湾府县志辑》（第 5 册），上海书店出版社 1999 年版，第 78 页。

〔3〕 郭则沄著，栾保群点校：《洞灵小志 续志 补志》，东方出版社 2010 年版，第 178 页。

〔4〕《晚榆杂缀》抄本，现藏上海图书馆。

〔5〕 程俊英、蒋见元：《程树德教授及其〈论语集释〉》，载《古籍整理研究学刊》1988 年第 4 期。北京敷文社编：《最近官绅履历汇录》（1920 年刊）同。但《国故谈苑》郭则沄序则称之为"郁廷"。

〔6〕 陈玉堂编著：《中国近现代人物名号大辞典》（全编增订本），浙江古籍出版社 2005 年版，第 1216 页。

〔7〕 郭则沄序，载程树德：《国故谈苑》（上册），商务印书馆 1939 年版。

庭变故，外公和他的妹妹从小便跟随太婆（外公母亲）到福州，寄宿在娘家家里。"[1]录以备考。

考四：生年。程氏生卒年均见程俊英、蒋见元《程树德教授及其〈论语集释〉》。《晚榆杂缀》序言落款："庚辰夏五，闽县程树德，时年六十有四。"庚辰年是 1940 年，逆推当生于丁丑年。《晚榆杂缀》杂《甲子除夕》诗云："微闻先人说，降生岁在丑。"正与之合。

辨二：《最近官绅履历汇编》（1920 年刊）载程氏年龄为三十九岁。按：此书所载年龄较混乱，不可以 1920 年计算。该书载程氏最后职务为 1915 年之约法会议议员，时年三十九岁，则应生于 1877 年，与程俊英文合。《中国大百科全书·法学卷》《世界法学名人词典》等多将其生年系于 1876 年，影响很广，特此表出。[2]

考五：兄弟。程树德有兄字显庭者，见上条考一。光绪十三年已能"随侍在署"，或为长子。程树德有弟程树仁，号杏邨，是中国最早的电影专业留学生之一。[3]程树仁《新大陆游记》自述："吾祖皖籍，吾父鄂籍，吾母厦门人也。千八百九十五年吾母生余于广州。"《寻弟》云："鄙人有一胞弟名圮受，乳名咪咪，前清光绪三十二年时，年仅九岁，在福建福州被家长兄程扬烈因家境困难，由余某介绍赠与他人为养子。"扬、显意近，程扬烈盖即字显庭者。又《新大陆游记》："千九百零九年，吾三兄树德自日本留归来。"[4]可知程树德行三。

1886 年（光绪十二年 丙戌）十岁

家贫，丧母，孤苦无依。随父赴台湾十年。

考六：赴台十年。程氏《吴音谈》："少时随宦台湾者十年。"[5]按程父在台记录，最早见光绪十二年（1886 年）任澎湖通判。《长济义桥田产谕示碑》有埔里社委员程邦基捐银七两的记载，时在光绪十八年（1892 年）二月。[6]《晚榆杂缀》卷下"锡名始末"："时先严方客粤东"，时为 1896 年。这是笔者所见关于程父的最后记录。又程树德返闽在 1895 年，则赴台当在本年。

考七：家境。程氏《九朝律考》序云："余少家贫。"

〔1〕 胡华军：《我的外公程树德》，载朱勇主编：《中华法系》（第 7 卷），法律出版社 2016 年版，第 383 页。

〔2〕 《朝阳法科讲义》（第 2 卷）整理弁言说程氏"出生于清光绪二年（1877）"，按：1877 年当为光绪三年。

〔3〕 关于程树仁生平，王瑶：《程树仁之影业事迹考》（中国电影艺术研究中心 2018 年硕士学位论文）有比较详细的研究。下文所引与程树仁有关的史料，多转引自此文。

〔4〕 按：程树德自日返国，当在 1906 年至 1907 年间，详后文。

〔5〕 载《中和月刊》1940 年第 1 卷第 1 期。

〔6〕 蒋维锬、郑丽航辑纂：《妈祖文献史料汇编》第 1 辑《碑记卷》，中国档案出版社 2007 年版，第 429~430 页。

考八：丧母。《晚榆杂缀》卷上"锡名始末"："余本鄂人，随父流寓闽中。十岁丧母，孤苦伶仃。"

辨三：姜丽静《历史的背影：一代女知识分子的教育记忆》据程俊英《落英缤纷》手稿云："程树德10岁时，父母双亡，同父异母的哥哥将他逐出家门。"后文又说程树德走投无路，寄宿寺庙，后得岳父救济云云。[1]按：《落英缤纷》是程俊英晚年的自传体小说，不能完全视作史实。寄宿寺庙云云，故事意味较浓，缺乏佐证。且程父当时还在世，所谓"父母双亡"有违史实，因不取。实际上，程树德丧母后寄宿姑家，成年后曾寄宿寺庙，中举前曾寄宿岳父家。程俊英的记忆，可能系混淆三事而来。

1891年（光绪十七年 辛卯）十五岁

在台湾鹿港从施荩学，于经史稍有门径。塾中文会，常得第一。

考九：启蒙。《晚榆杂缀》卷上"奇遇"："辛卯，客台湾之鹿港。……时已革禀生施捷修（荩）设帐其地，绅商子弟从之游者数十。施负才名（后中癸巳举人）。余年十五，承父命，负笈往从之学。后日于经史稍有门径者，施之力也。……塾中有文会，月由施定其甲乙。妓闻余得首选，谓同学曰：'若年逾三十，渠十五耳，而辄居其下，能无愧死乎？'"按：这是程氏学问的启蒙。程俊英、蒋见元《程树德教授及其〈论语集释〉》："先父十岁丧母，孤苦无依。但少年有志，勤奋自学，甚而通宵达旦。熟读经史，博览群书。"按：勤奋自学、熟读经史，应当是从本年开始的。所谓"少年有志""通宵达旦"云云，洵非虚语。程树德有诗词多首，描述苦学有志，兹节录三种。其一，《甲子除夕》："束发初授书，矢志期不朽。"此早岁即有不朽之志，至老未衰，不过立功未成，退而立言。其二，《辛未冬夜》："冬夜帷枯坐，相亲止一灯。孤衾寒似铁，深屋冷如冰。"此深夜苦读情状。其三，《续正气歌序》："光绪乙未，余馆于王氏之家。刘蕡下第，阮籍穷途。风雨孤灯，洒不尽英雄热泪；天涯一剑，肯稍馁烈士壮心？范文正齑粥读书，以天下为己任；陶士行荒斋运甓，方致力于中原。大丈夫生当封侯，死当庙食，安能伏案头弄文墨以终其身乎？余非乐而就此，盖不得志于世者之所为也！"此立志、苦读兼而有之。

考一〇：诗文。程树德能诗，但不欲以文人自居。《晚榆杂缀》卷上"诗话拾遗"："余素不工诗。中年后专攻汉学，吟咏之事遂辍。间有所作，亦随手弃掷，无一存者。盖诗文集传世最难，不欲祸枣灾梨也。"《晚榆杂缀》存诗词多首，早岁诗风豪放不羁，晚年质直近实录。

---

[1] 姜丽静：《历史的背影：一代女知识分子的教育记忆》，华东师范大学2008年博士学位论文。

1895 年（光绪二十一年 乙未）十九岁

春，父为取学名"崇光"，命返闽以监生应福建乡试，未中。从癸酉举人杨兆斌习八股文。本年起教馆，至癸卯年方止。秋，失馆无归，迁居福州小排营。冬，冒闽籍应童子试，得第一。

考一一：应试、教馆、习文。《晚榆杂缀》卷上"奇遇"："中东事起，台割于日。是年，适遇乡试。余纳监赴闽应考。……有杨兆斌者，癸酉举人。乙未春间，友人介绍从之习八股。一见余文，诧曰：'是翰苑中人也，善自爱。吾有女，当使奉箕帚。'"卷下"锡名始末"："年十八，父命名为崇光，以监生应福建乡试。堂备未中，寄宿乌石山禅光寺。……姊丈马子倬悯之，荐充家庭教师。……未半载，辞去。"卷上"诗话拾遗"："壬寅，余与之同馆于乌石山之积翠寺。"则程氏教馆生涯至癸卯年东渡日本方止。

考一二：失馆迁居。《晚榆杂缀》卷下"凶宅"："余旧宅在福州小排营，……乙未秋，余因失馆无归，一人迁入，阶前草尺余。"按：这是程氏在福州的定居。

考一三：童子试。程氏本名崇光，原籍湖北。本年冒闽籍"程树德"名，替人捉刀，取得考试资格，遂将错就错应试，获第一。《晚榆杂缀》卷上"科举余谈"："光绪乙未县试，余即捉刀人之一，第三场获列第三。因胥吏需索，仍由余承考。十名前例提堂面试。余四鼓跟跄入场，未携片纸。知县方朝檠（字同仲，湖南巴陵人）大异之，四场拔置第一。及第五场，……复置第一。六场既毕，仍迟迟未发案。冬至日，又特召十六人复试一次，共七艺。至向晨乃出场，余卒获案首云。"按"小试"即童子试，俗称"考秀才"。

辨四：此次小试究竟在何年，不无疑问。据程氏外孙女胡华军回忆其母云，程树德于十七岁应童子试得第一，[1] 当系记忆之误。《晚榆杂缀》卷下"家乘志异"："光绪丙申三月，余以冒闽籍小试冠军。"则应在 1896 年，恐亦误。"奇遇"条云："乙未春间，友人介绍从之习八股。……未几，县试第一。""锡名始末"条亦云小试时"年未弱冠"，则当系于本年。

1896 年（光绪二十二年 丙申）二十岁

馆于陈氏，尽读其藏书，始留心考据之学。

考一四：设馆。程树德《九朝律考》序："年二十，馆于陈氏，尽读其藏书，始留心考据之学。"十五岁启蒙至二十岁自学经史考据，对程树德影响巨大，构成其一生学问底色，甚至超过日本留学的效果。

辨五：有学者将"年二十馆于陈氏"理解为"二十岁时师从陈宝琛"。[2]

---

〔1〕 胡华军：《闪光的爱国魂：记著名的法学家、我的外公程树德》，刊于江山文学网，2020 年 2 月 4 日访问。

〔2〕 陆静：《程树德〈九朝律考〉探析》，湘潭大学 2012 年硕士学位论文。

按："馆于陈氏"当指在陈氏家中"设帐授徒"的意思，与前引程父"设帐授徒为业。咸丰中，馆于宁德某氏"同一用法。又：此陈氏并无证据表明是陈宝琛。程树德与陈宝琛的相识，应该在 1900 年以后。详 1902 年条考一八。

1900 年（光绪二十六年 庚子）二十四岁

娶藏书家闽县沈郁之女沈缇珉为妻，并得到岳父的支持，读书备考。

考一五：婚姻。姜丽静《历史的背影：一代女知识分子的教育记忆》据程俊英《落英缤纷》手稿云："沈郁因为赏识树德的才华和刻苦发奋的精神，便把爱女缇珉许配给他。婚后第二年，沈郁和树德一起应考，翁婿两人考中同科举人，在当地传为佳话。"按：程树德中举在 1903 年。以"婚后第二年"倒推，结婚当在 1901 年。但 1901 年 6 月 12 日（阴历四月二十六日）程氏长女俊英诞生，故程、沈联姻以系在本年为宜。沈缇珉"饱学经史，擅长文墨，是福建女子师范学校第一届毕业生"，[1]"少有大志，想做一个不依靠而能独立生活的妇女"，但因时代原因无法实现，只得致力于教育晚辈。[2]她培育的程树仁、程俊英、程舜英，后皆成才。[3]沈郁籍贯见本年辨六，当时家住福州南营中军。程树德因移居沈府，赖沈氏培植，后来考取举人。[4]

辨六：许多论著称程树德岳父名沈卓，[5]未知何据。按：民国二十二年刊《闽侯县志》卷四三"清举人"光绪二十九年列有"福州府程树德"，同年有"闽县沈郁"，与前引程俊英《落英缤纷》手稿所述"翁婿两人考中同科举人"的回忆相符。又：沈郁曾任黟县知县。[6]

1901 年（光绪二十七年 辛丑）二十五岁

以文学鸣于乡里。四月，长女程俊英出生。

考一六：文名。《国故谈苑》郭则沄序："余弱冠归里应省试，闻里人言文学

〔1〕 程俊英：《儿时的故乡》，载朱杰人、戴从喜编：《程俊英教授纪念文集》，华东师范大学出版社 2004 年版，第 297 页。

〔2〕 程俊英：《程俊英自传》，载朱杰人、戴从喜编：《程俊英教授纪念文集》，华东师范大学出版社 2004 年版，第 281~288 页。

〔3〕 沈缇珉逝于 1929 年 7 月，参见戴从喜：《程俊英先生生平著述简表》，载朱杰人、戴从喜编：《程俊英教授纪念文集》，华东师范大学出版社 2004 年版，第 385 页。

〔4〕 参见程俊英：《儿时的故乡》，载朱杰人、戴从喜编：《程俊英教授纪念文集》，华东师范大学出版社 2004 年版，第 297 页。

〔5〕 如戴从喜：《程俊英先生生平著述简表》，载朱杰人、戴从喜编：《程俊英教授纪念文集》，华东师范大学出版社 2004 年版，第 385 页。又如胡华军：《我的外公程树德》，载朱勇主编：《中华法系》（第 7 卷），法律出版社 2016 年版，第 383 页。

〔6〕 郭则沄《洞灵小志 续志 补志》云："程郁廷娶于闽中沈氏，其妇翁尝宰黟县。"

者，盛推程君郁廷，恨不得一见。"〔1〕按：1901 年秋，郭则沄时年二十岁，返闽侯应童子试。〔2〕

考一七：子女。程树德子女可考者有：长女程俊英（1901—1993 年），于 6 月 12 日（阴历四月二十六日）生于福建闽侯南营中军。〔3〕程俊英后成为文史学者，著有《诗经注析》等，整理点校《论语正义》《论语集释》《续资治通鉴长编》等。五女程舜英（1920—2008 年），〔4〕后来也成为文史学者。据 1935 年程树德携子三人挽陈宝琛联可知，有子程之琦、之彦（1918—2001 年）、之杰（1924—2003 年）。〔5〕此外还有次女丽英（1915—1961 年）、佚名的三女、〔6〕九女美玲、佚名的十女等。〔7〕程树德重男轻女的思想浓重，有趣的是女儿却多能卓然成才。

1902 年（光绪二十八年 壬寅）二十六岁

就读于陈宝琛主持的福州东文学堂，掌握日语。倾慕乡贤严复、林纾之引介新学，好标新领异，人争以狂生目之。

考一八：福州东文学堂。《苏报》1903 年 6 月 27 日刊《论仇满生》云：仇满生（陈海鲲）"肄业于福州东文学堂"，"惟与其同学林君志钧、程君树德相友善"。下文又云林、程于 1903 年 2 月渡海至日本，可知至迟在 1902 年程树德已经就读于东文学堂。福州东文学堂由陈宝琛主持创办于 1898 年 9 月，1903 年 12 月改组为全闽师范学堂。该学堂有日资背景，聘有日本教习，资助学生赴日游学。〔8〕程树德当在此时掌握了日语。又：1935 年程树德挽陈宝琛联有"深感卅载受知"语，〔9〕则二人的相识当在 1900 年以后，至迟即在本年。程氏尊称陈宝琛为"陈师傅"，见《晚榆杂缀》。

---

〔1〕　程树德：《国故谈苑》，商务印书馆 1939 年版，郭序第 1 页。

〔2〕　昝圣骞：《晚清民初词人郭则沄研究》，南京师范大学 2011 年硕士学位论文，下编《郭则沄年谱简编》。

〔3〕　戴从喜：《程俊英先生生平著述简表》，载朱杰人、戴从喜编：《程俊英教授纪念文集》，华东师范大学出版社 2004 年版，第 385 页。

〔4〕　参见姜丽静：《历史的背影：一代女知识分子的教育记忆》，教育科学出版社 2012 年版，第 419 页。《程俊英先生生平著述简表》系程舜英生年于 1926 年，误。

〔5〕　刘为群选注：《陈宝琛史料四种——四、哀挽录选辑》，载上海中山学社主办：《近代中国》（第 19 辑），上海社会科学院出版社 2009 年版，第 395 页。

〔6〕　程丽英及三女，参见姜丽静：《历史的背影：一代女知识分子的教育记忆》图 2-5 "程树德与孩子们合影，1925 年前后"，教育科学出版社 2012 年版。

〔7〕　九女美玲及十女，见胡华军：《我的外公程树德》，载朱勇主编：《中华法系》（第 7 卷），法律出版社 2016 年版，第 382 页。

〔8〕　参见黄庆法：《福州东文学堂述论》，载《华侨大学学报（哲学社会科学版）》2004 年第 2 期。

〔9〕　刘为群选注：《陈宝琛史料四种——四、哀挽录选辑》，载上海中山学社主办：《近代中国》（第 19 辑），上海社会科学院出版社 2009 年版，第 395 页。

考一九：早年好尚。程俊英《儿时的故乡》："（程树德）少慕严复、林纾的博学多才和输入外国的科学与文学。"按：严复、林纾之从事译介及成名，皆在戊戌以后。程树德接触严、林之新学，当在东文学堂期间。又《国故谈苑》自序："著者少年驰骋名场，标新领异，人争以狂生目之。"也应该是这一时期的写照。

1903 年（光绪二十九年 癸卯）二十七岁

二月，与同学林志钧东渡日本。四月，加入拒俄义勇队。五月，同乡同学陈海鲲（仇满生）愤于时局，蹈海而死，程树德召集追悼会并率先演说，语甚激楚，合座凄咽。翻译北村三郎《印度史》，作为"闽学会丛书"之一种，九月在东京出版。八月，返回福建，受破格提拔，中癸卯恩科乡试第二名，与岳父沈郁同科中举，乡里传为美谈。

考二○：首次赴日行迹。《苏报》1903 年 6 月 27 日刊《论仇满生》云："（林志钧、程树德）二君于今年二月渡海至日本。……四月，道上海，适俄事起，东京留学生组织义勇队，而仇满生之友程、林二君亦投身义勇队。……五月十二日，仇满生之同学诸友发起为仇满生开追悼会于日本东京牛込清风亭。……程君树德首出席演说，先述仇满生平日志行，次揭明其蹈海之故。语甚激越，合座凄咽。"[1]

辨七：程氏晚年自述，颇悔此次留学事，并对"拒俄义勇队"不以为然。其叙事中的"仇满生"也没有"蹈海而死"的气概，而不过是一个拘谨畏缩之辈。见《晚榆杂缀》卷上"科举余谈"："癸卯春，以陈师傅资助，自费留学日本。既抵东京，见学生多不悦学，日投石超距，组织义勇队，甚悔之。未半载，金尽乃归。先是，福州有东文学堂，陈时为监督，派高才生陈海鲲负笈东洋。年四十余，足未离城市一步。既之沪，托友购船票。友忘其名，书"仇满生"付之。陈素拘谨，及登轮，始知之，惊惧投海死。东京学生闻之，张大其事，为之开追悼会。以余与之谂，使述其生平，沪上各报辗转登载。闽中风气闭塞，事闻于学使，以余亦革党中人也。余方栗栗危惧，恐兴大狱。"按：这些叙事，可能是事后修饰之词，姑录以待质。

考二一：译《印度史》。1903 年 9 月，东京闽学会刊行北村三郎著、程树德译《印度史》。该书广告云："欲解决中国今日数大问题，不可不以过去之历史研究之，而读强国之历史，又不如读亡国之历史，盖亡国之史，其淋漓惨剧，必有使人可惊者。"[2]从中可窥程氏翻译是书之旨趣。

---

[1]《苏报》1903 年 6 月 27 日。

[2] 转引自陈爱钗：《近现代闽籍翻译家研究》，福建师范大学 2007 年博士学位论文。

考二二：癸卯科中举。据学者考证："该年八月九日至十五日（1903 年 9 月 29 日—10 月 5 日），各省贡院按章同步举行乡试。末科乡试的考试内容已脱离了八股取士的格局，改为讲求经世致用。"〔1〕这是中国历史上最后一次乡试。《光绪癸卯恩科福建闱墨》前"福建乡试题名全录"载"解元林志烜，二名程树德"。〔2〕《晚榆杂缀》卷上"科举余谈"云：此次考试遇种种不利因素，受学使秦绶章力排众议、破格提拔，方中第二。程氏屡称秦绶章为"生平第一知已"，感激不尽。

辨八：此事分见前引《福建闱墨》《闽侯县志》、程俊英《落英缤纷》手稿、《最近官绅履历汇录》，皆无异辞。后来的一些程氏后人回忆及学界研究，或于时间有异辞，或云此时中的是进士。聚讼纷纭，至此可定谳矣。商务印书馆 2010 年新版《九朝律考》附录《程树德先生学术年表》说："1899 年（光绪二十五年癸卯），时年二十二岁，前清科举进士，入翰林院编修。"实际上，癸卯年当为光绪二十九年（1903 年），程树德所中为举人，入翰林院编修事在 1909 年。该年表流传很广，类似问题不少，特此指出。

1904 年（光绪三十年 甲辰）二十八岁

四月，赴河南开封参加甲辰恩科会试，未中。再赴日本。十月，作为日本和佛法律学校（即法政大学）法政速成科第二班 336 名学员之一，开始学习。期间，欧洲法学研究方法中的沿革法学、比较法学，对程氏影响巨大。同时，程氏发现西方法学教育将罗马旧法奉为圭臬，而中国人却对古律摒弃弗道，于是萌生搜辑丛残之志。

考二三：甲辰会试。程树德在给李景铭编《闽中会馆志》（1943 年刊本）写的序言中提到"忆甲辰至汴梁会试"。查该科题名录，并无程树德名字，可知未中。这是中国历史上最后一次会试。

考二四：法政速成科第二班。程树德《宪法历史及比较研究》例言："沿革法学、比较法学，皆为欧洲一大学派，盛行于大陆法系诸国。余少时入日本和佛法律学校（今为法政大学），沐其遗风，故讲学喜从比较入手。"〔3〕程氏的法学研究，即以沿革、比较的方法为主，详见《宪法历史及比较研究》第一编第一章"宪法之研究法"。按：他的两大法史著作，《九朝律考》即沿革法学的方法，《中国法系论》即比较法学的方法。〔4〕日本《法学志林》第八卷第七号载法政速成

---

〔1〕 刘海峰：《中国科举史上的最后一科乡试》，载《厦门大学学报（哲学社会科学版）》2003 年第 5 期。

〔2〕 《光绪癸卯恩科福建闱墨》（石印本），文宝书局 1903 年版。

〔3〕 程树德：《宪法历史及比较研究》，荣华印书局 1933 年版，例言。

〔4〕 参见拙文《一部失踪的法律史著作：程树德〈中国法系论〉评介》，未刊稿。

科第二班卒业生姓名，有"福建程树德"，以排名第三的优等生卒业，仅次于孔昭焱、汪兆铭。[1]《法政速成科入学卒业者数表》云：第二班入学时间为明治三十七年（1904 年）十月，入学人数为 336 人；卒业时间为明治三十九年（1906 年）六月，卒业人数为 230 人。[2]

考二五：搜辑丛残之志。《汉律考》自序："今士大夫竞言西律。然罗马旧法，彼国学子奉为圭臬。而吾方且尽弃所学，而学于古律之源流，率皆摒弃弗道，窃心焉恫之。甲辰读律扶桑，即有搜辑丛残之志。荏苒十年，久稽卒业。"[3]按程氏浸染旧学颇深，受西洋法学之刺激，欲以旧之律学起而回应，因有"搜辑丛残之志"。是《九朝律考》之作，肇因于此。

辨九：《程树德先生学术年表》、胡华军《我的外公程树德》对留学日本、授法政科进士、授翰林院编修等事系年皆不准确，程俊英回忆文章对此数事的叙述次序不清，不再一一致辨。

1906 年（光绪三十二年 丙午）三十岁

五月，编著《平时国际公法》由上海普及书局出版，这是程氏第一部著作。六月，法政速成科二班 230 名学生按时卒业，程树德是其中十一名优等生排名第三。

考二六：《平时国际公法》。《中国法学图书目录》第 16348 条："《平时国际公法》，程树德编，上海，普及书局，清光绪三十二年（1906 年）五月，275 页"。[4]程氏自评该书"采撷学说先例，尚称新颖"，[5]这应当是在日本学习的成果。以这本书为起点，程树德开始了他垂四十年、计四百万言的著述之路。[6]

辨一〇：关于程氏此书，程俊英在《论语集释》点校前言中说是《国际私法》七卷，误。程树德本人在《宪法历史及比较研究》例言中称之为《国际公法》，略其名耳。

1907 年（光绪三十三年 丁未）三十一岁

合译丰岛直通《刑事诉讼法新论》、横田秀雄《民法物权篇》由上海普及书

---

〔1〕 日本法政大学大学史资料委员会编：《清国留学生法政速成科纪事》，裴敬伟译，广西师范大学出版社 2015 年版，第 147 页。

〔2〕 日本法政大学大学史资料委员会编：《清国留学生法政速成科纪事》附录第一表，裴敬伟译，广西师范法学出版社 2015 年版。

〔3〕 程树德：《汉律考序》，载氏著《九朝律考》，商务印书馆 1927 年版。按：新中国成立后再版的《九朝律考》对程氏原序有一些删节，如这里的引文即属其例，可能是编辑者考虑到当时政治文化形势之不得已之举。时过境迁，《九朝律考》新版应复旧观，以便学术研究。

〔4〕 中国法学会编：《中国法学图书目录》，群众出版社 1986 年版。

〔5〕 程树德：《宪法历史及比较研究》，荣华印书局 1933 年版，例言。

〔6〕 程俊英说其父"一生著述约四百余万言"，参见前引《程树德教授及其〈论语集释〉》。

局出版。

考二七：译作二种。《中国法学图书目录》第 14280 条："《刑事诉讼法新论》，（日）丰岛直通著，程树德、陈宗蕃合译，上海，普及书局，清光绪三十三年（1907 年），562 页"。陈宗蕃也是福建闽侯人，甲辰科进士，1905 年赴日留学，1908 年回国。[1]第 09731 条："《民法物权篇》，（日）横田秀雄著，程树德等译，上海，普及书局，清光绪三十三年（1907），536 页"。

1908 年（光绪三十四年 戊申）三十二岁

八月，归国参加留学生考试，列最优等。任福建官立法政学堂教务长，次年去职。在《福建法政杂志》发表《哲学大家荀子之政治论》。任福建谘议局筹办处协理。《钦定宪法大纲》颁布，陈宝琛亲拟请开国会请愿书，举程树德为代表，进京呈递。九月，学部游学毕业生会考名列最优等，谕旨授法政科进士。任京师法政学堂教员，教授民法物权。

考二八：留学生考试。《晚榆杂缀》卷上"科举余谈"："戊申秋，余自日本毕业回国，应留学生考试。……余于八月十六日至北京，距考期仅三日。……是科，私立学校之非实科而列最优等者，止余一人。"

考二九：福建官立法政学堂。福建官立法政学堂成立于 1907 年，历任教务长为林志烜、程树德、林长民、程培锟。[2]按林长民于 1909 年回国就任，则程氏任职当在本年，《哲学大家荀子之政治论》盖即任期内撰写发表。该文连载于《福建法政杂志》第一卷第四号（八月二十日）、第五号（九月二十日）。[3]文前小引说：世界哲学分印度哲学、周秦诸子、泰西哲学三派，其中泰西哲学如日中天，又"比闻西人将以巨资尽译藏印诸佛书，而吾国独弃旧学如敝屣。先哲有言：凡一人种可以独立于世界者，必其有独立之文学。果尔，则非惟学术之患，抑亦国家之忧也"。[4]该文是程氏以西学之方法重释旧学、以旧学之内容抗衡西学的最早尝试。

考三〇：谘议局协理及进京请愿事。《福建谘议局筹办处第一次报告书》载程树德以地方士绅身份任协理。[5]《最近官绅履历汇编》称之为"福建谘议局筹

〔1〕 参见启功、袁行霈主编：《缀英集——中央文史研究馆馆员诗选》诗前小传，线装书局 2008 年版，第 87 页。

〔2〕 参见陈遵统等编纂：《福建编年史》下册，福建人民出版社 2009 年版，第 1577~1579 页。

〔3〕 上海图书馆编：《中国近代期刊篇目汇录》（第 2 卷·下），上海人民出版社 1965 年版，第 2435~2436 页。

〔4〕 程树德：《哲学大家荀子之政治论》，载《福建法政杂志》1908 年第 4 期。

〔5〕 转引自路子靖：《地方政治现代化的尝试：清末福建谘议局选举研究》，载《华侨大学学报（哲学社会科学版）》2008 年第 2 期。

备处议绅"。侯宜杰《清末国会请愿风云》："福建的运动由前礼部侍郎、清流党人陈宝琛发起。……至8月下旬，全省有近一万人签名，请愿书由陈宝琛亲拟，并举定程树德为代表，进京呈递。"〔1〕

考三一：法政科进士。《学部奏会考游学毕业生事竣折》载程树德会考得分八十分四厘二毫，名列最优等十五人排名第十三。〔2〕《东方杂志》："九月二十一日内阁奉旨：此次验看之学部考验游学毕业生……程树德、李盛衔均着赏给法政科进士。"〔3〕

考三二：京师法政学堂教员。见吴朋寿《京师法律学堂和京师法政学堂》。〔4〕按：程氏具体任职时间待考。京师法政学堂成立于1907年，姑系于此。

1909年（宣统元年 己酉）三十三岁

五月，谕旨授翰林院编修，后历任国史馆协修、己酉留学生考试襄校官。冬，与范源廉、林志钧等成立尚志法政讲习所，义务讲课。是年，收留幼弟程树仁于福州沈家，由沈缇珉教学汉文、英文。本年，与辜鸿铭探讨方言与历史的关系问题。

考三三：京师大学堂教员。教授科目，据北京大学法理学课程介绍："法理学最初称为法律原理学，……最初的教员有王家驹、程树德……"〔5〕《中国法学图书目录》00566条有程树德编油印本《法律原理学》，盖即课程讲义，现藏吉林大学图书馆。《宪法历史及比较研究》例言："归国后，首在京师大学堂担任宪法，时清宣统元年也。"《吴音谈》："岁己酉，与乡先辈辜鸿铭同事于京师大学堂，曾以此问题质疑。"〔6〕据说程树德讲课水平很高。李祖荫回忆："程树德学识丰富，又善于讲学，亦庄亦谐，听者忘倦。"〔7〕又云："我亲听过他所讲授的《比较宪法》和《国际私法》两门功课，口讲指画，有条有理。"〔8〕

辨一一：《北京大学史料》载《职教员名单》有法政科教员程树德宣统二年

---

〔1〕 侯宜杰：《清末国会请愿风云》，北京师范大学出版社2015年版，第82页。

〔2〕 《光绪三十四年奏设政治官报》（影印版），文海出版社1965年版，第267页。

〔3〕 《东方杂志》，商务印书馆1908年版，第27页。

〔4〕 中国人民政治协商会议全国委员会文史资料研究委员会编：《文史资料选辑》（第48辑），中国文史出版社1989年版，第468~469页。

〔5〕 教育部高等教育司编：《高等学校精品课程建设与工作案例研究及经验交流》（上），中国高等教育出版社2008年版，第61页。

〔6〕 载《中和月刊》1940年第1期。

〔7〕 李祖荫：《北京大学点滴回忆》，载全国政协文史资料委员会编：《文史资料存稿选编》，中国文史出版社2002年版，第43页。

〔8〕 国家图书馆藏程树德赠李祖荫《中国法制史》讲义一种，前有李祖荫识语百余字。

（1910 年正月就职、民国元年四月离职的记录。〔1〕实际上程氏在宣统元年（1909 年己酉）就已到校开始工作，见考三三引《宪法历史及比较研究》例言、《吴音谈》二则史料。《北京大学史料》所记，大概是正式入职时间。

考三四：翰林院编修。《宣统朝上谕档》："五月初三日内阁奉上谕：此次引见之廷试游学毕业生进士黄德章、陈振先、洪镕、程树德，均着授为翰林院编修。"〔2〕又：国史馆协修、己酉留学生考试襄校官，见《最近官绅履历汇编》。《晚榆杂缀》卷下"玉红"："己酉廷试后，以京官客居旧京，住南下洼福建会馆。翰苑本闲曹，无所事事。"

考三五：尚志法政讲习所。吴家驹《追忆范静生先生》："宣统元年（1909 年）冬，约得会员百人，遂假前门内西城根开办学堂，设立尚志法政讲习所。先生与林宰平、程郁廷、王维白、刘耕石及余共六七人，共同义务讲课，期年毕业。"〔3〕

考三六：收留幼弟。程树仁《新大陆游记》："千九百零九年，吾三兄树德自日本留归来，悯吾之流落也，乃携余至其妻家读书。如是汉文英文同时并学。"

1910 年（宣统二年 庚戌）三十四岁

任京师大学堂法政科教员，教授法律原理学、宪法学，由此开始了三十年的教学生涯。程氏善于讲学，听者忘倦。八月，任庚戌法官考试襄校官。

考三七：庚戌法官考试襄校官。见《最近官绅履历汇编》。〔4〕

1912 年（民国元年 壬子）三十六岁

四月，自京师大学堂离职，返闽。五月，任福建临时省议会秘书长。

考三八：临时省议会秘书长。程式《旧中国福建省的代议机构（二）》："福建临时省议会于 1912 年 5 月 31 日举行第一次会议，设……秘书长程树德。"〔5〕《晚榆杂缀》卷下"玉红"："未几，武昌事起，乞假南归。癸丑来京，访之不得。"

1913 年（民国二年 癸丑）三十七岁

返京。七月，任法典编纂会纂修。九月，在《法学会杂志》发表《读有贺长

---

〔1〕 北京大学校史研究室编：《北京大学史料·第一卷·1898-1911》，北京大学出版社 1993 年版，第 343 页。

〔2〕 中国第一历史档案馆编：《光绪宣统两朝上谕档》第三十五（宣统元年），广西师范大学出版社 1996 年版，第 222 页。

〔3〕 中国人民政治协商会议湖南省岳阳市委员会文史资料委员会编：《岳阳文史》（第 9 辑），1995 年印本，第 234 页。

〔4〕 此次法官考试详情，参见李启成：《宣统二年的法官考试》，载《法制史研究》2002 年第 3 期。

〔5〕 程式：《旧中国福建省的代议机构（二）》，载《福建人大月刊》1994 年第 4 期。

雄〈省制大纲〉书后》。十月，受袁世凯委派，强行干预国会宪法委员会会议，遭拒。十二月，兼任甄拔司法人员会审议员。

考三九：法典编纂会纂修。《政府公报》七月二十日：七月十九日，"法制局局长兼法典编纂会会长施愚呈请任命程树德、梁鸿志为法典编纂会纂修"〔1〕1914 年 2 月，法典编纂会改组为法律编查会。可能即在此时，程树德又任法律编查员。

考四〇：《读有贺长雄〈省制大纲〉书后》。该文发表于 1913 年 9 月 15 日《法学会杂志》第一卷第七号。〔2〕按：有贺长雄是袁世凯聘任的法律顾问，1913年 8 月出版《观弈闲评》，全面阐述其对中国制宪的意见，其中第九章"省制大纲"是对中国地方制度的设计，建议采取总督制，赋予地方较大权力。〔3〕程文是对《省制大纲》的驳论，广征历代地方制度后得出结论："要之，吾国今日非取中央集权主义不足以巩固共和。"并在结尾提出"外国人不明吾国事实，未足为异"，对有贺当时积极介入中国立法活动似颇有微词。〔4〕有贺与程氏的这两篇文章究竟应如何评价，颇复杂，值得深入辨析。

考四一：干预会议。白蕉《袁世凯与中华民国》："（十月）二十二日，乃派施愚、顾鳌、饶孟任、黎渊、方枢、程树德、孔昭焱、余启昌等八人干涉宪法会议。"〔5〕

考四二：甄拔司法人员会审议员。《最近官绅履历汇编》载程氏曾任此职。按《中国近现代文官制度》：甄拔司法人员会成立于十二月八日，会长章宗祥，审议员有法典编纂会纂修程树德等。〔6〕

1914 年（民国三年 甲寅）三十八岁

二月，法典编纂会改组为法律编查会，任编查员。任国务院法制局参事。三月，被选为约法会议议员。四月，参与起草《中华民国约法》，为主笔。五月，任参政院参政。八月，参政院讨论修改总统选举法，经程树德起立说明理由，议

〔1〕 中华民国政府官职资料库影印件：http://gpost.ssic.nccu.edu.tw/GovIMG/3/2image/433.pdf，以下程氏任职情况出自此资料库在线影印件《政府公报》者，不再一一出考、注。

〔2〕 上海图书馆编：《中国近代期刊篇目汇录》（第 2 卷·下），上海人民出版社 1965 年版，第 3324页。

〔3〕 学界对有贺长雄的研究很丰富，此处参考李廷江：《民国初期的日本人顾问：袁世凯与法律顾问有贺长雄》，载赵国辉主编：《交涉中的西法东渐学术研讨会论文集》，中国政法大学出版社2017 年版，第 11~35 页。

〔4〕 程树德：《读有贺长雄〈省制大纲〉书后》，载《法学会杂志》1913 年第 7 号。

〔5〕 参见白蕉：《袁世凯与中华民国》，载荣孟源、章伯锋主编：《近代稗海》（第 3 辑），四川人民出版社 1985 年版，第 60~61 页。

〔6〕 参见房列曙：《中国近现代文官制度》（上册），商务印书馆 2016 年版，第 206 页。

决通过。同年，为延续香火，纳沈缇珉陪嫁丫环为侧室。编亡友沈寿铭《碧萝山房遗稿》，并作序。

考四三：起草约法与修改总统选举法。《时报》载三月初九日亥刻北京专电："增修约法起草由程树德一人属笔。"杨幼炯《中华民国立法史》："指任议员施愚、顾鳌、黎渊、程树德、邓镕、王世澂、夏寿田等七人为起草员。……计已议定袁世凯之中华民国约法全文，都十章，共六十八条，于四月二十二日一读会终了"。[1]"民国三年八月十八日，参政院参政梁士诒迎合袁氏意旨，向参政院常会提出修改总统选举法，……程树德氏起立说明理由，以博全院同意。"[2]程氏在袁世凯称帝过程中，充当了法律派幕僚的角色，[3]这与他素来保守的政治文化立场是分不开的。

考四四：纳侧室。程舜英2007年口述资料：树德所纳的侧室，并非比缇珉更有才学的女子，而是缇珉的陪嫁丫环。据说是一位不识字、相貌平平，却非常贤惠的女子。这位女子就是后来程舜英先生的母亲。……两位妻子过世后，子女们曾为年老体衰的父亲先后物色过几位妻子，不过事实上她们更多扮演着"丫环"角色，照顾程树德的饮食起居，大多没有什么知识。[4]《程俊英先生生平著述简表》："1914年，父亲为续程家香火，娶家中保姆，自此，母抑郁寡欢，寄望于女儿。"按：程树德赞成一夫多妻制，曾因此而被讥为"背逆时代思潮，怪诞可厌"，[5]这是其立场保守的又一证。

考四五：沈寿铭《碧萝山房遗稿》。《晚榆杂缀》卷上"诗话拾遗"："亡友沈寿铭，故浙人，流寓闽中。……少有逸才，工诗，有《碧萝山房遗稿》。……将卒，遗言以其诗文稿付余。……因编次其诗词，依岁月先后，录而存之"，"甲寅，余曾序其诗。"

1915年（民国四年 乙卯）三十九岁

一月，策授中大夫。上书《改良教育办法刍议》请废小学、复科举，舆论哗然。

考四六：《改良教育办法刍议》。《申报》1915年2月8日黄远生《程树德条陈之真相》："程树德……上书总统请废小学复科举，总统批令教育部会同讨

〔1〕 杨幼炯：《近代中国立法史》，中国政法大学出版社2012年版，第124页。
〔2〕 杨幼炯：《近代中国立法史》，中国政法大学出版社2012年版，第134页。
〔3〕 杨幼炯将袁世凯幕僚分为法律派、官僚派、政客派、军人派、学者派、实业派，程树德当属第一类。参见杨幼炯：《近代中国立法史》，中国政法大学出版社2012年版，第133页。
〔4〕 转引自姜丽静：《历史的背影：一代女知识分子的教育记忆》，华东师范大学2008年博士学位论文。
〔5〕 《〈国故谈苑〉介绍》，载《图书季刊》1940年第1期。

论。……程不敢到。"该文讥讽程氏曰:"竟有此等纰缪之人,此可谓国家之一大不祥也。"另有肃文《呜呼程树德,可怜程树德》等文抨击之。[1]按:程树德在袁氏当国时期的种种表现,盖非心术不正,而主要是书生参政之天真、文化立场之保守所致。程氏赞同科举、反对学校,至老不变,且能持之有故。[2]其自述此事经过云:"乙卯元旦,下整顿教育之令。余思有所建白,上《改良教育刍议》,大旨谓:今日教育不良,在学生于中学无根底。宜废止小学,奖励私塾,由提学考取私塾学生汉文通顺者,入中学肄业。项城韪之,批交教育部会议。时长教育者汤化龙,进步党魁也。疑余欲夺其地位,则大愤引咎辞职。……衔余刺骨。时黄为《国民公报》主笔,进步党机关报也,对余百端谩骂。汤并扬言将置我死地。会帝制议起,黄专电上海,谓筹安会发生,程某首先赞成。"

1917年(民国六年 丁巳)四十一岁

袁世凯死后,深感仕途之幻灭。十月,复任国务院法制局参事。恐埋没郎署,有著书传世之志,开始撰写《汉律考》。自本年起,程氏进入著述的黄金期。又,程树德曾编写《程氏家塾蒙学课本》二集,作为课子女的教材。

考四七:著书传世之志。《论语之研究》:"余自丁巳复任国务院法制局参事后,私念生活虽可无虑,而浮沉郎署,恐遂埋没,因有著书之志。……拟将唐以前散失诸律考订而并存之,先从汉律入手。因此晨则检书,午则至署抄录,以为常课。"[3]《宪法历史及比较研究》例言:"余少时著《国际公法》一书,……及欧战后,顿成陈腐。自是始悟凡有时效性之书皆可不作。"按:程树德久有"搜辑丛残"之心。比来遇两大刺激:一即欧战之后《平时国际公法》顿成陈腐,因悟当作"传世之作",而不必作"售世之作";另外,袁世凯时代,程树德积极投身政治,而袁氏竟至复辟失败而死。这段宦海沉浮,也许令程氏心灰意懒,故重任法制局参事后"恐埋没郎署",而生著书传世之志。综上,1917年是程氏人生中的一大转折。

考四八:《程氏家塾蒙学课本》。国家图书馆藏《程氏家塾蒙学课本》二集。据例言:甲集150课,"以引起儿童兴趣为主";乙集100课,"以养成儿童人格及知识为主"。"是书材料均采自子史及说部","以期儿童远大为主旨",力求避免坊间陋书之失。按此书撰写时间不能确定,以1917年《移居新宅书怀》诗云:"有女初解书,顽与乃翁若。闻说字旁行,束置便高阁。稚气论经史,领悟能约略。秋晚闲无事,访菊绕西郭。手携步且谈,兴趣亦不恶。"姑附于本年。

1918年(民国七年 戊午)四十二岁

---

[1] 肃文:《呜呼程树德,可怜程树德》,载《教育周报》1915年第71期。

[2] 参见程树德:《国故谈苑》,商务印书馆1939年版,第327~331页。

[3] 程树德:《论语之研究》,载《学林》1941年第9辑抽印本。

参与校订天一阁本《重详定刑统》，由国务院法制局刊行。冬，《汉律考》脱稿。经局长方枢申请，总理段祺瑞批给二千元资助出版。

考四九：校订《宋刑统》。薛梅卿点校的《宋刑统》出版说明："民国七年（公元一九一八年）国务院法制局重校天一阁本，由北洋政府法制局局长方枢率参事张名振、钟赓言、邵从恩、金保康、程树德、林蔚章等校订。"〔1〕

考五〇：《汉律考》。《论语之研究》："戊午冬间，汉律脱稿，局长方枢具呈请奖，时段祺瑞任国务总理，批给中钞二千元，遂以付刊。"以下各律考的写作时间均见此文，不再一一出注。《汉律考》七卷四册，己未仲春刊于京师。前有王式通、施愚、方枢序及程氏自序。

1919 年（民国八年 己未）四十三岁

二月，《汉律考》七卷四册出版。成《魏律考》一卷。

1920 年（民国九年 庚申）四十四岁

成《晋律考》三卷。

1921 年（民国十年 辛酉）四十五岁

成《后魏律考》二卷。

1922 年（民国十一年 壬戌）四十六岁

修改《汉律考》，成《隋律考》二卷。参与内阁大库明清旧档的整理。

考五一：整理内阁大库档案。郑天挺《明末农民起义史料序》："在北大先后参加整理大库档案，和参加明清史料整理会的人，有沈兼士、朱希祖、孟森、单不庵、马裕藻、陈汉章、罗振玉、王国维、柯劭忞、程郁廷、滕统音、郭振唐……"〔2〕按北大对内阁大库档案的初步整理，始于 1922 年 5 月，至 1924 年告一段落。〔3〕程树德应即在此期间参与了整理。

1923 年（民国十二年 癸亥）四十七岁

成《北齐律考》《北周律考》《梁律考》《陈律考》各一卷，增补《汉律考》。程树德述、郑锡庆疏《国际私法》，作为朝阳法科讲义的一种出版。

考五二：《国际私法》。《朝阳法科讲义》点校前言：1923 年程树德述、郑锡庆疏《国际私法》由京师游民习艺所刊行，后于 1925、1927 年重版两次。〔4〕

1924 年（民国十三年 甲子）四十八岁

修改《晋律考》。十一月，法制局改法制院，去官。

---

〔1〕 薛梅卿点校：《宋刑统》，法律出版社 1999 年版，出版说明第 8 页。
〔2〕 郑天挺：《清史探微》，商务印书馆 2014 年版，第 708 页。
〔3〕 参见罗福颐：《清内阁大库明清旧档之历史及其整理》，载《岭南学报》1948 年第 1 期。
〔4〕 王婧：《〈朝阳法科讲义〉（第八卷）点校前言》，载何勤华、李秀清、陈颐主编：《"清末民国法律史料丛刊"辑要》，上海人民出版社 2015 年版，第 176 页。

考五三：去官。《论语之研究》："十一月，段祺瑞任执政，将法制局改法制院，余因去官。"《甲子除夕》诗云："束发初授书，矢志期不朽。稍壮喜谈兵，金紫如撤帚。勋名耀青史，封侯印如斗。何期事蹉跎，明春四十九。十载沈郎署，所遇辄非偶。早知事无成，一编差自守。"自陈十年来浮沉郎署，一事无成，深悔不早以著述自守。

1925 年（民国十四年 乙丑）四十九岁

任财政委员会科长。工作繁忙，未能从事著述。七、八月，与沈兼士书信往还，探讨孟姜女故事。

考五四：财政委员会科长。《论语之研究》："乙丑，梁士诒召充财政委员会科长，簿书鞅掌，刻无暇晷，不能再从事著书。"承程氏后人胡华军老师告知，梁士诒与程树德自清末同任翰林院编修以来，就交情甚笃。故程氏此时虽已厌倦政务，但仍一召即至。1932 年，梁氏作媒，将收养的十六岁丫环苏玉贞许配给丧妻未久的程氏。苏玉贞妥善照顾程氏晚年的起居，并为之诞下二女，足慰老怀。

考五五：论孟姜女故事。《孟姜女故事研究集》录有程树德与沈兼士的两封书信《〈珊玉集〉中的杞良妻滴血》《绥中县的孟姜祠》，落款日期分别为七月十二日、八月十八日。[1]按顾颉刚《唐代的孟姜女故事的传说》云："在今年暑假里，沈兼士师得到程郁庭先生的信，说《珊玉集》内有孟姜女的故事。"该文王煦华后记说这是顾氏 1925 年写成的未刊稿。[2]

1926 年（民国十五年 丙寅）五十岁

一月，废法制院设法制局，复任参事。改《汉律考》为八卷，成《九朝律考》二十卷，三十万言，交付商务印书馆。从此专意著书自娱。

考五六：《九朝律考》。《论语之研究》："丙寅废法制院，再设法制局，仍以余为参事。前岁因事忙并教习亦多谢绝，故最清闲，遂将律考重抄一遍，将《汉律》改为八卷，计全书凡二十卷，约三十万言，名为《九朝律考》。……自是即专意著书自娱。"程树德对《九朝律考》颇自负，隐然以传世之作自许。此书在程氏生前即再版三次，为其带来国际声誉。

1927 年（民国十六年 丁卯）五十一岁

五月，为李祖荫编《法律辞典》撰序。十二月，《九朝律考》出版。同年，程树德述、胡长清疏《比较宪法》由北京和记印字馆刊行。

考五七：《法律辞典序》。李祖荫编《法律辞典》前"序三"，落款为"丁卯夏五月闽县程树德序"，重申"吾侪丁兹阳九、百六之会，舍著述外殆无可以自

---

[1] 顾颉刚编著：《孟姜女故事研究集》，上海古籍出版社 1984 年版。

[2] 朱东润等主编：《中华文史论丛》（总第 23 辑），上海古籍出版社 1982 年版。

存之道"之旨。这也是程树德后半生恪守之道。

考五八：《比较宪法》。出版时间据《朝阳法科讲义》整理弁言。此书 1931 年再版，删去"胡长清"名字。整理者认为，此书的"疏"应该也主要出自程氏手笔。[1]应该是可信的。

1928 年（民国十七年 戊辰）五十二岁

五月，《中国法制史》由上海荣华印刷局出版。以"因字求史"之法著成《说文稽古篇》二卷，次年交付商务印书馆。

考五九：《中国法制史》。《中国法律图书目录》第 01994 条："《中国法制史》，程树德著，上海，荣华印书局，1928 年 5 月，1 册；上海，华通书局，1931 年 10 月，189 页（华通法学丛书）；北平，北平大学法商学院，1 册。"

考六〇：《说文稽古篇》。《宪法历史及比较研究》例言："戊辰成《说文稽古编》二卷。"《论语之研究》："己巳以所著《说文稽古篇》二卷交商务印书馆出版。"《说文稽古篇》序："偶检阅旧藏《说文解字》诸书，因悟因字求史之法。"此书 1933 年再版。

1929 年（民国十八年 己巳）五十三岁

七月，妻沈缇珉去世。

考六一：妻女之逝。《晚榆杂缀》卷下"凶宅"："己巳，余迁居南闹市口一宅屋，……果不及半年，妻女先后卒。"则同年去世的可能还有一女。

1930 年（民国十九年 庚午）五十四岁

五月，《说文稽古篇》出版。开始写作《续明夷待访录》。发表《从〈说文〉中发见之古代社会》于《国立北京大学社会科学季刊》。

考六二：《续明夷待访录》。《论语之研究》："庚午、辛未成《续明夷待访录》二卷（未付印）。"按：此书今未见，恐已佚。仅《明法》一篇节文见《论语之研究》，大旨为对时人盲目崇拜西方法治文明之反思、对中国传统礼让文明之崇尚。

1931 年（民国二十年 辛未）五十五岁

著成《续明夷待访录》。著成《说文稽古篇》续篇，交商务印书馆，毁于战火。春，为曾志陵《中东路交涉史》撰序。三月，讲义《比较国际私法》由上海华通书局出版。发表《中国古代之国际公法》于《朝大季刊》。爱妾莺来死，哀痛久之，作诗数十首悼亡。

考六三：《说文稽古篇》续篇。《宪法历史及比较研究》："辛未续成《稽古

---

[1] 苏亦工：《〈朝阳法科讲义〉（第二卷）整理弁言》，载何勤华、李秀清、陈颐主编：《"清末民国法律史料丛刊"辑要》，上海人民出版社 2015 年版，第 131~144 页。

篇》，付书局印刷，而版因沪变毁于火，并初稿失之。"按：1931 年 1 月 28 日，日寇进攻上海，轰炸商务印书馆，造成了中国文化史上的劫难。程氏书稿当即此时毁于战火。

考六四：《中东路交涉史》序。落款"辛未孟春"。序云："士不幸而生于离乱之世，不能有所建树，假著述以自见。此固士之不幸，抑亦国家之不幸也。"[1]此程氏自表陈之言。

考六五：《比较国际私法》。《中国法律图书目录》第 17108 条："《比较国际私法》，程树德著，上海，华通书局，1931 年 3 月，第 225 页。"

考六六：爱妾莺来。妾莺来自上年娶入，今年怀孕八月而卒，母子俱亡。莺来性格豪爽，温柔娇俏，且粗能读书识字，令程树德相见恨晚。《晚榆杂缀》卷下"玉红"："己巳、庚午之交，余迭遭家难，一妻一妾先后病卒，茕茕无依。友人为介绍童氏婢。……其主字之曰'莺来'。是时，余年已五十有四，而莺来方十九，乃毫不介意。性豪于饮。余因不愿仕而家贫，倚食者众，不得已，乃以教员自给。每自校归，则相携入市，沽酒痛饮，恨相见之晚。未几，得孕。有盲者为之推算，决其死于六七月间，且母子双亡。……忽一夕，猝患抽风，竟殒。余哭之恸，且为诗数十首以悼之，年才二十耳。"又："余前妾名春燕、燕去、莺来，命名亦巧合，益信数皆前定云。"兹录悼亡诗二首，以想见其人风貌。其一："相离顷刻总嫌疏，坐向怀中笑语初。摊卷便教卿夺去，不令灯右夜观书。"其二："温柔性格可人怜，撤尽娇痴态万千。昨夜刚闻教习字，今朝已试两三篇。"

1933 年（民国二十二年 癸酉）五十七岁

夏，以四十日之功撰成《宪法历史及比较研究》，九月由荣华印书局出版。同年，患血管硬化症。美国学者毕格、德国学者米协尔、日本学者石川兴二、牧健二、荷兰人范可法等拜访程树德请教法制史问题，促使程氏萌生撰作《中国法系论》之念。

考六七：《宪法历史及比较研究》。《论语之研究》："癸酉成《宪法历史及比较研究》一书，凡十三万言，仅以四十日之力成之。"《宪法历史及比较研究》例言云该书是应约稿而作，并反复强调其乃游戏之作、非传世之书。盖程氏当时已决意珍惜光阴、著传世之作，"于新籍未一措意也"，因友人约稿，又提供现成资料，姑以之作为一生治宪法学之结束而已。回忆袁氏当国时，汲汲于制宪之过往，转眼之间，已成陈迹。抚今思昔，能不致慨！这也是程氏最后一种法学著作。

考六八：患病。《论语集释》自序："余自癸酉冬患舌强痿痹之疾，足不能行、口不能言者七年于兹矣。"程俊英《前言》："一九三三年，先父患血管硬化

---

[1] 曾志陵：《中东路交涉史》，北平建设图书馆 1931 年版。

症。……七七事变后，北京大学等校南迁，从此经济来源断绝。……日伪统治时期，病无医药，生活无着，子女多而年幼，困窘不堪，病况日渐恶化，终至瘫痪。"

1934年（民国二十三年 甲戌）五十八岁

在《法律评论》发表《论中国法系》一文。

考六九：《论中国法系》。文末附注二："会寒假中李君麇寿，嘱为法律评论社作文，而废历年关，酬应蝟集，仍无余暇，匆促以数小时书此付之，拉杂简单，都无条理，阅者谅之！"〔1〕按：李麇寿即李祖荫。

1935年（民国二十四年 乙亥）五十九岁

开始撰写《中国法系论》一书。秋，倡议重印《岭云轩琐记》；十一月，撰《重印岭云轩琐记序》。

考七〇：《中国法系论》。《中国法系论》是程树德暮年欲覃精研思、全力以赴的法律史集大成之作。惜天不假年、未竟全功，但仍具著书之体裁、有传世之价值，是值得珍视的法律史学术著作。此书附《国故谈苑》，学界多未措意。笔者已另撰文评介。〔2〕此书创作时间虽无明证，但可以大体推定在1935年。1934年农历新年前后，程氏写《论中国法系》，文末附注云："久有著《中国法系论》之拟议……是书尚未着手起草。上课忙碌，益以多病，迄不知何日能成书也。"〔3〕当时该书尚未着手。《国故谈苑》自序：1936年秋整理旧稿，1937年"以旧作《中国法系论》残稿附之，颜之曰《国故谈苑》"。此时已将之称为"旧作"，可见写作至少在前一年。考虑到1934年初尚无动笔计划，而1936年秋起则忙于整理旧稿、编辑《国故谈苑》，则该书主要写作时间应该在1935年，姑系于此。

考七一：重印《岭云轩琐记》。去年程氏于林志钧处见《岭云轩琐记续选》抄本，"爱不忍释手，因假归，摘抄数十条"。今年得见方选本，"为之狂喜"，遂倡议将"方选本及续选本合并付印"，并撰序。

1936年（民国二十五年 丙子）六十岁

秋，整理旧稿。

1937年（民国二十六年 丁丑）六十一岁

将旧稿中无关国故的部分析出为《晚榆杂缀》二卷，将《中国法系论》已成稿附入，定为《国故谈苑》六卷。决意专心写作《论语集释》。应李祖荫邀，撰《李奎楼先生传略》。七七事变后，拒绝日人延请，闭门著书。时北京诸大学南迁，经济来源断绝，病情恶化，终至瘫痪。

---

〔1〕 程树德：《论中国法系》，载《法律评论》1934年第19期。

〔2〕 参见拙文《一部失踪的法律史著作：程树德〈中国法系论〉评介》，未刊稿。

〔3〕 程树德：《论中国法系》，载《法律评论》1934年第19期。

考七二：《国故谈苑》。《国故谈苑》自序："回忆少时所欲著而未成之书，……转觉弃之可惜。丙子秋间，始稍稍佣钞存箧，……丁丑复将原书中无关国故者，别厘为《晚榆杂缀》二卷，而以旧作《中国法系论》残稿附之，颜之曰《国故谈苑》：第一卷为经部，而以论孔教及从祀附之；第二卷论史；第三卷考古；第四卷泛论诸子百家之学；第五、第六两卷则多谈政治法律——期于发扬国光而已。"

考七三：《论语集释》之动笔。《国故谈苑》："草拟大纲初成，未及起草而病作，因而中止。迨来年事渐高，为图省脑力起见，改著《论语集释》……虽褒然巨帙，究系述而不作，故似劳而实逸。"〔1〕《晚榆杂缀》序："丁丑，复将原书中无关国故者别厘为《晚榆杂缀》二卷。会余适有《论语集释》之作，因而中止。"综合二书，《集释》之正式写作，当在此年。又：《论语集释》可能初名《论语疏证》。〔2〕

辨一二：程俊英以《论语集释》之写作始于1933年，似无实据，可能是基于程氏《论语集释》自序对病情描述的推测。据上引《国故谈苑》文，细绎其意，似在中止《中国法系论》之后，才开始"改著《论语集释》"。又《国故谈苑》自序"今年逾耳顺，犹着手《论语集释》之编纂"，似《论语集释》之着手写作当在六十以后，姑系于本年。

考七四：《李奎楼先生传略》。载李祖荫编《李资政公遗集》卷首。李祖荫是李蕊（号奎楼）孙，时任教于北京大学民法研究室，是程树德同事。程氏撰此文，当是应约之作。

辨一三：胡华军《我的外公程树德》称北平沦陷后，日本人请其出任市长，程树德出于民族气节，严词拒绝。任继愈回忆录则称程树德是维持会的，沦陷后讲孔子讲不要犯上作乱。〔3〕按：两事皆无佐证，并不取。徐世虹先生引泷川政次郎《近世の汉律研究について》云："民国二十六年（1937年），傀儡政权'中华民国临时政府'于北京成立，其时泷川曾派人去宣武门程氏寓所延请程氏，欲聘其任教于新民学院，但程氏以体弱多病为由不肯谋面，泷川氏终未能与程氏相见。"〔4〕这应该是最近真的记载。细读《论语之研究》《论语集释·自序》，自可见其气节。程氏于国难当头之际，放弃《中国法系论》的写作，改著《论语集

〔1〕 程树德：《国故谈苑》，商务印书馆1939年版，第261页。
〔2〕 国家图书馆藏程树德赠李祖荫《中国法制史》书前李祖荫识语："我亲见他的《论语疏证》，积稿很多。"
〔3〕 任继愈：《一位哲人的目光：任继愈谈话录》，九州出版社2017年版，第113~114页。
〔4〕 徐世虹：《秦汉法律研究百年（一）》，载中国政法大学法律古籍整理研究所编：《中国古代法律文献研究》（第5辑），社会科学文献出版社2012年版，第17页。

释》，未尝没有抵抗日寇"毁灭其文化，移易其思想，变更其教育"（语出《论语集释·自序》）的良苦用心。又按：程树德晚年虽曾在《中和月刊》等沦陷区亲日刊物发表多篇文章，但并不意味着其变节。如他发表的《宋元间一段诗史》（尤其是其中对夏贵晚节不保的评价），不难窥见程氏守节之微意。[1]

　　1939 年（民国二十八年 己卯）六十三岁

　　《国故谈苑》由商务印书馆出版。秋，著成《论语集释》初稿，撰自序。

　　考七五：《论语集释》之著成。程氏著《集释》极勤苦。丁丑动笔，每日千字以上，后增至三千字，戊寅年起每日五千字。《晚榆杂缀》序："《论语集释》造端弘大，恐年老不能卒业，致功亏一篑。初，日以千字为率，后渐增为三千字。及戊寅，遂改为日五千字，寒暑不易。……是书幸于己卯秋间，全部抄录完竣。入庚辰后，言语更加蹇涩，终日双目常闭。视听言动四者之中，完全未失效用者，仅一听官。如是，岂尚能著书哉？余书之成，殆有天幸焉！"著书之艰苦，令人动容。1939 年撰《自序》自陈著书志趣云："期使国人之舍本逐末、徇人失己者俾废然知返。余之志如是而已。"[2]

　　辨一四：程俊英《前言》："他为发扬我国固有文化，以'目难眒不能视，手颤抖不能书'的病弱残躯，自己口述，由亲戚笔录，历时九年，终于一九四二年脱稿。"此与《晚榆杂缀》自序的说法相左。按：《集释》于 1943 年出版，程俊英可能因此而逆推为 1942 年脱稿。又：折中二说，以 1939 年著成初稿，1942 年定稿，应当比较平允。

　　1940 年（民国二十九年 庚辰）六十四岁

　　夏，整理《晚榆杂缀》，殿以近作《死之研究》，定稿。此书属笔记体，录轶事为主，多涉因果。

　　考七六：《晚榆杂缀》。《晚榆杂缀》序："丁丑，复将原书中无关国故者别厘为《晚榆杂缀》二卷。会余适有《论语集释》之作，因而中止。残稿零乱无序，存诸箧中，未一措意也。……今岁长夏无事，病后屏弃一切俗务，作长期修养，间或以阅书消遣。……因于阅书之暇，取旧存《晚榆杂缀》残稿略为排比，而近作《死之研究》一篇殿焉。其中所论，以经验及因果为多，性质与纪氏《阅微草堂笔记》为近，或亦有志于立身涉世者所不废也。"此稿本现藏上海图书馆。

　　1941 年（民国三十年 辛巳）六十五岁

　　在《学林》发表《论语之研究》。

---

〔1〕　程树德：《宋元间的一段诗史》，载《中和月刊》1940 年第 4 期。

〔2〕　程氏后一年发表之《论语之研究》则云："欲以发扬祖国固有文化，期于铲除国民奴隶之恶根性，余之志如是而已。"按：《论语之研究》发表于报章，故激于寇难、砥砺国民；《自序》期传之后世，故陈志亦高。二者并观可矣。

1942 年（民国三十一年 壬午）六十六岁

四月，为李景铭《闽中会馆志》撰序。

考七七：《闽中会馆志》序。程序后有李景铭附识，云："同年程君郁庭，病瘡者数年，且手颤不能书，百事俱废。始尚能观书，今则瞑目竟日，枯坐如禅……口述者如虫语，指画者如蚓行。唯其女舜英世讲，能以意摹神追，勉成此文。"〔1〕由此亦可想见程氏写作《论语集释》的艰苦卓绝。

1943 年（民国三十二年 癸未）六十七岁

《论语集释》由华北编译馆出版。

考七八：《论语集释》之出版。邓之诚云："程树德所作《论语正义》稿卖与瞿兑之所主编译馆，得银五千"，可堪作为程氏穷困晚年的一点告慰。〔2〕

1944 年（民国三十三年 甲申）六十八岁

一月，垂老困穷，卖房迁居，因天气严寒，冻病而逝。晚年自拟挽联，有"止留得数卷残书""空剩有满腔孤愤"语，颇以功名未立、徒事著述为憾。

考七九：自拟挽联。《晚榆杂缀》卷下"前生为泰山猕猴"云："惟余曾有《续明夷待访录》之作，且死后自拟挽联曰：'蹈海未学鲁连，止留得数卷残书，敢云青史名山，强分半席？并世不逢光武，空剩有满腔孤愤，誓扫赤眉铜马，且待来生。'"

考八〇：卒年。程俊英《关于程树德先生卒年的一封信》："他卒于一九四四年一月一日。那时，先父在北京，垂老困穷，只好将一所小房卖掉，在迁居中，天气严寒，他中风在床，途中冻死。"〔3〕一代法学宗师，就此寂寥谢幕。又程氏晚年自编《晚榆杂缀》，已预言"路毙"的死状，谨录以供谈助："今虽幸免为丐，然路毙终不可免。"

---

〔1〕 程树德：《闽中会馆志序》文后李景铭附记，载李景铭编：《闽中会馆志》，1943 年刊本。

〔2〕 邓之诚著，邓瑞整理：《邓之诚文史札记》1943 年 2 月 10 日条，凤凰出版社 2012 年版。

〔3〕 程俊英：《关于程树德先生卒年的一封信》，载《法律科学（西北政法学院学报）》1991 年第 3 期。

整理后记

我从 2018 年起，得到俞荣根先生指点，梳理中国法律史学史。程树德及其法律史学的整理与研究，只是其中一个小专题。可是这样简单的工作，我却做了五年之久，才整理出这样一本集子。

2018 年 5 月，我偶然翻阅程树德《国故谈苑》，发现第五、六卷藏着一部《中国法系论》。9 月，写成研读心得《一部失踪的法律史著作：程树德〈中国法系论〉评介》。10 月，在孔夫子旧书网购得《光绪癸卯恩科福建闱墨》复印本，内收程树德答卷六篇。同月，我撰成《程树德先生年谱》初稿，录入、点校《中国法系论》毕。12 月，搜集程氏散篇法史论文，逐一录入、点校，合成《程树德法史文存》一书。此后书稿便置之箧中，此项工作告一段落。我又转入对其他人物与书籍的搜考研究之中。

2019 年 11 月，我到北京参加中国政法大学法律古籍整理研究所所庆三十周年的学术会议，宣读了《法律史学读书记》，顺带提及程树德的佚书，引起范忠信老师的兴趣。范老师热情建议将此稿纳入他主持的"二十世纪中华法学文丛"。我当然非常高兴。12 月，范老师了解此书大概情况后，觉得篇幅尚嫌单薄，建议设法扩充。我正好查得吉林大学图书馆藏有程树德《法律原理学》一书的讲义，似是孤本，便托朋友查阅。但因年久纸脆，未能调阅，只好暂时作罢。此后，我又转入其他研究中。2021 年 12 月，我在上海图书馆查得程树德《晚榆杂缀》稿本，连忙联系复印，并在 2022 年点校完毕。5 月，我利用新得资料，在西政讲演《光怪陆离的程树德》后撰成文章，并修订《年谱》。

最不能忘怀的是在获取程树德先生《法律原理学》书稿时所受到的无私帮助。大约 2020 年初，范忠信老师转请吉林大学副校长蔡立东教授沟通吉大图书馆寻求复制授权，有幸获得蔡教授全力支持及吉大图书馆慷慨授权；又经吉林大学法学院刘晓林教授直接拨冗协调并组织复制，终于克服三年抗疫封禁及图书馆维修所困难，至 2023 年初总算最后完成了《法律原理学》的两期扫描摄录工程。

《法律原理学》字数较多，间杂多种语言的手写体外文，兼之天头、夹行的批注均为手写蝇头草书，识别非常困难。加之我性情疏懒、兴趣易变，这一工作又时断时续地延宕下来。直到 2023 年 9 月，范忠信老师来信询问，我才鼓足余勇，利用中秋、十一的长假修订《年谱》，撰写《导读》，完成点校扫尾工作。

这本小书虽然拖了五年，但如果我的研究提前结束、此书草草面世，《晚榆杂缀》和《法律原理学》大概就很难有重见天日的机会了。昔人云"慢工出细活"，岂不信哉！

在这五年中，特别要感谢吉林大学图书馆以学术为天下之公器，无私出示珍藏秘本。感谢吉林大学蔡立东教授、刘晓林教授的无私帮助，感谢范忠信老师的热情支持与持续鞭策。《法律原理学》外文的识别，端赖西政何永红、胡晨飞老师，白庭瑞、仲怡如等同学的鼎力襄助；草书的识别，则得到长于书法的唐旭兄协助。惊喜的是，研究过程中我还联系到了程树德先生的外孙女胡华军老师，得到了她的热情鼓励和帮助。

我研究程树德，没有什么重大学术创获，倒是明白了不少简单的事理。尤其是一介书生在世变时移的大潮之下，应当如何自持自守。程树德说："凡有时效性之书皆可不作"，又引《四库提要》批评杨慎之语："取名太急，稍成卷帙，即付枣梨，饾饤为编，只成杂学"，我觉得都是对我过去十几年职业生涯的当头棒喝。

记得十多年前读研时，我曾和几位室友一起讨论人生最悲惨的事情为何，结论是"死后遗著无人整理"。程树德的重要著作，生前均得出版，当然谈不上有什么悲惨。但在他身后八十年之际（1944—2024 年），五种佚著重得整理刊行，想来也应是一桩快事吧？[1]

秦　涛

2023 年 10 月 2 日

键于渝园雨窗灯下

---

[1]　我的邮箱是 qintaoshui@163.com，对本书有疑问，有指教的师友，欢迎联系。